토지 및 지적재조사법론

Land & Cadastral Resurvey Law

김행종 著

 21세기사

이 도서의 국립중앙도서관 출판예정도서목록(CIP)은 서지정보유통지원시스템 홈페이지(http://seoji.nl.go.kr)와 국가자료공동목록시스템 (http://www.nl.go.kr/kolisnet)에서 이용하실 수 있습니다.(CIP제어번호: CIP2017013809)

머리말

1910년 토지조사사업을 계기로 지적제도가 발전되어 왔는데, 그후 100여년이 지나는 동안 국내외 정치·경제·사회·문화 등 각 분야에 엄청난 변화와 발전을 거듭해 왔다. 지적 분야도 일대 전환기적 시점에서 제도적 측면에서 큰 변화를 겪게 되었고 지적의 본질과 정체성의 문제가 크게 대두 되었다.

2008년 2월 지적관련 중앙부처의 조직개편과 2009년 6월 9일 지적법을 폐지하고 법률 제9774호로 제정하여 12월 10일부터 시행되었던 측량·수로조사 및 지적에 관한 법률의 제정, 그리고 2015년 6월 4일부터 공간정보의 구축 및 관리 등에 관한 법률로 법명이 변경되는 등 큰 변혁을 맞은 것으로 볼 수 있다.

이제 지적을 필지중심의 토지정보원으로 보는 시각에서 국가공간정보 측면으로 더욱 더 빠르게 변화와 혁신을 요구받고 있다. 2008년 행정자치부 지적과는 건설교통부로 부처 이동이 되어 새롭게 개편되었다. 행정자치부 지적과에서 담당했던 지적업무는 국토교통부 주택토지실 국토정보정책관 지적기획과, 지적재조사기획단 등에서 지적업무를 운용하였고, 현재는 공간정보제도과와 국가공간정보센터, 지적재조사기획단 등에서 지적관련 업무를 수행하고 있다.

이에 100여년 동안 이어온 지적행정의 조직 구성원은 새로운 정부 조직체계에서 지적분야 업무영역의 정체성과 체계화를 모색해야 하는 당면과제를 안고 있다. 지금까지 지적을 유지 및 관리하는 2차원적 세지적과 법지적을 탈피하여 국가공간정보체계 측면의 3차원 및 4차원적 다목적 국가공간정보의 지적으로 거듭나야하는 시점인 것이다.

이에 본서는 2015년 6월 4일부터 법명이 변경되어 시행되고 있는 국가공간정보의 구축 및 관리 등에 관한 법률 등의 내용과 2011년 9월 16일 제정되어 2012년 3월 17일부터 시행되고 있는 지적재조사에 관한 특별법을 중심으로 살펴보았다.

먼저 본서의 총론적 측면에서 지적재조사의 이해와 필요성, 지적불부합, 지적재조사사업의 추진과정과 기본계획 등에 관하여 이론적 측면에서 살펴보고 각론적 측면에서 지적재조사법의 주요사항을 중점적으로 살펴보고 지적재조사법의 총칙, 지적재조사사업의 시행, 지적재조사위원회, 보칙, 벌칙 등에 관하여 해설위주로 살펴보았다.

지적재조사사업과 관련한 법률의 제도변천과 국가공간정보의 중요성, 지적행정실무 차원의 접근 필요성 등을 감안하여 과거 지적관련 법률과 현행 지적관련 법률을 부록에 수록하여 지적관련 업무를 다루는 전문가와 감정평가사·공인중개사· 주택관리사·지적직 공무원 시험 및 지적기술사, 지적기사 수험준비서로 활용될 수 있도록 하였고 또한 대학 및 대학원 학생들의 강의교재로 활용될 수 있기를 기대한다.

지적관련 자료수집의 한계로 인하여 아직도 여러 가지 부족한 점이 많다고 생각된다. 부족한 점은 앞으로 끊임없이 보완할 것은 약속하며, 독자제위의 아낌없는 질책과 관심을 부탁드린다.

끝으로 토지 및 지적재조사법론을 저술하는 작업에서 더 좋은 책을 만들기 위해 노력을 아끼지 않은 이범만 대표님께 깊은 감사를 드린다.

2017년 6월

신월동 연구실에서
김행종

차 례

제1편 | 총론

제2편 | 지적재조사특별법 해설

제11장 보칙   243

제12장 벌칙   248

제3편 ｜ 부록

표 목차

그림 목차

제1편

총론

제1장 토지 및 기본조사의 기초개념

1. 토지의 기초개념

1) 토지의 의미

토지는 인간생활의 가장 기본적인 물적 기반으로서 인간의 모든 활동은 토지 위에서 발생한다. 또한 토지의 제반 속성이 서로 상이하므로 이용수단과 방법에 따라서 다양한 생활근거를 제공할 수 있다. 그러므로 토지는 인류가 생존하기 위한 기초자산이며, 삶을 영위하기 위한 생산활동의 기반을 이루고 있는 것이다.[1]

토지는 보는 각도에 따라 다양한 의미를 지니는 것으로 인식되어지는데 토지를 자연적, 인공적 자원의 총화로서 정의한 미국의 R.Barlowe교수는 "토지에는 수, 빙, 토양 등을 포함한 지표의 모든 것을 포함하며 택지, 농경지, 산림, 광물자원, 수산자원 등을 비롯하여 태양광선, 우, 풍, 기후 및 그 변화 등의 자연현상과 인공 부가물(man-made improvements)을 포함한 개념"[2]이라고 말한다.

토지의 의미[3]를 구체적으로 나누어 살펴보면 ① 삶을 살아가는 장소 및 지표인 공간적 의미, ② 비, 바람 등의 기후조건과 토양, 식생 등의 자연환경을 포함하는 자연적 의미, ③ 자본 및 노동과 함께 생산경제활동에 중요한 기능적 원천이 되는 생산요소적 의미, ④ 주거지, 공원, 휴양지 등으로 이용되는 경우에 있어서 소비재적 의미, ⑤ 이동할 수 없는 특성에 따라 시장, 학교, 공장 등 접근성이 강조되는 위치적 의미, ⑥ 개인의 소유권, 정부의 주권과 소유권

---

1) 김행종, 「지적법론」 (서울 : 부연사, 2009), pp.17-22. 재인용.

2) Raleigh Barlowe, Land Resource Economics : The Economics of Real Estate 3rded. (Englewood Cliffs, N. J.: Prentice-Hall, 1978), pp.9-10.

3) Ibid. pp.10-12 ; William M. Shenkel, Modern Real Estate Principles(Plano, Texas : Business Publications, 1984), pp.30-46.

에 대한 권리와 책임이 뒤따르며 보존수단으로서 비중을 갖는 자산적 의미, ⑦ 유한성에 따른 독점성과 투기성에 연유된 성격을 갖는 자본재로서의 의미 등이다.

이러한 의미들은 크게 자연 자원적 토지와 인위적 자원의 토지로 나눠 볼 수 있는데 여기에서는 후자를 중심으로 정치적, 경제적, 사회적, 그리고 법률적 의미로서 토지에 대하여 살펴보기로 한다. 먼저 정치적 의미로서의 토지는 국민, 주권, 영토와 함께 국가구성의 3요소의 하나로 영토는 영륙, 영해, 영공을 가리키므로 토지는 육지, 바다, 상공을 말한다. 일찍이 2000여년 전 맹자는 "제후들은 토지, 인민, 정사의 3보가 있다"[4]고 하였다. 이는 역사적으로 토지와 정치는 밀접하면서도 상호 의존적인 관계를 유지해 왔음을 알 수 있다.

둘째, 경제적 의미의 토지는 생산의 3요소인 노동, 자본, 토지의 한 요소로서 재화의 생산을 위한 수단으로서 뿐만 아니라 소비재로서 재산의 형태, 특히 재산보유의 수단과 재산증식의 수단으로 인식되고 있다. 공자는 "사람이 있으면 토지가 있고 토지가 있으면 재물이 있다"[5]고 말했다.

셋째, 사회적 의미의 토지는 공공복리와 사회적 성격을 헌법이 어느 정도의 범위까지 인정하느냐에 따라 국가별로 상당한 논쟁이 있다. 이는 토지가 일반 상품과는 달리 시장경제이론에 의하여 그 수급이 효과적으로 이루어질 수 있는 성질의 재화가 아니기 때문이다. 최근 활발히 논의 되고 있는 토지의 공개념[6]에서 토지의 소유와 이용을 분리하여야 한다는 이론도 토지가 갖는 사회성과 공공성 때문일 것이다.[7]

끝으로 법률적 의미의 토지는 단순히 지표만을 의미하지 않으며 일정면적의 지면에 정당한 이익이 있는 범위내에서 상하, 즉 공중과 지하를 포함하는 것이다(민법 제212조). 따라서 토지의 암석, 토사, 지하수, 등 구성물은 토지와 별개의 물건은 아니며, 토지의 소유권은 당연히 이러한 구성물에도 미친다.[8] 그러므로 토지란 자연적 자원으로서 뿐만 아니라 인위적 자원으로서 개인이나 국가가 어떻게 이용하고 관리하느냐에 따라 그 의미가 달라진다고 할 수 있다. 이를 종합하면 토지의 의미는 인위적 자원의 토지를 보다 효율적으로 관리하는데 있어서 필요한 정보원으로써의 의미로 이해된다.

---

4) 林英彦, 「土地經濟學通論」(台北 : 文笙書局, 1991), p.1.
5) 상게서, pp.1-3.
6) 토지의 공개념이란 토지의 공익확보라는 전제하에 토지소유자(공급자)와 잠재적 소유자(수요자)의 권리에 대한 부분적 제한을 의미하며, 이러한 시장 개입과 권리의 제한을 타당하고 정당한 것으로 수용하는 사회적 합의, 내지 가치관을 말한다. 토지공개념연구위원회, 「토지공개념연구위원회연구보고서」, 1989, pp.26-28.
7) 김영모, "토지공개념의 재조명", 「토지연구」, 제3권 제5호, 한국토지개발공사, 1992, pp.31-41.
8) Bruce Hardwood, "Real Estate : An Introduction to the Profession"(Reston Virginia : Reston Publishing Company, 1980), pp.13-14.

2) 토지의 특성

토지는 인간의 삶을 위한 하나의 요건이라는 점과 화폐에 의한 매매거래가 가능하며 인간의 욕구를 충족시켜주는 효용성을 갖고 있다는 사실에서 다른 재화와 같은 성질을 갖고 있다. 그러나 토지는 그가 갖고 있는 자연적 고유성으로 인해 일반재화와는 다르게 몇 가지 측면에서 특성을 갖는다.

이러한 특성은 크게 자연적 특성과 인문적 특성으로 나누어지는데, 전자는 토지가 갖는 본원적인 물리적 특성을 말하는 것이고, 후자는 토지와 인간과의 관계가 성립된 후 나타난 특성으로서 사회의 발전에 따라 다양한 과제를 제기하고 있다.[9]

먼저 토지의 자연적 특성을 살펴보면, ① 토지는 지리적 위치의 고정성 (fixed location in space)이 있다. 한 지역의 토지는 지구에 고정되어 있어 필요한 다른 곳으로 이동될 수 없는 부동성을 갖고 있다. 따라서 어떤 지역은 인구와 시설의 과밀문제가 발생하고 어떤 지역은 과소문제가 일어나는데, 이것은 바로 토지의 이전불가능이라는 비이동성의 속성에 기인하고 있는 현상이다.

② 토지는 영속성(indestructibility)이 있다. 토지는 사용이나 시간의 흐름에 따라 소모나 마멸되지 않는데 이것은 불변성 또는 비소모성이라고도 불린다. 이는 전을 답으로 주택지를 상업지로 용도를 전환한다고 하여도 그 형태와 수익성은 변화하나 토지자체의 본질은 변화하지 않는 영구불멸의 영속성을 갖는다.

③ 토지는 비생산적인 부증성(unproductivity)이 있다. 토지는 그 절대양이 부족하여도 노동생산재처럼 공장에서 생산을 할 수 없으며, 다른 재화처럼 외국에서의 수입도 불가능하다. 따라서 이러한 공급의 한정성은 토지의 가치가 희소성을 갖는 근거를 마련해준다.

④ 토지는 개별성(heterogeneity)을 갖는다. 물리적으로 보아 토지는 동일한 것이 있을 수 없다는 특성으로 비대체성, 비동질성이라고도 한다. 이는 토지의 위치, 방위, 형상, 면적, 지반 등을 복합적으로 본다면 개별성의 특성은 절대적인 개념이다. 이외에도 토지가 갖는 자연적인 특성으로는 토지가 계속적으로 연결되어 존재한다는 연결성 또는 인접성이 있다. 그리고 농작물을 경작할 수 있는 가경성과 농작물이 배양될 수 있는 배양성이 있으며, 각종 물품을 적제하고 인간이 활동할 수 있는 장소로서의 적재성 등이 있다.

두 번째, 인문적 특성을 살펴보면, ① 토지는 이용용도의 다양성(variety of land uses)이 있다. 토지의 용도는 1차산업용지, 2차산업용지, 3차산업용지, 주거용지, 공공용지 등으로 다양하게 이용되며 그 이용은 2가지 이상의 용도가 동시에 경합한다. 또한 어떤 용도에서 다른 용도로 전환도 가능하다. 따라서 토지를 이용함에 있어서 각종 규제가 대두하게 되면 용도의

---

9) Alfred Ring and Jerome Dasso, Real Estate Principles and Practices, 8th ed(New Jersey : Prentice Hall, 1977), pp.7-9 ; 林英彦, 前揭書, pp.3-6.

다양성도 역시 이러한 규제안에서 제약을 받게 되므로 정부는 제한된 토지를 최유효의 이용이 될 수 있도록 하여야 한다.

② 토지는 병합, 분할의 가능성(possibility of annexation and partition)이 있다. 토지는 이용주체의 편의에 따라 구획 이용되고 구획된 토지는 다시 용이하게 병합할 수 있다. 이 이론은 용도의 다양성을 지원하는 원칙으로 효과적으로 토지의 병합과 분할을 행하여야만 토지의 최대유효이용이 기대된다.

③ 토지는 사회적, 경제적, 행정적 위치의 가변성이 있다. 즉 토지는 자연상태 그대로는 불변이지만 인간의 사회적, 경제적, 행정적 위치는 가변적인 특성이 있다. 먼저 사회적 위치의 가변성은 사회적 환경의 변화, 즉 쾌적한 주거환경이 악화 또는 슬럼화 되거나 과밀화 또는 그 반대가 되는 경우 및 공장의 전입, 공원, 학교 등 공공시설의 이전 및 신설 등으로 인한 사회적 환경의 악화, 인구상태와 가구구조의 변화 등에 의한 토지수요의 변동 등을 들 수 있다. 그리고 경제적 위치의 가변성은 교통시설의 신설, 확장, 개선 등과 경제성장, 소득증대, 경기순환 등으로 인한 토지수요 및 유용성의 변동을 들 수 있다. 마지막으로 행정적 위치의 가변성은 토지에 대한 정부의 정책, 행정 등의 변동으로 그것이 가격에 영향을 미쳐 위치가 변화하는 것을 말하는 것으로 국토 및 도시계획의 변경, 토지제도, 토지세제, 거래규제 등을 들 수 있다. 또한 토지를 개발하고 이용함에 있어 공공의 이익에 부합하도록 법제화하고 있으며, 이러한 토지의 이용행위제한은 날로 증가 추세에 있다.

④ 기타의 특성으로 소수학자의 견해에 따르면 효율적 이용능력에 의해 영향을 받는 희소성과 대지와 건물에 투자한 비용의 횟수까지 많은 기간이 소요되는 투자의 고정성, 그리고 타상품에 비하여 단위도 크고 가격이 비싼 고가성 등이 있다.

3) 토지의 중요성

앞에서 살펴본 바와 같이 토지를 구성하는 자연적 요소들은 흙, 모래, 돌, 바위, 물 등이다. 그리고 토지의 상하간의 위계로 보면 지표와 지하로 나눌 수 있으며, 형태상으로는 산지와 평지, 내륙과 해안 및 도서 등으로 나눌 수 있다. 또한 토지는 인간이 어떻게 이용하느냐에 따라 주거용지, 생산용지, 상업용지, 공장용지, 보전용지 등으로 구분된다.

이는 토지소유자의 성격에 따라 민간토지와 공공토지로 구분될 수 있으며, 민간토지는 개인과 기업 및 민간단체들이 소유하고 있는 토지이고 공공토지는 국가나 지방자치단체 또는 기타 공공단체가 갖고 있는 토지를 말한다.

여기서 토지가 갖고 있는 중요성을 크게 네 가지 측면으로 나누어 살펴볼 수 있다. 먼저 자연생태계의 측면에서의 중요성이다. 토지는 만물이 영장하는 서식의 기반이라는 점에서 그 중요성이 있다. 지구상의 모든 동물과 식물은 토지위에 발을 붙이거나 뿌리를 내려 생존을 영위해 가며, 그들의 삶의 터전도 토지에 정착시키고 있는 것이다.

또한 생명체의 생명을 유지케 하는 원천으로서의 영양분이 토지로부터 창출된다는 사실이다. 자연생태계가 먹이사슬에 있어 육식동물은 초식동물을 먹고 살고 초식동물은 녹색식물을 먹고 살게 되며, 녹색식물은 바로 토지에 그 뿌리를 내려 서식하면서 토지로부터 수분과 양분을 빨아들여 성장하게 되는 것이다. 그러므로 토지가 없으면 모든 생물체는 존재할 수 없는 공허한 우주가 되고 말 것이다.

둘째는 인간사회적 측면에서의 중요성이다. 토지는 인간들이 사회활동과 생산활동을 하는 데 필요한 절대적 요건이라는데 그 중요성이 있다. 인간은 토지위에서 본능적 욕망에 따라 자신의 생존과 종족의 유지를 위해 활동하고 보다 더 풍요로운 삶을 추구하고자 재화를 생산하고 운반하여 이를 거래하며 삶을 영위한다.

이러한 인간의 생존활동과 생산활동 및 이동활동은 반드시 토지를 기반으로 하여 이루어지게 되는 것이다. 즉, 인간의 제활동을 위해 필요한 주택과 공장 등을 위시한 모든 건물과 이동에 필요한 도로, 공항, 항만, 철도 등의 정착물이 모두 토지위에 건설되는 것이다.

셋째는 재화가치적 측면의 중요성[10]이다. 토지는 재화의 중요성을 판단하는 필요성, 대체가능성, 상대적 희소성 등의 기준에 의해 판단할 때 최상급의 중요성을 갖고 있다. 즉, 토지는 생존재이며 대체가 불가능재이다.

그리고 토지는 총량 면에서 거의 변동이 없고 공급량이 일정한 반면에 인구와 활동량이 늘어남에 따라 토지수요량은 계속 증가하는 추세이기 때문에 토지총량의 상대적 희소성이 높아지고 있다. 또한 토지는 위치가 변하지 않기 때문에 위치에 의해 크게 영향을 받는 용도의 토지는 그 상대적 희소성이 더욱 높아지고 있다.

넷째는 국가 관리적 측면에서의 중요성이다. 토지는 국토 또는 영토라는 말과 같은 뜻으로 사용되고, 국가를 형성하는 요소의 하나로서 그 중요성이 있다. 하나의 국가는 국민과 주권, 그리고 국토라는 3개의 요소로 구성되며, 여기서 국토는 국민과 주권이 존립할 수 있는 터전이 된다는 점에서 보다 근원적이고 절대적임을 알 수 있다. 따라서 국가는 자체의 안전 및 국민의 행복이 영위될 수 있도록 관할하는 토지를 적절하게 유지 및 관리해야 한다. 이와 같이 토지는 어느 재화보다도 인간에게 소중한 재화이므로 토지의 소유, 이용, 개발, 관리 등의 문제는 중요한 연구대상이 되고 있다.

---

10) 김윤상, 「토지정책론」(서울 : 법문사, 1991), pp.19-21.

2. 토지조사의 기초

1) 토지조사의 의미

토지조사의 의미는 토지에 관한 각종 상황에 대해 분석 및 파악하는 것이라고 정의할 수 있다. 여기서 토지와 각종 상황을 어떻게 해석하고 이해하느냐에 따라 토지조사의 내용과 범위가 달라지게 된다.[11]

우선 토지를 단순히 육지로 한정할 경우와 육지 및 그 부속한 섬, 그리고 공유수면 등을 포함할 경우에 조사대상은 달라진다. 일반적으로 토지조사의 대상은 세월이 흐르면서 확대되어 왔는데, 영토안의 지표 및 해면을 포함해가는 추세이다.

토지의 경우에는 단순히 지표만을 조사대상으로 할 것인가, 아니면 지표는 물론이고 지하 및 지상까지 조사대상으로 할 것인가가 문제가 된다. 분명한 것은 토지이용활동이 입체화 될수록 토지조사의 범위가 수평적인 지표면의 조사뿐만 아니라 입체적인 조사로 확대되어 가는 경향이 있다는 점이다.

따라서 토지조사의 대상인 토지의 상황과 토지의 상태, 토지의 범위도 고정적이지 않고 변화되고 있다. 과거에는 유형적인 사항의 토지조사가 강했는데, 현재는 무형적인 토지조사도 매우 중요시되고 있다. 즉, 토지조사의 대상 항목이 점점 확대되어 가는 경향이 있다.

토지조사는 토지의 현황과 상황 등에 대한 사회적인 조사와 기록 등을 하는 것인데, 지금까지는 유형적인 사항들을 중심으로 토지조사가 이루어져왔다고 본다.

그러나 오늘날 공간정보화와 연계하여 점차 다양한 조사방법과 조사내용으로 토지조사의 범위가 확대 및 구체화되고 있다. 초장기 토지조사는 주로 경계의 정확성에 초점을 두고 세금을 부과하는 등에 초점을 두었는데, 점차 토지의 이용이 입체적, 공간적 측면에서 체계화 및 확대되면서 그 중요성이 증대되고 있다.

2) 토지이용현황의 조사

공공 및 각종 사업 지구내 편입되어 취득할 토지의 평가는 지적공부상의 지목에 불구하고 가격시점에 있어서의 현실적인 이용상황에 따라 평가하도록 되어있다. 필지별로 토지현황조사를 실시하여 현실적인 이용 상황 및 실제면적 등을 조사하여 지적공부상의 지목 및 면적과 일치하는지를 대조 확인하여야 한다.[12]

---

11) Alfred A · Ring, *Real Estate Principles and Practices*(N.J.: Prentice-Hall, Inc.,1972), pp.2-4.
12) 토지대장 또는 임야대장상 지목은 "전"이나 실제로 "답"으로 이용되고 있는 경우 등이다.

토지이용의 현황은 지적공부상의 지목에 불구하고 가격시점에 있어서의 당해 토지의 주위환경이나 공법상 제한정도 등으로 보아 일반적으로 인정이 가능한 범위의 현실적인 이용 상황을 조사하여야 하며, 일시적인 토지이용의 상황은 고려하지 아니한다.

토지는 필지별로 조사함을 원칙으로 하는데, 연속된 여러 필지가 동일한 목적으로 이용되는 있는 때에는 이를 동시에 조사한다.

또한 토지는 국토의 계획 및 이용에 관한 법률 등에 의하여 용도지역, 지구, 구역으로 나누어져 있고, 각종 토지규제관련법령에 의하여 토지의 이용이 제한되고 있다. 이러한 제한이 가격형성에 미치는 영향이 매우 크기 때문에 토지이용계획확인서 등으로 당해 토지의 용도지역 등과 행위제한의 여부를 조사 및 확인한다.

3) 토지이용현황도면의 작성

토지이용현황을 조사한 때에는 토지이용현황도면을 작성하고 전경사진을 충분히 촬영한다. 토지이용현황의 조사를 마친 때에는 지적공부상의 지목과 현실적인 토지이용의 상황 등을 대조하여 확인하고, 다른 필지에 대하여는 토지현황상의 지목조서를 작성하여 지방자치단체에 형질변경허가 여부 등을 조회한다.

4) 토지이용현황의 측량

토지이용현황에 대한 제반 적법성여부를 확인하여 토지이용현황도 및 상이한 지목조서를 수정한 후 이를 첨부하여 지적공사 등에 현황측량 의뢰한다. 현황측량시에는 토지이용현황조사 담당자가 반드시 현장에 입회하여 토지이용현황별 구획기준 및 보상업무의 특수성 등을 충분히 설명하는 등 현황측량 업무에 적극적으로 참여한다. 현황측량성과품이 제출되면 현황이상이지번과 현황면적 등을 최종확정하여 필지별로 토지조서의 입력을 완료하고, 현황상이지번에 대하여는 토지의 이용현황조사서를 작성한다.

5) 불법형질변경의 토지조사

토지의 형질변경이라 함은 토지의 외형 또는 용도를 변경하는 행위를 뜻하나 그 내용 및 법위나 정도가 확정된 개념이 아니므로 "불법형질변경"의 의미는 각 개별법에서 정하고 있는 형질변경의 제한규정을 위반하여 형질 변경한 것을 의미한다.

불법이라 함은 관계법령에 의하여 허가나 승인을 받고 형질 변경하여야 할 토지를 허가나 승인을 받지 아니하고 형질 변경한 경우이다.[13]

현황상의 지목토지에 대하여는 형질변경허가여부 조회결과, 형질변경시점, 형질변경이 일시적 이용상황인지 여부 등을 확인하여 적법성여부를 판단하며, 불법형질변경토지에 대하여는 형질 변경될 당시의 이용상황을 조사 및 확인한다.

6) 무허가건축물부지의 조사

무허가건물이란 건축법 기타 관계법령에 의하여 허가를 받거나 신고를 하고 건축하여야 하는 건물을 허가를 받지 아니하거나 신고하지 아니하고 건축한 건물을 말한다. 무허가건물 등의 부지는 현황평가의 예외로 당해 토지에 무허가건물 등이 건축될 당시의 이용상황을 상정하여 평가하기 때문에 무허가건물 건축당시의 이용상황을 조사한다.

무허가건축물부지는 당해 건축물이 1989년 1월 24일 이전에 건축된 경우에만 그 현황을 대지로 인정하며, 기본조사단계에서 무허가건물의 발생시기가 확인되지 않을 때에는 공부상의 지목과 현황이 일치하는 것으로 분류한다. 그리고 이 경우 건축시기의 판단은 다음 각호의 방법[14]에 의한다.

무허가건물이 1989년 1월 24일 이전에 건축된 경우라 할지라도 부지면적은 건축면적, 인근지역의 공부상 대지 또는 공장의 표준적인 획지면적, 실제 토지이용상황 등을 감안하여 적정규모로 구획하여 감정평가의뢰시 제시한다.

적법한 형질변경을 수반하지 않은 가설건축물 부지는 지방자단체에 가설건축물의 축조신고 또는 축조허가시 조건사항 등을 조회하여 존치기간의 설정여부를 확인하고 존치기한부 가설건축물은 그 축조상태를 일시적인 상황으로 본다.

지적공부상 지목이 대지 또는 장이라 하더라도 건축물이 없는 나지상태, 텃밭, 야적장 등으로 사용하고 있거나 축사, 골프연습장 등이 소재하고 있는 경우라면 그 주변상황 등을 참작하여 일시적인 상황인지를 판단하여야 한다.

지적공부상 지목이 대지인 토지로서 그 전부가 아닌 극히 일부를 다른 용도로 사용하고 있을 때에는 그 다른 용도로 사용하는 부분은 대체로 일시적인 상황으로 볼 수 있다.

가옥과 축사가 혼재된 경우로서 농어촌 주택내의 일반적인 소규모 축사로 볼 수 없다면 당해 축사 부지를 별도 구획하여 목장용지 또는 잡종지로 분류하며, 일단의 공장부지내 기숙사·관리사 등이 있더라도 이는 원칙적으로 대지로 보아서는 안 된다. 현실적 토지이용현황을 잡종지로 분류할 경우에는 그 용도를 반드시 구체적으로 병기한다.

---

13) 도시지역은 국토계획법, 농지는 농지법, 산지는 산지관리법, 산업단지는 산업입지법, 택지개발예정지구는 택지개발촉진법, 전원개발사업구역은 전원개발에관한특례법 등이다.
14) 다음은 1) 1989.1.24 직전 촬영한 항측도면 또는 사진, 2) 1989.1.24 이전부터 당해 건물에서 주민등록을 필하고 거주해 온 사실, 3) 기타 공공기관에서 발급한 자료에 의하여 1989.1.24 이전부터 조사대상 건축물이 소재하고 있었음이 객관적으로 증명되는 경우 등이다.

7) 도로부지의 조사

도로란 사람과 차량, 사람 또는 차량만이 통행할 수 있도록 만들어진 길로 도로법에서는 도로를 일반의 교통에 공용되는 도로로서 고속국도, 일반국도, 특별시도, 광역시도, 지방도, 시도 및 군도와 구도를 말한다. 그리고 도로와 일체가 되어 그 효용을 다하게 하는 시설 또는 공작물을 포함하는 것으로 정의한다.

현황이 도로인 때에는 현지조사를 거쳐 사도법상의 사도와 사도외의 도로로 구분하되, 후자의 경우에는 도로법상의 도로, 관습상도로, 임도 등 그 현황을 구체적으로 조사하여 기록한다.

지적공부상 도로로 구분되어 있지 아니한 상태에서 사실상 통행에 이용되고 있더라도 소유자의 의사에 의하여 법률적, 사실적으로 통행을 제한할 수 있는 정도의 일시적인 경우에는 이를 도로로 보지 않는다.

현황종합도와 현지상황을 토대로 용지도상에 도로구획 등 현황을 표시하였더라도 현황측량 결과에 따라 실제 저촉되는 필지가 다를 수 있으며, 필요한 경우 이와 같은 내용을 측량의뢰시 표시해 주도록 한다.

도로인 토지에 대하여는 현황도로조사표를 작성하여 이후 감정평가업자에게 제시하여야 하며, 새마을사업 등으로 설치된 도로는 미불용지의 평가기준을 준용하여 당해 새마을사업시행 당시의 이용상황을 고려하여 평가하되 개발이익을 배제하도록 한다.

8) 미불용지의 조사

미불용지라 함은 이미 공공사업용지로 이용하고 있는 토지로서 보상이 완료되지 아니한 토지로 종전에 시행된 공익사업편입용지로서 보상이 지급되지 아니한 토지이다.[15]

현지조사 후 토지이용현황이 도로·하천 등 공공시설로서 사유지 또는 소유자불명인 토지에 대하여는 종전 공공사업의 성격, 시행자. 소유자, 미보상 동기 등 관련 자료를 수집한다. 그리고 관계기관에 종전의 공공사업에 대한 사업명칭과 보상금의 지급여부 등을 조회하여 미불용지 여부를 조사한다.

미불용지에 대하여는 현재의 이용상황과 종전의 공공사업에 편입될 당시의 지목·지형·지세·면적·도로와의 접근정도, 이용상태 등을 함께 기록한다. 미불용지에 대한 평가를 의뢰하는 때에는 대상토지가 미불용지임과 조사내역을 명시하여 의뢰한다.

---

15) 일제 강점기하에 강제시공, 군사작전도로, 소유자불명토지, 보상금수령거절토지, 사용승락을 받아 시공후 미보상 토지 등이다.

9) 구거 및 도수로부지의 조사

구거란 용수·배수를 목적으로 하여 일정한 형태를 갖춘 인공적인 수로 및 그 부속시설물의 부지와 자연의 유수가 있거나 있을 것으로 예상되는 소규모 수로부지로 도랑, 용수로, 배수로, 도수로, 소규모 하천을 포함한다.[16] 관행 용수권과 관련하여 용·배수를 목적으로 하여 일정한 형태를 갖춘 인공적인 수로 및 부속시설물의 토지는 도수로부지로 조사한다.

10) 하천구역에 편입된 토지조사

하천이라 함은 일반적으로 강이나 시내와 같이 물이 흐르는 토지로서 지적관계법은 자연의 유수가 있거나 있을 것으로 예상되는 토지라 한다. 하천법은 공공의 이해에 밀접한 관계가 있는 유수의 계통으로서 그 수계의 하천구역과 하천부속물을 포함하는 대통령령으로 그 명칭과 구간이 지정된 것을 의미한다.[17]

하천법 제2조 제1항 제2호 가목에 해당되어 하천구역으로 된 토지 및 하천의 직선화 공사 등으로 인하여 하천구역에 편입된 토지에 대하여는 하천에 편입될 당시의 지목, 실제용도, 지형, 지세, 면적 등을 조사한다.

하천에 연접한 토지로서 지목 또는 이용현황이 하천인 사유지에 대하여는 하천구역의 편입 여부 및 보상여부 등을 하천관리청에 조회하여 미불용지의 해당 여부를 검토한다. 법정하천[18]이 아닌 자연적으로 포락된 사유지는 현황을 하천으로 조사한다.

다만, 주위사정 등으로 보아 특별히 복구하여 원상회복이 예상되는 때에는 종전 현황대로 조사하되, 원상회복에 소요되는 비용을 공제하고 평가할 수 있도록 적절한 조치가 필요하다.

11) 공법상 제한받는 토지조사

공법상의 제한 중 일반적 제한[19]을 받는 토지는 그 제한의 내용을 구체적으로 조사한다.

1필지의 토지가 2개 이상의 용도지역 등으로 구분되는 경우에는 현황측량 등의 방법으로 용도지역별로 면적을 구분산출하며, 1필지의 토지가 2개 이상의 용도지역 등이 중복되는 경우에는 그 용도지역 등을 모두 조사기록 한다.

공법상의 제한중 개별적 제한[20]을 받는 토지는 감정평가 시 공법상 제한이 없는 것으로 의

---

16) 지적관계법상 물과 관련된 토지로 하천, 구거, 유지, 수도용지 등이다.
17) 하천법상 국가하천, 지방1급하천, 지방2급하천, 보통하천으로 구분한다.
18) 하천법 제2조의 규정에 의거 하천의 지정이나 구간으로 지정된 하천
19) 제한을 가한 그 자체로서 목적이 완성되고 구체적인 사업의 시행이 필요하지 아니한 계획제한
20) 구체적인 사업의 시행이 필요로 하는 사업제한으로 당해 공공사업의 시행을 직접 목적으로 가

뢰할 경우에도 그 내역은 조사하여 부기한다.

12) 개간지의 조사

국가 또는 지방자치단체 소유의 토지를 제3자가 초지·과수원 기타 농경지 등을 조성할 목적으로 개간(매립·간척 등을 포함)을 행한 토지에 대하여는 개간에 소요된 비용만을 따로 평가하여 보상의 대상으로 하므로 당해 토지의 관리청에 개간 인허가 등의 유무와 점용기간 등 구체적인 허가조건 등을 조회한다.

개간비는 개간을 행한 자가 조사(보상)당시에도 실제 점용하고 있는 경우에만 보상하면, 다음 각호의 1의 경우에는 보상대상에 해당하지 아니 하므로 이와 관련한 자료 등을 충분히 조사한다.[21]

개간허가 등을 득한 경우라 하더라도 개간허가면적을 초과하여 경작하는 면적과 허가 면적 중에서 경작을 하지 아니하고 있는 면적에 대하여는 개간비 지급대상면적에서 제외한다.

13) 저수지부지 등 조사

저수지는 상수도용, 수력발전용 또는 관개용의 물을 하천이나 계류에서 끌어들여 잡아둘 목적으로 만들어 놓은 못, 저수지부지는 이용상황을 유지로 표기하고 지번별로 사진촬영 하되, 다음 사항을 조사하여 적절한 평가조건을 제시한다.[22]

저수지의 시설은 저수지뿐만 아니라 제방 기타 부대시설을 포함하며, 저수지시설의 보상시 국가 또는 지방자치단체의 보조가 있는 경우 이를 공제하게 되므로 보조금 지급여부 등을 조사한다.

14) 선하지의 조사

토지의 지상공간에 전선이 통과하고 있는 토지를 의미하며, 선하지에 대하여는 다음 각호의 사항을 조사하여 감정평가의뢰시 토지이용의 저해에 따른 적절한 감가가 이루어지도록 조치한다.[23]

하여진 제한이나 당초의 제한 목적과 다른 목적의 공공사업에 편입된 경우를 포함한다.
21) 개간을 행한 자가 실제로 점용하고 있지 아니한 경우, 개간허가 등의 조건대로 이용하고 있지 아니 하거나 허가조건대로 준공검사 및 지목변경 등을 하지 아니한 경우, 사업지구 편입당시 경제성 결여 등의 사유로 이미 점유사용하고 있지 아니한 경우 등이다.
22) 저수지와 몽리답이 함께 편입된 경우, 사실상 용도폐지된 저수지로서 그 부지가 편입될 경우, 몽리답의 전부 또는 일부만 편입된 경우 등이다.

철탑이 설치된 토지는 그 설치면적과 지상권존속기간 등을 조사해 두었다가 감정평가 의뢰 시 토지사용제한에 따른 적정한 감가가 이루어질 수 있도록 조치한다.

선하지(지하에 송수관, 송유관, 가스관 등이 매설된 토지를 포함)는 관리청으로부터 자료를 제공받아 용지도상에 그 저촉구간(선로)과 철탑 등의 위치를 표시하고 목록을 작성하여 관리한다.

3. 기본조사의 기초

1) 기본조사의 의미

기본조사는 사업계획의 수립 및 보상 업무 전반에 대하여 기초재료로 활용하기 위하여 보상대상 물건을 조사하는 기본이 되는 작업으로 사업지구에 편입되는 토지, 토지위에 정확한 물건, 영업, 광업 등 각종 권리조사, 거주자 조사, 이주대책의 수립에 필요한 사항 등 보상과 관련된 전반적인 사항에 관한 조사를 말한다.

2) 기본조사의 중요성

기본조사는 보상절차 중 가장 중요한 작업으로 기본조사가 잘못되면 향후 보상업무 수행과정에서 여러 가지 부작용을 초래한다.

보상대상이 되지 않는 물건을 보상대상에 포함한다든지 조사사항에 오류 또는 조사하여야 할 사항의 누락 등 잘못된 기본조사가 이루어지면 보상대상자의 반발로 과도한 민원발생은물론 사업비증가, 사업기간 지연 등 공익사업수행에 큰 영향을 미치므로 기본조사는 사업시행의 시작이자 끝이라 해도 지나지지 않은 정도로 중요하다.

또한 기본조사는 보상대상여부의 확정, 보상의 적정성 확보, 피보상자간의 형평성 문제 등으로 매우 중요한 사항이므로 사전준비를 철저히 하여 세심한 조사를 요구한다.

3) 기본조사자의 자세

기본조사의 담당자는 보상업무 전반에 관한 사항을 숙지하고 보상관계법령, 민사관계법규

---

23) 통과전압의 종별 및 송전선의 높이, 선하지부분의 면적 및 획지내에서의 통과위치, 건축 및 기타 시설의 규제정도, 구분지상권의 설정유무, 철탑 및 전선로의 이전가능성 및 그 난이도, 고압선이 심리적·신체적으로 미치는 영향정도, 장래 기대이익의 상실정도, 기타 이용상의 제한정도 등이다.

및 보상실무에 관하여 충분한 지식과 경험을 축적하는 한편, 친절하고 진지한 자세로 주민을 대함은 물론 공정하고 객관성, 일관성 있는 기분으로 성실하게 조사를 하여야 한다.

편입지역주민은 지역에 따라 도시형마을, 이주민촌, 집성촌, 부촌, 빈민촌 등 다양하기 때문에 주민과의 공감대형성을 어떻게 이끌어 낼 것인가에 주의해야 하며, 전체주민을 모아 설명회를 개최할 것인가, 개별접촉을 할 것인가의 결정도 중요하다.[24]

4. 기본조사의 절차

1) 사전준비

기본조사 및 보상업무에 착수하기 전에 미리 지역주민에 대한 사업설명회 개최 및 개별통지, 보상 안내책자의 배포 등으로 공공사업 및 보상 등에 관하여 충분히 안내한다.

기본조사를 위한 타인토지에 출입하고자 하는 경우 관계법령의 규정에 따라 미리 토지소유자 또는 점유자나 관리인에게 그 일시와 장소를 3일전에 통지한다. 한편, 출입허가 및 증표를 발급 받아 반드시 휴대토록 하고, 소유자 또는 점유자의 요구가 있을 때에는 이를 제시한다.

기본조사를 착수하고자 하는 때에는 사업지구의 구역별 개황과 특성, 조사대상 물건의 누락 및 중복 방지대책, 각종 서식의 기재요령, 민원방지대책, 타인토지 출입과 관련한 피보상자와 마찰시의 행동요령 및 대응논리 기타 필요한 조사지침을 마련하여 조사 참가자에 대한 자체교육을 실시한다.

기본조사담당자의 성향 및 가치관에 따라 유사한 사안에 대한 견해 및 조사기법이 각각 다를 수 있고, 이는 상대적 민원발생요인이 되므로 유사사안별로 공통적인 처리지침 등을 마련한다.

기본조사에 임하는 때에는 다음 각조의 준비물을 충분이 준비하고 복장은 주민에게 단정한 인상을 주도록 가능한 한 간편하고 단정한 복장으로 통일한다.[25]

---

24) 도시형 마을은 설명회 개최 후 개별접촉하며, 집성촌 마을은 이장 또는 영향력 있는 주민과 공감대 형성 후 설명회 개최한다.

25) 준비물은 도면은 담당구역별 용지도와 지형지적도, 조사서양식, 측량도구은 줄자, 삼각자, 스케일, 계산기 등, 촬영도구는 카메라, 필름, 촬영설명판(칠판) 등, 표시도구 및 필기도구는 표시용 스프레이, 병매직, 기타 필기도구, 기타는 말목 및 타설용 망치, 안내문, 면장갑, 장화 등이다.

2) 기본조사계획의 수립

기본조사에 착수하고자 하는 경우에는 미리 사업지구면적, 보상대상물건의 분포 및 수량, 주민동향 등을 감안하여 구역세분, 구역별 인원배분, 조사기간, 일정별 조사항목 등에 관한 세부내용과 소요예산, 기타 필요한 사항에 관하여 기본조사계획을 수립한다.

3) 지적도 발급 및 지번추출

사업지주가 고시되면, 즉시 지적관서에 지적도(임야도)발급을 의뢰하여 발급받은 지적도를 기초로 사업지구내 편입도인 모든 필지에 대하여 지번을 추출하여 행정구역별 지번순으로 정리한다.

지번 추출시에는 도면에 색칠하는 방법 등으로 필지별로 대조하여 지번누락이 없도록 각별히 유의하되 의문시 되는 지번에 대하여는 패쇄지적도 등을 발급받아 분할 또는 합병과정을 확인하여 당해지번의 존재여부를 규명하여야 한다.

4) 용지도의 제작

용지도는 지적도 또는 지형도에 사업지구의 경계[26]를 표시하여 한국국토정보공사 등에 제작을 의뢰한 후 성과도면이 납품되면, 이를 지적도와 정밀 대사하여 작성오류 등이 발견되면 수정을 요구한다.

용지도가 최종 완성되면, 지적도상의 지구계와 지번추출자료 등을 토대로 지구계를 확정한다.

5) 토지조서의 작성

토지조서를 작성하는 경우에는 미리 추출된 지번을 토대로 토지 및 임야대장을 발급받아 필지별 지목과 면적을 확인하고, 등기부 등본을 발급받아 제반 권리관계(소유자 및 관계인, 소유형태 및 공유지분 등)을 확인하여 토지조서에 입력한다.

지구계가 분할되기 전이 경우로서, 지구계에 걸쳐 있어 분할이 예상되는 토지의 면적은 구적면적에 의하되, 편입면적이 사업인정고시(세목고시) 면적에 미달되지 않도록 충분히 구획한다.

토지대장, 임야대장, 지적도, 임야도, 등기부등본 등 각종 공부상 등재된 사항이 일치하지 않는 경우에는 사안별로 목록 및 내역을 작성해 두었다가 구대장이나 구등기부등본 등을 발급받아 그 원인을 규명한다.

또한 이를 미등기, 미분할 등기, 미합병 등기, 미등록전환등기, 중복등기, 일본인 명의토지,

---

26) 매수청구대상 잔여지, 추가 편입이 예상되는 토지를 포함한다.

무등록 토지, 경계불부합 토지 등 정리대상 항목별로 분류하여 별도 처리방안을 강구한다. 그리고 토지이용현황이 조사되기 전까지는 공부에 의하여 작성된 토지조서를 관련 인허가 자료로 사용한다.

6) 관련공부 및 자료의 발급

관련공부 및 자료는 가능한 한 기본조사 착수 전에 일괄발급을 추진한다. 발급 대상물건의 소재지나 대상자를 구체적으로 제시하지 않고 사업구역내 전체 수량에 대한 일관발급이 어려운 경우가 있으므로 관련기관에 대규모 공공사업의 특수성 등에 관한 충분한 설명 등 적극적으로 업무를 추진하되 필요한 경우에는 기본조사이후 발급대상 목록을 확정하여 발급을 받도록 한다.

7) 지구계의 분할

지구계의 분할 업무는 사업인정고시가 있은 후 15일 이내에 지적소관청(지적공부를 관리하는 시·군·구)에 우선 사업 착수신고를 하여야 하며, 이후 분할측량 성과도면이 완성되면 즉시, 토지이동신청을 하도록 한다. 지구계분할로 인한 면적증감은 차기인허가변경시 분할이 확정된 면적을 반영하여 고시할 수 있도록 별도 조치하여야 한다. 지구계의 분할로 인하여 지번·면적 등이 변경된 때에는 변경된 지번 및 면적으로 토지조서를 수정하고, 비고란에 변경전 토지의 일련번호 및 지번 등을 부기토록 한다.

5. 기타조사의 내용

1) 지장물의 조사

(1) 일반적인 조사방법

보상목적물로 편입된 보상대상 구역내 존속하고 있는 모든 건물·공작물·시설·입죽목·농작물 기타 모든 물건 등에 대하여 위법성의 여부와 관계없이 모두 현황 실측·조사한다.

지붕과 벽이 구분되지 않더라도 지상에 정착한 비닐하우스 또는 이와 유사한 가설건축물이나 지붕의 형태를 갖추고 있는 차양 등의 공작물과 토지상에 정착하지 않았더라도 그 기능으로 보아 건축물의 역할을 하는 컨테이너 등 이동식 건물도 건축물에 준하여 조사한다.

조사대상 물건 중 당해 공공사업의 수행을 위하여 직접 필요로 하지 아니하여 철거·이전이 불가피한 지장물에 대하여도 조사하고 존치·보존할 물건에 대하여는 존치 및 보존에 관한 사항 등도 조사한다.

조사대상물건의 조사는 용지규정시행세칙 제 16조 3항 제2호의 규정에 의한 지장물건조사서를 작성하는 방법에 의하되 동종의 물건별로 일련번호를 부여하여 도상에서 이를 확인할 수 있도록 한다.

(2) 건축물의 조사

건축물의 조사는 건축법 제2조의 규정에 의한 건축물[27]을 대상으로 조사하되 가설건축물·이동식건축물·비닐하우스 기타 공작물도 건축물에 준하여 조사한다.

지장물건조사서는 소유자별로 조사하여 1물 1건으로 작성함을 원칙으로 하되, 복합부동산이거나 부속건축물 등 수개의 건축물이 일단으로 이용되는 건축물에 대하여는 1건의 조사서를 작성한다. 다만, 공부상 또는 담장 등의 경계로 명확히 구분되거나 실제 이용 상황이 명확히 구분되는 경우에는 구분하여 각각 작성한다.

건축물의 소재지는 건축물 대장 등 각종 공부상에 등재된 소재지 또는 주소지에 불구하고 지적도나 용지도에 의하여 확인된 실제 소재지번으로 기록한다. 건물등기부등본·건축물대장·소유자의 주민등록지 기타 각종 공부상에 등재된 소재지와 다른 경우에는 이를 부기한다.

건축물이 2필지 이상에 걸쳐있는 경우 공부상의 지번 등 주된 지번을 대표지번으로 선정하여 00번지 외 0으로 표기한다. 물건의 소유자는 등기부상의 소유자로 기록하는 것은 원칙으로 하는데, 건축물대장 등 다른 공부상의 소유자와 다른 경우에는 이를 부기한다. 다만, 미등기 또는 무허가 건물 등인 경우에는 건축물 대장, 과세대장, 건축허가서 기타 정당한 소유자임을 주장하는 자가 제시하는 자료 또는 현거주자·인근주민 등의 진술을 토대로 이를 기록한다.

공유 또는 구분소유의 경우에는 그 내역을 조사하여 기록하고 소유자가 변동된 경우에는 조사시준일 현재를 기준으로 조사하되, 그 내역을 부기한다. 건축물의 종류는 이용 상황이 극히 일시적인 경우를 제외하고는 당초 건축목적에 불구하고 현실적이고 객관적인 실제 이용상황을 조사 기록한다. 두가지 이상의 용도로 겸용하고 있는 경우에는 주용도를 기준으로 기록하되 부수되는 용도 및 용도별 면적비율 등을 부기한다.

건축물의 구조는 외벽의 골격을 이루는 건축자재와 지붕의 형태 등을 조사하는 것으로 하나의 건축물에 속한 동종의 구조부중 부분적으로 다른 자재를 기준으로 기록하되 혼용비율 등을 부기한다. 외벽면은 그 주된 골조 외에 다양한 형태의 복합구조를 이루고 있는 사례가 많으므로 물건에 대한 내역 작성 시 가능한 한 그 구조를 정확히 알 수 있도록 표현한다.

건축물의 면적은 공부상의 면적에 불구하고 현지실측에 의한 실제면적을 기록하되 공부상의 면적과 차이가 있는 경우에는 공부상의 면적과 증축내역 등을 부기한다. 이 경우 실제면적

---

27) 토지에 정착하는 공작물 중 지붕과 기둥 또는 벽이 있는 것과 이에 부수되는 시설물, 지하 또는 고가의 공작물에 설치하는 사무소·공연장·점포·차고·창고 등

을 현지 실측한 때에는 검측이 가능하도록 별지 서식에 의한 평면도로 작성한다.

면적산적방법은 건축관계 법령의 규정에서 정하는 산정기준에 의하되 건축물의 주된 부분은 각층의 외벽 또는 외곽부분의 기둥 기타 이와 유사한 구획의 중심선으로 둘러싸인 부분의 수평투영면적(바닥면적)으로 면적을 산정한다.

처마의 경우 그 양식이 통상적인 상황보다 현저히 돌출되어 있더라도 이에 구애받지 아니하고 당해 건축물의 면적은 외벽 또는 기둥중심선에 의하여 바닥면적으로 산정한다. 노대(발코니)가 설치된 건축물은 노대가 건물 바깥쪽으로 1.5m 이상 돌출하지 아니한 경우 건축바닥면적에 산입하지 아니한다.

건축물과 일체를 이루는 옥외계단의 경우 건물 벽체 등으로부터 1M를 초과하여 외부 돌출된 옥외 주계단의 경우에는 이를 물건화 하고 이 이하이거나 피난계단은 건물의 가치에 화체된 것으로 본다.

공중의 통행 또는 차량의 주차에 전용할 수 있게 건물의 일부분 중 벽체가 없고 기둥만 있는 공간인 피로티의 경우 바닥면적에 산입하지 아니한다.

건축물의 일부가 편입되는 경우에는 당해건축물 전체(부대시설 포함)를 실측조사하여 전체면적과 편입면적을 조사기록하고, 평면도상에 지구계를 표시하고 편입면적을 확인할 수 있도록 하되 잔여부분만으로 종래의 용도대로 사용가능여부 등을 조사 기록한다.

그리고 건축물의 추가부분과 화장실·점포·차고·창고·축사 등 부속건축물에 대하여는 건축물의 조사방법에 준하여 조사 기록한다.

(3) 주거용 건축물의 조사

주거용 건축물에 대하여는 이주대책대상자의 선정기준, 주거 이전비, 생활대책용지 공급 등의 기준의 되기 때문에 미리 이주대책대상자 선정기준 및 기타 생활대책 방침 등을 인지하고 관련사항을 조사한다.

아파트·연립주택·다세대주택 및 가구별 구분소유하고 있는 다가구주택 또는 단독주택에 대하여는 각각의 구분소유 물건별로 구분하여 조사한다. 건축물의 소유자와 그 부지의 소유자가 각기 다를 때에는 타인소유토지상의 건물임과 토지소유자를 부기한다.

세입자가 당해 건축물에 가치증대를 한 경우로서 가치증대부분에 대한 보상금의 구분산출이 합리적이라고 판단되는 경우에는 가치증대부분에 대한 규모 및 가치증대비용 등을 조사하고, 보상금의 구분산출 및 지급방법 등에 관하여 소유자와 세입자간의 합의서를 징구한다.

(4) 공작물의 조사

토지에 정착한 구조물로서 건물로 볼 수 없는 것을 공작물이라 하며, 다음 각호의 공작물 또는 기타 설비 등에 대하여 그 종류별로 구조 및 규격·수량 등을 면밀히 조사한다.

① 담장(울타리) : 구조, 주요자재, 높이Ｘ길이, 기타 부설된 가추 또는 차양 등 예) 담장1
   : 연와조 기둥간 철재식 (H 1.2m) ‒ 5m, 울타리 : 말목철망재(H 1.2m) ‒ 5m, 울타리
   : 5년생 쥐똥나무 ‒ 5m
② 장독대 및 세면대(급수대) : 지표면에 단을 축조한 경우 그 재질과 면적 및 높이를 조사
   예) 장독대 ‒ 시멘벽돌조(H 0.5m) ‒ 20㎡
③ 잔디 : 별도의 물건으로 면적 및 상태를 조사
④ 자가수도 및 농·축산용 판정 : 관정의 수량과 모터의 출력수 등을 조사하고 녹·축산
   용 관정의 경우 소유관계를 명확히 조사
⑤ 옥외광고물(간판) 등 : 옥외에 설치한 광고물은 이에 부수하는 공작물과 함께 조사(현수
   막 벽보는 제외) 예) 간판의 종류 : 벽간판, 옥상간판, 돌출간판, 입간판, 광고탑, 아치형
   간판 등 재질 : 철판재, 함석재, 아크릴, 네온사인 등
⑥ 마당(바닥포장)일반적으로 마당의 포장부분은 구분조사하여 보상
   예) 마당포장 : 시멘콘크리트 ‒ 25.6㎡
⑦ 화단 : 그 둘레에 대한 설치한 구획물이 있거나 단을 축조한 경우 별도의 물건으로 조사
   하고 주경수목이나 조경석 등도 별도조사
⑧ 연못 : 수면외곽의 구획물 및 바닥면에 대한 재질, 깊이, 면적 등을 조사
⑨ 파고라 : 사용자재와 면적을 조사
⑩ 전주 : 한전주, 체신주, 군경의 통신주, 철탑 등으로 관리기관별로 조사

(5) 기계설비의 조사

기계설비는 그 종류·제작년월일·제작자·규격, 또는 출력수, 내용년수, 이전가능성 및 난이도 등 이전에 관한 사항 등을 조사기록 한다. 여러 개의 부수장치(부품) 또는 공작설비와 함께 부분적인 시스템을 이루는 설비는 하나의 물건으로 작성한다. 대여장비에 대하여는 제1항의 조사항목 외에 대여자·대여기간 및 대가·기타 대여조건 등을 조사 기록한다.

제품 또는 원자재 등의 재고자산은 품목별 규격 및 수량을 조사하되, 조사 당시의 물량이 당해업체의 생산규모 및 판매실적 등으로 보아 통상적인 재고량으로 볼 수 없는 특별한 경우에는 그 물량을 통상적인 재고량으로 상정할 수 있다. 그리고 필요에 따라서는 기계·설비의 경우와 같이 업주로부터 자료 제공받아 이를 확인하는 방법으로 조사한다.

작업대·진열대·금고·기타 주요 사무가구 등 이동이 용이하지 아니한 비품에 대하여도 이전실비를 보상할 수 있도록 물건의 목록에 포함하여 작성한다. 건축물 내부의 공장 가동용 전력이입시설(규모, 전력사용량 등), 폐수처리장, 저장탱크, 세차시설 등 대형 지상정착설비에 대하여도 그 배치상황을 알 수 있도록 개략적인 수평투영도 및 물건목록을 작성한다.

(6) 화훼시설의 조사

비닐하우스 등을 설치하고 화훼업을 운영하는 경우 공작물 등에 대한 실측조사와는 별도로 영업보상 또는 실농보상의 적격여부 등 보상의 종류를 먼저 파악한 후 상품에 대한 수량조사 토록 한다.

화분·분재 등을 진열하고 판매를 주목적으로 하는 화훼판매업소는 다른 기준에 위배되지 않는다면, 영업 및 이전보상 대상으로 분류하고 업주로부터 진열된 상품에 대한 품목별 목록 등의 자료를 제출받아 이를 확인하는 방법으로 조사한다.

비닐하우스 내 지력을 이용하여 재배된 작목의 1차적인 출하를 주목적으로 하는 형태는 주된 작목에 대한 이식의 필요성 여부에 따라 다음과 같이 처리한다.[28]

(7) 종교시설의 조사

교회·사찰 등 종교시설의 편입된 경우에는 건축물에 대한 실측조사와는 별도로 그 시설물 등의 소유관계·소속 교단 또는 종단·대표자의 종교적 직함 및 거주형태·개설시기·신도수 등을 조사하여 이후 종교용지공급 또는 이주대책의 적격여부 등에 관한 검토에 대비한다.

각 종단 등의 명칭과 종합적인 현황자료를 수집하거나 종단 측에 다음 각호의 서류를 제출 하도록 요청한다.[29]

일단의 부지에 종교시설과 주거용건물을 개인명의로 함께 소유하고 있는 경우와 이를 종단 측에서 소유하면서 현지 대표자는 사택형태로 거주하는 경우 등이 있어 제반현황을 면밀히 조사한다.

건물벽체와 일체를 이루는 조각물 또는 고가의 모자이크식 색상유리(공예품) 등의 경우 그 수량을 따로 조사하여 평가의뢰시 건축물에 포함평가 할 것인지 여부를 명확히 제시한다.

종교시설 내외부의 불상·좌대·석물 등 각종 예불용품과 관련 집기류에 대하여는 물건조 서를 작성하여 규모 및 수량이 경미한 경우를 제외하고 이전실비를 평가하도록 조치한다.

(8) 농지개량시설의 조사

사업구역내 저수지 또는 답이 편입된 경우에는 관할농지개량조합에 몽리구역 또는 몽리답 의 편입여부와 소관 수리시설(공작물)의 소재여부 등을 조회하여 관련사항이 확인되면 현지조

---

28) ① 다년생 관상수나 수익수와 같은 수목류는 이식비 보상대상으로 분류하여 물건조서를 작성하 며, 농업손실보상과 관련된 재배면적은 이를 따로 조사한다. ② 단년생 화초 등의 경우에는 작 물의 품목별 재배면적 등에 관한 영농조사를 실시하여 농업손실 보상한다.

29) ① 교회는 교단의 법인인감증명서, 소속증명서, 재직증명서 등 ② 사찰은 종단의 법인인감증명 서, 사찰등록증, 주지임명장, 승적원부사본 또는 승적재적확인서 등

사를 거쳐 보상범위 등을 검토한다.

저수지 또는 용수시설 등 농지개량시설의 현황과 소유자가 파악되면 관계기관에 국고 또는 지자체의 보조금 지원여부를 조회하여 지원 사실이 있을 때에는 이를 공제하고 평가할 수 있도록 조치한다.

국고보조금등 외의 나머지 비용을 몽리답 소유자의 부담으로 설치한 농지개량시설의 경우에는 그 시설의 가치가 몽리답에 화채된 것으로 보아야 하기 때문에 보상대상에서 제외하며, 당해시설 등이 사업구역이다. 편입전에 이미 용도폐지 되었거나 기능이 상실된 경우에도 보상하지 아니한다.

몽리답의 일부가 편입되고 사업구역외에 남게 된 저수지시설(하천에 설치된 보의 경우 포함)이 몽리답에 화체된 것으로 볼 수 없을 때에는 편입면적비율을 조사하여 평가의뢰 할 수 있도록 조치한다.

저수지의 몽리구역 전부 또는 일부가 사업구역내 편입되고 저수지만 사업구역외에 남게 된 경우 원칙적으로 그 저수지부지는 보상대상이 아니나 그 저수지가 다른 답의 용수시설이나 다른 용도로 이용할 수 없어 저수지 부지를 보상 청구하는 경우에는 그 매수여부를 검토한다.

(9) 주민공동재산의 조사

마을회관·노인정·정자·우물 등 공동상수도시설·선착장등 마을공동시설물에 대하여는 저수지시설의 경우와 달리 동 시설물 설치시 지원된 국·도비 지원 금액에 관계없이 현존(폐기된 시설은 제외)하는 시설의 손실에 상당하는 보상을 하므로 국고보조금 등을 조사하는 것은 불필요하다.

(10) 유선방송선로의 조사

유선방송국으로부터 가입자 건물에 설치된 케이블 및 기타 설비 등은 철거 또는 이전설치되어야 하기 때문에 유선방송사업자로부터 주선로 목록과 도면을 제출받아 현지 확인하는 방식으로 조사한다.

(11) 주유소의 조사

주유소는 주유관련 설비와 건물 등으로 구분하고 주유관련 설비는 주유기, 기름탱크, 지하콘크리트 설비, 배관설비로 나뉘고 차량탑재용 기름탱크가 있는 경우, 별도 이전비대상으로 조사한다.[30]

---

30) 예) 주유기 : 5기, 지하콘크리트 box : 50㎡, 배관설비 : 주유관 100, 통기관 50, 기름탱크 : 2,000L x 1기

(12) 토석 등의 조사

토석 또는 사력 등의 석재는 토지에서 분리여부에 따라 독립된 물건으로의 취급여부가 구분, 토지에 속해 있더라도 사업시행자가 당해 석재를 직접 취득하여 사용하고자 하는 경우에는 이를 독립된 물건으로 조사한다.

경제적 가치가 객관적으로 인정되는 석재가 편입되었다면, 토석의 채취허가여부 또는 허가 면적에 관계없이 토지에서 분리여부를 구분하여 면밀히 조사한다. 석재를 생산중에 있을 때에는 생산자로부터 자료를 제출받아 이를 확인하는 방법으로 조사한다.

2) 영업현황의 조사

사업구역내 일정한 장소에서 인적·물적 시설을 갖추고 계속적으로 영리적인 행위를 하는 경우 영업보상의 대상이 되므로, 그 영업과 관련한 다음 각호의 제반현황을 조사하여 영업현황조사표를 작성한다.
① 업종, 영업장 소재지 및 규모, 배후지
② 관계법령의 규정에 의한 영업요건 및 인·허가 여부 등
③ 영업개시일 및 영업내역
④ 영업이익에 관한 사항(손익계산서 등 영업손익에 관련 증빙서류)
⑤ 고정자선 및 재고자산 등 영업자산에 관한 사항
⑥ 영업을 하고 있는 자(인허가상 명의자와 사실상의 영업자 등)
⑦ 종업원 및 인건비에 관한 사항
⑧ 영업의 폐지 및 축소여부, 휴업기간, 영업시설의 이전, 임시영업소의 설치여부 등 기타 영업보상에 필요한 사항

그리고 다음 각호의 자료를 수집하여 조사하고 평가의뢰시 제시한다.
① 법인등기부등본 및 정관
② 영업에 관한 허가증·신고필증 등 기타 인허가 서류
③ 최근 3년간의 영업이익 및 영업실적에 관한 증빙서류(결산서 등)
④ 법인세 또는 종합소득세신고서
⑤ 고정자선 및 재고자산 명세서 또는 대장
⑥ 급여대장, 근로소득세원천징수영수증 등

관계법령에 의하여 허가 면허 또는 신고 등이나 일정한 자격이 없이도 행할 수 있는 영업 이른바 자유영업은 적법성을 고려할 필요 없이 보상대상이므로 영업의 종류 및 실적, 개업시

기 등 사실관계에 관한 객관적인 자료를 수집 및 조사한다.

3) 수목 등 조사

(1) 수목 등

수목은 묘목·입목·죽림·보호수·조경수 등으로 구분하여 조사하고 수목조사서를 작성한다. 수종이 희귀하거나 동절기 조사 등 사유로 수종과 수령 등을 명확히 알 수 없는 경우에는 소유자 또는 전문가의 입회하에 진술이나 확인을 받아 조사한다.

본수는 원칙적으로 한그루씩 헤아려 기록하되 식재면적이 광범위하여 본수를 헤아릴 수 없는 경우는 표본추출방식으로 산정한다. 이 경우 조사된 수량과 소유자가 주장하는 수량 또는 면적 등의 차이가 있는 때에는 소유자 입회하에 재조사하여 확인을 받아 확정한다.

보호수로 지정된 수목은 그 지정자·지정번호·수종·수령·수고·수형 기타 보호수 지정 사유 및 근거 등을 상세히 조사하고 이식 또는 취득여부 등을 검토한다.

(2) 과수 등

과수 기타 수익이 나는 나무(수익 수) 또는 관상수는 다음 각호의 사항을 조사한다.
① 수종·수령·수량이나 식수면적
② 관리상태 및 계속 관리 여부
③ 수익성에 관한 사항
④ 이식가능여부, 난이도, 이식비 및 거래가격시세 등
⑤ 기타 필요한 사항

(3) 묘목 등

묘목은 다음 각호의 사항을 조사한다.
① 수종·수량이나 식수면적
② 성장정도 및 관리상태
③ 상품화 가능성여부
④ 이식비, 고손율 등 이식에 관한 사항
⑤ 파종 또는 발아중인 경우 투자비용의 원리금 합계

(4) 입목 등

입목은 보상방법(취득보상 또는 이전비 보상) 및 입목의 구분에 따라 보상기준이 다르므로 조림된 용재림, 자연림, 연료림 등으로 구분하여 다음 각호의 사항을 조사한다.

① 용재림의 경우 조림된 용재림에 해당여부
② 벌채시기의 도래여부·수종·주수·면적·수익성·기타 가격형성상의 제요인

(5) 조경수목 등

건축물·정원·묘지 등의 조경수목은 건축물 등의 부대시설 조사시 일괄하여 조사한다. 화원 또는 조경원의 가식된 판매용 주경수목은 수종별 수량 및 이식가능성 등 이전에 관한 사항을 조사한다.

농경지에서 조경수목 등을 집단적으로 재배하는 경우에는 관상수 또는 묘목의 조사에 준하여 조사하되, 농업손실보상의 대상인 경우에는 재배면적 등에 대하여 상세히 조사한다.

4) 영농 및 축산조사

(1) 농작물

농작물을 수확하기 전에 토지사용이 불가피하여 농작물에 대한 손실을 보상하는 경우에는 다음 각호의 사항을 조사한다.
① 농작물의 종류 및 경작면적
② 성숙도 기타 경작기간 및 수확기전 상품화가능여부 등

(2) 농기구

사업지구내의 농경지에서 농업을 영위하고 있는 자에 대하여는 다음 각호의 사항을 조사한다.
① 소유자별 농기계 및 농기구 소유내역[31]
② 소유자별 편입농경지 및 전체 소유농경지 면적 비율
③ 영농개시시점 및 농기계 등의 취득시점
④ 3분의2이상 편입으로 농업 폐지 여부

(3) 영농조사

사업지구에 편입되는 농경지에 대하여는 필지별로 실제로 재배하는 작물과 재배면적, 경작자 등을 현장에서 확인 조사하여 영농조사서를 작성한다. 이 경우 농지원부 및 농지세납부현황 자료 등과 대조하되 가능 한한 경작자와 이장·통장 등 주민대표자의 입회하에 조사한다.

재배작물은 농작물뿐만 아니라 과수, 약초, 버섯, 묘포, 화훼 등 특수작물을 포함하여 실제 재배작물을 조사하되 다모작 등의 경우에는 다음 각호의 방법에 의하여 조사한다.

---

31) 종류, 제작년도 및 구입년도, 내용년수, 형식(규격, 마력, 모델번호, 제품번호) 등

① 다모작의 경우 : 조사기준일 이전 1년 기간 중의 재배작물을 조사

② 간식 또는 보식된 경우 : 주된 작물을 기준으로 조사하되 다른 작물도 부기

③ 일시적인 휴경 또는 인삼 등의 경우와 같이 동일 농작물의 연작이 불가능한 형태의 경우
  : 현황 및 사실관계를 명확히 조사

재배면적은 지목여하에 불구하고 실제 경작지를 대상으로 실측하여 기록하되 비닐하우스 등 구조물 내에 여러 개의 단을 설치한 입상재배시설인 경우에는 바닥면적을 기준으로 측정한다.

다음 각호의 1에 해당하는 경우에는 농업손실보상에서 제외되므로 사실관계를 명확히 조사한다.

① 사업인정고시 등이 있은 후에 새로이 영농행위를 하는 경우

② 휴경지의 경우32)

③ 타인소유의 농작물을 일정기간동안 수탁관리 하는 경우

④ 국·공유지 또는 미등록토지 등을 무단 개간하여 경작하는 경우 및 토지형질변경허가나 개간허가 등을 받지 아니한 임야를 무단 경작하는 경우

(4) 축산업 등

축산시설 및 부대시설은 건축물 등의 조사방법에 의하여 조사한다. 사육마리수는 품종별로 실제 사육마리수를 직접 헤아려 기록하되 대단위 양계장의 경우와 같이 직접 헤아리는 방법이 불가피한 경우에는 표본추출방법에 의한다.

출하 등의 사유로 사육마리수의 변동이 있는 경우에는 조사시점이나 평가시점 또는 계약체결시점 등에 있어서의 사육마리수 변동을 조사하여 객관적인 사육마리수를 조사기록 한다.

보상기준 사육마리수로 예시되지 아니한 가축 또는 가금에 대하여는 다음 각호와 같이 유사품종의 기준사육마리수를 적용한다. 기준사육 마리수 미만의 가축 및 가금을 함께 사육하는 경우에는 사육마리수 비율의 합계가 1이상인 경우 축산보상대상에 해당하므로 품종별 사육마리수를 기준사육 마리수에 불문하고 상세히 조사기록 한다.

대규모 축산업의 경우로서 인근주민의 이전반대 등으로 이전이 곤란한 경우에는 사업지구의 소재지와 인근지역의 시장·군수·구청장에게 이전가능여부 등에 대한 조회 및 기타전문가의 의견 등 관련 자료를 충분히 수집·검토 한다.

종란을 생산중인 종계를 새로운 사업장으로 이전해야 하는 경우 이전으로 인한 종계의 산란율·종란율·수정율·저하 및 폐사율 증가 등에 관한 사항을 조사하고 필요한 경우에는 농촌진흥청 축산기술연구소 등 전문기관의 자문을 받아 조사한다. 축산업·종축업·부화업을 운

---

32) 휴경지는 당해 농경지 및 주변여건, 경작자의 특별한 사정 등 제반 상황을 고려하여 객관적인 입장에서 판단하되 대체로 2년 이상 경작하지 아니한 농경지는 휴경지로 보지만 경작자의 특별한 사정 등으로 일시적인 휴경상태에 있는 경우에는 휴경지로 보지 아니함

영하는 경우에는 다음 각호의 사항을 조사한다.
①　축산시설 및 부대시설
②　품종 및 사육마리수
③　영업행위, 이전, 휴업 및 폐업 등에 관한 사항

5) 거주자의 조사

거주자의 조사는 이주대책, 세입자대책, 이사비 및 주거이전비 등의 보상기준이 되므로 주민등록여부와 관계없이 모든 거주자에 대하여 가옥별로 다음 각호의 사항에 대하여 조사한다. 다만, 기숙사(합숙소 및 종업원숙소)의 경우와 다중주택의 일시 거주자는 제외한다.
①　가옥주 : 직업, 가족명세, 소유시기, 거주기간, 주민등록주소, 기타 필요한 사항
②　세입자 : 세대별 세대주 및 거주가족명세, 거주기간, 사업지구내 가옥소유여부, 주민등록주소, 가옥소유자와의 관계, 세입구분 기타 필요한 사항

거주자에 대하여는 가옥 등에 대한 지장물조사시 평면도에 거주자별 거주공간을 기재하며, 사업지구내에 주민등록이 되어 있지 아니한 자가 사업지구내 거주사실을 주장하는 경우에는 실제 거주사실을 입증할 수 있는 증빙서류 등을 제출하도록 한다.

그리고 사업지구내 가옥에 대하여는 가옥별 거주자현황을 기록하여 이주 및 공가여부, 철거여부 등을 기록 관리한다. 한편 소유자에 대하여는 이주대책대상자 심사에 대비한다.

6. 토지보상의 절차

1) 토지조서 및 물건조서의 작성

(1) 토지조서

보상목적물 및 피보상자에 대한 기본조사가 끝나면, 이를 기초로 토지조서를 작성한다. 토지조서의 작성은 지적도 및 임야도 등에 의하여 지번지역별로 지번을 추출한 후 토지대장 및 임야대장을 열람하여 그 지목・면적과 소유자의 주소・성명을 기입한다.

그리고 등기부를 열람하여 지적공부상 표시내용과의 부합여부를 확인하여 불일치하는 내용이 있거나, 등기부상에 소유권이외의 권리가 설정 또는 예비등기(가등기, 예고등기)가 되어 있을 때에는 그 사실을 해당란에 기입한다.

(2) 물건조서

물건조서의 작성은 공익사업에 편입되는 토지 위에 정착한 건물, 공작물, 입목, 분묘 등 지

장물과 광업권, 어업권, 영업권 등 보상대상물건별로 작성한다.

2) 보상계획의 공고 및 열람

토지조서의 작성이 끝나면 그 조서와 보상의 시기·방법 및 절차와 열람의 시기·장소 등을 기재한 보상계획을 작성한다. 그리고 주요 일간신문 등에 공고하고 대상물건의 소유자 또는 권리자에게 개별 통지한다.

보상계획의 공고 또는 통지를 한 때에는 그 내용을 14일 이상 일반에게 공람한다. 토지소유자 등은 토지조서의 내용에 이의가 있을 때에는 열람 기간내에 사업시행자 또는 시장·군수에게 이의를 제기할 수 있으며, 이의서를 접수한 시장·군수는 지체 없이 이를 사업시행자에게 송부한다.

3) 보상액의 산정

(1) 평가의뢰

보상계획의 공고 및 열람과 소유자등의 이의신청에 대한 조치가 완료되어 보상대상물건이 확정되고 주민의 의견이 수립되면 즉시 보상액산정을 위한 평가를 의뢰한다.

감정평가는 2인 이상의 감정평가업자에 의뢰하여야 하며, 의뢰기간의 선정은 관련 법률에서 정하는 바에 따른다. 사업시행자는 보상평가를 의뢰하고자 할 경우에 일정사항이 기재된 평가의뢰서에 토지조서 및 물건조서를 첨부하여 평가의뢰 한다.

(2) 보상액의 산정

보상액의 산정은 2개 평가기관 평가액의 산술평균치를 기준으로 하며, 이사비, 이농비, 실농보상, 주거대책비 등 별도의 기준에 의하여 보상액이 산정되는 것은 사업시행자가 직접 산정한다.

4) 손실보상협의요청 및 보상계약의 체결

(1) 손실보상협의 요청

보상액의 산정이 끝나면 지체 없이 보상액·계약체결기한 및 계약조건 등을 기재한 손실보상협의요청서를 당해 대상물건의 소유자 등에게 송부하여 계약체결을 요구한다.

시행자는 계약체결을 요청할 때에는 특별한 사정이 없는 한 2개월의 범위내에서 협의기간을 정하여 소유자등과 개별적으로 또는 집단적으로 성실한 협의를 실시한다.

협의의 결과, 만약 소유자등이 협의에 불응하고 보상금의 수령을 거부하게 되면, 사업시행자는 토지수용의 절차를 위하여 일정 사항이 기재된 협의조서를 작성하여 협의당사자의 서명 날인 한다.

(2) 계약의 체결 및 보상금의 지급

협의가 성립되면 지체 없이 소유자등과 계약을 체결하고 소유권 이전 및 보상금을 지급하며, 보상금액은 소유자 등이 수령하는데 가장 편리한 방법으로 지급한다.

5) 수용재결

(1) 사업인정

사업인정이란 당해 사업이 공익사업에 해당됨을 인정하여 기업자에게 일정한 절차의 이행을 조건으로 일정한 내용의 수용권을 설정하는 행정행위이다.

(2) 재결의 신청

수용재결은 기업자만이 신청할 수 있으며, 소유자 등은 기업자에 대하여 재결신청을 조속히 할 것을 청구 가능하다.

(3) 재결

재결은 보상금의 지급 또는 공탁을 조건으로 목적물을 기업자가 취득하는 반면 피수용자에게는 그 권리를 상실하게 하는 행정적 행정처분을 한다.

토지수용위원회는 열람기간이 끝나고 보상평가가 완료되면, 지체 없이 재결을 위한 심의를 하여야 한다. 재결심의에는 불고불리의 원칙이 적용되어 당사자가 주장하지 아니한 사항은 심의할 수 없으나 보상금액에 대하여는 중재재결이 가능하다.

6) 수용재결에 대한 불복

(1) 이의신청

수용재결에 대하여 이의가 있는 기업자 또는 피수용자는 수용재결서가 송달된 날로부터 1월 이내에 이의신청이 가능하다.

(2) 행정소송

이의신청재결에 대하여 불복이 있는 자는 재결서가 송달된 날로부터 1월 이내에 행정소송을 제기한다. 다만, 기업자가 행정소송을 제기할 경우에는 이의신청재결에서 정한 보상금을 공탁하여야 한다.

(3) 공탁

중앙토지수용위원회의 재결에 따른 불복으로 토지소유자들이 보상금의 수령을 거부한 경우에는 법원에 공탁함으로써 수용 목적물에 대한 권리를 완전히 취득한다. 그러나 보상금을 수용시기까지 지급 또는 공탁하지 않을 경우에는 재결의 효력은 상실한다.

제2장 국토조사의 이해

1. 국토조사의 기초

1) 국토기본법에 의한 국토조사

국토기본법[1] 규정에 의해 수행되었던 국토조사는 〈표 2-1〉과 같이 기본조사·토지분류조사·자원조사의 3개 조사로 구분되어 있었으며, 그 외에 법에 규정 되어 있지 않은 계획수립을 위한 계획조사를 임의적으로 국토조사의 총람에 포함시키고 있다.[2]

구체적으로 법 제25조[3] 국토조사의 실시에 따르면, 지형·지물 등 지리정보에 관한 사항, 농림·해양·수산에 관한 사항, 방재 및 안전에 관한 사항, 그밖에 국토교통부장관이 필요하다고 인정하는 사항 등이다.[4]

그리고 규정에 의하여 국토조사는 정기조사와 수시조사 등을 구분에 따라 실시하며, 국토교통부장관은 국토조사를 효율적으로 실시하기 위하여 국토조사 항목 및 조사주체 등 필요한 사항에 대하여 관계 중앙행정기관의 장 및 시·도지사와 사전협의를 거쳐 국토조사계획을 수립한다.

---

1) 국토기본법은 1963년 제정되었다가 1999년 12월에 폐지된 국토건설종합계획법을 2002년 국토기본법으로 새롭게 대체입법 되어 제정된 것이다.
2) 이홍영·김미정, 국토조사사업의 실태와 개선방향, 토지연구, 1991, pp.38-50.
3) 제25조(국토 조사) ① 국토교통부장관은 국토에 관한 계획 또는 정책의 수립, 「국가공간정보기본법」 제32조제2항에 따른 공간정보의 제작, 연차보고서의 작성 등을 위하여 필요할 때에는 미리 인구, 경제, 사회, 문화, 교통, 환경, 토지이용, 그 밖에 대통령령으로 정하는 사항에 대하여 조사할 수 있다.
4) 국토기본법 시행령 제10조

〈표 2-1〉 국토기본법에 따른 국토조사 유형

- **기본조사** : 토지분류조사와 자원조사의 기초가 될 토지와 수면의 측량 및 토지분류조사와 자원조사의 기준설정을 위한 조사
- **토지분류조사** : 토지를 이용 목적에 따라 분류하기 위하여 토지이용현황·토성과 토지의 물리적, 화학적 성질, 기타 주요 자연적 요소 및 생산력에 관한 조사
- **자원조사**: 천연자원의 이용 목적에 따라 분류, 계량하기 위하여 그 질과 양 및 분포상황에 관한 조사
- **계획조사**: 도시계획, 농업개발, 토로계획, 택지개발 등을 위시하여 장래의 보다 바람직한 발전 수준을 달성하기 위한 조사

정기조사는 국토에 관한 계획 및 정책의 수립과 집행에 활용하기 위하여 매년 실시하는 조사이고 수시조사는 국토교통부장관이 필요하다고 인정하는 경우 특정지역 또는 부문 등을 대상으로 실시하는 조사이다. 그 외에 국토조사의 실시에 필요한 사항은 국토교통부장관이 정한다.

국토기본법에 의거한 국토조사는 개별 중앙 및 지방자치단체가 수행한 다양한 조사를 건설교통부가 수집하여 국토조사총람에 게재하여 왔다. 1967년부터 1996년까지 〈표 2-2〉에서 보는 바와 같이 국토조사 총람에 수록된(실제 자료는 1963년~1996연간에 조사된 자료) 국토조사 건수는 14,516건이며 조사비는 총 1조3,562억 원이 소요되었다.

국토조사는 1963년 44건을 시작으로 1965년 120건, 1970년 132건으로 점차 증가하여 1990년 774건, 1992년 1120건으로 정점을 이루다가 이후 감소하여 1995년에는 522건의 국토조사가 수행되어 지난 33년간 약 11.7%의 조사건수의 증가를 보여 왔다.[5]

〈표 2-2〉 국토조사 실적(1963-1995)

(단위: 건, 백만원)

구 분	합 계		1963~1980		1981~1995	
	건수	금액	건수	금액	건수	금액
국토조사	14,516	1,356,205	2,919	83,971	11,579	1,272,234

* 자료: 건설교통부, 국토조사 총람 각년호 참고

국토조사의 각 유형별 조사실적을 보면, 기본조사는 항공사진측량 등을 비롯하여 각종 측량과 조석 및 해양관측이 주종을 이루고, 지질조사, 수문조사, 환경조사와 문화재 조사 등이 여기에 포함되고 있다. 기본조사는 1963~1995년 동안 총 2,442건의 기본조사가 수행되었다.[6]

---

5) 중앙 및 지자체의 업무관련 국토조사는 지금도 계획되고 있지만 국토건설종합계획법에 의한 국토조사총람 발간을 위한 자료집계는 1997년 이후 시행이 중지되었다.

국토조사는 그동안 국토건설종합계획법에서 규정되었으나 2002년 새로 제정된 국토기본법에 의거하여 그 성격이 다시 규정되었다. 두 제도적인 장치의 차이점은 크게 시행주체, 규정의 강제사항, 조사의 내용범위, 국토조사의 시행계획수립체계 등을 중심으로 새롭게 개선되었다.

우선 시행주체의 경우에는 과거 중앙정부와 지방자치단체로 규정되었으나, 국토기본법에서는 국토교통부장관이 국토조사를 시행토록 규정이 개정되었다.

둘째는 과거에는 국토조사시행이 강제규정으로 되어 있었으나 국토기본법에서는 국토교통부장관이 국토계획 및 국토정책수립을 위하여 필요한 때에 국토조사를 시행할 수 있도록 규정하는 등 임의규정으로 전환되었다.

셋째는 국토조사의 내용범위는 과거에는 기본조사, 토지분류조사, 자원조사의 3종이었으나, 국토기본법에서는 인구·경제·사회·문화·교통·환경·토지이용·지형지물 등 지리정보·농림해양수산에 관한 사항·방재안전에 관한 사항·그밖에 국토교통부장관이 필요하다고 인정하는 사항을 중심으로 조사토록 하여 조사 내용의 범위가 유연성을 띄게 되었다.

넷째는 국토조사시행계획수립체계는 과거의 경우 중앙행정기관의 장이 작성한 국토조사계획을 국토교통부장관이 취합·조정하여 국무회의와 대통령의 승인을 얻어 시행토록 하였으나 국토기본법에서는 국토교통부장관이 중앙정부와 지방자치단체의 협조를 얻어 시행계획을 수립토록 하고 있다.[7]

2) 국토조사의 일반현황

중앙정부와 지방자치단체는 국토기본법에 근거하여 각급 중앙부처, 지방자치단체 및 공공기관 등에서 국토조사에서 필요로 하는 자료를 통계조사라는 명칭으로 조사하여 통계자료를 생산하고 있는데, 국토조사 관련 제도의 변화는 〈표 2-3〉에서 보는 바와 같다.

통계자료 가운데에는 통계법에 의하여 지정된 통계조사로서 별도의 조사, 규칙이나 조사시행규칙을 가지고 각 부처에서 조사되는 것들도 있는데, 그 외 별도의 조사규칙이나 조사시행규칙을 가지고 있지는 않으나, 통계법에 의하여 지정통계 혹은 일반통계로서 지정되어 조사되고 있다.

이들 통계에서 조사 혹은 보고되고 있는 개별 조사항목은 이보다 훨씬 많으며, 이들 각각은 각 부처의 업무와 관련하여 필요한 사항들이 중심으로 이루고 있다.

---

6) 건설교통부, 국토조사개선방안 연구, 2001, pp.12-14. 참조
7) 건설교통부 국립지리원, 국토조사 시행방안 연구, 2003, pp.27-28.

〈표 2-3〉 국토조사 관련 제도변화의 현황

구분	과거의 국토조사 관련제도	새로운 국토조사 관련제도
근거	국토건설종합계획법(시행령)	국토기본법(시행령)
시행 주체	정부 또는 지방자치단체 (법제21조)	국토교통부장관(법제25조①)
강제규정에서 임의시행으로	정부 또는 지방자체단체는 국토의 이용·개발 및 보전에 필요한 국토 조사를 하여야 한다. (법 제 21조)	국토교통부장관은 국토에 관한 계획 또는 정책수립, 국토정보체계구축, 연차보고서 작성 등을 위하여 필요한 때에는 미리 조사할 수 있다.(법제25조①)
국토 조사의 내용	국토조사는 기본조사·토지분류조사·자원조사의 3종으로 한다(법제22조①).	국토조사는 인구·경제·사회·문화·교통·환경·토지이용·지형지물 등 지리정보·농림해양수산에 관한 사항 그밖에 국토교통부장관이 필요하다고 인정하는 사항을 조사한다 (법 제25조, 시행령 제10조①).
국토 조사 계획 수립 체계	건교부장관은 중앙행정기관장과 지방자체장이 작성(3년 이상)한 국토조사계획안을 종합 조정하여 국무회의의 심의를 거쳐 대통령의 승인을 얻어 공고한다(시행령제18조①,②). 중앙행정기관장과 지자체장은 매년익년도의 국토조사시행계획안을 작성하여 건교부장관에게 제출하여야 한다(시행령제19조①).	국토조사는 정기조사와 수시조사를 구분하여 실시하되 국토교통부장관은 국토조사를 효율적으로 실시하기 위하여 국토조사항목 및 조사주체 등 필요한 사항에 대하여 관계 중앙행정기관의 장 및 시도지사와 사전협의를 거쳐 국토조사계획을 수립할 수 있다(시행령제10조②).

* 자료: 건설교통부 국립지리원, 국토조사 시행방안 연구, 2003, p.30.

그러나 각 부처의 업무와 관련된 조사 항목들이 주를 이루다 보니 각 항목이 지니고 있는 자료의 유형, 표현 단위, 대상 시기, 조사의 공간적 범위 등이 서로 달라 국토계획을 비롯한 각종 공간계획에 이들 자료들을 조화롭게 공동으로 활용하는 데는 상당한 문제점을 보이고 있다.

이와 같은 복잡한 문제로 인하여 방대한 양의 자료가 생산됨에도 불구하고 실제 이용자의 경우에는 필요한 자료를 검색하는데 있어서, 많은 시간이 소요될 뿐만 아니라 상이한 부처에서 생산한 자료를 결합하여 분석하려 할 경우 자료의 조사주기가 상이하거나 조사의 공간단위가 서로 다르기 때문에 어려움에 부딪힐 수 있다.

정부 각 부처나 지방자치단체에서 수집하는 국토관련 자료가 다른 기관 및 일반적인 자료 활용을 위하여 자료를 생산하는 부처 상호간에 긴밀한 정보나 자료의 교환이 이루어질 수 있다면 통계조사의 효율성은 지금 보다 한층 증대될 수 있을 것이다.

3) 국토조사의 방법

국토조사의 방법은 직접조사와 간접조사 하는 방법으로 크게 대별할 수 있다. 먼저 직접조사는 연구자, 조사원 또는 조사 기관이 필요로 하는 자료의 유형에 따라 대상 지역에서 직접 현지조사를 통해 획득하는 방법, 면접을 이용하는 방법, 설문지를 이용한 자료의 획득 등 크게 3가지의 조사를 수행할 수 있다.[8]

현지조사에서는 다시 실제 관찰 및 실측을 통한 자료의 획득으로 나눌 수 있으며, 면접에는 개인, 집단, 전화면접법 등을 이용할 수 있다. 설문조사에는 개인, 집단, 우편 및 인터넷을 활용한 설문 조사 등을 통하여 자료를 획득할 수 있다. 이와 같은 직접조사로 획득하는데 있어서는 연구자나 조사기관의 의도에 따라 대상 자료를 모두 조사하는 전수조사와 일부 사례자료를 통하여 모집단의 특성을 이해하려는 표본조사를 통하여 이루어진다.

그리고 간접조사는 주로, 기존에 간행된 문헌자료조사, 통계자료조사, 지도의 독도를 통한 분석 등 간접적인 자료원을 이용하는 것이다. 직접조사와 비교하면, 보다 폭넓은 지역에 대한 자료는 물론 과거의 자료를 비교적 단기간에 수집할 수 있다는 장점을 지닌다.

현재 우리나라의 공공기관에서 수행되는 통계조사의 경우, 〈표 2-4〉에서 보는 바와 같이 조사의 방법에 따라 다양한 개념의 분류를 할 수 있으며, 조사통계와 보고통계로도 나누고 있다. 조사통계는 상기의 직접조사와 동일한 개념으로서, 통계작성을 주목적으로 실제로 조사대상 집단의 개별 사례를 조사하여 작성된 통계이며, 전수조사와 표본조사가 있다.[9]

〈표 2-4〉 통계의 종류 및 조사 방법

조사방법	목적	방법	유형
조사통계 (제1통계)	통계작성	실제조사	전수조사, 표본조사
보고통계 (제2통계)	행정업무의 결과 통계	집계	-

인구센서스, 산업총조사 등과 같이 조사 대상 집단의 모든 개체에 대하여 조사하는 방법이 전수조사에 해당하며, 집단의 일부만 조사하여 조사 집단의 통계적 특성을 찾아내고 전체에 적용할 수 있도록 하는 방법이 표본조사에 해당된다. 그러나 이 경우에는 비용, 조사원의 확보, 조사 객체의 비협조 등으로 실제 조사 상에서 많은 어려움이 나타난다. 이러한 문제점을 다소 완화하기 위하여 경상적인 추이나 동향을 파악하는 데는 주로 표본조사에 의존하고 있다.

반면에 보고통계는 법령에 의거하여 이루어지는 행정업무의 결과를 집계하여 작성한 통계이다. 주로 개인이나 단체의 신고·보고·신청·인허가 등과 관련되는 행정업무에 수반되어 수립된 자료를 대상으로 하고 있다. 보고통계는 조사통계가 가지고 있는 어려움이 적고 또 대상

---

8) 건설교통부 국립지리원, 상게보고서, pp.35-37.
9) 통계청, 통계업무편람, 1992, p.21.

집단을 전수로 파악하는 등 정확성에 있어 장점을 가지고 있다.

따라서 행정조직을 이용하여 소단위의 행정구역에 까지 조사가 가능할 수 있다. 그러나 행정조치에 대응하는 신고자의 태도 즉, 신고율, 신고자의 정직성, 신고의 내용에 대한 정확성 등에 따라 통계의 신뢰성이 좌우되는 문제를 안고 있다.

국토조사의 경우에 있어서도 직접적인 조사가 필요할 경우 각 통계유형별 특성을 감안하고, 원하는 조사의 내용과 연계하여 어떠한 통계조사의 방법을 적용 할 것인가를 검토한 후 조사가 수행되어야 할 것이다. 이러한 점이 충분히 검토되지 않았을 경우, 국토조사 자료의 신뢰성에 하자가 발생할 수도 있을 것이다. 또한 투입될 필요가 없는 재원이 불필요하게 조사에 투입됨으로써 조사비용의 낭비를 초래하는 경우도 발생할 수 있다.[10]

4) 국토조사의 체계

(1) 집중형의 조사체계

국토조사의 체계는 〈표 2-5〉에서 보는 바와 같이 크게 집중형과 분산형으로 나누어 살펴볼 수 있다. 먼저 집중형의 조사체계는 모든 통계활동이 하나의 전문화된 기관에 집중되어 있는 것을 의미한다. 즉, 조사전문기관이 각 기관들의 통계수요에 의하여 요구되는 통계를 작성하여 공급하게 된다.[11]

〈표 2-5〉 통계조사 체계별 특징 비교

구 분	집 중 형	분 산 형
특 징	• 국가기본통계를 단일 전담기관에서 작성하여 각 이용기관에 제공 • 부처 간 통계연락기구의 설치가 요구됨	• 각 부처별로 필요한 통계를 직접 작성하여 사용 • 통계조정기관의 설치가 요구됨
장 점	• 통계의 균형적 발전과 체계화 • 통계의 객관성 및 신뢰성 제고 • 통계전문인력의 양성이 용이 • 통계장비 및 지식의 효율적 이용	• 업무분야의 전문지식을 통계 작성에 활용 용이 • 통계수요에 대한 신속한 대응
단 점	• 행정업무의 각 분야에 대한 전문지식 활용 곤란 • 통계수요에 대한 탄력성이 떨어짐	• 통계작성의 중복과 불일치로 예산 및 인력 사용의 효율성 저하 • 통계전문요원과 장비의 집약적 활용에 제약
채택 국가	• 캐나다, 네덜란드, 스웨덴, 호주 등	• 미국, 일본, 영국, 대만, 한국 등

---

10) 건설교통부 국립지리원, 국토조사 시행방안 연구, 전게보고서, pp.35-37.
11) 인천발전연구원, 지역발전을 위한 지역통계의 개선방안, 1998, pp.6-7 참조.

이 경우 통계작성의 중복을 사전에 제거할 수 있고, 통계의 체계적인 발전을 도모할 수 있다. 또한 전문화된 전담기관에서 통계조사를 시행하기 때문에 통계의 신뢰성이 높게 되며, 조사전문인력의 집중적 활용이 가능할 뿐만 아니라 통계기술의 개발 및 축적이 용이하다는 장점을 지니게 된다. 그러나 단일 전담 기관에서 시행하기 때문에 각 기관의 통계수요를 신속하게 파악하기 어렵고, 각 부문별 전문지식의 활용이 어렵다는 단점을 가진다. 이러한 통계제도를 주로 사용하고 있는 국가들로는 독일, 캐나다, 스웨덴, 핀란드, 호주 등이 있다.[12]

(2) 분산형의 조사체계

집중형의 조사체계가 단일 전담 기관에서 작성되는 것에 반하여, 분산형의 조사체계는 조사활동이 다양한 기관에 분산되어 작성되는 것을 의미한다. 즉, 각 부처에서 각각의 고유 업무 수행에 필요로 하는 통계자료를 각각 조사하거나 업무 수행의 결과 생산되는 통계를 각 부처의 책임 하에 작성하게 된다.

이 경우 통계작성이 행정실무와 직접 연결되고, 통계수요에 신속히 대응할 수 있으며, 부문별 전문지식의 활용이 용이하다는 장점을 지니게 된다. 그러나 각 부처에서 해당 통계를 작성하게 되어 통계조사의 중복으로 경비가 비효율적으로 이용될 수 있으며 통계기술의 발달이 제약되고, 경험의 축적이 분산되는 단점을 가진다. 이러한 통계제도를 주로 활용하고 있는 나라는 미국, 영국, 일본, 대만 등이 있다.[13]

(3) 우리나라의 조사체계

우리나라의 조사체계는 기본적으로 각 중앙부처가 소관업무에 관련된 통계를 작성하는 분산형의 조사체계에 속한다. 지방자치단체의 조사체계도 이에 영향을 받아 기본적으로는 분산형의 조사체계를 따르고 있다. 그러나 중요한 일반 목적의 조사업무를 중앙통계기관인 통계청에서 담당하여 인구, 광공업 서비스업 등 산업에 대한 조사를 수행하고 있으며, 통계의 발표나 결과 보고서 등은 통계청의 사전 심의를 받게 되어 있어 집중적 성격이 혼합된 분산형의 조사체계를 나타낸다.[14]

---

12) 건설교통부 국립지리원, 국토조사 시행방안 연구, 전게보고서, pp.37-39.
13) 상게보고서, pp.38-39.
14) 상게보고서, pp.38-39.

5) 조사자료 작성 및 전달체계

(1) 중앙정부의 관리통계

중앙정부의 관리하에 통계자료가 작성 및 전달되는 체계는 크게 중앙정부의 위임형, 통계전담부서의 경유형, 통계전담부서의 직결형 등 3가지 형태로 살펴 볼 수 있다.[15]

① 중앙정부의 위임형

중앙정부의 위임형은 중앙정부가 통계조사업무를 지방정부에 위임하여 실제조사를 책임지고 수행하여 집계표를 위임기관에 제출하거나 보고하는 형태를 의미한다. 이 경우에 해당되는 것은 대부분 조사통계로서 지방정부의 통계전담부서에서 자료를 조사 및 수집하여 중앙정부의 해당기관에 보고하게 된다.

위임받은 기관에서 직접 조사한 내용이므로 조사의결과에 대한 통계의 신뢰성이 인정된다는 장점을 가지지만, 직접 조사와 여러 행정계통을 거치는 것이 일반적이기 때문에 조사의 결과가 나오기까지 상당한 시간이 소요된다는 단점을 가지고 있다. 통계청의 인구 및 주택 총조사와 총사업체 통계조사, 농림부의 농업총조사, 해양수산부의 어업총조사 등이 이에 해당된다.

② 통계전담부서의 경유형

통계전담부서의 경유형은 지방정부의 각 해당 부서가 자료수입 및 집계 업무를 수행하고, 통계전담부서를 통하여 차상위 기관에 보고하는 형태를 의미한다. 각 지방정부의 부서에서 업무 중에 발생된 자료 즉 보고통계자료가 일반적인 형태이다. 통계청의 인구이동통계, 행정자치부의 한국도시연감 자료 등이 이에 해당된다.

③ 통계생산부서의 직결형

통계생산부서의 직결형은 지역의 각 업무부서가 지정된 항목에 대하여 지정된 방법으로 통계를 작성하고 작성된 통계자료를 통계전담부서를 경우하지 않고 직접 중앙정부에 전달하는 형태를 의미한다. 통계의 작성은 각 업무부서의 책임 하에 수행되며 대부분의 보고통계가 이러한 유형에 속한다.

통계자료의 수집이 필요할 경우에는 일일이 각 해당 업무부서를 확인하여 필요로 하는 통계를 해당업무부서에 요구하여야 한다. 따라서 통계자료의 일괄적 관리와 정보의 공유를 위해서는 통계전담부서 직결형의 통계자료 전달체계를 통계전담부서를 경유하여 전달되도록 보완할 필요가 있다.

---

15) 인천발전연구원, 전게보고서. pp.25-27.

④ 기타

중앙정부의 위임형, 통계전담부서의 경유형, 통계전담부서의 직결형 외에 조사통계 혹은 보고통계의 기초자료를 통계전담부서에서 전달받아 필요로 하는 형태의 자료로 재가공 및 분류하는 형태의 가공통계 방법이 있다.

(2) 지방자치단체의 관리통계

지방자치단체의 관리통계[16]는 지방자치단체의 필요에 의하여 지방자치단체가 직접 생산하는 통계로서 대표적인 것으로는 각급 지방자치단체의 통계연보가 이에 해당한다. 지방자치단체의 통계연보에 수록된 항목들 중에는 중앙행정기관에 보고되는 항목과 보고되지 않는 항목들이 혼재되어 있다. 지방자치단체가 대체로 표준화된 항목들을 중심으로 통계연보를 작성하고 있으나 지방자치단체의 특성에 따라 조사항목이 다소 차이를 보이고 있다.

사례로 해양에 접하여 있는 지방자치단체의 경우 어업에 대한 통계가 없으며, 이를 관리할 필요가 없다. 이러한 지역의 차이를 통계연보 작성에 반영하므로 지역의 통계를 관리하는 데는 편리한 점이 있으며, 또한 아날로그 형태의 자료관리 및 이용에는 큰 어려움이 없다. 그러나 통계자료의 디지털화가 이루어지고 이를 이용한 통계자료의 전국적 취급에 있어서는 지역적 특성이 반영된 통계자료의 관리가 효율성을 저하시킬 수 있다. 이는 각각의 지방자치단체의 통계를 획일적인 처리를 위하여 다시 가공하거나 조정하는 등의 과정이 수반되어야 하기 때문이다.

(3) 기타 단체의 관리통계

중앙정부와 지방자치단체의 통계 외에도 기타 단체에서도 통계를 작성하고 있다. 그러나 이 경우 주로 사업단위의 조사를 목적으로 이루어지기 때문에 일회적 사용의 성격을 지니고 있다. 따라서 국토조사의 결과를 관리가 가능한 조사단위로 재정리하거나 이를 고려한 국토조사가 이루어지지 못한 상태이다.[17]

2. 국토조사의 현황과 문제

1) 이용현황

과거의 1963년 제정된 국토건설종합계획법에 의거한 국토조사의 내용을 수록한 국토조사총람을 살펴보면, 기본조사의 상당부분과 자원조사의 일부분이 주로 조사되었으며, 이를 제외하

---

16) 건설교통부 국립지리원, 전게보고서, p.41.
17) 상게보고서, p.41.

고는 국토관련 조사를 사후적으로 집계하여 국토조사에 포함시켰다.

따라서 기존의 국토조사의 내용은 전국적인 국토관리의 차원에서의 국토조사의 성격은 다소 미약하였으며, 개별사업을 계획하거나 시행하기 위하여 필요로 하는 조사가 일반적으로 주류를 이루고 있다. 이는 전국적인 차원에서의 국토 및 지역 간 비교나 분석을 위하여 국토조사의 결과를 이용하기에는 어려운 형태의 자료로서 국토이용의 변화를 살펴보기 위한 종합적이고 체계적인 국토조사는 이루어지지 못하였다고 할 수 있다.

그러나 기존에 조사된 국토조사자료의 활용을 위하여 국토조사총람은 매년 발간되었다. 국토조사총람의 발간목적은 조사된 국토조사의 자료가 폭넓게 활용되고 동일사항에 대한 조사가 중복되지 않도록 하려는 것이었다. 이는 앞서 언급된 바와 같이 특정 목적의 사업을 위하여 조사된 내용이 대부분이었으므로 일부의 자료를 제외하고는 국토조사 된 자료의 적극적인 활용을 기대하기는 어려운 설정이다.

2) 국토조사의 문제점

과거의 국토건설종합계획법에 기초한 국토조사는 국토와 관련된 사항 가운데 국토의 물리적 측면에 중점을 둔 조사였다. 이러한 국토조사의 내용은 앞에서 언급한 바와 같이 기본조사는 토지분류조사와 자원조사의 기초가 될 토지와 수면의 측량 및 토지분류조사와 자원조사의 기준설정을 위한 조사이다.

토지분류조사는 토지를 이용 목적에 따라 분류하기 위하여 토지이용현황·토성과 토지의 물리적·화학적 성질, 기타 주요 자연적 요소 및 생산력 등에 관한 조사하는 것이다.

그리고 자원조사는 천연자원의 이용 목적에 따라 분류, 계량하기 위하여 그 질과 양 및 분포상황에 관한 조사를 하는 것이다. 이러한 내용을 조사하기 위해서는 많은 국토의 물리적 특성에 대한 실질적 조사와 실험 등이 요구되며, 많은 시간과 비용이 수반되어야 한다.

일반적으로 국토조사의 대상은 국토의 이용에 있어서 중요한 내용들임에는 분명하지만, 그에 필요한 비용을 투입할 여건이 충분히 갖추어져 있지 못한 상태였다. 따라서 체계적이고 전 국토에 대한 조사를 기대하기는 어려운 실정이었다. 다만 기본조사는 지도제작 등과 관련하여 작은 예산이나마 매년 지속적으로 투입되는 비용이 있었으므로 그 조사가 체계적으로 이루어질 수 있었다.

그러므로 기존에 수행된 국토조사의 경우 문제점[18]을 살펴보면, 조사를 수행하는 목적은 뚜렷하였으나, 주체적으로 국토조사를 시행하지 못하고 각 부처에서 수행한 여러 업무 가운데

---

18) 국토조사에 관한 법체계의 문제점으로 간접조사 중심의 형식적 규정문제와 국토조사 실시에 관한 법체계 정합성 부족 등을 지적하고 있다. 이현준·홍성언, 국토조사에 관한 법체계의 개편 방향 연구, 한국지적학회지 제31권 제3호, 한국지적학회, 2015, pp.8-9.

국토조사와 관련된 사업을 조사하여 열거하는 수준에 그칠 수밖에 없었다는 것에 있다. 따라서 국토조사의 주요 문제점을 조사항목, 조사단위, 조사기간, 조사체계, 유지관리 등의 측면으로 나누어 살펴보면 다음과 같다.[19]

(1) 조사항목의 문제점

개별적인 사업단위의 국토조사가 주종을 이루었기 때문에 종합적이고 체계적인 조사가 수행되지 못하였다. 또한 기존에 수행된 국토조사의 국체적인 조사항목도 정리되지 못하였으며, 사전에 국토조사에 기반한 조사항목의 설정은 기대할 수 없었으므로 조사결과의 체계적 활용이 어려웠다.

국토조사의 내용은 주로 행정적인 측면에서 관리할 필요가 있는 것들이 주종을 이루고 있다.[20] 즉, 단순히 조사의 명칭, 조사위치, 조사기간 등이 형식적으로 관리되고 있어 실제의 국토이용이라는 측면이 상당수의 항목에 대한 자료에서는 분석될 수 없는 형태를 갖추고 있다.

실제조사가 이루어진 기본조사에 대하여도 조사의 실제 자료는 별도로 관리되고 있으며, 국토조사총람에는 상기한 내용들만 관리되고 있다. 또한 실제의 조사결과는 별도의 서류를 조사하여야 하는 등의 어려움을 가지고 있다. 그리고 이러한 자료들은 각 사업 부서에 분산되어 있어 종합적인 국토관리를 위한 자료를 구축하기 위해서는 별도의 많은 노력이 필요하다.

따라서 이러한 문제점들은 아날로그 시대의 자료들이 갖는 근본적인 한계점들이다. 그러나 앞으로 디지털화 시대의 사고로 접근한다면 이러한 국토조사의 자료들은 데이터베이스로 구축되어야 하며, 특히 공간정보와 결합된 형태를 취할 경우에는 그 활용가치를 상당히 높일 수 있을 것으로 판단된다.

(2) 조사단위의 문제점

국토조사는 사업단위의 조사로서 일회적 사용을 목적으로 하고 있었기 때문에 국토조사의 결과를 관리가 가능한 조사단위로 재정리하거나 이를 고려한 조사가 이루어지지 못하였다.

또한 조사구역별 조사결과가 국토조사총람에는 전혀 포함되어 있지 않아 이용자 측면에서 보면 정보로서의 효과는 반감되었다고 볼 수 있다. 즉, 기존의 자료를 이용하려한다 하더라도 행정구역단위를 넘어서거나 행정구역 내에서도 기초적인 행정구역 단위로 세분화·체계화된 자료의 확보가 곤란하였다. 이로 인해 대상영역에 관한 자료의 합성이 사실상 불가능하여 새로이 조사해야 하는 경우가 대부분이다. 행정단위로 정리가 가능하다 하더라도 상기의 문제점 즉 어떠한 조사가 수행되었으며, 그러한 조사 자료들이 어디에 있을지의 수준에 대한 정보가

---

19) 상게보고서, pp.41-44.
20) 건설교통부, 국토조사개선방안 연구, 전게보고서. p.16.

주류를 이루고 있다.

(3) 조사기간의 문제점

국토조사가 특정 목적에 의하여 사업단위의 일회성으로 조사되었으므로 지속적인 국토현상의 관찰과 분석은 어려웠다. 또한 이를 바탕으로 한 국토관리의 기본자료로 활용될 수 있는 여지는 더욱 미약하였다.

국토의 변화하는 모습을 지속적으로 모니터링 하여 각 분야에 대한 국토관리를 효율적으로 이루기 위해서는 국토조사의 지속성이 요구된다. 일정 지역을 단위로 주기적인 조사가 이루어질 경우 그의 변화가 파악되고 다른 지역과 비교가 가능한 등 논리적인 분석과 비교가 가능하다.

그러나 일회성의 조사 자료에는 이러한 추세나 변화의 분석을 적용할 수 없다는 문제점을 가지고 있다. 대부분의 국토조사가 부분적으로는 이러한 주기적 조사를 필요로 하지 않는 내용들이기 때문이기도 하나, 조사의 비용과 예산 등의 제약으로 나타난 문제들도 있을 것으로 판단된다.

(4) 조사체계의 문제점

국토조사와 관련하여 별도의 조사체계가 구축된 바탕 위에서 조사가 이루어지지 못하였으며, 더욱이 각 사업의 소관 부서별로 자료가 조사되었으므로 전체적인 국토조사체계를 기대할 수 없었다.

또한 국토조사의 결과가 어느 기관에서 어떠한 국토조사를 수행하고 있는지 파악하기 어려운 실정이다. 실제로 국토조사총람에 수록된 국토조사의 수행기관을 보면, 주로 지방자치단체로서, 지방자치단체가 계획하는 개발을 위하여 필요로 하는 계획조사가 거의 5분의 4를 차지하고 있다.

계획조사는 실제로 제도적으로 볼 때, 국토조사의 내용으로 명시되어 있지 않은 조사이다. 그러나 계획조사는 경우에 따라 국토조사의 내용 조사 그 자체가 목적은 아니지만 대상 내용을 포함하게 된다. 따라서 국토조사에 포함시켜 조사를 관리하는 것은 필요하다고 본다.

그러나 조사의 기관자체 목적에 의거하여 수행된 조사이기 때문에 국가적인 차원에서 체계적인 국토조사체계를 갖춘 상태로 진행시키기 어려운 조사이다. 또한 조사의 결과를 이용하는 데 있어서도 그러한 이유 때문에 한계가 있을 수밖에 없다고 본다.

(5) 유지관리의 문제점

국토조사 자료의 유지관리와 활용 등에 대한 개념이 부족하여, 조사된 자료가 국토조사와 관련한 사업 및 계획의 결과로서 국토조사 요약서를 취합한 보고서 형태로 발간되어 있다.

또한 실질적인 조사의 내용은 각 사업의 시행기관에 보관되어 있기 때문에, 국토조사 결과

자료를 사용하려 한다 하더라도 활용이 어려운 구조적 문제점을 가지고 있다.

어떤 국토조사를 수행하였는지는 국토조사 총람을 통하여 쉽게 알 수 있는데, 국토조사의 구체적인 내용과 조사내용을 재활용하기가 어려운 상태로 자료가 유지 및 관리되고 있다.

따라서 국토조사 결과를 이용하는 수요자의 입장에서 보면, 어디에 어떤 국토조사 내용이 어떠한 형식으로 자료화되어 있고, 정보의 구득이 가능한지를 알기가 어렵게 되어 있다.

(6) 기타 통계자료의 문제점

국토와 관련하여 각 중앙행정기관과 지방자치단체 등에서 해마다 대규모의 재원과 노력을 투자하여 다양한 종류의 국토관련 통계정보를 작성하고 있다. 이러한 자료들은 실제로 각급의 국토계획에서 중요한 자료로 활용되고 있다.

그러나 통계조사 항목별로 자세히 보면 일부 항목은 국토계획부문에서 활용하기에는 다소의 한계를 안고 있는 경우도 있다. 이러한 원인은 이들 국토관련 통계자료가 해당 행정기관의 행정수요 충족을 목적으로 제작되는 경우가 대부분이며, 국토정보에 대한 수요자의 요구를 충분히 만족시켜 주지 못하는 경우가 발견된다.

그리고 국토관련 통계자료가 폭넓게 활용되지 못하는 이유는 첫째로는 통계자료가 각종 공간계획수립에서 요구되고 있는 최소 행정구역 단위로 수집, 집계되지 못하고 있는 것에 있다. 상당수의 경우 자료획득의 어려움 등으로 시도 등 광역지자체 단위 혹은 국가 전체 단위로 국토관련 통계자료 수집이 이루어져, 시군구의 기초행정단위별로 활용하기에는 어려움이 있다. 이와 함께 국토관련 통계정보는 대부분 전국 또는 시도단위의 행정구역별로 제작되기 때문에 행정구역이 빈번하게 변화하는 우리나라의 현실을 감안하면 통계정보의 활용상에 많은 제약이 따르고 있다.

둘째는 국토관련 통계정보가 통계책자 등의 제한적인 형태로 제작, 유통되기 때문에 활용이 제약되고 있다. 최근 일부 통계자료가 CD나 인터넷 등을 통해 공급되기는 하지만 대부분의 국토관련 통계자료가 통계책자로 발간되어 있어 신속한 자료이용이 어렵고 일회성의 참고자료로 활용하는 수준에 그치고 있다. 선전 외국의 경우에는 다양한 종류의 국토관련 통계정보가 제공, 유통되고 있으므로 언제 어디서든 사용자는 국토관련 통계자료를 이용할 수 있다. 최근 인터넷의 폭발적 성장으로 우리나라에서도 국가통계정보를 인터넷 및 통신망을 통해 전산파일로 유통시키기 위해 노력하고 있으나 정보의 종류가 제한적이고 사용이 불편하여 국토관련 통계정보의 활용성에 제약요인으로 작용하고 있다.

셋째는 국토관련 통계정보의 유지관리 및 활용노력이 소홀하다는 점이다. 다양한 기관에서 국토관련 통계정보를 생산하기 위하여 많은 재원과 노력을 투자하면서도 이들 국토관련통계정보의 지속적인 유지관리 및 갱신에 대해서는 정책적 노력이 활발하게 이루어지지 않고 있다. 따라서 과거 몇 년 전의 국토관련 통계자료를 취득하거나 시계열분석 등을 수행하기가 쉽지 않는 등의 문제점을 드러내고 있다. 특히 자료의 제공이 체계적인 자료의 제시에 중점을 두어 이용자가 원하는 형태의 자료수집이 어렵다. 이를 위해서는 제공되는 자료를 획득하여 필요로 하는 형태로 재가공하는데 많은 노력이 투입되어야 한다.[21]

3. 국토조사의 외국사례

1) 미국의 국토조사

미국은 국토조사라는 명목을 가진 법령 등을 기반으로 한 제도적인 국토조사체계는 구축되지 않고 있으나, 연방정부와 주정부, 시정부, County등의 지방정부에 의하여 다양한 국토관련 통계자료가 생산 및 공급되고 있다.

또한 국토정책 지표로 별도로 구분되지는 않으며, 인구센서스, 지속가능한 개발을 위한 Agenda 21, 기타 국토관련 지표 및 통계자료가 생산·관리되고 있다.

미국 상무성 산하의 통계청은 매 10년마다 인구센서스를 조사·공표하고 있으며, 인구 외에도 주택, 경제, 사회적 특성에 대한 통계자료를 제공하고 있고, 특히 인구와 주택의 경우 1790년부터 현재까지의 자료를 제공하고 있다.

통계청은 인구센서스 자료의 정확성과 신뢰성을 위해 Continuous Measurement(CM), American Community Survey(ACS), Census 2000 Supplementary Survey(C2SS), Supplementary Survey(ACS), Census 2000 Supplementary Survey(C2SS), Supplementary Surveys 등 표본 형태의 조사를 통하여 인구센서스 자료를 보완하고 있다.

한편, 교통성은 안전성, 이동성, 경제성장, 환경성 및 국가안보의 5대 전략적 목적과 상응하는 국토정책 지표를 설정하여 관련 통계자료를 제공하고 있다. 또한 주정부와 County등의 지방정부도 행정업무 처리과정에서 생산·관리되는 건축물정보, 과세정보, 계획정보 등 국토와 관련된 다양한 정보를 생산·공급하고 있다.

미국은 이들 국토관련 정보를 기관별로 데이터베이스로 유지 및 관리하고, 지표로 생산·공급되고 있으며, 지형, 교통, 환경, 재해위험지구 등 공간자료와 속상자료를 포함한 국토 관련 항목이 통합데이터베이스로 구축·유지관리 되고 있다.

사례로, 통계청의 인구센서스는 1990년부터 TIGER(Topologically Integrated Geographic Encoding and Referencing System)와 같은 지리정보데이터베이스와 연계되어 주소코드화, 도면화, 지리목록 기능을 갖춘 단일 데이터베이스로 통합하여 제공되고 있다.

따라서 미국의 경우 인구, 사회경제, 토지이용, 환경분야 그리고 개발허가 신청 등의 국토

---

21) 건설교통부 국립지리원, 국토조사 시행방안 연구, 전게보고서, pp.41~45.

관련 조사자료는 각종 계획수립 등 공공정책과 민간부문의 수요충족을 위하여 인터넷, CD등의 형태로 공급되고 있다. 서구 선진국의 국토관련 정보 및 조사는 대부분 물리적인 국토조사를 실시하기보다는 미국의 사례와 유사하게 사회경제지표를 중심으로 조사·집계되고 있다[22]

2) 캐나다의 국토조사

캐나다의 국토통계는 2차 대전 후 GRP를 위시한 경제활동 위주의 지표를 중시한 CSNA(Canadian System of National Accounts)를 40여 년 동안 활용하다가, 1990년 중반부터 그린프랜(Green Plan)하에 환경과 자원을 중시한 CSERA(Canadian System of Enbironmental and Resource Axxunts)로 바뀌어 작성되고 있다.

과거에는 환경이나 자원은 저절로 물려주는 것이라는 인식이 있었으나 현재는 점차 변하고 있다. 캐나다는 세계에서 가장 넓은 나라 중의 하나이지만 물자로서 공급되는 자원이 한정되고 수용능력과 환경의 혜택도 제한적이니 만큼 철저히 보호해야 한다는 의식이 팽배하게 되었다.

이러한 여건 변화와 관련하여 조사통계항목도 부족한 인적자원 때문에 이민을 권장해온 나라에 못지않게, 자연자원의 이용과 자산계정, 물리적 조사항목, 금전적 조사항목, 데이터 소스 및 방법론, 토지이용과 가치 및 가능성 그리고 토지이용의 표준분류에 만전을 기하고 있다.

표준분류 등은 미국의 방법을 기초로 만들었지만, 실천만은 더 철저히 하자는 의식이 깔려 있어 연방과 주정부가 각기 도움을 주고 있으며, 자연환경의 경우, 구분하는 등급도 제약정도에 따라 CLI(Canada Land Inventory)를 통해 7등급으로 나누고 있다.

생물이 살 수 있는 곳에 인간도 살수 있다는 인식으로 야생동물이 서식하는데 적합한 토지와 물을 생산하거나 지원할 수 있는 곳이야 말로 국가에서 체계적으로 관리하고, 인간의 여가나 관광자원을 위한 국토기본 정보로 간주하여서 철저히 조사 및 관리하고 있는 상태이다.

이처럼 자연 생태계에 대한 중요성을 강조하게 되어 캐나다는 프레리, 타이거 침엽수림, 툰드라 지역 등 15개의 Ecozone을 두오 생태계를 관리하고 있다. 또한 Ecozone 밑에 217개의 Ecoregion을 두고 있으며, 그 아래 식생과 지형, 토양, 수분과 지질을 세분한 5395개의 Ecodistrict를 세분하여 체계화시키고 있다.

통계조사지역으로 Census Division은 295개, Census Subdivision은 6006개로 구분하여 인구와 사회 및 경제 데이터를 계층적으로 파악하고 관리하고 있는데, 통계는 신뢰성과 일관성을 바탕으로 구축하고 있다.

토지능력 등급도는 우리나라의 녹지자연도나 생태자연도와 비슷한 성격을 지니는데 근래에는 GIS, GPS를 활용하여 여러 매체로 발간하고 있다. 광활한 나라가 우량환경을 더 잘 보존하

---

22) 상계보고서, pp.46-47.

고자 하는 노력은 연방이나, 주, 지방정부가 지역평가(Area Review)에서 각 지표를 기초조사 항목으로 선정하고 점수화하여 정보기반으로 삼아 비교 평가하고 있다.

국토조사의 대분류는 지층부에서는 원유, 천연가스 및 부산물, 광물자원 등과 부존자원으로 150년 이상 사용 가능한 목재자원 및 토지이용으로 구분하고, 에너지와 수자원 및 수산과 농산물을 별도로 다루고 있다. 센서스 표의 변수는 6문자의 영어 약어 (예: WDLAND는 Wood Land)로 표기하고 5년을 주기로 조사함을 원칙으로 정적(Stock)통계와 동적(Flow)통계를 작성하여 최종적으로는 투입산출 과정도 파악할 수 있게 하지만, 통계표는 우리나라만큼 자세하지는 않다.

그러나 캐나다의 조사체계는 먼저 분류 틀에 근거를 두어, 오류와 갭을 줄여 정확성을 추구하고 비록 기법을 개발한 것은 많지 않으나, 국토조사의 실행을 철저히 수행하고 있으며, 토목측량조사의 Land Survey는 민간 부문에서 담당하고 있다.[23]

3) 영국의 국토조사

영국의 경우도 국토조사라는 명목으로 국토 전반에 대하여 조사가 이루어지고 있지는 않지만, 통계청, 환경교통성 등 각 부처와 지방 정부에서 국토조사와 유사한 통계자료를 생산하고 있다.

통계청의 경우 매 10년마다 인구 및 가구 등에 대한 사항에 대하여 전수 조사 결과를 수록하는 인구 센서스를 발간하고 있다. 잉글랜드와 웨일즈의 경우는 통계청이, 스코틀랜드와 북아일랜드에 대해서는 General Register Office와 연구기관이 그 업무를 담당하고 있다.

통계청에서는 인구 및 가구에 대한 센서스 외에도 농림어업, 상업·에너지·공업, 사회정의, 경제, 교육, 보건의료, 노동시장, 자연환경 및 건조환경(Built Environment), 인구이동, 공공부문, 사회복지, 교통·관광 등 12개의 분야에 대한 정보를 제공하고 있으며, 이들 각 분야에는 시부 사항들에 대한 정보를 구축 및 제공하고 있다.

또한 영국은 1990년 초반까지 계속되는 경기침체에 대하여 오히려 계획의 유용성을 재인식하여 정부내외에서는 지속 가능한 발전지표를 개발하여 국토의 건전한 개발과 관리에 활용하고 있다.

1980년대 후반부터 1990년대 초반까지 이어진 급속한 경기침체와 높은 실업률이 지속되자, 정부는 산업구조조정을 추진하였고, 이 같은 경제적 불안감은 환경위험에 대한 우려를 고조시키는 계기가 되었다. 당시 영국에서 환경의제에 관심을 가지게 된 이유는 영국의 계획은 전통적으로 환경의 질을 높여 주는 수단으로 인식하여 왔다는 점과, 환경문제가 세계적인 이슈가

---

23) 상계보고서, pp.47-49.

되었다는 점에서 찾을 수 있다.

이와 같은 대내외적인 여건 변화에 따라 환경적인 측면을 강조한 국토의 지속 가능한 발전을 중시하게 되었다. 특히, 환경교통성은 최근 환경농업성으로 조직이 개편되면서, 환경과 식품 및 농업을 포함한 지속 가능한 발전지표를 분야별·이슈별로 세분화하여 정보를 제공하고 있다.

또한 영국은 환경감시위원회와 환경 옴부즈만 제도를 도입 및 활용하고 있으며, 실용적이고 능률적인 교통이용방식을 위한 차량 이용객 및 승차거리지표와 삶의 질 제고를 위한 레저와 항공여행 지표 등을 생산·활용하고 있다. 토지이용 정책에 있어서도 지표체계를 갖추어서, 토지이용의 활력이 있고 지속 가능한 도심을 유지하고, 외곽지와의 녹지공간 등을 균형 있게 공급하기 위한 노력을 하고 있다.[24]

4) 일본의 국토조사

일본은 우리나라와 같이 국토조사에 대하여 제도적인 접근을 하고 있는 국가이다. 일본의 국토조사는 국토조사법(1937) 및 국토조사촉진특별조치법(1948)에 근거하여 국토의 실태를 과학적이고 종합적으로 조사하고 있다.

국토조사의 목적은 국토의 개발, 보전, 이용고도화, 지적의 명확화 도모 및 토지에 관한 가장 기초적인 정보를 정비하는 것이다. 국토조사사업10개년계획을 수립하여 사업을 추진하고 있으며, 현재 제5차 국토조사사업10개년계획(2000-2009), 제6차 국토조사사업10개년계획(2010-2019)이 추진 중에 있으며, 일본의 국토조사는 크게 지적조사, 토지분류조사, 수조사로 분류되며, 각 유형별로 세부적이 조사가 시행되고 있다.

① 지적조사

지적조사는 필지별 토지소유자, 지번, 지목 등을 조사하고, 필지, 가구의 경계, 면적 등을 측량하는 것으로 그 결과를 지도 및 별책으로 작성하는 하는데, 이는 토지에 관한 호적조사를 의미한다. 지적조사의 조사성과는 토지이용계획의 책정과 각종 공공사업의 시책 등에 광범위하게 활용되는 등 토지와 관련된 각종 시책의 기초자료 역할을 한다. 또한 지적조사의 성과는 등기소에 송부되어 등기부와 지도갱신이 이루어지고 이후 토지취득 및 매매 등의 원활화와 토지행정의 효율화에 기여한다.

② 토지분류조사

토지분류조사는 토지를 이용가능성에 의해 분류·평가하기 위해 토지이용현황, 지형·표층

---

24) 상게보고서, pp.49-50.

지질·토양 등 주요한 자연적 요소, 재해이력, 토지생산력 등을 조사하여 그 성과를 지도 및 별책으로 작성하는 것이다. 조사의 결과는 각종 토지이용계획 수립, 공공사업시행을 위한 기초자료로 활용된다. 토지분류조사는 다시 토지분류기본조사, 수직조사, 토지분류세부조사, 토지보전기본조사 등 네 종류로 나누어진다.

첫째는 토지분류기본조사는 국토의 자연조건(지형, 표층지질, 토양, 경사 등)과 토지이용현황을 조사한다. 둘째는 수직조사는 지하의 지질, 이용상황(지하철, 상하수도, 송전선, 구조물 등)을 조사한다. 셋째는 토지분류세부조사는 시정촌 단위에 대한 상세한 토지이용현황, 토지조건(지형, 표층지질, 토양 등), 토지생산력 등을 조사한다. 넷째는 토지보전기본조사는 토지분류기본조사 등을 기초로 자연환경조건, 재해이력, 문화재, 귀중한 동식물의 분포 등을 조사한다.

③ 수자원조사

수자원조사는 이수, 치수에 활용하기 위해 하천 등의 유량, 수질, 물의 이용상황(취수량, 용수량, 배수량 등) 등을 조사하는 것이다. 수자원조사의 결과는 각종 이수, 치수에 관한 계획수립 등에 활용된다. 수자원조사도 1급 수계와 2급 수계를 대상으로 하여 유역내의 수문, 이수, 치수 등에 관하여 조사하는 수계조사(주요 수계조사, 도도부현 수계조사)와 전국의 주요 지하수를 대상으로 이들의 위치, 깊이, 구경, 수위 등을 조사하여 전국지하수 자료대장, 전국지하수 지도 등을 작성하는 지하수조사로 나누어진다.

그리고 일본의 국토조사체계는 국토조사 유형별로 상이하나 조사의 규모 또는 지도의 축척별로 광역조사는 국가가 담당하고 지역조사는 주로 지차체(도도부현 또는 시정촌)가 담당하고 있다.

지적조사는 측량기준점은 국가(국토교통성, 국토지리원)가 담당하나 그 외의 지적조사는 대부분 기초지방자치단체(시정촌)에서 담당하고 있다. 토지분류조사의 경우 축척이 1/2500~10000의 지형도에 기반하는 토지분류세부조사는 시정촌이 담당하고, 축척 1/50000의 지형도에 기반하는 토지분류기본조사 및 토지분류세부조사는 도도부현이 담당하며 기타 토지분류조사는 국토교통성에서 담당하고 있다.

도도부현이 시행하는 축척 1/50000의 지형도를 기반으로 하는 토지분류기본조사는 도곽 범위를 1개 지역으로 하여 지형분류조사, 표층지질조사, 토양조사를 행하며, 인근의 대학 및 도도부현의 시험연구기관이 조사를 시행한다. 수자원조사에서 1급 수계조사와 지하수는 국가에서 담당하며, 2급 수계조사는 도도부현이 담당하고 있다.

일본의 국토조사실적을 살펴보면, 제4차 국토조사 10개년계획기간의 종료시점은 1999년 말 현재 지적조사의 진척율은 전국 조사대상면적의 약 43%이며, 도시지역은 17%로 나타나고 있다.

그리고 일본의 경우 지적조사, 토지분류조사, 수조사와 같은 국토조사법(1937) 및 국토조사

촉진특별조치법(1948)에 근거한 국토조사 외에도 다양한 종류의 국토와 관련된 조사가 이루어지고 있다. 총무성 산한 통계국을 비롯하여 농림수산성, 경제생산성, 국토교통성, 후생노동성, 재무성, 자원에너지청, 경찰청 등 주요 중앙 기관 뿐만 아니라 각 지역에서도 국토와 관련도니 다양한 자료들을 생산하고 있다.

일본은 통계의 사실성확보, 통계조사의 중복 제거, 통계체계 정비, 통계제도의 개선 등을 목적으로 통계에 관한 기본법인 통계법을 제정하고 있으며, 또한 통계법을 보완하고 국민의 통계에 대한 부담의 경감과 행정사무의 능률화를 목적으로 통계보고조정법을 제정하여 통계자료를 수집 및 공표하고 있다.

통계조사의 성격에 있어서는 크게 지정통계제도와 추출통계제도를 취하고 있으며, 지정통계의 경우 보다 적극적으로 통계의 정비를 도모함을 목적으로 하는 반면, 추출통계의 경우 다양한 통계실태의 파악과 중복적인 통계조사를 방지하기 위한 제도이다.

통계국에서도 이와 동일한 분류에 따라 매년 「일본의 통계」를 발간하고 있으며, 웹상에서 원시자료는 물론 표, 지도 등의 형태로 서비스를 제공하고 있다. 통계국은 현재 수집된 지리정보 즉, 구고조사에 대해서 지도로 표현할 경우 주제도 형식으로 제공해주고 있으며, 최근에는 지역 메쉬(mesh) 통계 서비스를 준비중에 있다.

지역개발, 방재계획, 공공시설배치계획 등을 추진하기 위해서는 시정촌 보다도 더 작은 지역별 통계 자료가 필요하기 때문에 이와 같은 소지역별 통계자료가 바로 지역 메쉬 통계가 된다. 메쉬는 경위도 좌표에 토대를 두고 일본의 국토를 격자형으로 세분화한 것으로 사방으로 약 1km의 망으로 세분화한 지역단위를 표준지역 메쉬라고 하며, 지역 메쉬별로 각종 국토조사 자료를 표시한 것이 지역 메쉬통계가 된다.

물론 지역 메쉬통계의 작성에 대해서는 기술적인 어려움이 있다. 즉, 현행의 국토조사 자료가 불특정한 면적, 불규칙적인 지형을 가진 지역 단위로 집계되기 때문에, 경위도에 토대를 두고 격자형으로 구분된 지역 메쉬통계로 일치시키는 것이 쉽지 않다. 따라서 통계조사지역을 지역메쉬 구획과 일치시키는 것이 가장 절실하며, 이러한 제반문제와 관련하여 통계국은 다양한 계속정책을 도모하고 있는 중이다.[25]

5) 프랑스의 국토조사

프랑스의 국토조사는 지적제도에서 찾아 볼 수 있으며, 그 근대 지적제도의 시초는 프랑스이다. 과세적의 대표적인 예로 꼽히는 나폴레옹지적의 창설은 1807년 나폴레옹지적법에서 살펴볼 수 있으며, 1808년부터 1850년까지 실시한 지적측량성과에 의해서 이루어졌다.[26] 당시

---

25) 상계보고서, pp.51-55.
26) 김행종, "한국 토지정보관리체계의 발전방향", 토지연구, 제1권제3호, 한국토지공사, 1990,

제도목적은 시민들에게 공평한 방법으로 토지세를 부과하기 위한 자료로 활용하고 토지소유에 관한 문제를 해결하기 위한 목적으로 창설하여 현재에 이르고 있다.

프랑스 국토조사는 민법과 행정법에 기초하며, 등록공부는 토지 및 건물대장, 지적도, 도엽기록부 및 보조공부인 색인부 등으로 구성되어 있다. 토지 및 건물대장은 그 특성을 알 수 있도록 소재지, 지번, 면적, 도로명, 건축물의 위치 등이 표시되어 있고 지적도의 크기는 75㎝×105㎝로서 신축이 거의 없는 필름을 사용하고 있으며, 축척은 도시지역 1:500, 농촌지역 1:1000, 기타지역, 1:2000으로 각각 작성하는 지역별 축척제도를 채택하고 있다.

국토조사 후 등기절차는 공증, 등록 등기 등 3단계의 과정을 걸쳐서 이루어진다. 이 과정은 완전 분업화되어 공증인, 지적사무소, 등기사무소 등이 각각 업무를 분담하여 처리하고 있으나 상호 보완적인 측면에서 운영되고 있다. 다시 말하면 우선 공증인으로부터 공증문서를 작성하여 행정관서인 지적사무를 담당하는 지방지적사무소에 제출하면 지적공부에 등록한 후 등기하게 되는 과정을 취하고 있다. 그러므로 절차적인 면에서 치중함으로써 지적과 등기의 내용을 일치시켜 지적공무의 등록사항과 등기부의 등기사항이 실제와 부합하게 되어 토지정보의 신뢰도를 증진시키고 안정성을 확하고 있다.

프랑스는 지적관리체계의 창설할 당시 이후 발생한 제반 문제점을 해결하기 위해 1930년부터 1950년까지 전국토에 대한 지적재조사를 실시하였다. 그후 토지정보의 신속하고 정확한 최신자료를 효율적으로 관리운영하기 위하여 1965년부터 1978년까지 전산화 1단계사업(MAJIC1)을 착수하였다.

MAJIC1은 지적공부에 등록된 사항을 중앙집중전산처리시스템을 구축하여 세무업무와 문서상 업무를 전산처리 하는데는 만족할 만한 성과를 달성하였으나 토지이용정리 및 지적민원처리는 전혀 이행하지 못하였다.

따라서 MAJIC1의 취약점을 해결하고 국민과 정부의 새로운 욕구를 충족시키기 위하여 전산화2단계사업(MAJIC2)이 추진되었다. MAJIC2는 1984년부터 1990년까지 프랑스 전국의 지적 및 등기사무소에 터미널을 설치하여 운영하고 동시처리와 문답식에 의하여 행하여지는 지방분권된 관리시스템으로 운영된다.

그러므로 토지정보를 데이터베이스화하여 그 내용에 있어서도 과세시에 필요한 정보와 토지의 가격을 평가하는 기능 및 토지이용계획을 위한 자료제공, 토지소유권에 관한 보호 등 효율적인 토지정책을 수행할 수 있도록 대장과 도면의 등록사항을 정보화하여 토지정보를 관리운영하고 있다.

프랑스는 지적공부 등의 형식개편을 통해 지적 디지털화를 했는데, 지적과 항공사진 등을 통합하여 지적디지털화와 함께 각종 공간정보를 융복합하여 행정 및 공간정보산업에 제공 및

---

pp.92-93; 내무부, 외국의 지적제도비교연구 보고서 -프랑스, 이태리, 영국 -, 1988, pp.14-49.

활용중이다.[27]

6) 대만의 국토조사

대만의 국토조사는 우리나라와 같이 일본의 식민지 지배하에 1987년 지적법규와 토지조사 규칙이 공포되고 1898년부터 국토조사에 착수하여 외업은 1902년, 내업은 1903년에 각각 완료하여 창설되었다.

이어 1909년 임야조사규칙을 공포하고 토지조사에서 제외된 토지를 대상으로 1914년까지 임야조사를 완료하면서 토지정보관리체계의 기틀을 형성하게 되었다. 그리고 정부수립 2년후 인 1930년 지적사무에 관한 기본법인 토지법을 제정공포하여 지적업무와 부동산등기업무를 일원화 하였다.[28]

등록공부는 토지등기부, 건축물개량등기부, 지적도 등으로 구성되어 있으며, 도면은 지적 및 임야도 구분 없이 모든 토지를 지적도에 등기하고 있다. 지적도의 축척은 중요도시의 중심 부가 1:600, 기타지역이 1:1200으로 구성되어 있었으나, 지적재조사사업이 실시되면서 도시 지역은 1:500, 일반농지 및 산지는 1:1000, 고산지역은 1:2000으로 각각 전환하고 있다.

지적재조사사업은 1975년부터 부분별 실행에 착수하여 계획을 3기로 나누는 장기계획을 수 립하고 지적도의 마멸, 오손과 불부합이 심한 도시지역을 우선적으로 선정하여 1988년 완료하 였다. 그후 1989년부터 수치지적측량방법을 채택하여 지적재조사사업을 전면적으로 추진하여 2010년 완료하였다.[29]

그리고 내정부는 1978년 지정자료전산처리연구소위원회를 구성하여 지정사무의 전산화사 업에 착수하였다. 1980년에는 내정부 지정자료센터 준비처의 설립을 공포하여 연구위원회를 구성하였다. 그후 연구위원회의 자문능력을 보강하기 위하여 전문가와 학자 등을 전산개발연 구에 전담토록 하였으며, 1981년에 지정정보센터를 신설한 것이다.

지정자료전산처리계획에 따라 1981년부터 1991년까지 10년 계획을 수립하고 지정사무의 전 산화작업을 추진하여 지정자료의 전산관리체계를 확립하고 지정행정의 효율성을 높이며, 대 국민 서비스를 보강하도록 하였다. 또한 토지정보를 신속하고 정확하게 제공하고 토지의 효율 적인 이용을 촉진하는데, 목적을 두고 토지정보관리체계의 구축을 해왔다. 따라서 대만의 국 토조사는 지적재조사사업을 통해 지적디지털화 하였는데, 지상측량, 항공측량, 좌표계 변환 등을 병행하여 추진한 것이다.

---

27) 국토정보기획단 내부자료, 지적선진화 추진계획(2011), p.4.
28) 陳鳳琪, "中華民國土地登記制度", 最近地籍制度에 관한 國際學術論文集, 1985; 大韓地籍公社, 自由中國의 土地行政改善, 1987. 참고
29) 국토정보기획단 내부자료, 지적선진화 추진계획(2011), p.4.

7) 외국 국토조사 사례의 시사점

앞서 살펴본 바와 같이 미국과 유럽 등의 선진국에서는 국토와 관련된 사회경제적 지표를 중심으로 국토관련정보가 수집·공표되고 있는데, 일본의 국토조사는 지적조사, 토지분류조사, 수자원조사 등 토지의 물리적 특성조사를 중심으로 하고 있다.

그러나 이들 국가의 국토조사 및 국토정보체계의 공통적인 특성은 원시자료를 제공하며, 속성정보와 지리정보가 통합된 자료를 제공하고 있다는 것이다.

그리고 국토관련 통계자료 등을 디지털데이터 형태로 원시자료를 제공하여 국토관련 정책수립, 정책분석 등 사용자의 필요에 따라 분석할 수 있도록 지원하고 있다. 지표중심의 국토통계를 제공하고 있으며, 국토관련 통계정보를 제공할 경우 각종 주제도 등 지리정보가 통합된 형태로 제공되고 있다.

또한 선진국가일수록 국토조사의 통계업무를 지속적으로 발전시켜왔고, 이들 국토관련 정보를 국토정책 및 계획수립, 집행과정에 활용하고 있으며, 국토조사관련 통계자료 수집체계를 매우 중시하고 있다.

일본의 경우도 국토의 물리적 특성을 중심으로 한 국토조사를 시행하고 있으나 국토조사 10개년계획을 수립하여 중앙과 지자체간의 역할분담은 물론 지난 50년대 이후 지속적으로 국토조사를 시행하고 있으며, 그 결과를 국토이용계획 수립 및 각종 재난에 대비한 정책분야에 활용하고 있다.[30]

특히 대만의 국토조사는 지적재조사사업을 통해 계획적으로 지상측량, 항공측량, 좌표계 변환 등을 병행하여 지적시스템의 선진화를 추진한 것이다.

4. 국토조사의 기본방향

1) 국토조사관련 여건변화

(1) 국토공간정보의 디지털화

빠른 정보화의 추진으로 사회, 경제, 문화 등 모든 부문에서 디지털화가 촉진되고, 특히 정부의 국가지리정보체계구축을 위한 기본계획의 추진 등으로 국토공간정보의 디지털화가 가속화되고 있으며, 사이버국토 구축이 구체적인 실현단계에 이르고 있다. 국토 공간정보의 디지털화는 국토정책부문에 대한 다양한 공간분석을 통해 효과적인 국토정책의 수립 및 관리를 도모할 수 있게 된다.

---

30) 상게보고서, p.56.

그러나 국토조사와 관련한 다양한 시행주체간의 국토정보시스템간의 통합 및 연계미흡으로 인해 효과적인 국토계획의 수립 및 국토정책수립을 위해서는 국토조사 부문에 대한 보다 깊이 있는 검토가 필요한 실정이다. 국토관련 정보의 수집·배포과정과 방법 등이 과거의 아날로그 시대와 비교하여 변화된 여건을 조사·분석하며, 행정분야 및 일반에서의 이용방법 등이 변화하고 있는 여건을 조사하고 분석할 필요성이 제기된다.

(2) 국토의 계획적 개발 및 관리

과거 폐쇄적인 시장구조를 유지해왔던 국내 부동산시장이 WTO체제의 출범과 OECD가입 그리고 IMF지원체제 하에 들어가면서 전면 개방됨으로써 외국인 및 외국법인의 국내 토지시장 참여가 가능한 일련의 개방된 구조로 전환됨에 따라 부동산시장의 세계화 추세가 급속이 진전되었다.

국내 토지시장의 개방에 따라 토지시장을 관리하는 기존의 원칙과 규정도 국제적으로 통용될 수 있는 기준으로 전환되었다. 또한 부동산시장에 대한 정부의 기능축소와 시장기능을 강조하는 경향이 대두되었다.

그리고 기존에는 시장에 대한 정부규제 및 개입을 통해 국토 및 부동산시장의 문제해결을 시도하여 왔으나, 세계화·정보화 등 외부환경의 급속한 변화에 따라 시장실패, 정부실패를 경험하면서 그 대안으로 거버넌스(governance) 개념이 대두되고 있다.[31]

이에 따라 정부의 지가안정, 수요억제 및 토지투기 방지를 위한 직접 규제 정책은 지양되고, 간접적이고 유도적인 부동산관리정책으로 정책의 기본 틀이 전환되며, 지역의 토지이용계획 입안 및 결정에 대한 중앙정부 역할의 상당부문이 지방으로 전환될 것으로 전망된다.

그러나 지방의 계획관련 기능이 충분히 성숙되지 않았기 때문에 난개발을 방지하고 효과적인 국토 및 토지이용을 위해서는 계획적 개발에 대한 보다 많은 관심이 필요하다. 즉, 국토의 계획적 개발과 관리를 위한 계획지표 및 정책기초자료 확보의 필요성으로 국토조사의 중요성이 증대되고 있다.

(3) 지속가능한 개발과 환경보전

1987년 환경 및 개발에 관한 세계위원회(WCED)와 1992년 리우선언 등을 계기로 지속가능한 개발개념이 대두되어 지속적인 국토개발을 위한 환경보전의 중요성이 강조되었으며, 이에 따라 여건변화에 대응한 정책적 대응이 요청되었다.

국토개발과 관련하여 다양한 여건변화에 따라 깨끗한 물과 공기, 에너지원의 확보, 자연환

---

31) 거버넌스 개념의 대두에 따라 정부의 역할축소, 시장기능 강화, 공공정책에 대한 시민사회의 역할증대가 예상된다.

경 및 생태계 보전 등 보다 쾌적한 환경에 대한 국민의 욕구가 증대될 전망이며, 국토의 난개발을 방지하고 환경친화적 국토이용 및 관리를 위해서는 효율성보다는 환경의 지속가능성이 보다 중요한 정책목표로 부각될 전망이다.

특히, 국토의 효율적 이용과 함께 환경보전을 감안한 체계적인 국토관리를 위해서는 국토계획 및 정책의 효과와 이용의 상황변화를 지속적으로 모니터링하고 평가하는 작업이 필요하며, 이를 위해서도 국토조사가 필수적으로 수반되어야 한다.[32]

2) 신 국토조사의 개념정립

일반적인 국토의 개념은 영토, 영해, 영공으로 구성되어 있으며, 국민의 모든 행위가 영위되고 있는 공간이라고 할 때에 국토공간상의 모든 현상에 대한 자료를 조사하는 것이 광의의 국토조사에 대한 개념[33]이라고 할 수 있다.

이상적인 국토조사를 위해서는 광의의 개념에 입각한 국토공간상의 제반현상에 대한 충실한 조사가 필요하나, 이와 관련된 사안에 대한 모든 조사를 실시하기에는 그 대상이 매우 광범위하며, 많은 비용과 시간이 소요되어 완벽한 조사가 이루어지기 어렵다.

따라서 신 국토조사의 개념을 정립함에 있어 특정 목적의식 하에 실현이 가능한 개념을 조작적으로 설정하는 것이 필요하며, 국토조사를 국토이용과 관리의 부문에 초점을 두어, 이의 수행에 필요한 정보기반으로서 제반 국토관련 자료를 조사하는 것에 초점을 두도록 한다.

이에 국토조사를 국토의 지속가능한 발전과 보전이 보장된 상태에서 국토의 이용을 고도화하기 위하여 국토의 현황 및 실태를 과학적이고 종합적으로 조사하는 것을 의미하는 것으로 볼 수 있다.

특히, 국토기본법에 의한 국토관리의 기본이념을 달성하기 위하여 제반 활동에서 필요로 하는 자료를 조사 및 구축하고 활용될 수 있도록 제공하여 주는 것을 국토조사의 개념으로 설정한다.

그러므로 국토를 균형 있게 발전시키고, 경쟁력 있는 국토여건을 조성하며, 환경 친화적인 국토의 구축을 목적으로 하는 국토와 관련된 제반 정책과 계획의 수립 및 평가와 의사결정을 위한 기초자료를 신속하고 정확하게 제공하여 효율적인 국토관리가 이루어질 수 있도록, 각종 국토관련 자료를 종합적이고 체계적으로 표준화하고 조사하여 축적, 관리하는 것을 의미한다.[34]

---

32) 건설교통부 국립지리원, 국토조사 시행방안 연구, 전게보고서, pp.57-58.
33) 한편으로는 국토가 의미하는 물리적인 측면에 국한하여 인문·사회적인 제 현상을 제외한 국토의 자연적 사항들에 대한 조사를 협의의 국토조사의 개념이라고 할 수 있다.
34) 건설교통부 국립지리원, 국토조사 시행방안 연구, 전게보고서, pp.58-59.

3) 신 국토조사의 유형분류

신 국토조사는 조사의 내용, 조사의 방법, 조사의 시기, 조사의 형태 등 그 유형에 따라 분류하여 살펴볼 수 있다. 먼저 조사내용별 유형은 인문·사회적 부문조사와 자연적 부문조사로 나누어 볼 수 있다.

첫째, 인문·사회적 부문조사는 국토에 관한 계획 및 정책의 수립과 집행에 활용하기 위하여 필요한 인구·경제·산업·교육·문화 등 국토공간 상에 나타나는 제반의 인문·사회적 현상을 조사하는 것이다.

특히, 도시계획 차원에서는 인구의 정확한 변화와 구성 등에 대한 조사가 요구된다. 기본적으로 도시의 각종 시설은 인구의 구조에 크게 관련된다. 인구의 연령별 구조와 성별 구조에 따라서 필요한 시설의 규모와 종류가 결정되는 경우가 일반적이다.[35] 또한 이를 위하여 필요로 하는 토지자원은 얼마나 될 것인가 등이 토지이용에 대한 계획의 중요한 일부가 된다. 따라서 이러한 인구의 추정이 정확하게 이루어지도록 필요한 자료가 충분히 확보되어야 한다.

둘째, 자연적 부문 조사는 국토의 자연환경, 지하자원, 지형 및 지물 등에 관한 조사를 포함한다. 또한 토지분류조사와 자원조사의 기초가 될 토지와 수면의 측량 및 분류와 기준설정을 위한 조사가 포함된다. 토지를 이용 목적에 따라 분류하기 위하여 토지이용현황, 토지의 물리적·화학적 성질, 기타 주요 자연적 요소 및 생산력에 관한 조사가 포함되며, 천연자원의 이용목적에 따라 분류, 계량하기 위하여 그 질과 양 및 분포상황에 관한 조사가 자연적 부문 조사에 해당한다.

그리고 조사방법별 유형은 직접조사와 간접조사로 나누어 볼 수 있다. 먼저 직접조사는 국토와 관련된 1차적 자료의 생산을 위하여 국토조사에서 직접 조사를 수행하여야 할 내용을 포함하며, 국토이용, 지형·지물, 토지 및 수면 측량 등의 부문을 대상으로 한다.

둘째, 간접조사는 국토와 관련된 2차적 자료의 구축을 위하여 기존에 조사된 자료들을 수집하고 정비하는 과정을 수행하여야 할 내용을 포함하며, 인구, 산업, 경제, 문화 등에 관련된 내용들이 주요 대상이 된다.

조사시기별 유형은 정기조사와 수시조사로 나누어 볼 수 있다. 먼저, 정기조사는 매년 정기적으로 수행하는 국토조사로서 국토에 관한 계획 및 정책의 수립과 집행에 활용하기 위하여 필요한 자료를 수집한다. 이를 통하여 국토의 계획 및 이용에 관한 연차보고서의 작성을 위하여 필요한 자료가 수집되며, 국토에 대한 다양한 지리정보와 인문사회정보를 활용할 수 있는 국토정보체계를 구축하기 위하여 필요한 자료가 수집된다.

둘째, 수시조사는 비정기적으로 실시되는 국토조사로서 건설교통부장관이 필요하다고 인정

---

35) 예를 들면 각급 학교의 시설은 얼마나 수요가 있으며, 이를 성별로 구분하거나 실업계 및 인문계 등으로 나누어 살펴볼 경우 각급 학교가 얼마나 필요한가하는 것 등이다.

하는 경우 특정지역 또는 부문 등을 대상으로 실시하는 조사가 포함된다.

자료형태별 유형은 센서스 자료, 행정자료, 현지조사자료, 특수목적의 조사자료, 항공사진 및 원격탐사자료 등으로 분류된다. 먼저, 센서스자료는 전수조사에 의해 집계되며, 5년 주기로 조사되는 인구주택센서스, 광공업센서스와 10년 주기로 조사되는 농업센서스, 어업센서스 그리고 3년 주기로 조사되는 에너지센서스, 도소매업센서스, 비정기적으로 조사되는 공무원센서스 등이 있다.

행정자료는 중앙부처 또는 각 지방자치단체가 행정업무를 수행하면서 수집, 조사하는 모든 자료로서 합리적인 행정정책의 수립과 평가에 이용되며, 현지 조사자료는 국토와 관련한 정보를 기존 조사자료에서 추출할 수 없는 경우 또는 수시로 변화하는 사회경제현상을 파악하고자 할 경우 현지조사를 통하여 국토관련 현황자료를 수집하게 된다.

그리고 특수목적의 조사자료는 각종 사고나 홍수, 지진 등의 자연재해·재난에 대한 복구 등을 위하여 특수한 목적으로 비정규적으로 조사되는 자료이며, 항공사진 및 원격탐사자료는 인공위성으로부터 얻어진 사진 또는 영상정보를 말하는 것으로 농산물 수확량 예측, 임업자원분석, 국토 및 도시계획 현황분석, 해양자원분석, 환경보전, 재해예측, 자원탐사 등에 활용된다.[36]

4) 신 국토조사의 목적과 방향

국토조사의 목적은 직접적으로는 국토정책과 국토계획의 수립, 국토계획 및 이용에 관한 연차보고서 작성, 그리고 국토정보체계의 구축 등에 필요한 기본자료를 조사하고 수집하는 것에 있다. 국토조사의 간접적인 목적은 앞서 설명한 바와 같은 과정을 통하여 국토의 이용 및 관리가 효율적으로 이루어지도록 필요한 정보기반을 구축하는 것이다.

국토조사의 궁극적인 목적은 앞서 언급된 바와 같이 국토관리의 기본이념을 달성하기 위하여 필요로 하는 각종의 자료를 조사하여 축적하고 활용할 수 있도록 제공하여 줌으로써 국토관리의 기본이념을 달성하도록 하는데 있다. 수집하고 축적된 국토조사의 결과로서의 각종 국토관련 자료는 국토관리, 국토계획 및 정책, 그리고 국토정보체계의 기본 자료로서 제공되어 활용이 극대화될 수 있을 것이다.[37]

---

36) 건설교통부 국립지리원, 국토조사 시행방안 연구, 전게보고서, p.60-62.
37) 신 국토조사의 구체적인 목적은 다음과 같다. 첫째, 국토정책 및 계획 수립의 직접적인 자료를 제공하는 것이다. 둘째, 국토의 균형발전을 진단하는데 필요한 자료를 제공하는 것이다. 셋째, 국토의 경쟁력을 평가하여 볼 수 있는 자료를 제공하는 것이다. 넷째, 국토의 관리를 환경적 측면에서 점검하여 볼 수 있는 자료를 제공하는 것이다.

그리고 국토조사는 국토관련 여건변화에 대응하여 환경보전을 감안하여 체계적이고 효율적인 국토이용 및 관리가 가능할 수 있도록, 그리고 국토정책 및 계획수립을 지원할 수 있도록 하는데 필요한 자료를 효과적으로 수집 및 축적할 수 있도록 하는 것이다. 신 국토조사의 기본방향은 이러한 것들이 잘 수행될 수 있도록 전체적인 국토조사에 대한 기본적인 방향을 제시하는 것이다.

국토조사의 일반적 정의와 기능을 국토기본법 및 시행령의 규정을 바탕으로 중앙정부 또는 지방자치단체가 국토의 이용·개발·보전을 위하여 국토에 관한 현황을 파악하는 과정과 연계하여 정의하고 기능을 설정하도록 한다. 또한 국토조사와 국토정보체계 등 각 정보화 사업 속에서의 국토조사 사업의 위상을 정립하여 국토조사의 역할을 명확히 하도록 방향을 설정하는 것이다.

국토조사에 관한 법적 규정의 연혁과 이에 따른 과거의 국토조사를 분석하여 과거와의 연계가 최대한 지속될 수 있도록 조사한다. 국토에 관한 계획 또는 정책의 수립을 지원하기 위하여 이에 필요한 자료들을 검토하여 조사에 포함시킨다.

신 국토조사 시행의 기본방향은 각 부처가 생산하는 기존의 통계 자료 및 체계를 최대한 활용함으로써 중복적인 조사를 방지하고 지방자치단체의 업무에 새로운 부하를 주지 않는 범위 내에서 설정되어야 한다. 이런 범위 내에서 국토정책 정보수집의 여건변화와 향후 이용방향 등을 고려하여 정보화 시대에 적합한 국토조사의 기본방향을 설정하도록 한다.

또한 국토 관련 정보의 수집·배포되는 과정과 방법 등이 과거의 아날로그 시대와 비교하여 변화된 여건을 조사·분석하며, 행정 분야 및 일반에서의 이용방법 등이 변화하고 있는 여건을 조사하고 분석하도록 한다.

따라서 국토조사가 국토의 현황과 변화를 파악할 수 있도록 하는 국토지표 중심의 조사체제로 구축되도록 하여, 국토조사의 결과가 국토계획 및 국토정책의 수립에 시의 적절하게 반영될 수 있도록 하는 것이다.[38]

5. 국토조사의 지표 및 항목

1) 국토조사의 지표

(1) 국토조사 지표개발의 목적과 역할

지표란 복합적인 정보를 간단명료하게 나태내고 이를 통하여 정보에 대한 의사를 전달하기 위한 수단으로써 통계시스템의 중요한 요소가 된다. 따라서 지표는 특정하게 설명하고자 하는

---

38) 건설교통부 국립지리원, 국토조사 시행방안 연구, 전계보고서, pp.63-64.

현상을 쉽게 이해할 수 있도록 이와 관련된 여러 자료를 통합하고 결합하거나 합산하여 나타내는 통계적 정보로서 각 지표는 특정 목적을 가지고 산출되어진다.

통계정보시스템 속에서 지표의 역할을 정보 피라미드를 통하여 살펴보면, 피라미드의 기반은 설문, 실측 및 행정자료 등으로부터 수집된 기초적 원시자료로 구성된다. 이 자료들은 주로 양적인 측정의 결과를 나타내는 것들이며, 전문가들이 이용할 것을 의식하고 작성되는 것이 일반적이다.[39]

일반적으로 피라미드의 상층부로 갈수록 수치적으로 산출된 더욱 복합적이고 통합된 형태의 지표 혹은 인덱스의 형태를 갖게 되며, 종국에는 하나의 지표로 모든 현상을 통합하여 설명할 수 있게 된다는 것이 통계정보 피라미드의 원리이다. 그러나 이런 유형의 통합은 이론적으로는 가능하나 현실적으로는 적용하기 어렵다. 즉, 복잡하고 다양한 원시자료들을 단일의 지표로 결합하여 통합하여 간결하게 설명한다는 것은 쉽지 않은 것으로 아직도 계속 연구되고 있는 상태이다.

국토조사에 있어서 지표란 국토와 관련된 제반 현상들, 특히 국토의 균형발전, 국토의 경쟁력 강화, 국토의 환경적 지속성에 대한 평가 등을 위한 효과적인 평가도구이며, 실행척도를 의미한다. 이의 효과적인 평가를 통하여 국토의 개발과 보전의 조화를 통한 안정적 성장을 도모하는데 있어서 현재의 수준이나 정책수행의 효과를 가늠할 수 있도록 하는 것이 지표개발의 궁극적인 목적이다.

국토관리의 기본이념을 달성하는 과정에서 국토의 각 부문에서 대표성이 있는 일부를 개관함으로써 현재와 미래에 영향을 미치는 정보를 확보하여 국토의 현 상태에 대한 정도를 측정·평가하는 수단으로 지표를 개발하고 사용하게 된다. 이를 통하여 국토의 각종 부문에 대한 정보를 제공하고 이에 따른 국토환경의 변화를 파악하는 중요한 수단으로 정책과 국토환경의 연계를 분석하는 기준으로 활용할 수 있게 될 것이다.

만일 어떤 지표가 부정적인 방향으로 나아가고 있는 추세를 보인다면, 그 지표와 관련된 정책이나 관련 요인들을 파악하여 해당 계획이나 정책을 개선하거나 새로운 방향으로 수립하는데 지표를 활용할 수 있게 된다. 또한 국토조사 지표는 국토환경에 발생되는 변화를 이해하고 모니터링 할 수 있는 수단을 제공하기도 한다.

국토조사의 지표개발에 대한 구체적인 목적은 다양한 측면에서의 국토변화 및 이용현상을 이와 관련된 여러 자료들을 종합 혹은 결합하여 단일하고 간결한 수치로 나타내 줌으로써 사용자나 의사결정자가 손쉽게 표현하고 이해하게 하여 계획과 정책에 대한 의사결정을 도와줄

---

39) 피라미드의 상층부는 지속가능한 개발, 국토의 균형개발 등과 같은 특정 현상을 이해하기 쉽도록 나타내 주는 부문별 지표로 상층부로 갈수록 간단명료한 지표의 형태를 갖게 되는데, 일반 사용자나 의사결정자들이 쉽게 사용할 수 있도록 구성된다.

수 있는 준거로 활용될 수 있도록 하여주는 것에 있다.[40]

(2) 국토조사의 지표 분류

국토조사 지표의 부문 분류를 위한 준거로서 국토기본법의 국토관리 기본이념을 바탕으로 하였다. 국토기본법에서 제시된 이 이념은 국토의 지속가능한 발전 도모에 있다. 국토에 관한 계획 및 정책의 방향은 개발과 환경의 조화를 바탕으로 할 것을 지향함으로써 국토관리 및 이용에 있어서 개발 및 성장위주의 시대적 논리를 종식시키고 있다.[41]

그러나 당시 개발의 중요성이 경시된 것은 아니며, 국토의 이용과 관리와 관련하여 환경의 중요성을 인식하고 장기적인 차원에서의 국토관리를 지향하고 있다고 할 수 있다.

따라서 국토조사 지표의 부문분류는 국토개발에 필요한 제반의 정보를 포함할 수 있도록 하되 환경적 측면에서의 국토관리를 위하여 필요로 하는 정보를 동시에 제공할 수 있도록 하여야 한다.

국토의 개발과 관련하여서는 국토의 균형발전이 이루어져 국가 전체가 사회적 통합을 이룰 수 있도록, 국가 경쟁력이 국토를 기초로 강화될 수 있도록 강조가 되어 있다. 따라서 국토개발과 관련된 정보로는 국토의 균형발전 정도를 감시할 수 있는 지표가 중요한 부문으로 포함되어야 할 것이다.[42]

국토조사에서는 지표를 국토기본법의 국토관리 이념에 기초하여 이를 달성하기 위하여 관찰하고 관리하여야 할 주요 내용들을 효율적으로 나타낼 수 있도록 〈표 2-6〉과 같이 3개의 대분류 지표와 10개의 중분류 지표로 분류하도록 한다.

〈표 2-6〉 국토조사 지표분류

대 분 류	중 분 류
균형발전지표	지역특성지표, 지역자립성지표, 생활여건지표
지역경쟁력지표	기간시설지표, 부존자원지표, 교류여건지표
환경지표	자연환경지표, 생활환경지표

* 자료: 건설교통부 국립지리원, 국토조사 시행 방안 연구, 2003.

---

40) 건설교통부 국립지리원, 국토조사 시행방안 연구, 전게보고서, pp.65-66.
41) 국토기본법 제2조 (국토관리의 기본 이념) 국토는 모든 국민의 삶의 터전이며 후세에 물려줄 민족의 자산이므로, 국토에 관한 계획 및 정책은 개발과 환경의 조화를 바탕으로 국토를 균형 있게 발전시키고 국가의 경쟁력을 높이며 국민의 삶의 질을 개선함으로써 국토의 지속가능한 발전을 도모할 수 있도록 수립·집행하여야 한다.
42) 국토의 경쟁적 효율성, 사회적 형평성, 환경의 지속성 등 3개 부문을 준거로 설정하였다.

(3) 국토조사의 지표 선정기준

국토조사 지표선정을 위하여 기존 국토정책 및 국토관련계획에서 활용된 지표 및 국토관련 지표수요를 감안하여 지표를 선정하였다. 국토조사의 지표선정을 위한 준거로서는 제4차 국토종합계획에서 제시하는 국토정책의 미래상, 여건변화를 감안한 국토정책부문에서의 국토지표 수요를 고려하여 균형발전지표, 지역경쟁력 지표, 환경지표 등으로 지표선정을 위한 준거로 설정하였다.[43]

균형발전 지표로 우선 지역특성의 지표는 국토의 균형개발을 추구함에 있어서 기저가 되는 것은 지역여건과 역량이 최대한 발휘될 수 있되 경제, 사회 및 문화적으로 유사한 수준을 향유할 수 있는 개발이 이루어져야한다. 또한 모든 지역이 동일한 형태의 발전을 지향하기보다는 각 지역이 다양성을 가지고 각각의 특성을 최대한 활용한 개발을 지향해야 하며, 이러한 지역특성을 나타내줄 수 있는 지표를 지역특성 지표로 포함한다.

둘째, 지역자립성 지표로 지역균형개발 혹은 발전은 각 지역이 자립적인 운영을 영위할 수 있음을 전제로 하며, 이에 근거하여 지역의 자립성을 나타내 줄 수 있는 지표를 지역자립성 지표로 포함한다.

셋째, 생활여건 지표로 지역균형발전은 각 부문에서의 균형 있는 발전을 의미하여 이는 각 지역의 생활여건이 균등한 수준을 의미하는 것이다. 생활여건 지표는 물리적인 시설의 의미보다는 소프트한 실제 활동상의 여건을 나타내 줄 수 있는 지표로 구성한다.

그리고 지역경쟁력 지표는 기간시설지표, 부존자원지표, 교류여건지표 등이다. 여기서 첫째, 기간시설지표는 각종의 기간시설에 대한 지역의 확충정도가 지역의 경쟁력의 중요한 요소이다. 기간 시설 지표는 지역경쟁력과 관련되는 각종의 기간시설에 대한 지역의 확충정도 혹은 상대적인 정비정도를 대변하여 줄 수 있는 지표들을 포함한다.

둘째, 부존자원지표는 지역의 부존자원은 지역산업발전과 밀접한 관계를 가지고 있으므로 지역의 각종 생산력 혹은 입지우위에 영향을 주는 자원의 부존 상태를 나타내 줄 수 있는 지표들을 부존자원지표에 포함한다.

셋째, 교류여건지표는 지역간 연계가 활발한 지역은 지역발전의 여건이 상대적으로 높으므로 지역간 혹은 국제 교류와 관련된 사항들을 지역교류여건 지표에 포함한다.

또한 환경지표는 지속가능한 개발과 더불어 환경에 대한 관심이 크게 증대하고 있다. 따라서 환경에 대한 변화와 상태가 국토의 관리와 이용에 중요한 변수가 되고 있다. 환경지표는 환경의 상태와 변화를 계량화하여 간결하게 보여 줌으로서 환경문제를 확인하는데 중요한 역할을 담당한다. 지표의 상호간 비교를 통하여 시급한 환경문제의 확인과 해결하여야 할 문제의 우선순위를 검토하는데 중요한 역할을 담당할 정보이다. 또한 환경지표는 지역적인 환경목

---

43) 건설교통부 국립지리원, 국토조사 시행방안 연구, 전게보고서, pp.68-70.

표와 관련하여 환경상태와 환경압력 그리고 이에 대응하는 정부의 정책을 평가하는 유용한 수단으로 이용될 수 있다.

그러므로 OECD 등을 비롯한 국제기구와 세계 여러 나라에서는 환경지표를 이용하여 환경상태를 측정하려 하고 있다. 환경의 문제는 국토의 개발과 밀접하게 연계되어 있다. 과거에는 국토개발이 곧 환경훼손으로 연결되는 것으로 이해하였으나, 개발 또한 중요한 요소로서 지속적으로 수행할 수 밖에 없는 것이다. 이러한 측면에서 환경과 개발과의 관계를 재정립하여 환경과 병립할 수 있는 개발을 추구하게 되었다. 그러나 아직 이러한 방식의 개발이 요구하고 있는 환경적 문제를 완전하게 수용할 수 있는 단계에는 이르지 못하고 있다. 또한 환경문제는 단기적인 관측으로 알 수 있는 것도 있으나 장기적인 관측을 통하여 밝혀질 수 있는 것들도 역시 존재한다.

환경지표의 개발방법과 구체적인 개별 지표는 환경지표를 개발하는 목적과 평가 대상에 따라서 국가별 혹은 기구별로 차이를 가지고 있다. 우리나라도 국가적 지역적 환경지표를 개발하고 적용하기 위한 다양한 연구와 정책이 시도되고 있다. 그러나 환경지표를 개발하는 주체에 따라서 환경지표를 통하여 얻고자하는 구체적인 목표와 평가대상이 달라 각각의 요구에 적합한 지표개발이 시도되고 있다. 이 연구에서는 환경지표가 국토관리와 이용에 관하여 국토기본법이 추구하는 차원의 목표를 위하여 필요로 하는 국토의 환경상태와 변화를 제공하여 줄 수 있는 내용의 환경지표를 개발하는 것을 목표로 한다.

첫째, 자연환경지표는 지역개발에서 환경부문의 중요성이 점차 증대하고, 국토관리에서 자연환경적 특성이 고려되어야 하므로 지역의 자연환경 여건관련 요소 중에서 중요 요소를 자연환경지표에 포함한다.

둘째, 생활환경지표는 인간과 생물의 생존을 위한 생활환경요소 가운데 인위적으로 발생되는 생활환경, 즉 환경정책기본법에 근거한 대기, 물, 폐기물, 소음, 진동 악취 등 사람과 생물의 생활과 관계되는 물리적 환경지표를 생활환경지표에 포함한다.

(4) 지표 산출방식의 유형

지표의 유형은 지표를 통해 지역을 비교, 평가하는 방법으로는 개별지표 평가방법, 지표간의 운영방법 등에 따라 유형화가 가능하다.[44]

유형별 사례는 첫째, 정량형 방식으로 행정자치부의 지방교부세 산정, 건설교통부의 개발촉진지구 선정지표 활용 등이 정량형의 대표적 사례이다. 개발촉진지구 기존 사례연구에서와 같이 지표의 절대적 우열로서 선정되었다.

---

44) 정량형 : 정량적 분석을 통한 평가, 계량형 : 계량적 분석을 통한 평가, 혼합형 : 정량적, 개량적 등 다양한 방식의 혼합분석을 통한 평가, 기 타 : 정성적 등 기타의 방법을 통한 평가

둘째, 계량형 방식은 영남권 낙후지역의 구분과 개발전략에 관한 연구(박양춘, 1990), 국토개발투자재원의 조달 및 배분방향(1991) 등이 대표적 사례이다. Dlephi Method나 요인분석(Factor Analysis) 또는 다변수 선별분석(Multiple Discriminant Analysis)법 등을 사용하여 지역을 유형화하고 있다.

셋째, 혼합형 방식은 지방경쟁력 강화를 위한 기업가형 지방경영(한국경제연구원, 1995), 한국의 도시경쟁력 평가에 관한 연구(한국능률협회, 1999) 등이 대표적 사례이다. 정량형과 계량형을 혼합하여 분석하고 최종적으로 종합 평점화하는 유형이다.

넷째, 기타 정성형 방식은 도시지표의 개발과 적용에 관한 연구(한표환, 1994), 삶의 질 향상을 위한 정책과제와 지표설정에 관한 연구(하성규, 김재익, 1997) 등이 대표적 사례이다. 환경, 경제, 사회, 문화, 교육, 복지, 기반시설, 정주환경 등의 분야에서 삶의 질을 검증하는 유형이다. 이 밖에 미국의 연방예산국 등에서 삶의 질 평가를 위해 사용되기도 한다.

그리고 유형별 장·단점을 〈표 2-7〉에서 살펴보면 지표를 통해 비교 평가하는 방법에 따라 4개로 나눌 때, 합목적성이나 변별력이 있어 장점이 되기도 하고, 설명이 어렵거나 통계적 유의수준에 대한 이견, 복잡성 등의 단점을 지적하기도 한다.

〈표 2-7〉 유형별 장·단점

구분	장 점	단 점
정량형	• 이해하기 쉽고 자료의 수집과 공개가 가능함 • 전통적인 방법 • 합목적성이 뚜렷함	• 통계적 유의수준의 문제, 지표 간 상관성의 문제 등 논란 가능성 상존
계량형	• 결과에 대한 변별력을 높일 수 있음	• 내용을 설명하기가 복잡함 • 모형을 변경할 경우 결과의 변형이 크게 나타남
혼합형	• 목적에 대한 다양한 시뮬레이션 시도가 가능	• 작업이 복잡함 • 과정의 복잡함으로 본래 분석 목적이 희석될 우려
기 타 정성형	• 미래형 지표선정이 가능 • 목적별 특성에 맞는 분석 가능	• 정부의 공식적 지표로 사용하기에는 설명력이 한계가 있음

* 자료 : 건설교통부, 개발촉진지구 선정지표 개선에 관한 연구, 2001

국토조사의 지표 산출방법에서는 정량형의 방법에 의하도록 한다. 이 방법에 의한 결과는 다음의 표에 제시된 바와 같이 통계적 유의수준의 문제 등이 있을 수 있으나 이해하기 쉽고 객관적이기 때문에 자료의 수집과 공개에 있어 다른 방법에 비하여 우월한 점을 가지고 있다. 또한 합목적성이 뚜렷하기 때문에 지표를 산출하는데 용이하다는 것이 장점이다.45)

(5) 국토조사의 지표선정 방법

국토조사의 지표를 선정하기 위해서 국토기본법에서 규정하고 있는 국토조사의 목적을 충족시키고, 국토정책 및 국토계획, 지역계획 등 국토조사의 결과가 활용 가능한 부문을 중심으로 국토조사지표 분야를 도출한다.

이를 위해서 국토종합계획, 도종합계획, 시종합계획, 국토이용에 관한 연차보고서, 지속가능 발전부문(교통부문, 수자원부문, 국토관리부문 등)에서 사용된 지표 외에 수도권계획, 수자원장기종합계획, 국가기간교통망계획, 그 외 정부부처에서 사용중인 지표를 추가로 고려하여 주요 지표를 도출하였다.

국토조사관련 주요 공간계획은 〈표 2-8〉에서 보는 바와 같이 각 계획 분야가 국토조사의 지표로 선정된 당위성은 각 계획이 지닌 공간 관련 정의를 통하여 살펴 볼 수 있다.

〈표 2-8〉 국토조사관련 주요 공간계획

구 분	정 의
국토종합계획	• 국토전역을 대상으로 하여 국토의 장기적인 발전방향을 제시하는 종합계획
도종합계획	• 도의 관할구역을 대상으로 하여 당해 지역의 장기적인 발전방향을 제시하는 종합계획
시군종합계획	• 특별시·광역시·시 또는 군(광역시의 군 제외)의 관할구역을 대상으로 하여 당해 지역의 기본적인 공간구조와 장기발전방향을 제시하고, 토지이용·교통·환경·안전·산업·정보통신·보건·후생·문화 등에 관하여 수립하는 계획으로서 국토의계획및이용에관한법률에 의하여 수립되는 도시계획
지역계획	• 특정한 지역을 대상으로 특별한 정책목적을 달성하기 위하여 수립하는 계획 • 여기서는 수도권계획을 분석대상에 포함
지속가능한 발전을 위한 부문별 계획	• 1992년 리우선언을 계기로 각 국가별 Agenda21에 포함된 주요 부문별 계획(교통부문, 수자원부문, 국토관리부문)으로서 주로 환경보전관련 주요지표가 포함
SOC관련 부문별 계획	• 국토교통부의 업무와 직접적인 관련을 갖는 수자원장기종합계획, 교통효율화법에 의한 국가기간교통망계획을 분석

* 자료 : 건설교통부, 개발촉진지구 선정지표 개선에 관한 연구, 2001

---

45) 건설교통부 국립지리원, 국토조사 시행방안 연구, 전게보고서, pp.70-72.

따라서 국토종합계획은 전 국토를 대상으로 국토의 장기적인 발전방향을 제시하는 종합계획이며, 도 및 시군 종합계획은 해당 관할 지역의 장기적인 발전방향을 제시하는 종합계획이다. 그 외 지속가능한 발전을 위한 부문별 계획은 각 부문에서의 정책 목적 달성을 위해 필수적인 지표들을 제시하고 있다.[46]

(6) 국토조사의 지표선정 결과

국토조사의 지표를 선정하기 위해 위에서 살펴본 국토관련계획 분야의 분석을 통해 각 출처별로 총 564개의 지표가 도출되었으며, 중복지표를 제외한 단일지표로서는 총 457개의 지표가 선정되었다.

각 출처별 지표의 현황 및 지표가 사용되는 분야에 대한 내용은 〈표 5-9〉에서 보는 바와 같이 제4차 국토종합계획에서 48개, 도종합발전계획에서 94개 등으로 나타났다. 이들 각 지표를 생산하기 위한 산식과 관련 항목 등 나타났으며, 각 지표를 국토조사의 지표 분류 틀에 따라 구성한 결과로 나타났다.[47]

2) 국토조사의 항목선정과 분류

(1) 국토조사 항목선정

국토정책 및 국토계획과 관련하여 선정된 총 457개의 국토조사 지표를 생산하기 위해서는 총 696개의 항목이 국토조사에서 조사되어야 하는 것으로 나타났다. 여기서 총 696개의 조사항목을 국토조사의 최종 조사항목으로 잠정적으로 선정하여 조사하였다.[48]

선정된 국토조사 항목자료를 수집하기 위해서는 기존의 승인 통계작성기관의 자료를 중심으로 조사항목의 생산현황을 파악하는 간접적인 조사 방법을 선택한다. 관련 항목의 생산현황은 통계조사명, 통계종류, 조사방법, 승인연도, 조사체계, 공표주기 및 범위, 자료의 접근방법, 자료가 발행되는 간행물, 자료의 작성 기관 등으로 구성한다.

물론, 현재 잠정적으로 제시된 조사항목의 국토조사의 모든 부분을 충족시키는 것이 아니기 때문에 단계별 연구 검토를 통하여 충분히 검증을 행한 후 지표 및 조사항목의 부가적인 추출을 할 수 있다.

또한 현재 제시한 조사항목 가운데 부적절하거나 수집 불가능한 항목에 대해서는 보다 다양한 대체 조사항목이나 지표의 검증이 필요하다. 따라서 단계별 연구를 통하여 다양한 한계의

---

46) 상게보고서, pp.72-73.
47) 상게보고서, pp.73-74.
48) 상게보고서, pp.74-75.

의견과 전문가의 자문 및 실무자 토론을 통하여 계획 및 정책 실천에 필요한 상황을 충분히 검토함과 동시에 적절한 지표와 조사항목의 선정이 마련될 필요가 있다.

〈표 2-9〉 출처별 국토조사 지표도출 현황

구　분	지 표 수
제4차국토종합계획	48
도종합발전계획	94
도시기본계획	95
국토이용에 관한 연차보고서	62
지속가능한 발전계획(교통부문 등)	64
지속가능한 발전계획(수자원부문 등)	4
지속가능한 발전계획(국토관리부문 등)	36
수도권계획	87
수자원장기종합계획	46
국가기간교통망계획	17
기타부처별 주요지표 (국토교통부, 환경부, 산림청 등의 주요 정책지표 등)	11
계	564
단일지표 계	457

* 자료: 건설교통부 국립지리원. 국토조사 시행 방안 연구. 2003.

(2) 국토조사의 항목분류

국토조사의 항목은 자체로서 지역의 특성과 상태를 나타내 줄 수 있는 것들도 있으나, 다양한 항목들을 결합하여 분석할 경우 더욱 의미 있는 국토에 대한 분석결과를 나타내줄 수 있게 된다.[49]

국토조사의 항목들의 분류를 지표분류체계에 따라 분류하여 관리하기에는 어려움이 있는 바, 이는 하나의 항목이 서로 다른 분류체계에 속하는 지표들을 생산하기 위하여 필요한 경우가 많기 때문이다. 즉, 이 경우 하나의 항목을 어느 분류체계 속으로 포함시켜야 할지 결정하기 어려운 경우가 많다.

국토조사의 목적은 궁극적으로는 국토관련 항목을 결합하여 분석하고 가공한 결과를 보여

---

49) 지표는 국토의 각종 부문 및 시각에서의 상태와 변화, 발전 수준을 나타내 줄 수 있는 분석 결과로서의 자료이다. 지표가 생산되기 위해서는 관련된 여러 국토상에서 이루어지고 있는 현상들에 대한 여러 자료가 바탕이 되어야 하며 이러한 자료들을 지표와 구분하기 위하여 여기서는 항목이라고 지칭하도록 한다.

주는 것이지만, 일차적으로는 자료조사를 체계적으로 수행할 수 있도록 하는데 있다. 이를 위해 항목의 수집과 관리가 체계적으로 이루어질 수 있도록 지표체계와는 별개로 항목 자체의 분류체계를 갖도록 하는 것이 필요하다.

(3) 국토조사의 항목 국제비교

국토조사와 관련된 각 국가들은 통계자료의 유지 및 관리에 대한 효율성을 위해 분류체계를 통하여 개별 자료를 해당 체계에 귀속시키고 있다. 이들은 통계의 범위를 정하고 각 통계를 〈표 2-10〉의 분류 체계로 나누어 자료를 정리하고 있다.

우리나라 통계청의 경우 총 16개 부문으로 분류하고 있으며, 미국과 스위스의 경우는 각각 31개와 19개의 부문으로 분류하여 정리하고 있다. 국토조사에서는 국토기본법 및 시행령에서 제시한 분류 틀에 근거하여 12개의 분류체계를 갖도록 구성하였다.[50)]

(4) 국토조사 항목분류의 기준

국토조사 항목분류의 기준이 되는 분류의 원칙으로 국토조사의 항목 분류는 조사항목의 형태면에서 보아 조사항목을 수치자료와 비수치자료(문자정보, 화면정보 등)로 나눌 수 있으며, 본 조사에서는 수치자료를 근간으로 분류한다.

조사항목의 수치자료도 작성기준 및 조사방법에 따라 동태적 자료, 정태적 자료 및 정기적 자료, 비정기적 자료 등 여러 가지로 나눌 수 있다.

여기서는 주로 시계열적으로 비교 가능한 동태적 자료와 정기적인 자료수집이 가능한 자료에 근거할 수 있는 항목을 대상으로 분류한다. 국토조사항목의 분류가 너무 많은 분류를 이루어 지나친 복잡성을 나타내면 국토조사의 어려움이 예견되므로 가급적 단순 명료한 방식을 사용한다.

그리고 국토조사항목의 분류 방식은 국토기본법 및 시행령에서 제시한 분류 틀에 근거를 둔다. 즉, 자연, 인구, 경제, 사회, 교통, 환경, 토지이용, 지리정보, 농림, 해양·수산, 방재·안전 등 총 12개의 부문으로 분류한다.[51)]

---

50) 건설교통부 국립지리원, 국토조사 시행방안 연구, 전게보고서, pp.75-76.
51) 상게보고서, p.77.

<표 2-10> 국가별 통계항목 비교

국가	통계청(한국)	미국	스위스	국토조사
항목 분류	1. 토지, 기후 2. 인구, 가구, 주택 3. 고용임금근로조건 4. 투자생산판매재고 5. 가계자산수입지출 6. 경기, 기업경영 7. 물가 8. 금융, 보험 9. 재정 10. 무역국제수지외환 11. 국민계정 12. 교통, 정보통신 13. 교육, 과학, 문화 14. 보건, 사회, 복지 15. 환경, 에너지 16. 공공행정	1. 인구(정적) 2. 인구(동적) 3. 건강 영양 4. 교육 5. 사법 법원 죄수 6. 지리 환경 7. 공원 여가 여행 8. 선거 9. 주 및 지방 정부 10. 연방정부예산 고용 11. 국방 및 재향 군인 12. 사회보험 및 보장 13. 노동력 고용 임금 14. 소득 지출 복지 15. 물가 16. 금융재정보험 17. 기업경영 18. 통신 19. 에너지 20. 과학 21. 육상운송 22. 항공해상운송 23. 농업 24. 임업어업광업 25. 건설 주택 26. 제조업 27. 국내상업 사업 28. 국제수지 원조 29. 미국령 지역 통계 30. 국제통계 31. 산업전망	1. 인구 2. 지리 및 환경 3. 노동 4. 재정 5. 물가 6. 생산, 교역, 소비 7. 농림 8. 에너지 9. 건설 및 주택 10. 관광 11. 교통통신 12. 금융정책 및 시장 13. 사회안전 및 보험 14. 보건 15. 교통 및 과학 16. 문화 및 　주거여건 17. 정치 18. 공공재정 19. 법률규제	1. 자연 2. 인구 3. 경제 4. 사회 5. 문화 6. 교통 7. 환경 8. 토지이용 9. 지리정보 10. 농림 11. 해양·수산 12. 방재·안전

* 자료: 건설교통부 국립지리원, 국토조사 시행 방안 연구, 2003.

6. 국토조사의 직접조사 대상 검토

(1) 국토조사 직접조사의 필요성

국토조사 항목은 기존 국토계획, 도시계획 등의 국토관련계획과 정책관련 지표를 산출하기 위한 것으로 인구, 주택, 산업 등 기존 센서스 및 통계조사에서 수집·집계된 2차 자료를 주요 대상으로 하고 있다. 그러나 최근 지속가능한 개발개념과 환경보전의 중요성 대두 등 급격한 여건변화가 이루어지고 있어 달리 정할 수 있다.

따라서 여건변화에 대응한 국토정책방안이 마련되어야 하며, 이를 위한 정책기초자료의 확보가 필요하다. 특히, 국토의 효율적 이용과 함께 환경보전을 감안한 체계적인 국토관리를 위해서는 국토의 이용상황을 지속적으로 모니터링하고 평가하는 작업이 필요하며, 이를 위한 정책기초자료를 국토조사에 조사할 필요성이 있다.

(2) 국토조사의 직접조사 분야 및 항목

국토조사에서 직접조사로 수행해야 할 분야 및 항목은 국토관리 및 국토정책을 위하여 필수적인 자료를 그 대상으로 설정한다. 국토조사의 직접조사로 포함 가능한 분야 〈표 2-11〉에서 보는 바와 같이 국가공간정보기반이 되는 분야, 국토이용 및 보전을 위해 필수적인 토지특성, 지형지물, 시설물 등의 분야 그리고 국토관련 공간계획분야 등이 있다.

또한 국토모니터링을 공간자료와 국가공간정보기반 분야, 국토이용 및 보전을 위해 필요한 조사분야 그리고 각종 법류에 의한 규제지역 및 국토계획, 도시계획 등 공간계획에 의한 계획지역 등이 직접조사 분야에 포함될 수 있다.

현재 국토조사의 직접조사로 수행 가능한 분야는 국토지리정보원이 기존에 수행하고 있는 수치지도 제작을 위한 지리조사, 국토모니터링을 위한 공간자료, 기본지리정보, 토지조건, 수계, 지상시설물, 지하시설물, 환경보전, 문화재, 토지이용규제, 공간계획, 토지개발사업조사 등이 있다.

효율적인 국토이용 및 관리를 위하여 필요로 하는 직접조사 분야의 항목 전체를 대상으로 조사를 수행하는 것이 바람직하나 직접조사는 대규모의 조사비용이 소요되므로 자료의 활용도가 높은 분야 및 항목 중심으로 최소화가 필요하다.

그리고 국토조사의 직접조사 대상으로 가능한 분야에서 직접조사로 수행해야 할 분야 및 항목은 국토관리 및 국토정책을 위한 기초조사 분야로서 현재 체계적인 자료수집이 이루어지지 않는 분야 또는 조사가 이루어지고 있으나 체계적인 데이터베이스로 구축되지 않고 있는 분야로 설정할 수 있다.

구분	조사대상분야	조사대상 자료항목	업무담당기관	정보화 여부
국가공간 정보기반	국토모니터링 위한 공간자료	위성영상	국립지리원 외	
		항공사진	국립지리원 외	
		DEM	국립지리원 외	
	기본지리정보	수치지형도	국립지리원 외	░
		측량기준점	국립지리원 외	░
		토지이용현황도	국립지리원	░
국토이용 보전	토지조건	토양	농림부, 지자체	░
		지형지세	국립지리원	░
		지질	자원연구소	
		토지적성	건교부	
	수계	하천(지도, 수자원)	건교부, 환경부, 행자부	░
		지하수(지도, 수자원)	건교부, 환경부, 행자부	
	지상시설물	건물, 주택, 구조물	건교부, 행자부	░
	지하시설물	상하수도, 전기, 통신 등	건교부	
		광산(폐광 포함)	산자부	
		관정(폐공 포함)	건교부, 환경부, 행자부	
	환경보전	희귀동식물분포지역	환경부	░
		해안역 변화	해수부	░
		갯벌 변화	해수부	
	문화재	문화재보호지역	환경부	░
토지이용 계획 및 규제, 개발	토지이용규제	토지거래허가를 위한 조사	건교부	
		개발제한구역 관리조사	건교부	
	공간계획	국토계획, 도시계획	건교부	
	토지개발사업	개발촉진지구, 취락지구개발, 산업단지개발, 택지개발, 주거환경개선지구개발	건교부, 행자부	
지리조사				

* 자료: 건설교통부 국립지리원, 국토조사 시행 방안 연구, 2003.

여기에는 중앙행정기관 및 지자체 등에서 조사되지 않거나 체계적인 데이터베이스로 구축 되지 않고 있는 분야 및 항목과 중앙행정기관, 지자체에 의하여 대상분야의 자료는 생산되고 있으나 자료의 체계적인 수집 및 데이터베이스 구축이 이루어지지 않는 분야 및 항목을 대상 으로 설정할 수 있다.

주요 직접조사 대상 분야로서 토지적성평가, 지하수지도(수질 등 포함), 관정(폐관정 등 포함), 갯벌 등 분야, 토지거래허가의 대상 지역조사, 개발제한구역관리를 위한 조사, 국토계획·도시계획 등 각종 공간계획조사, 개발촉진지구·취락지구개발·산업단지개발·택지개발·주거환경개선지구개발 조사 등을 포함한다.

이와 함께 국토조사의 직접조사 〈표 2-12〉에서 보는 바와 같이 대상분야에서 국토관리 및 국토정책을 위한 기초조사 분야로서 현재 국토조사 시행기관으로 예정되고 있는 국토지리정보원이 직접수행하고 있는 분야도 국토조사 직접조사 대상으로 설정할 수 있다.

〈표 2-12〉 국토조사 직접조사 대상분야 및 항목설정

구분	직접조사 분야	조사부문 및 항목
국토지리정보원 업무분야	국토모니터링 공간자료	위성영상, 항공사진 수치표고모델 등
	주제도 및 기본지리정보	수치지형도, 측량기준점, 토지이용현황도
	지리조사	지리조사 항목
직접 조사 수요가 높은 분야	토지조건	토지적성
	수계	지하수(지도, 수자원, 관리 등)
	지하시설물	관정(폐공)
	환경보존	갯벌변화
	토지이용규제	토지거래허가대상지역, 개발제한구역 관리조사
	토지이용계획	국토계획, 도시계획 등
	토지개발사업	개발촉진지구, 취락지구, 산업단지개발, 택지개발, 주거환경개선사업지구개발 등

* 자료: 건설교통부 국립지리원, 국토조사 시행 방안 연구, 2003.

국토지리정보원이 직접수행하고 있는 국토관리 기초조사 분야는 수치지도 제작을 위한 지리조사, 국토모니터링을 위한 공간자료조사, 기본지리정보 분야, 토지이용현황도 등을 포함한다. 이와 함께 국토이용상황에 대한 세부적인 내용파악을 위해서는 중앙 및 지방정부가 시행하고 있는 다양한 분야의 국토개발사업의 현황과 이를 위한 전문분야별 조사가 필요하다.[52]

따라서 기존의 국토개발사업에 대한 사업유형별·지역별 자료집계와 시계열분석이 가능하도록 조사항목 및 조사표를 재구성할 경우 국토이용상황의 분석에 활용 가능할 것이다. 또한 위성영상, 항공사진 등의 공간정보만으로는 파악하기 어려운 다양한 국토개발·계획사업(특

---

[52] 국토개발사업에 대한 전문조사로는 국토건설종합계획법에 의거하여 1967~1996년간 시행한 과거의 국토조사가 있다. 과거의 국토조사는 기본조사, 토지분류조사, 자원조사, 계획조사 등의 분야별로 조사를 시행하였으나 개별 국토조사사업 건별로 조사되어 공간분석을 위한 항목별 자료집계와 시계열분석이 불가능한 등 활용상의 문제가 제기된다.

히 공공개발사업 등)의 세부내용을 과거 전문조사 방식의 국토조사를 통해 파악할 수 있을 것이다.

(3) 국토조사의 직접조사 개요 및 현황

① 국토이용규제와 공간계획 분야조사

국토이용규제와 공간계획, 국토개발 및 이용정책 등은 미래 국토의 모습과 장래의 국토정책수립 및 공간계획수립에 큰 영향을 미치므로 국토조사의 직접조사에 포함하는 것이 바람직하다.

기존의 국토관련 규제와 공간계획 및 개발정책은 과거 국토건설종합계획법 및 동법 시행령(현재는 국토기본법으로 개정됨)에 의거한 국토조사에 포함되어 자료조사가 이루어졌다.

국토교통부에서는 1967년부터 1996년까지 총 27회에 걸쳐 기본조사, 토지분류조사, 자원조사, 계획조사 등의 부문에서 국토조사를 수행하여 국토조사총람을 발간하였다.

국토조사는 직접조사 형태가 아니라 여러 중앙부처와 지방자치단체, 기타 공공기관 등에서 직접 수행한 국토관련 조사자료를 개별 사업별로 수집하여 국토조사총람에 수록하고 있으나 조사분야 또는 조사항목별로 자료집계가 불가능하여 조사결과의 활용은 저조하였다고 볼 수 있다.

국토관련 공간계획, 국토이용 및 개발사업 등의 현황자료는 국토모니터링 및 국토정책의 효과를 분석할 수 있는 중요한 자료가 될 수 있으므로 〈표 2-13〉에서 보는 바와 같이 조사자료의 통계처리가 가능하도록 조사분야 또는 조사항목별로 재분류하여 국토조사에 포함시킬 수 있다.

또한 기존 국토조사총람의 조사항목 중 국토교통부 및 국토지리정보원의 업무와 직접적인 연관이 있는 기본조사(기본측량·항공측량 등), 토지분류조사(토지이용 등), 계획조사(국토·지역·관광·도시·도로계획조사 등) 등의 분야를 직접조사의 분야로 선정할 수 있다.

② 지리조사

지리조사는 현재 국토지리정보원에서 수치지도제작을 위하여 직접조사하고 있으며, 수치지도의 갱신주기에 따라 지리조사를 수행하고 있다. 지리조사의 주요내용은 교통, 건물, 시설, 식생, 수계, 지류, 지형, 경계 등의 그룹별로 구분되어 점, 선, 면의 공간자료항목과 명칭, 이용상태 등의 다양한 속성정보로 구성되어 있다.

수치지도의 제작을 위한 지리조사는 국토지리정보원에서 수치지도 갱신에 따라 지속적으로 시행하고 있으며, 국토의 이용현황과 국토의 변화를 파악하는 기초자료이므로 지리조사의 공간자료 및 속성자료를 국토조사의 직접조사에 포함하도록 한다.

〈표 2-13〉 국토조사의 주요 내용과 직접조사 가능부문

구분	세부조사	사업주체	조사내용
기본조사	기본측량	국토지리정보원	기준점 측량
	세부측량	지자체. 공공	도로개설시 사업실시설계 측량
	항공사진측량	국토지리정보원, 지자체	1/25000, 1/5000수치지형도제작 GB.도시재정비용 항공사진 측량
	수로측량	해양조사원	해도작성용 측량
	조위 및 해양관측	항만청등	어업, 항만의 조위 및 해양관측
	지질조사	자원연구소	지질도작성
	수문조사	자원연. 수공	수문조사
	환경조사	지자체. 공사	환경영향평가
	문화재조사	지자체. 공사	개발사업에 따른 문화유적조사
토지분류 조사	토지이용조사	국토지리정보원	토지이용현황도 수정
	토양조사	산림청	산림입지조사
자원조사	수자원조사	수자원공사	지하수개발, 취수, 용수원 조사
	수산자원조사	수산진흥원	어업자원조사
	산림자원조사	산림청 등	산림자원조사
	지하자원조사	광진공	광물자원조사
	해저자원조사	자원연구소	해저자원조사
계획조사	국토계획조사	지자체	국토이용계획열람도, 개발촉진지구, 군종합계획, 쥐락지구개발계획
	지역계획조사	지자체	시군 취락지역개발계획
	관광(공원)조사	지자체	공원. 관광지개발기본계획조사
	도시계획조사	지자체	도시기본. 재정비계획, 토지구획 등
	도로계획조사	국토교통부. 시군	도로교량개설 및 확포장계획
	항만개발계획	항만. 수산청	항만개발, 어항개발계획조사
	철도지하철계획	철도청	철도. 전철실시계획
	댐 계획조사	지자체. 수공	댐 기본계획
	하천정비계획	국토관리청, 지자체	수계별 치수사업, 하천정비계획
	용수계획조사	국토관리청, 지자체	광역상수도, 생활용수시설공사
	상수도계획조사	국토관리청, 지자체	광역상수도, 상수도사업실시설계
	하수도계획조사	지자체	하수도정비계획, 하수처리시설
	산업입지계획	지자체. 수공	산업입지개발기본. 실시설계
	택지계획조사	지자체. 공사	택지개발, 취락지구개발, 주거환경
	농업개발계획	농림부, 시군	경지정리사업계획

* 자료: 건설교통부 국립지리원, 국토조사 시행 방안 연구, 2003.

③ 토지이용현황도면의 제작을 위한 직접조사

국토이용관리법(현재는 국토의 계획 및 이용에 관한 법률로 개정됨)에 의거하여 토지피복의 상태를 조사하여 토지이용현황도면이 제작되었다. 토지이용현황도면은 자연 그대로의 토지상태(피복상태 을)를 분류체계로 하는 현황도면으로서 항공사진측량을 통해 논, 밭 등 동일한 피복으로 구성된 토지를 한 묶음으로 하여 경계선을 긋고 동일한 색깔로 채색하여 나타내며, 주로 1/25,000의 축척으로 제작되고 있다.

토지이용현황도면은 중앙정부와 지방자치단체의 정책수립 및 환경, 수문해석, 오염해석 등을 위한 연구자료 등으로 활용 가능하며, 국토계획 수립 및 관련정책결정의 근거자료로 활용 가능하다. 또한 다양한 토지피복상태 등에 대한 정보를 제공한다.

토지이용현황도면의 전산화작업은 국토지리정보원이 1999년 11월부터 사업에 착수하여 2000년 11월 제1차 사업을 완료한 상태이다. 이 기간 동안에 전국토의 약 50%에 해당하는 지역을 대상으로 1/25,000축척의 토지이용현황도면인 약 414도엽이 전산화되었다.

토지이용현황도면의 작성을 위해 기본수치지형도(1/5,000), 항공사진(1/37,500), 임상도(1/25,000) 등을 활용할 수 있다. 토지이용현황도의 주요 기재 항목은 경지정리 답, 미경지정리 답, 보통특수작물, 과수원기타, 인공초지, 침엽수림, 활엽수림, 혼합수림, 공원묘지, 유원지, 일반주택지, 상업업무지, 나대지 및 인공녹지, 도로, 철로 및 주변지역, 공업시설 등으로 구성된다.

토지이용현황도면은 국토의 피복상태 변화를 보여줌으로써 국토이용 및 개발상황의 모니터링을 가능하게 하며, 개발가능지의 분석 등을 위한 기초자료로 활용될 수 있으므로 효율적인 국토관리에 필수적인 공간자료이다. 따라서 토지이용현황도면의 전국자료의 완성 및 주기적인 갱신방인이 마련되어야 하며, 이를 위해 국토조사의 직접조사 분야로 토지이용현황조사를 포함시킬 수 있다.

④ 기타 직접조사 대상 분야

기타 직접조사 대상 분야로 첫째는 국가공간정보 기반분야로 기타 국토조사의 직접조사 대상 분야로서 국가공간정보기반의 일부분이라 할 수 있는 국토모니터링을 위한 공간자료와 주제도와 기본지리정보 관련분야를 포함할 수 있다. 국토모니터링을 위한 공간자료로서는 현재 체계적인 데이터베이스 구축이 이루어지지 않는 위성영상, 항공사진, 수치고도모델(DEM) 등이 포함된다. 주제도 및 기본지리정보의 관련분야로서는 수치지형도, 측량기준점 등의 분야를 들 수 있다.

둘째는 지하수 및 관정관리 분야로 국가가 수행해야 할 주요 직접 조사분야로서 지하수 개발 및 지하수질과 관련한 관정개발 현황 및 관리현황 등에 대한 체계적인 조사가 필요하다. 현재는 관정 등에 대한 관리가 시군구의 기초지방자치단체 중심으로 되어 있어 전국차원의 지하수원 관리 및 이를 위한 직접조사가 필요하다.

셋째는 토지거래허가 대상지역 및 개발제한구역관리 조사로 효율적인 국토 및 토지정책 수립을 위해서는 지가안정 및 토지투기의 억제가 필요하다. 이에 대비한 정책기초자료를 확보하기 위해서는 토지거래허가 대상지역에 대한 조사가 필요하다. 개발제한구역의 효율적 관리를 위해 개발제한구역의 토지이용현황에 대한 조사가 주기적으로 이루어지는 것이 바람직하다. 따라서 국토조사의 직접조사부문에 개발제한구역관리를 위한 실태조사를 포함시킬 수 있다.

넷째는 갯벌의 변화로 최근 갯벌의 생태계적 가치 및 환경보존에 대한 인식제고로 갯벌지역의 생태계 변화 등에 대한 체계적인 조사자료가 필요하다. 이를 위해 갯벌의 변화양태에 대한 조사를 국토조사의 직접조사에 포함시킬 수 있다.[53]

7. 국토조사의 활용 및 운영방향

1) 국토계획 및 정책 분야

국토조사는 각종 국토계획 및 정책분야의 기초자료 및 관련 지표의 제공으로 국가기관, 학술연구기관 등 국토에 관계된 모든 자료수료에 대응할 수 있을 뿐 아니라 국토관련 자료의 데이터뱅크의 역할 담당할 것이다.

국토조사 항목의 지표적용을 통해 얻어낸 결과가 국토지표로 구체화되면, 국토의 전체적 개발·보전 정도나 국토정책의 평가와 진단을 수행할 수 있다. 생활공간·생산공간·휴식공간으로서의 국토의 제반 문제를 해결하기 위한 규범적 기초자료로 널리 활용할 수 있을 것이다.

앞으로 국토지표의 적용 결과는 정책적 활용을 위한 수단적 가치를 충분히 지니고 있으며, 이를 다시 장기적 활용측면과 단기적 활용측면으로 구분해 그 활용도를 살펴볼 수 있다.

첫째, 장기적 활용측면에서 보면, 궁극적으로 국토조사결과를 바탕으로 한 국토지표의 개발과 적용에 따른 국토정책의 진단과 처방은 국토정책이 지향하는 목표가 지역간 균형개발 및 이와 결부된 수도권정비에 관한 정책입안과 개발촉진지구의 지정 및 개발, 지역개발정책이 골격형성을 파악할 수 있다.

광역계획의 수립 및 지역개발사업의 총괄시행, 산업입지 및 개발에 협의 및 승인, 민자유치를 포함한 사회간접자본시설 투자사업의 평가·조정이라는 목표를 달성하기 위한 수단을 마련하는데 활용될 것이다. 객관적이고 합리적인 지표를 통하여 지역간 격차를 해소하고 균형개발을 위한 국토정책 및 선진 복지환경 국가를 지향하는데 있어 정책적 우선순위의 부여나 투자재원의 배분에 합당한 근거를 제시하는데 활용될 수 있다. 국토지표 적용결과는 기본수요

---

53) 건설교통부 국립지리원, 국토조사 시행방안 연구, 전게보고서, pp.78-83.

(Basic Need)의 확충과 기반시설 및 서비스의 정비와 국민의 삶의 질 향상을 위한 기본방향 및 정책목표를 설정하는데 필수 불가결하게 활용될 수 있다.

둘째, 단기적 활용측면에서 보면, 국토정책의 실태를 객관적으로 측정할 수 있는 국토지표의 선정은 단기적으로는 우선 국토종합계획이나, 도종합발전계획 및 광역권의 실천 가능한 계획이나 지속 가능한 정책을 수립하는 진일보한 발전의 디딤돌이 된다.

나아가 국토정책을 투명하게 시행하여 합리적으로 지속 가능한 개발을 유도하는 기초자료로 활용될 수 있다. 단기적인 연동화 계획(Roling Plan)에서 기반시설의 정비나 정책의 개선이 제대로 시행되지 않거나 운용되지 않는 시행착오를 최소화하는 실직적인 지침작성의 데이터베이스 구축하는데 활용된다.

그리고 각종 국토계획과 관련된 국토조사의 활용 범위를 좀 더 구체적으로 살펴보면 〈표 2-14〉에서 보는 바와 같다. 먼저, 국토종합계획의 수립에서 요구되는 수도권 인구집중도, GDP 대비 물류비·인프라 투자비·주택투자비, 주택보급률 등 48개 지표 및 관련 항목에 대한 자료 및 정보를 별도의 자료수집 절차 없이 국토조사자료를 통해 제공하거나 분석할 수 있게 한다.

국토이용 및 계획에 관한 연차보고서 작성에 관련된 각종 자료의 집대성으로, 이에 사용되는 62개의 지표 직접 제공 및 추가적 분석자료를 제공하게 되며, 도종합발전계획의 94개 주요 분석지표 및 항목의 제공으로 효율적인 도종합발전계획의 수립 및 필요한 정책의 자료 분석 DB를 제공하게 된다.

또한 도시계획의 수립을 위하여 분석이 요구되는 계획의 기본지표, 생활환경시설지표 및 용도별 공간수요 추정의 기본지표 등 95개 지표 제공 및 기타 분석 자료를 제공하게 되며, 수도권 정비계획의 수립을 위하여 조사가 요구되는 수도권 주거지 면적비율, 지역간 통근통학비율, 토지 용도별 이용현황 등 87개의 지표 자료 제공 및 별도의 분석 요구 사항에 제공할 수 있는 DB가 구축됨으로서 효율적인 계획 수립이 가능하게 할 것이다.

기타 교통, 수자원, 국토관리 부문의 지속가능한 발전을 위한 각종의 정책지표개발 및 관련 분석요구에 대한 기초자료의 구축 및 기성 지표의 제공으로 국토정책수립의 효율적인 지원을 할 수 있을 것이다.

그 외에도 국토조사가 수행됨으로써 국토정책 의사결정자를 비롯한 사용자 중심의 맞춤형 정보제공의 기반이 조성될 수 있을 것이다. 즉, 국토변화에 대한 정보의 정형화란 제약을 초월하여, 국토정책 결정자의 정보수요에 대해 유연하게 대응할 수 있는 정보의 생산 및 제공이 가능하게 될 것이다.

구　　분	활용분야
제4차국토종합계획	수도권 인구집중도, GDP 대비 물류비·인프라 투자비·주택투자비, 주택보급률 등 48개 지표 및 관련 항목 정보 제공
도종합발전계획	가구당 경지면적, 도로밀도, 공업단지 비율, 노령화율 및 노인가구 비중 등 94개 지표 및 분석자료 구축 및 제공
도시계획	만인당 공연장수, 1인당 공원면적, 경제활동 참가율, 교통수단별 분담율 등 95개 도시계획 지표의 산출 제공 및 도시계획 기초자료 제공
국토이용에 관한 연차보고서	농지면적 감소율, 외국인 토지보유현황, 삼림면적 감소율, 토지거래 증가율 등 62개 지표의 제공으로 보고서 작성 기초자료 제공 및 분석기반 조성
지속가능한 발전계획 (교통·수자원·국토관리부문)	1인당 대기오염물질배출량, 도로연장당 자동차 대수, 도로 교통사고 사망자수 및 부상자수 등 104개 관련지표 중 가능 부분의 생산 및 항목 제공
수도권정비계획	수도권 경제집중율, 교통혼잡비용 증가율, 버스수송분담율, 공업용지 및 주거지역 비중 등 87개 지표에 대한 자료제공
수자원장기종합계획	상수도 보급률, 용수부족율, 광역상수도 공급비율, 1인당 년 강수총량 등 46개 지표 및 관련자료 제공
국가기간교통망계획	1인당 도로연장, 가구당 자동차 보유대수, 유통단지 및 물료기지 현황 등 17개 지표에 대한 분석자료 제공
기타 주요지표	경제림 면적비율, 임도밀도, 토지거래량 등 기타 국토관련 정책지표의 생산 및 관련분석자료 제공

* 자료: 건설교통부 국립지리원, 국토조사 시행 방안 연구, 2003.

또한 분석대상지역의 공간적 범위 설정, 분석대상항목의 선정, 분석내용의 선정이 자유롭게 이루어질 수 있도록 자료가 수집될 것이며, 시간적으로도 분석기간의 선정에 제약을 최소화할 수 있도록 시계열적인 자료가 구축될 것이다.

국토조사 자료의 기능 및 주요 활용 분야로는 사용자 정의에 의한 지도 및 도표 작성, 국토관련 자료의 통일화 및 규격화를 도모, 국토개발계획 및 정책 수립, 평가 등의 기초자료로 활용, 국토계획의 통제, 의사결정 등에 필요한 정보의 신속한 제공을 들 수 있다.

또한 국토관련 자료의 수집 및 관리를 용이하게 할 수 있는 체계의 개발을 통하여 각 부처에서 각종 시책의 수립을 위하여 구축된 국토조사의 자료를 활용할 수 있을 것이며, 국토분야에 관심을 가지고 있는 국민들에게 정보를 제공하는 역할 등을 하게 될 것이다.

2) 국토환경변화의 자료발간 분야

국토의 각 부문별로 국민 혹은 정책결정자의 국토에 대한 이해와 공간구조의 변화에 대한 인식이 필요한 핵심 사항 등을 중심으로 자료를 발간한다. 여기에는 국토 대상분야의 지표에 대한 간략한 설명자료 등을 제공함으로서 독자로 하여금 국토자료의 이해를 높이고, 자료를 보는 관점에 대한 안내를 하여 주도록 한다.

또한 국토 대상분야의 지표를 그래프 혹은 자료와 함께 제공하여 줌으로서 내용의 이해를 돕고 자료의 활용을 활발히 이루어질 수 있도록 한다. 또한 제시하고 있는 지표를 국토라는 개념을 가지고 공간적인 측면에서 이해를 도울 수 있도록 지도의 구성 등을 포함한다.

그리고 발간자료의 항목구성은 지표의 분류 틀에 따라 구성하도록 하는데, 첫째는 국토의 균형발전이다. 국토의 균형발전에는 국토의 지역별 특성, 국토의 지역별 자립성, 지역별 생활 여건 비교 등을 중심으로 구성한다.

둘째는 국토의 경쟁력이다. 국토의 경쟁력과 관련하여서는 지역의 기간시설 확충 수준, 지역의 부존자원 분포, 국제화 및 지역간 연계를 위한 교류여건 등을 중심으로 구성한다.

셋째는 국토의 자연과 환경이다. 국토의 자연과 환경에는 지역의 자연환경, 지역의 생활환경을 중심으로 구성한다.

3) 국토지표의 생산 분야

국토조사의 또 다른 활용방안으로는 국토지표의 생산을 들 수 있다. 국토지표는 우리의 국토에 대한 가치와 목표에 비추어 우리 국토가 어디로 가고 있는가를 평가할 수 있는 통계 및 다른 형태의 모든 분석 준거로서, 사회의 가치와 목표에 비추어 국토의 현황과 장래 추세를 판단하는 규범적 성격을 가진다.

국토지표의 생산 분야 측면에서 첫째, 국토지표의 기능은 먼저 국토정책 수립의 기초자료로 제공되는 것이다. 국토지표는 각종 국토계획의 목표를 설정하고 장래의 변화를 예상하는데 필요한 자료를 제공함과 동시에 도시계획가, 정책결정자 등으로 하여금 장래의 국토상황이 어떻게 되는 것이 바람직한 것인가에 대해 보다 명확하게 제시하도록 하는 기능을 가진다.

둘째, 국토지표는 국토의 현황상태에 대하여 측정하는 기능을 가진다. 국토지표는 국토가 위치하여 있는 상태를 수치적으로 파악하는 것을 목적으로 한다. 국토의 현황상태 측정은 국토여건의 측정과 국토의 구조나 개발과정 등이 산출하는 국토개발의 결과의 측정과 그것이 국민복지의 수준에 미치는 영향에 대하여 측정하는 기능을 담당하게 된다.

셋째, 국토지표는 국토정책의 개발을 위한 기본 자료의 기능을 담당한다. 현대사회가 원하는 국토에 대한 가치관을 노정시켜 규범적 정보로 파악하고 국토 개발 및 이용 목표의 체계화, 국토정책 대안 개발 및 국토문제의 조기 발견을 위한 국토지표의 활용기능을 담당하게 된다.

넷째, 국토지표는 국토변화를 모니터링하고 통제하는 기능을 담당한다. 국토이용의 효과성과 타당성에 대한 정보를 제공하여 이의 내용과 질에 대한 수정을 검토하는데 국토지표를 활용한다. 이는 국토정책 프로그램의 효과분석, 국토지표 산출여건의 변화측정 등의 기능을 포함하게 된다.

다섯째, 국토지표는 국토여건에 대한 사회보고제도의 개발 기능을 담당한다. 즉, 국토가 주는 삶의 질이란 관점에서 우리 국토가 어디까지 와있는지, 어디를 향하고 있는지, 어디를 지향하여야 하는 가 등에 대한 정보를 국민들에게 제공함으로써 국민들의 국토여건에 대한 인식을 제고하는 기능을 담당하게 된다.

4) 국토교육자료 분야

국토조사의 결과를 국토분야의 교육에 적극적으로 활용할 수 있도록 한다. 이와 관련된 정보 제공기능을 국토정보체계가 담당하도록 한다. 국토의 이해 및 이용과 관련하여 필요로 하는 미래지향적인 사고를 계발할 수 있는 교육자료 등을 개발하되 초등교육용, 중학교용, 고등학교용, 일반용 등 교육수준별로 각 교육과정에 적합한 자료를 제공한다.

여기서는 미국의 NGIS에서 개발하고 있는 지리정보의 교육 프로그램 등을 벤치마킹하여 각 교육 정도별 학년별 국토관련 교육자료 등을 생산할 수도 있다.

그 외에도 국토 및 지역중심의 현황자료를 통하여 국토이용 상의 특성 및 변화 중심의 분석자료를 제공하여 단순지식의 전달보다 국토와 관련된 창조적 사고의 개발이 가능한 자료를 제공하도록 한다.

5) 국토조사자료 인터넷서비스 분야

국토조사의 결과가 각 분야의 국토 및 지역연구자 뿐만 아니라 일반 국민에 대한 자료은행의 역할을 담당할 수 있도록 인터넷을 통하여 자료를 제공하게 한다.

한편, 국토자료의 인터넷 공개 등의 경우에는 자료의 특성에 따라 보안에 대한 고려가 필요하다. 미국의 전자정부를 통한 정부정보의 인터넷 서비스는 1993년 클린턴 행정부가 국민들의 삶의 질을 향상시키고 경제에 활력을 불어넣는데 정보기술을 사용하고자 시작된 개념이다.

미국의 전자정부 개념은 전자은행서비스 개념에서 출발하여 정부의 고객인 국민에게 보다 편리한 정부 서비스를 제공한다는 차원에서 정부의 업무와 시스템의 개혁까지 포괄하고 있다. 이러한 과정에서 전자정부는 국민을 정부의 고객으로 생각하고, 고도화된 정부의 서비스를 제공하기 위한 방편으로 인식되고 있다.

이와 같은 관점에서 미국의 전자정부는 정보기술을 이용하여 정부의 행정 조직, 업무, 시스템을 효율적으로 개혁하여 정부의 행정능률을 최고로 하며, 국민에 대한 정부의 각종 정보 및 행정 서비스가 언제 어디서나 어떤 방법으로든 국민에게 효과적으로 제공될 수 있도록 하는 정부를 의미한다.

아시아 태평양지역에서는 싱가포르가 전자정부를 가장 적극적으로 추진하고 있다. 정보화

사업을 1980년대 중반부터 본격적으로 추진해왔으며, 1991년에는 IT2000, 1996년에는 Singapore One, 그리고 최근에는 e-Citizen에 이르기까지 강력한 정책을 추진해오고 있다.

행정개혁보다는 전자적인 통합된 민원행정서비스에 초점을 두고 있다. 싱가포르의 정부통합사이트인 e-Citizen(www.ecitizen.gov.sg)는 기업부문의 특허신청에서부터 국방부분, 초·중·고 학교지원을 포함하는 교육부문, 주택부문 등 정부의 모든 서비스가 총망라되어 있다. 태어나서 죽을 때까지 필요로 하는 각종 정보를 삶의 경로를 따라 쉽게 얻을 수 있다.

일본의 전자정부는 행정정보화 추진의 일환으로 시작되었고 이러한 행정정보화가 확대되는 과정에서 전자정부 개념이 성립하고 있다. 행정정보화는 행정업무, 사업 및 조직을 개혁하기 위한 중요한 수단이며 국민을 위한 효율적인 행정 실현을 그 목적으로 한다.

특히 커뮤니케이션 원활화, 정보공유화에 따른 정책 결정의 신속화에 초점을 두고 있다. 즉 일본의 전자정부 개념은 정보통신기술을 행정의 모든 분야에 도입하여 종이에 의한 정보처리를 통신망에 의한 전자적인 정보처리를 수행하는데 그 역점을 두고 있다. 이를 위하여 행정정보의 전자화 및 고도 이용을 추구하고 있으며 행정정보화를 행정업무, 사업 및 조직의 시스템을 개혁하기 위한 주요 수단으로 활용하고 있다.

인터넷 GIS는 인터넷의 정보접근성과 GIS기술을 접목하여, 지리정보의 입력, 수정, 조작, 분석, 출력 등 GIS 데이터와 서비스의 제공이 인터넷 환경에서 가능하도록 구축한 GIS를 말한다.

과거 독자적(stand-alone) 방식의 GIS가 전문가집단에 의해 고가의 소프트웨어와 하드웨어 상에서만 운영되었던 반면, 인터넷 GIS는 웹을 통해 다수의 이용자들에게 공간데이터에 대한 검색 및 분석을 가능하게 하였다.

따라서 인터넷 GIS기술을 이용하여 국토정보체계에서 구축한 자료를 효율적으로 일반인에게 쉽고 빠르게 제공할 수 있으며, 인터넷을 이용한 대국민 국토관련 정보서비스의 질을 높일 수 있다.

6) 국토조사의 시행여건 및 전망

(1) 국토정보의 수요증대

최근 정보기술의 급속한 발전은 산업발전의 동력으로서 지식의 중요성을 증대시키고 있으며, 핵심적인 지식의 창조, 축적 및 유통을 통하여 사회 및 경제 등 모든 부문에서 경제발전 및 산업성장을 이끌어간다는 이른바 지식기반사회가 도래함을 보여주고 있다.

이러한 고도 정보화와 지식기반의 중요한 증대는 단순한 산업과 사회의 발전만이 아니라 국토의 효율적 이용과 관리적 측면에서 지속 가능한 국토의 발전에 대한 다양한 정보를 요구하고 있다.

공공부문에서는 효율적인 국토자원의 이용과 지역간의 균형발전을 목표로 하는 국토계획수립을 비롯한 각종 국토공간계획을 지원하기 위해 국토에 대한 다양한 공간 및 속성적보를 요구하고 있다.

민간부문에서도 산업 및 일상생활부문에서 정보통신기술을 활용한 다양한 부문에서 국토에 대한 정보수요가 획기적으로 증대하고 있으며, 이러한 국토관련 정보수요의 증대에 부응하기 위해서는 국토에 대한 체계적인 자료수집 및 조사가 필요하다.

(2) 국토공간정보기반의 구축

공공 및 민간부문에서 필요로 하는 다양한 지리정보를 원활하게 활용하고 지리정보 데이터 베이스의 중복구축을 방지하여야 한다. 또한 중앙 및 지자체의 각종 지리정보자원을 효과적으로 활용하기 위해서는 국토공간정보화를 위한 중앙 및 지방의 적극적인 협력이 필요하다.

그리고 국가경쟁력 향상과 국민의 삶의 질 향상을 위해서는 GIS관련 기술, 정책, 표준화 그리고 인적자원부문의 기반을 구축함으로써 국토와 관련한 지리정보의 수집, 처리, 저장, 유통 그리고 활용을 증진시키는 것이 필요하며, 그 일환으로써 국가공간정보기반의 조기 구축에 대한 필요성이 대두되었다.

우리나라에서는 지난 1995년부터 제1,2차 국가GIS구축사업이 추진되어 수치지형도와 지적도 등 다양한 분야의 수치지도가 제작되고 주요 공공행정업무분야를 GIS를 활용하여 정보화하는 공공GIS활용체계개발사업이 적극적으로 추진되고 있다.

이와 함께 GIS의 유통과 활용을 촉진하기 위한 표준제정, GIS분야의 인적 자원 육성, 기술개발 및 GIS정책 등 국가공간정보기반이 크게 진전되고 있다. 이를 기반으로 하여 기존 통계 중심의 국토정보가 지리정보와 통합된 형태로 제공되고 국토와 관련한 다양한 정보를 보다 효과적으로 처리하고 제공할 수 있게 되었다.

(3) 국토조사를 위한 제도적 기반정비

과거 국토건설종합계획법에 의거하여 규정된 국토조사는 국토조사총람을 발간하여 국토에 관한 다양한 부문의 자료수집 등을 시도하였으나 효과적인 조사추진체계를 갖춘 것은 아니었다. 중앙 및 지자체 기타 공공부문에서 수행하는 기존의 다양한 국토개발 및 계획관련 조사를 단순히 집계하는 것만으로는 국토정보에 대한 체계적인 자료수집이 불가능하였으며, 자료의 활용도 미미한 상황이었다.

이에 따라 지난 2002년 제정된 국토기본법 및 국토기본법 시행령에서는 국토조사부문을 인구, 경제, 사회, 문화, 교통, 환경, 토지이용, 농림, 해양수산, 방재안전, 지리정보 등으로 보다 구체적이고 명확한 부문으로 규정하고 관련 자료를 조사토록 규정하고 있다.

또한 국토조사를 위하여 국토교통부와 국토지리정보원 등 국토관련 정책 및 자료수집 등을 핵심기능으로 하고 있는 행정부처를 중심으로 국토정보체계의 구축, 국토모니터링, 국토지도 제작 등의 다양한 정책이 이루어지고 있는 등 국토조사를 위한 제도적 기반이 정비되고 있다.

이러한 국토와 관련된 다양한 여건변화 및 정책방향은 국토관련정보의 수집 및 유지관리체계의 전환을 요구하고 있다. 기존 국토관련 정보는 대부분 행정부처별로 독자적으로 조사하여 관리되고 있으며, 자료내용 또한 중복되거나 소관부처의 행정목적에 부합하게 구성되어 있어 단편적으로만 활용 가능한 경우가 빈번하다. 또한 국토관련 자료의 연계가 제대로 이루어지지 않아 급격한 사회변화에 따른 공간정책에의 활용이 어렵다.

따라서 고도 정보화 사회에서 국토정보에 대한 수요증대에 부응하고 국토관련 자료를 체계적으로 수집·관리할 수 있도록 국토조사에 대한 체계적인 방안 수립 및 시행계획 수립을 통하여 실질적으로 국토조사가 수행될 수 있도록 하는 기틀마련이 시급하다.

(4) 단계별 국토조사계획 수립

국토조사를 단기간에 수행한다는 것은 방대한 조사내용을 고려할 때에 현실적으로 불가능하다. 또한 최근 자료로부터 과거 자료까지 조사대상 항목에 대한 읍면동별 또는 시군구별 자료를 시계열로 수집 및 입력하는데, 많은 시간과 노력이 필요하다.

따라서 국토조사의 시행계획에는 다음과 같이 국토조사의 항목별 및 단계별 구축계획과 과거 국토조사 자료의 단계적 구축계획 등의 내용이 포함되도록 한다.

단계별 국토조사계획으로 구분하여 단계적으로 자료를 수집하고 입력하여 모든 자료에 대하여 시계열 자료를 구축하는 것이 바람직하다. 즉, 제1단계에서는 2000년 이후의 자료를 수집 및 입력하고, 제2단계에서는 1990년-1999년 자료를 수집 및 입력한다. 제3단계에서는 1980년-1989년 자료를, 제4단계에서는 1970년-1979년 자료를, 그리고 마지막 제5단계에서는 1970년 이전 자료를 수집 및 입력하는 계획을 수립하도록 한다.

(5) 국토조사의 실시시간

현행의 국토조사 통계자료 중에서 국토 및 지역계획 등에 필수적인 자료 분야를 설정하고 조사 우선순위를 부여하여 국토조사 및 국토정보체계의 단계적 성장을 시도하도록 한다. 국토조사의 시행계획에는 국토조사의 항목별 및 단계별 구축계획에 대한 내용들을 포함하도록 한다.

국토조사의 간접조사 시기는 각급 행정기관 혹은 통계자료 조사 기관에서 조사되는 자료를 주로 활용하기 때문에 각급 행정기관의 통계조사 결과가 정리되는 시기를 고려하여 설정하도록 한다.

즉, 지방행정기관의 각종 통계보고서는 일반적으로 업무부서로부터 전년도의 통계자료를 약 10개월 간에 걸쳐 수집하고 정리하는 기간을 거쳐 연말에 주로 발표되기 때문에, 이들 통계자료를 주로 활용하는 간접조사 시기를 이에 맞추어 시행토록 한다. 그리고 10월까지 익년도의 통계자료를 지방자치단체를 포함한 각급 행정기관으로부터 협조 및 제출 받도록 한다.

7) 국토조사의 추진전략

(1) 단계별 국토조사 시행

국토조사는 전국단위, 시도단위 그리고 시군구 및 읍면동 단위의 기초지자체를 대상으로 하고 있다. 최근 자료로부터 과거의 자료에 이르기까지 전체 조사대상 항목을 시계열별로 수집하기 위해서는 많은 시간과 노력이 필요하므로 단계별로 국토조사를 시행하도록 한다.

그리고 국토조사는 기존 통계조사의 생산기관에서 제공하는 통계자료를 조사하지만, 기존 통계에서 제공되지 않는 최소 행정단위의 자료를 수집해야 하므로 효율적인 국토조사 시행을 위해서는 중앙행정기관, 시도의 광역지자체, 시군구의 기초지방자치단체와 유기적인 협조체계 구축이 필수적이다.

따라서 국토조사의 효율적인 추진을 위해는 중앙행정기관과 시도의 국토조사 담당관을 위원으로 하는 국토조사협의회를 구성하도록 한다. 국토조사협의회에서는 국토조사 자료수집 과정에서 유관기관의 협조사항 및 유관기관의 국토조사업무 수행과 관련된 사항을 논의 및 결정하는 역할을 담당하게 한다.

또한 국토조사의 시행방안에서 조사대상으로 선정된 국토조사 항목은 급격한 사회경제 여건변화에 따라 변경되거나 추가항목이 발생될 수 있으며, 행정조직 개편 등으로 조사항목의 생산기관이 변경될 수도 있는 등 국토조사 시행여건이 크게 달라질 수 있다.

따라서 국토조사의 시행여건 변화 등에 효과적으로 대응하고 효율적인 국토조사를 시행하기 위해서는 국토조사 시행기관은 매년 초에 당해연도의 국토조사 세부 시행계획을 수립하여 추진하는 것이 바람직하다. 국토조사 세부 시행계획에는 전년도 국토조사의 실적 및 문제점 평가와 개선방안 그리고 당해연도의 국토조사 시행에 대한 세부방안을 포함하도록 한다.

(2) 국토조사 추진체계

국토조사는 국토기본법의 주무부처인 국토교통부의 주요업무이다. 따라서 국토교통부가 국토조사 시행관리기관으로서의 역할을 담당한다. 국토조사 시행관리기관은 중앙행정기관, 시도, 시군구 등 국토조사 유관기관에 국토조사 담당관 지정을 요청하고 국토조사협의회를 주관하는 등 국토조사 시행기관이 효율적인 국토조사를 추진할 수 있도록 여건을 조성해야 한다.

현재 국토조사와 관련하여 다양한 업무를 수행하고 있는 국토지리정보원이 국토조사시행기관으로서의 역할을 담당한다. 국토지리정보원은 내부에 국토조사팀을 별도로 설치하여 국토조사를 전담토록 하되 필요시 외부 전문기관에 위탁하여 국토조사를 실시할 수 있도록 한다.

그리고 국토조사는 현재 관련 통계자료를 생산 및 관리하고 있는 중앙행정기관, 시도 및 시군구의 다양한 기관으로부터 조사항목에 대한 자료를 수집해야 하므로 이들 관계기관과의 유기적인 협조체계 구축이 필수적이다. 따라서 국토조사 시행에 앞서 국토조사시행관리기관,

국토조사 시행기관 그리고 유관기관의 국토조사담당관으로 구성되는 국토조사협의회를 구성할 필요가 있다.

국토조사협의회는 국토지리정보원장을 위원장으로 하며, 국토교통부 국토조사 담당관이 간사역할을 수행하며, 중앙행정기관의 국토조사 담당관 및 시도의 국토조사담당관을 위원으로 구성한다. 국토조사 추진협의회는 매년 2회 정기회의를 개최하고 필요시 임시회의를 통해 국토조사의 효율적 추진을 위한 제반 협조사항 및 지자체의 공지사항을 협의하도록 한다.

(3) 국토조사 시행계획의 세부내용

국토조사는 직접조사와 간접조사 등 조사유형별, 시계열별로 구분하여 단계적으로 조사를 시행한다. 최근 자료를 우선적으로 수집하여 입력한 후 과거의 시계열자료에 대하여 데이터베이스로 구축하도록 하며, 매년 초 당해년도의 국토조사를 위한 세부시행계획을 수립하여 조사를 추진하도록 한다. 국토조사의 시행과정에서 요구되는 관련 법령 및 지침 등의 재개정 필요시 개선방안 등을 검토 및 대안을 제시한다.

제1단계에서는 국토조사의 간접조사 대상항목을 중심으로 하고 이후의 자료항목을 조사·수집한다. 또한 국토조사의 직접조사 대상분야 및 항목을 설정한다. 국토조사의 직접조사 대상분야 설정시에는 조사시행기관의 자체업무와 관련한 조사의 경우 조사계획을 수립하여 추진하고 여타 기관 담당업무에 대해서는 해당기관과의 협의를 거쳐 최종적으로 국토조사 직접조사 대상분야 및 항목을 선정한다. 국토조사의 직접조사방법 및 절차 등에 대해서는 별도의 세부적인 추진방안을 마련하는 것이 바람직하다.

제2단계에서는 국토조사 간접조사 대상항목에 대한 자료조사 및 DB를 구축한다. 국토조사 항목 중 과거 10년 동안의 시계열자료를 수집하여 데이터베이스로 구축한다. 또한 국토조사 직접조사 대상으로 최종 선정된 항목에 대한 조사를 시행한다. 필요시 국토조사의 직접조사 대상항목은 지역별 또는 항목별로 단계적 구축방안을 제시할 수 있다. 이 단계에서는 또한 국토조사 통계자료 데이터베이스를 국토통계지도의 속성정보로 구축하여 국토조사통계지도를 온라인으로 제공하도록 한다.

제3단계에서는 국토조사 항목자료에 대하여 조사를 시행한다. 과거 자료의 경우에는 지금까지의 국토조사 시계열자료를 수집하여 과거 국토조사 데이터베이스에 추가하여 구축하도록 한다. 국토조사 직접조사는 조사항목을 확대하거나 조사지역을 전국으로 확산하여 사업을 시행한다.

제4단계에서는 국토조사항목자료에 대하여 조사를 시행한다. 과거 국토조사 시계열자료를 수집하여 기존 과거 국토조사 데이터베이스에 추가하여 구축하도록 한다. 국토조사 직접조사는 조사항목을 확대하거나 조사지역을 전국으로 확산하여 사업을 시행한다.

그리고 국토조사는 중장기적으로는 공간정보와 속성정보가 통합된 형태의 국토정보체계를 구축하는 것이기 때문에, 이를 위해서는 국토정보체계와 국토조사간의 물리적인 시스템 개발을 비롯한 세부적인 방안이 마련될 필요가 있다.

(4) 연차별 투자계획 및 재원조달 방안

국토조사의 소요재원 규모는 간접조사일 경우 인건비를 포함한 직접경비는 연도별로 수천만원 내외가 소요될 것으로 추정되며, 연구개발비, 시스템개발비, 장비구입비 등을 포함할 경우 그 비용은 크게 늘어날 것으로 추정된다. 국토조사의 직접조사는 조사대상 항목 및 조사규모에 따라 크게 달라지므로 소요재원의 규모를 추정하기가 어렵다.

국토조사는 국가 전체의 국토관련 통계자료를 체계적으로 수집하고 이를 공무원, 관계전문가, 일반국민에게 제공하기 위한 것이므로 국비지원으로 조사를 수행해야 한다. 전액 국비로 국토조사를 시행하기 위해서는 별도의 국토조사부문의 예산지원이 수반되어야 하므로 이에 대한 세부계획이 수립되어야 한다.

8) 국토정보체계의 구축방향

국토정보체계의 성격 상 속성자료와 가장 기본이 되는 지리정보로서 행정구역에 대한 지리정보는 국토정보체계에서 집중형으로 자료를 구축하고 축적하도록 한다.

의사결정지원시스템의 속성은 적시에 필요한 정보를 신속하게 제공하여 주는 것이 중요하므로 국토정보자료를 분산하여 관리하는 것은 목적하는 바를 달성하는데 장애요소가 될 수 있다. 이러한 문제를 보안하기 위해서는 국토조사 자료의 집중형 관리가 적합한 방법이라 할 수 있다.

한편 지리정보에 대해서는 국토정보체계의 구추고가 운용에 관련된 핵심자료만을 국토정보체계에 축적하도록 한다. 그 외의 지리정보는 필요한 시기에 공급받아 사용할 수 있도록 한다.

그리고 국토조사 자료의 특성은 일종의 고정된 2차 자료로서, 입력된 자료의 수정 및 갱신이 거의 필요하지 않다는 것이다. 국토조사 자료의 유지관리에 있어서 가장 중요하게 다루어져야 할 부분은 매년 생산되는 자료를 기존의 데이터베이스에 추가하는 것이다.

이것이 가장 원활하게 이루어질 수 있도록 하는 것이 중요하다. 즉 자료의 유지 관리에 있어서는 연도별 자료를 각 연도의 정해진 행정구역 단위에 맞추어 수집하고 유지 관리할 수 있도록 하고 해정구역이 변경된 내용을 통일하여 다룰 필요가 있을 경우에는 이것을 가능하도록 하는 방법의 적용이 우선적으로 고려되어야 한다.

또한 자료의 검색기능에서 중점을 두어야 할 것은 대상 항목, 대상 행정구역, 그리고 대상 연도로서 이들을 중심으로 자료의 검색이 최대한 신속하고 효율적으로 자료 검색이 이루어질 수 있도록 하여야 한다.

그리고 각종 국토계획 및 국토정책에서 필요로 하는 국토지표를 중심으로 확충하도록 하여,

국토지표 부문에서 검토된 각종의 지표 산출이 국토정보체계의 분석기능을 통하여 충족될 수 있도록 한다. 일반적으로 국토지표는 기성의 분석자료로 구축하여 국토정보체계의 사용에 익숙하지 못한 의사결정자나 일반국민에게 손쉽게 제공할 수 있도록 한다.

또한 다양한 형태의 자료를 제공하여, 정형화된 정보체계의 틀에 의하여 이용자가 제한을 받지 않도록 하되, 최대한 분석된 정보와 다양한 형태의 표현자료를 함께 제공하여 주도록 함으로써, 원스톱으로 완성된 서비스가 가능하도록 자료 제공기능을 확충한다.

9) 국토조사의 지침 제정

국토조사가 체계적이고 지속적으로 추진되기 위해서는 국토조사 지침은 국토조사의 과정이 제도적으로 그리고 체계적으로 진행될 수 있도록 조사체계, 조사기관의 특성 등을 고려하여 3단계로 구성하도록 한다.

첫째, 국토조사의 지침을 마련하는 것이다. 이는 국토조사의 효율적 수행을 위하여 필요한 행정적 내용을 대상으로 제도적 차원에서 다루도록 한다.

둘째, 국토조사의 시행기관 작업요령이다. 이는 국토조사 업무를 주관하여 수행할 기관에서 조사를 위하여 필요한 실제적 행동내용을 대상으로 하여 조사수행의 구체적 작업요령을 다루도록 한다.

셋째, 국토조사의 자료표 작성요령이다. 이는 국토조사 자료를 실제로 조사하거나 작성하여 국토조사 시행기관에 제출할 기관에서 알아야 할 내용을 대상으로 하여 구체적인 작성방법 등을 다루도록 한다.

국토조사의 지침에는 국토조사의 법적 근거와 이에 의한 목적을 분명하게 규정하도록 한다. 그리고 국토조사에서 사용하는 용어를 정확하게 정의함으로써 용어에서 오는 혼란을 미연에 방지하도록 한다. 국토조사의 내용을 법적 근거를 바탕으로 보다 구체적으로 제시하도록 하기 위하여 국토조사의 범위와 내용을 명확하게 규정하도록 한다. 그리고 국토조사의 방법을 수록하여 국토조사가 항목에 있어서, 그리고 항목의 조사에 있어서 체계적이고 통일된 방법으로 수행될 수 있도록 한다.

국토조사 자료의 요청을 받은 각급 행정기관에서 책임과 행정적 체계를 가지고 국토조사 자료를 수집하고 과정을 관리하며, 최종적으로 국토조사의 책임기관에 자료가 전달될 수 있도록 행정적 절차를 분명하게 규정하도록 한다.

이를 위하여 국토조사 자료의 협조와 관련된 행정적 계통을 규정하고, 국토조사 자료의 협조가 원활하게 이루어지기 위하여 점검 혹은 독려하여야 할 내용을 규정하도록 한다. 그럼으로써 국토조사의 자료가 최종적으로 집결되어야 할 기관에 효율적으로 집적될 수 있도록 한다.

수집된 국토조사 자료의 관리와 활용을 위하여 업무 소재를 명확하게 규정함으로서 책임 있는 행정이 이루어지도록 한다. 이를 위하여 규정되어야 할 주요내용은 다음과 같다. 첫째, 국토조사 자료의 관리이다. 둘째, 국토조사 자료의 제공이다. 셋째, 국토조사 자료의 활용 등이다.

그리고 국토조사의 내용이나 대상은 시간의 경과에 따라 변화될 수 있다. 새로운 자료가 추가로 조사 혹은 통계로서 작성될 필요가 발생할 수 있으며, 기존의 자료가 더 이상 조상의 대상으로서 필요하지 않은 경우가 발생될 수 있다. 이러한 것을 감안하여 국토조사 주관기관은 매년 국토조사의 내용과 대상을 정하여야 한다.

국토조사 자료의 항목을 체계적으로 분류하여 조사된 자료가 효율적으로 유지관리 되고 활용될 수 있도록 한다. 특히 항목의 성격과 항목간의 유사성, 관리의 효율성 등을 감안하여 항목을 분류하여 관리할 수 있도록 한다.

국토조사 항목에 대하여 사전검토를 충분하게 함으로서 자료의 획득방법을 설계하고, 자료의 제공시 정확한 자료원과 자료의 성격 등을 동시에 제공하여 줄 수 있도록 함으로써, 자료이용에 있어서 명확성을 가질 수 있도록 한다.

또한 국토조사의 시행을 위하여 필요한 사항들을 사전에 준비한다. 항목에 대한 조사 형식과 양식을 검토하여 정리하고, 조사된 자료를 어떤 형태로 정리하고 전산화할 것인지 설정한다. 그리고 각 조사 항목에 대한 조사의 공간단위, 측정단위 등에 관한 제반사항을 정리하여 통일된 형태의 조사가 이루어질 수 있도록 정리한다.

사전에 조사항목에 대한 조사 및 기록내용 등을 포함한 조사표를 설계하고 전산파일로 작성한다. 조사항목 및 관련 업무에 대한 용어를 정확히 정의하여 조사자가 이해하기 쉽도록 한다.

그리고 국토조사 결과의 처리를 위한 계획, 처리요원 등과 조사와 관련된 사항을 검토하여 규정한다. 국토조사의 자료 조사일정과 조사시점 등에 대한 내용을 검토하여 설정하고 조사표의 송부 등에 관한 내용을 명확히 수행될 수 있도록 규정한다.

국토조사 자료의 제출 전 협조기관으로부터 자료의 점검을 수행하여 오류의 발생을 최소화하도록 하고 조사결과 자료의 제출 방식과 제출된 결과의 점검을 통해 조사결과의 전국 자료의 구축 및 오류의 발생을 최소화하도록 규정한다.

한편, 국토조사와 관련하여 자료를 협조하는 기관이 숙지하여야 할 조사시점, 조사결과의 전산화 방식, 조사일정 등 일반사항에 대하여 규정하여 국토조사가 효과적으로 진행될 수 있도록 한다. 국토조사표 작성기관에서 국토조사의 공간단위와 조사표 기입요령 등을 참고하여 조사표를 작성할 수 있도록 필요한 일반적 사항들을 상세하게 기술하도록 한다. 일반적 주의사항 외에 각항목별로 조사표를 작성하는데 숙지하여할 내용들을 상세하게 기술하여 줌으로 국토조사표를 작성하는 기관에서 제시된 작업방식에 따라 용이하게 국토조사표를 작성할 수 있도록 한다.[54]

---

54) 국토조사의 이해와 관련한 부문은 2003년 3월 건설교통부 국립지리원이 국토연구원에 위탁하여 연구한 국토조사 시행 방안 연구의 주요내용을 재정리하여 작성되었다.

제3장 지적재조사의 기초

1. 지적의 기초개념

1) 지적의 정의

지적(cadastre)이란[1] 용어는 장부(note book) 또는 공적기록(business record)를 의미하는 그리스어 "Katastikhon"에서 유래되었다는 설[2]과 라틴어에 근원을 가지는 로마인의 인두세 등록(head tax register)을 의미하는 "Capitastrum" 또는 "Catastrum"에서 유래되었다는 설[3]이 있다. 그러나 어원학 상으로는 어떻든 간에 한 가지 주목할 것은 그 내용에는 세금부과의 뜻을 내포하고 있다는 사실이다. 이집트 역사학자들에 의하면 과세목적의 토지기록은 고대로 부터이며, 기원전 3,400년에 이미 측량이 시작되어 기원전 3,000년경에 지적기록이 존재하였다고 한다.[4]

그러나 지적이론의 발생은 지구상에 인류가 등장하여 여러 집단을 형성하면서 부터 시작되었다고 할 수 있다. 즉 선구적 형태는 Tigris, Euphrates R., Nile R., Indus R. 그리고 황하유역의 농경정착지까지 거슬러 갈 수 있다.[5] 농경정착생활이 시작되면서 씨족이나 부족들은 농경지, 어로, 수렵지 등 경계를 표시하고 그 영역의 산출물은 공동생활을 영위하는데 필요한 재원으로 활용하였다. 부족인의 증가로 세금징수, 경계의 분쟁과 소유권의 주장 등 토지의 소유관계에 따른 등록, 보전, 관리를 위하여 지적의 발생은 필연적이었다. 이는 과세설(課稅說),

---

1) 김행종, 「지적관계법론」(서울: 부연사, 2011), pp.15-20. 재인용.
2) National Research Council, *Need for a Multipurpose Cadastre*(Washington,D.C : National Academy Press, 1980), p.5.
3) J.G.McEntyre, Land Survey Systems(New York : John Wiley & Son, 1978), pp.3~4.
4) *Ibid.*, p.4.
5) National Research Council, op.cit., p.5.

치수설(治水說), 지배설(支配說)로 나누어 검토될 수 있는데[6], 지금까지는 과세설이 가장 지배적 이었으나 점차 지배설에 관심이 모아지고 있다.

현재 지적이라는 단어의 의미는 각 나라마다 시대와 학자에 따라 각각 달리 정의되고 있다. 먼저 국어사전에서 살펴보면 "지적은 토지에 대한 여러 가지 사항을 적은 기록 또는 장부"로 해석하고 있고 법률학 사전에는 "토지의 위치, 형질 및 그 소유관계를 밝히는 제도"라고 되어 있다. 그리고 웹스터의 Third New International Dictionary는 "세금부과를 위하여 사용되는 부동산의 소유, 가격, 수량 등에 대한 공적인 등록"이라고 설명하고 있다. 또한 Black's Law Dictionary는 "부동산의 과세목록 및 평가"라고 기술하고 있다.

우리나라 원영희 교수는 "지적이란 국토의 전반에 걸쳐 일정한 사항을 국가 또는 국가의 위임을 받은 기관이 등록하여 이를 국가 또는 국가가 지정하는 기관에 비치하는 기록으로서 토지의 위치, 형태, 용도, 면적 및 소유관계를 공시하는 제도"라고 정의 하였다. 그리고 최용규 교수는 현대지적의 정의로서 "자기영토의 토지현상을 공적으로 조사하여 체계적으로 등록한 데이타로 모든 토지활동(real estate activities)의 계획관리에 이용되는 토지정보원(land information roots)이다"라고 정의한다.

대만의 래장(來璋) 교수는 "지적이란 토지의 위치, 경계, 종류, 면적, 권리상태 및 사용상태 등을 기재한 도책(圖冊)을 말한다."라고 정의한다. 그리고 미국의 J.G.McEntyre 교수는 "지적이란 토지에 대한 법률상 용어로서 조세부과를 위한 부동산의 수량, 가치 및 소유권의 공적 등록"이라 정의하였고, 영국의 S.R.Simpson은 "지적은 과세(taxation)의 기초자료를 제공하기 위하여 한 나라 안의 부동산의 수량과 소유권 및 가격을 등록한 공부(public register)"라고 정의하였다.

또한 화란의 J.L.G.Henssen은 "지적이란 등기를 통합한 광의의 개념으로 지적의 구성요소를 소유자, 권리, 필지로 구분하고, 국내의 모든 부동산관련자료(data relating to all the real estate)를 체계적으로 정리하여 등록하는 것"이라고 정의하였다.

---

6) 과세설(Taxation Theory)은 정주생활에 따른 과세의 필요성에서 그 유래를 찾아 볼 수 있고, 과세설의 증거자료로는 Domesday Book(영국의 토지대장), 신라의 장적문서(서원경 부근의 4개 촌락의 현·촌명 및 촌락의 영역, 호구(戶口) 수, 우마(牛馬) 수, 토지의 종목 및 면적, 뽕나무, 백자목, 추자목의 수량을 기록) 등이 있다. 치수설(Flood Control Theory)은 물을 다스려 보국안민을 이룬다는 데서 유래를 찾아볼 수 있고 주로 4대강 유역이 치수설을 뒷받침 하고 있다. 즉 관개시설에 의한 농업적 용도에서 물을 다스릴 수 있는 토목과 측량술의 발달은 농경지의 생산성에 대한 합리적인 과세목적에서 토지기록이 이루어지게 된 것이다. 그리고 지배설(Rule Theory)은 영토의 보존과 통치수단에서 유래를 찾아볼 수 있고 고대세계의 성립과 발전, 그리고 중세봉건사회와 근대 절대왕정, 그리고 근대시민사회의 성립 등에서 지배설을 뒷받침하고 있다. 최용규, "지적이론의 발생설과 개념정립", 「도시행정연구」, 제5집, 서울시립대학교, 1990, pp.150~156.

그리고 P.F.Dale J.D.Mclaughin교수는 〈그림 3-1〉에서 보는 바와 같이 토지와 관련하여 바다를 포함한 지역과 지구표면에 직접적으로 관련된 모든 사안들을 포함하는데, 거기에는 수 많은 물리적·추상적 속성, 토지 위의 건축 또는 지상권, 광물 및 영해권, 그리고 토지를 이용하고 개척하는 권리 등을 포함한다.

그것은 인류를 둘러싸고 있는 물질적·생체학적 화학요소와 생물권이라고 불리는 복잡한 생태체계의 구조를 포함한다. 그러므로 우리는 공기로 숨쉬고, 물을 마시고 휴식을 취하며, 토지에 근거한 문화를 창조하고 도시를 형성하며, 넓은 토지 위에서 즐거움을 찾고 후손을 위하여 보전하는 것을 포함하고 있다.

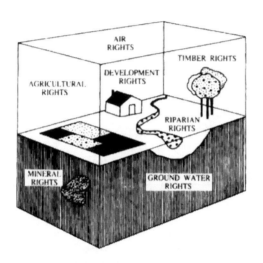

* 자료 : P.F. Dale, J.D. Mclaughlin, Land Information Management, (Oxford : Clarendon Press, 1988), p.3

〈그림 3-1〉 필지중심 토지정보원

이상의 지적의 정의를 종합하여 볼 때 〈표 3-1〉에서 보는 바와 같이 지적은 토지의 지표, 공중, 지하에 미치는 위치, 경계, 지형, 용도, 면적 및 소유관계 등을 체계적으로 조사하여 등록 및 공시한 토지의 기초자료로 모든 토지활동에 이용될 수 있도록 유지관리 되는 필지중심의 토지정보원(土地情報源)으로 정의할 수 있다.[7]

---

7) 김행종, 「지적관계법론」, 전게서, p.17.

<表 3-1> 지적의 정의

구분	연구자	지적의 정의
국내학자	원영희	• 국토의 전반에 걸쳐 일정한 사항을 국가 또는 국가의 위임을 받은 기관이 등록하여 이를 국가 또는 국가가 지정하는 기관에 비치하는 기록으로써 토지의 위치 형태·용도·면적 및 소유관계를 공시하는 제도
	최용규	• 현대지적의 정의로서 자기영토의 토지현상을 공적으로 조사하여 체계적으로 등록한 데이터로 모든 토지활동의 계획관리에 이용되는 토지정보원
	강태석	• 지표면에서나 공간 또는 지하를 막론하고 재정적 가치가 있는 모든 부동산 물건을 계속 유지관리하기 위한 국가의 토지행정
	류병찬	• 토지에 대한 물리적 현황, 법적 권리관계, 제한사항 및 의무사항 등을 등록·공시하는 필지중심의 토지정보체계
	김행종	• 토지의 지표, 공중, 지하에 미치는 위치, 경계, 지형, 용도, 면적 및 소유관계 등을 체계적으로 조사하여 등록 및 공시한 토지의 기초자료로 모든 토지활동에 이용될 수 있도록 유지관리 되는 필지중심의 토지정보원
외국학자	래장 (대만)	• 토지의 위치·경계·종류·면적·권리상태 및 사용상태 등을 기재한 도책
	J.G. McEntyre (미국)	• 조세를 부과하기 위한 부동산의 양과 가치 및 소유권의 공적인 등록
	J. Henssen (네덜란드)	• 지적이란 국내의 모든 부동산관련자료를 체계적으로 정리하여 등록하는 것
	S.R. Simpson (영국)	• 과세의 기초자료를 제공하기 위하여 한나라의 부동산에 대한 수량과 소유권 및 가격을 등록하는 제도
	P.F. Dale 외 1인	• 법적측면에서는 소유권의 등록이고 조세측면에서는 필지의 가치에 대한 재산권의 등록이며 다목적측면에서는 필지의 특성에 대한 등록
	Stephane Lavigne (프랑스)	• 개인이나 집단 소유의 세무나 토지·법률·경제적인 필요에 부응할 수 있는 자세한 설명이 기록된 토지 소유권의 목록
전문기관	National Research Council (미국)	• 토지에 대한 이해관계의 기록이며, 이해관계의 종류와 범위를 모두 포함하는 제도
	FIG (국제측량사연맹)	• 토지에 대한 권리와 제한사항 및 의무사항 등 이해관계에 대한 기록을 포함한 필지중심의 현대적인 토지정보시스템
전문기관 발간 사전	ACSM (미국)	• 세금을 부과하기 위하여 부동산에 대한 면적·가격 및 소유권리를 등록하는 공적인 제도
	SMG (독일)	• 부동산에 대한 목록과 도해적인 표시의 총칭

* 자료 : 김행종, 「지적법론」(서울 : 부연사, 2009), p.45.

2) 협의의 지적 구성요소

지적제도는 등록대상인 토지와, 토지에 대한 조사사항을 공적장부에 기록하는 행위인 등록과, 조사사항을 등록하고 공시하기 위한 공부로 구성되며, 이것은 지적제도와 등기제도가 완벽하게 분리되어 있는 지적제도에서 협의의 지적 3요소라고 한다.

첫째, 등록대상인 토지는 인간이 살아가는 터전이며 생활하는 데 필요한 물자를 얻는 자원이다. 지적제도는 이러한 토지를 대상으로 하여 성립한다. 그러므로 토지 없이는 등록객체가 없기 때문에 등록행위가 이루어질 수 없다. 따라서 지적제도 자체가 성립할 수 없다. 등록대상이 되는 토지는 국토의 개념과 같다. 이러한 토지는 국가의 통치권이 미치는 범위 내에 있는 모든 토지를 의미하며, 이를 구분 등록하기 위하여 토지를 인위적으로 구획한 "필지" 단위로 관리한다.

둘째, 등록은 토지에 대한 조사사항을 공적장부에 기록하는 행위인 등록과, 조사사항을 등록하는 것을 의미한다. 토지는 물리적으로 연속하여 전개되는 영구성을 가진 지표라고 할 수 있다. 따라서 토지를 물권의 객체로 하기 위해서는 일정한 구획기준을 정하여 등록단위를 정하고 필요한 사항을 장부에 기록하는 법률행위가 있어야 한다. 인위적으로 구획한 토지의 등록단위를 필지라 하고, 필지마다 토지소재, 지번, 지목, 경계(또는 좌표), 면적, 소유자 등 일정한 사항을 지적공부에 기록하는 행위를 등록이라 한다.

셋째, 토지를 구획하여 일정한 사항(물리적 현황, 법적권리관계)을 조사·측량한 후 그 내용을 기록한 공적장부를 지적공부라고 한다. 지적공부는 일정한 형식과 규격을 법으로 정하여 일반국민이 필요하면 언제라도 활용할 수 있도록 항시 비치되어 있어야 한다. 등록된 내용(토지소재, 지번, 지목, 면적, 경계 또는 좌표)은 실제의 토지내용과 항상 일치하는 것을 이상으로 하고 있으므로 토지의 변동사항을 계속적으로 정리하여야 한다. 따라서 지적공부는 정적인 비치공부가 아니라 변화하는 토지이동 상황을 정리하여 신속하게 일반국민에게 제공되어야 하는 동적인 장부로 보아야 하며, 이는 일정한 장소 밖으로는 원칙적으로 반출을 금하고 있다.

3) 광의의 지적 구성요소

협의의 지적 3요소와는 달리 네덜란드의 헨센(J. L. G Henssen)은 지적과 등기를 통합한 광의의 개념으로 지적의 구성요소를 소유자, 권리, 필지로 구분하고 있다.[8]

---

8) 네덜란드는 1811년 프랑스 주관 하에 지적조사사업을 착수하여 1832년 부동산등기부 와 지적도를 작성하면서 지적제도가 창설되었으며 주된 등록사항은 과세를 위하여 소유자와 사용자를 등록하였으며 지적제도와 등기제도가 구분이 없었다. 오늘날은 토지 관련법인 지적법에는 토지·건물·선박·항공기에 대한 등록공시 절차와 기본도, 지적도, 지형도, 도시계획도의 작성에

첫째, 소유자라 함은 토지를 소유할 수 있는 권리의 주체로서 법적으로 토지를 자유로이 사용·수익·처분할 수 있는 소유권을 갖거나 소유권 이외의 기타 권리를 갖는 자를 말한다. 권리의 주체는 주로 자연인을 말하나 국가, 지방자치단체, 법인, 법인 아닌 사단·재단, 외국인, 외국정부 또는 국제기관 등도 이에 포함된다. 일반적으로 위와 같은 권리의 주체인 소유자 또는 소유권 이외의 기타권리를 갖는 자를 공시하기 위하여 지적공부에 등록하는 사항으로는 성명 또는 명칭, 주소, 등록번호, 생년월일, 성별, 결혼여부, 직업, 국적 등이 있다.

둘째, 권리라 함은 협의의 의미로서 토지를 소유할 수 있는 법적 권리를 말하며 광의의 의미로는 토지의 취득과 관리에 관련된 소유자들 사이에 특별하게 인식된 법적 관계를 포함한다. 이러한 권리는 토지에 대한 법적 소유형태와 권리관계를 나타내는 것으로 토지를 자유로이 사용·수익·처분할 수 있는 소유권과 소유권 이외의 기타권리(저당권, 지역권, 사용권, 지상권, 임차권)로 구분한다. 이와 같은 토지에 대한 권리의 내용을 공시하기 위하여 지적공부에 등록하는 사항은 권리의 종류, 취득일자, 등록일자, 취득형태, 취득금액, 소유권지분 등이 있다.

셋째, 필지라 함은 법적으로 물권이 미치는 권리의 객체를 말하는데, 소유자가 동일하고 지반이 연속된 동일 성질의 토지로써 지적공부에 등록하는 토지의 등록단위를 말한다. 토지는 자연적 상태에서는 연속하여 일체가 되어 있으나 이것을 인위적으로 구획하고 분할하여 각각 독립된 목적물인 권리의 객체로 할 수 있는데 이것을 필지라고 하며 토지거래의 기초단위가 된다. 일반적으로 권리의 객체인 필지를 공시하기 위하여 지적공부에 등록하는 사항은 토지의 소재, 지번, 지목, 경계, 면적, 토지이용계획, 토지가격, 지상 및 지하시설물, 환경 등이 있는데 이중에서 토지의 물리적 현황을 나타내는 소재와 지번·지목·경계·면적 등을 필지를 구성하는 기본요소라고 할 수 있다.

그리고 지적공부는 〈표3-2〉에서 보는 바와 같이 사람이 태어나서 사망하기까지의 기록을 등록할 수 있도록 하는 호적부와 자동차를 생산 및 출고하여 등록을 하기까지 기록하는 차적부 등과 비교하여 볼 수 있다.[9]

〈표 3-2〉 다른 공부와의 비교

지적공부	토지소재	지번	지목	면적	소유자	등록번호	토지가격	토지이동사유
호적부	본적	주소	성별	재산정도	성명	주민번호	소득수준	경력 및 이력
차적부	등록지	등록번호	차종	배기량	소유자	차대번호	차량가격	소유권변동 사유

관한 사항, 이들에 대한 변경정리와 관리, 정보제공에 관한 사항이 규정되어 있다.

9) 김행종, 「지적관계법론」, 전게서, pp.19-20.

2. 지적제도의 유형

지적제도는 인류문명의 발생과 더불어 발생한 것으로 추측하고 있듯이 오랜 역사성을 지니고 있다. 지적은 각 국가의 역사와 문화에 의하여 독자적으로 고안 실시된 것으로, 국가와 시대에 의하여 지적의 목적과 역할은 항상 같지는 않았다. 그러므로 지적제도의 유형을 간단히 구분하는 것은 쉽지 않지만 〈그림 3-2〉에서 보는 바와같이 일반적으로 지적제도의 발전과정, 측량방법, 등록방법 등에 따라 다음과 같이 구분할 수 있다. 즉, 지적제도의 발전과정에 따라 세지적, 법지적, 다목적 지적 등으로 구분되며, 측량방법에 따라 도해지적, 수치지적, 계산지적 등으로 구분된다. 그리고 등록방법에 따라 2차원지적, 3차원지적, 4차원지적 등으로 구분한다.

〈그림 3-2〉 지적제도의 유형도

1) 발전과정에 따른 분류

(1) 세지적(稅地籍)

세지적(Fiscal Cadastre)은 토지에 대한 과세를 부과함에 있어서 그 세액을 결정함을 가장 큰 목적으로 하는 지적제도로 과세지적(Tax Cadastre)이라고도 한다. 세지적은 농업과 임업을 국가의 최대 산업으로 하고 국가 재정수입의 대부분을 토지의 조세에 의존하던 시대에 발달한 지적제도로 가장 오랜 역사를 지니고 있다.

따라서 세지적은 각 필지의 측지학적 위치보다는 면적을 정확하게 결정하여 등록하는데 주력하였다. 세지적에서 지적공부의 등록사항은 필지에 대한 면적·규모·위치·사용권·규제사항 등에 관한 정보를 기입함으로써 토지에 대한 가치를 평가하기 위한 기초자료를 제공할 뿐만 아니라, 토지개량에 대한 정확하고 공평한 평가를 할 수 있는 수단을 제공해 주고 있다. 그러므로 대부분의 국가에서 지적제도는 세지적에서 출발하였다는 것이 정설이다.

(2) 법지적(法地籍)

법지적(Legal Cadastre)은 소유지적(Property Cadastre)이라고도하며 세지적에서 진일보한 지적제도로써 토지에 대한 사유권이 인정되면서 토지과세는 물론 토지거래의 안전을 도모하며 국민의 토지소유권을 보호할 목적으로 개발된 지적제도이다. 법지적은 토지에 대한 소유권이 인정되기 시작한 산업화 시대에 개발된 지적제도로써 물권의 공시기능을 수행하기 위하여 각 필지의 경계점에 대한 측지학적 위치를 정확하게 측정하여 지적공부에 등록 공시함으로써 토지에 대한 소유권이 미치는 범위를 명확하게 확인 보증함을 가장 큰 목적으로 하며, 위치본위(Location)로 운영되는 지적제도이다.

(3) 다목적지적(多目的地籍)

다목적지적(Multipurpose Cadastre)은 필지 단위로 토지와 관련된 기본적인 정보를 계속하여 즉시 이용이 가능하도록 종합적으로 제공하여 주는 기본골격이라고 할 수 있는데, 종합지적(Comprehensive Cadastre) 또는 경제지적(Economic Cadastre), 정보지적 등이라고도 한다.

다목적지적제도는 일필지를 단위로 토지관련 정보를 종합적으로 등록하고 그 변경사항을 항상 최신화 하여 신속·정확하게 지속적으로 토지정보를 제공하는데 주력하고 있다. 토지정보는 토지에 관한 물리적 현황은 물론 법률적, 재정적, 경제적 정보를 포괄하는 것으로 토지에 대한 평가, 과세, 거래, 토지이용계획, 상수도, 하수도, 전기, 가스, 전화, 지하도로 등 공공시설물과 각종 토지통계 등을 포함해야 한다.

각종 토지정보를 여러 기관으로부터 수집하여 집중 관리하거나 상호 연계하여 토지 관련 정보를 신속·정확하게 공동으로 활용토록 하기 위하여 최근에 개발 및 활용을 모색하는 지적제도로서 선진 각국에서 이의 시행을 추구하고 있는 이상적인 지적제도라고 할 수 있으며, 지적정보는 토지정보체계(LIS Land Information System) 또는 지리정보체계(GIS Geographic Information System)의 기초를 이루고 있다.

다목적지적의 구현 형태는 토지정보시스템(LIS), 필지중심토지정보시스템(PBLIS), 토지종합정보망(LMIS), 한국토지정보체계(KLIS) 등이고 다목적지적제도의 (5대)구성요소는 측지기본망, 기본도, 지적중첩도, 필지식별번호, 토지자료화일이며, 다목적지적제도의 3대 구성요소는 측지기본망, 기본도, 지적중첩도 등이다.

2) 측량방법에 따른 분류

(1) 도해지적(圖解地籍)

도해지적(Graphical Cadastre)은 토지의 경계점을 도면 위에 표시하는 지적제도로써 각 필지의 경계점을 일정한 축척의 도면 위에 기하학적으로 폐합된 다각형의 형태로 표시하여 등록하는 것으로 세지적 제도와 법지적 제도하에서는 토지의 경계 표시를 도해지적에 의존하고 있다.

도해지적은 지적도 또는 임야도에 등록된 경계선에 의하여 대상 토지의 형상을 시각적으로 용이하게 파악할 수 있으며 측량에 소요되는 비용이 비교적 저렴하고 고도의 기술을 요하지 아니하는 장점이 있으나 도면의 작성과 면적 측정 시에 오차를 내포하고 있어 고도의 정밀을 요하는 경우에는 부적합하다. 우리나라 토지(임야)조사사업은 모두 도해측량에 의한 지적제도이다.

(2) 수치지적(數値地籍)

수치지적(Numerical Cadastre)은 토지의 경계점 위치를 수치(좌표)로 표시하는 지적제도로써 각 필지의 경계점을 평면직각 종횡선수치(X,Y)로 표시하여 등록하는 제도를 말하는데, 일반적으로 다목적지적 제도하에서는 토지의 경계점 표시를 수치지적에 의존하고 있다.

수치지적제도하에서는 각 필지의 경계점이 좌표로 등록되어 있어 토지의 형상을 시각적으로 용이하게 파악할 수 없으며, 고도의 전문적인 기술이 필요할 뿐만 아니라 별도로 도면을 작성하여야 하고 측량과 도면작성 과정이 복잡하고 자동제도기 등 정밀장비가 필요하여 초기에 구입비용이 많이 소요되는 단점이 있는 반면에 측량성과의 정확성이 높은 장점이 있다.

이와 같은 정확성이 확보됨에 따라 지금까지는 수치지적측량이 지가가 높은 대도시 지역과 토지구획정리사업지구 등에 활용되었으나 앞으로 전 국토의 지적재조사를 시행할 경우는 이 방법을 채택하게 될 것이다.

(3) 계산지적(計算地籍)

계산지적(Computational Cadastre)은 토지분할 경계점의 정확한 위치결정이 용이하도록 측량기준점과 연결하여 관측한 수치를 계산하여 정하는 지적제도로써 측량방법으로 볼 때에는 수치지적과 계산지적과의 큰 차이는 없다. 다만 수치지적은 일반적으로 일부의 특정지역이나 토지구획정리사업지구, 택지개발사업지구, 산업단지개발지구 등 사업지구 단위로 국지적인 수치데이터를 계산하여 측량을 실시하는 것을 의미한다.

그러나 계산지적은 국가의 통일된 기준 좌표계에 의하여 각 경계상의 굴곡점을 좌표로 표시하는 제도로써 전국 단위로 수치데이터에 의거 체계적인 측량이 가능하다. 그리고 전국 단위의 수치데이터를 활용함으로써 지적도의 전산화가 용이한 장점을 가지고 있다.

3) 등록방법에 따른 분류

(1) 2차원지적

2차원지적(Two Dimensional Cadastre)은 토지의 고저에는 관계없이 수평면상의 투영만을 가상하여 각 필지의 경계를 등록 공시하는 것으로서 평면지적이라고 하며, 토지의 경계인 지표의 현황을 점과 선으로 지적공부인 도면에 기하학적으로 나타내는 것이다. 현재 우리나라는 지적제도는 급변하는 정보화 사회에 대처하기 위해서 행정적 측면에서는 4차원지적제도를 목표로 다각적으로 추진하고 있으나 아직 지적계가 안고 있는 최대의 당면관제인 지적불부합의 문제 등으로 2차원지적에 머물고 있는 실정이다.

(2) 3차원지적

3차원지적(Three Dimensional Cadastre)은 토지이용도가 다양한 현대에 필요한 지적제도이나 아직은 이용되고 있지 않는 상황이며 입체지적이라고도 한다. 3차원지적은 지상의 선과 면으로 구성되어 있는 2차원 지적에 높이를 추가하는 것으로 즉 지하의 각종 시설물과 지상의 다양한 건축물의 건설로 토지이용의 입체화가 이루어짐에 따라 높이를 조사·측량하여 지적공부에 등록하는 형태의 지적이다.

특히 우리나라 민법 제212조에 「토지 소유권은 정당한 이익이 있는 범위내에서 토지의 상하에 미친다」라고 규정되어 있어 1필지에 대한 권리는 지상뿐만 아니라 지하에도 인정하고 있음을 나타낸다. 따라서 앞으로 시행될 지적재조사사업과 더욱 발전시켜야 할 대기권, 유전, 광산, 대륙붕 개발, 태양에너지의 활용 등 다방면의 차원에서 경제성을 고려 등록할 수 있는 3차원지적의 도입이 필요하다.

(3) 4차원지적

4차원지적(Four Dimensional Cadastre)은 3차원 지적에서 진일보한 지적제도로 유비쿼터스[10]시스템하에 지표·지상·건축물·지하시설물 등을 효율적으로 등록 공시하거나 관리지

---

10) 유비쿼터스는 라틴어로 '언제 어디서나 있는'을 뜻하는 말인데, 사용자가 컴퓨터나 네트워크를 의식하지 않는 상태에서 장소에 구애받지 않고 자유롭게 네트워크에 접속할 수 있는 환경을 의미한다. 1998년 이 용어를 처음으로 사용한 미국 제록스 팰로앨토연구소의 마크 와이저 소장

원 할 수 있도록 하는 것을 의미한다. 이들 등록사항의 변경내용을 정확하게 유지관리하고 처리 및 운용 할 수 있도록 하는 미래의 다목적 지적제도로써 정확한 지적정보의 데이터베이스 (Data Base)화와 지적정보체계의 구축 및 네트워크가 전제되어야 한다고 본다. 4차원지적에 관해서는 정확하게 정의된바가 없어 앞으로 이에 관한 연구가 있어야 할 것이다.[11]

3. 지적제도의 특징

1) 공공성과 국정성

지적제도는 국가에서 토지에 대한 세금을 징수하기 위한 기초자료를 만들기 위하여 창설된 제도로서 운영상 공공성과 국정성을 갖는다. 토지는 공공재의 성격이 강하고 지적법에 근거하여 모든 토지는 필지마다 지번, 지목, 경계 또는 좌표와 면적을 정하여 지적공부에 등록하도록 규정하고 있다.

또한 국가기관의 장인 시장·군수·구청장이 이를 조사하고 측량하여 결정해야 하며, 국가 이외의 어떠한 단체나 개인도 이를 결정할 수 없는 국정주의를 지적법의 기본 이념으로 채택하고 있다. 그리고 토지소유자의 신청이 없는 때에는 소관청이 이를 직권으로 조사 또는 측량하여 결정 등록하여야 하는 직권등록주의를 채택하고 있다.

2) 전통성과 영속성

지적제도는 인류문명의 시작에서부터 오늘날까지 국가가 관리주체가 되어 다양한 목적에 의거 토지에 관한 일정한 사항을 등록·공시하고 지속적으로 유지·관리되고 있다.

우리나라의 지적제도는 대한제국 말기에 시작된 토지조사사업이 일본의 식민지 지배하에 완료되어 창설된 후 부분적 제도개선을 하면서 당시 조선토지조사사업(1910-1924년)으로 작성된 대장과 도면에 의해서 전통성과 영속성을 유지하면서 운영하고 있다.

1950년도에 근대 지적법을 제정한 후 1975년에 지적법령을 전문개정하고 2009년에 측량·

은 유비쿼터스 컴퓨팅이 메인프레이머, PC에 이은 제3의 정보혁명의 물결을 이끌 것이라고 주장하였고 유비쿼터스 네트워크를 구축하기 위해서는 정보기술(IT)의 고도화가 전제돼야 한다. 컨버전스 기술의 일반화, 광대역화, IT 기기의 저가격화 등 없이는 모든 기기에 통신 능력을 부여하는 것이 어렵기 때문에 유비쿼터스 시대가 열리게 되면 자동차, 가정, 실외 등의 다양한 공간에서의 IT 활용이 늘어나고 네트워크에 연결되는 컴퓨터 사용자의 수도 늘어나는 등 IT산업의 규모와 범위는 더욱 커지게 될 전망이다.

11) 김행종, 「지적관계법론」, 전게서, pp.21-25.

수로조사 및 지적에 관한 법률을 제정하면서 지적법을 전문개정과 동법시행령 및 동법시행규칙을 전문 개정함으로써 지적제도의 전통성과 영속성을 입증하고 있다.

3) 이면성과 내재성

토지에 관한 등록·공시사항은 국가에 있어서는 토지관련 업무의 기초정보이며 토지소유자에게 있어서는 재산권 공시하고 보호하는 중요한 사항이나 이용자가 국가나 토지소유자와 이해관계인에 국한되어 있어 일반인에게는 잘 드러나지 않고 내부적으로 행위가 이루어진다.

지적소관청에서 수행하는 토지표시변경, 소유권변동, 토지등급수정 등의 업무는 토지대장·임야대장·지적도·임야도 등의 지적공부에 등록함으로서 공시 효과를 인정하는 형식주의를 지적법의 기본 이념으로 채택하고 있어 그 사업의 성과가 표면적이고 외재적으로 전혀 나타나지 아니하는 이면성과 내재성을 가진 불가식적인 업무이다.

4) 전문성과 기술성

토지에 관한 물리적인 현황과 법적인 권리관계 등을 조사·측량하여 지적공부에 등록하고 관리하기 위해서는 법률적인 전문성과 전문기술을 습득하여야 한다. 지적법제상 지적조사 및 측량 업무를 수행하기 위해서는 국가기술자격법에 의한 자격취득자만이 지적측량 업무를 수행할 수 있도록 한정하고 있다.

지적업무는 지적공부의 보존관리, 토지대장과 임야대장의 정리, 지적공부의 열람과 등본교부 등은 전문성이 요구되는 행정공무이며, 현지측량, 측량성과 검사, 지적측량기준점 관리, 면적 및 경계측량, 지적도와 임야의 정리, 축척변경 등은 기술성이 강한 전문 업무라고 할 수 있다.

5) 공개성과 기속성

지적제도는 토지에 대한 물권이 미치는 범위와 면적을 국가가 실질적인 심사방법에 의하여 결정하고 등록·공시하면 법률적으로 확정하는 것과 같은 준 사법적인 성격을 지니며, 이에 관한 모든 결정과 절차에 관한 사항을 법률로 규정하여 이에 따르도록 함으로서 기속성(羈束性)인 특성을 갖는다.

지적공부에 등록 공시된 사항은 언제나 일반국민에게 열람과 등본발급을 거의 무제한으로 허용하여 정당하게 이용할 수 있도록 하는 공개주의를 지적법의 기본 이념으로 채택하고 있고 지적측량은 반드시 지적법령에 규정된 방법과 절차에 따라 실시토록하고 있다. 그리고 그 측량성과는 소관청이 실제 검사한 후 측량성과도를 발행하여 지적공부 정리의 기초자료로 활용하고 있는 실질적 심사주의를 채택하고 있다.

6) 통일성과 획일성

지적제도는 토지에 관한 일정한 사항을 등록함에 있어 전 국토에 대하여 동일한 기준에 의하여 적용하여야 하므로 통일성을 지녀야 하며, 이를 위해서는 등록기준과 업무처리절차 등을 동일하게 정하여야 하는 획일성의 특성을 지닌다.

따라서 지적제도는 국가차원의 종합적인 정책과 계획으로 입안·결정되어야 하고 지적사무처리의 기준은 통일성 있게 설정되어야 하며 그 적용도 획일성 있게 처리되어야 한다. 지방자치단체간의 형평성이 고려되어야하기 때문에 지적사무처리는 전국적으로 통일적이고 획일성이 있는 국가의 고유사무로 수행되어야 한다.[12]

4. 지적제도의 기능

지적제도의 기능은 〈그림 3-3〉 토지정책의 기초자료, 토지과세의 기초자료, 토지등기의 기초, 토지평가의 자료, 토지거래의 매개체, 도시 및 토지이용계획의 기초자료, 주소표기의 기초 등을 들 수 있다. 이들의 제 기능을 간단히 살펴보면 다음과 같다.[13]

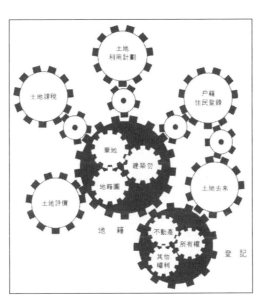

* 자료 : Idea of Figure LIS-Symposium FiG(Darmstadt FRG), part 3-2-'83.

〈그림 3-3〉 지적제도의 기능

---

12) 김행종, 「지적관계법론」, 전게서, pp.25-27.
13) 류병찬, "다목적 지적제도의 모형개발에 관한 연구", 「지적」, 제21권 제2호, 대한지적공사, 1991, pp.48~51. 참조

1) 토지정책의 기초자료

지적제도는 토지정책의 추진과정에 있어 필요한 지적통계 등 기초자료를 제공한다. 즉 토지소유의 제한정책, 토지이용의 효율화정책, 토지개발의 공영화정책, 토지수급의 균형화 정책, 토지거래의 규제정책, 토지조세의 강화정책 등에 기초자료로 활용된다.[14]

2) 토지과세의 기초자료

토지에 대한 과세는 지적공부에 등록된 토지등급 기준으로 재산세, 취득세, 등록세, 양도소득세 등을 부과하도록 되어 있다. 그러므로 지적제도는 토지과세업무의 기본이 되는 제도이며, 지적공부에 등록되지 아니한 토지의 과세는 존재하지 않을 뿐만 아니라 공부가 정확하지 아니하면 공정한 과세도 불가능하게 된다. 토지에 대한 각종 국세(양도소득세, 상속세, 증여세 등)와 지방세(취득세, 등록세, 재산세, 종합토지세 등)는 지적공부에 등록된 필지를 단위로 면적과 지목 등 기초자료를 이용하여 결정한 개별공시지가를 과세의 기초자료로 하고 있다.

3) 토지등기의 기초자료

지적공부에 토지표시사항인 토지소재, 지번, 지목, 면적, 경계와 소유자가 등록되면, 이를 기초로 토지소유자가 등기소에 소유권보존등기[15]를 신청함으로서 토지등기부가 생성된다. 즉 토지표시사항은 토지등기부의 표제부에 소유자는 갑구에 등록한다. 토지등기부는 지적공부의 등록사항을 기초로 하여 개설되기 때문에 모든 토지는 지적측량에 의거하여 필지별로 지적공부에 등록한 다음 이를 기초로 토지등기부를 개설하게 된다.

4) 토지평가의 기초

토지평가는 지적공부에 등록한 토지에 한하여 이루어지며, 평가는 지적공부에 등록된 토지표시사항을 기초자료로 이용하고 있다. 토지를 평가할 때에는 대상토지의 물적 확인으로 우선적으로 지적공부를 확인하며, 공부의 기록과 실제가 다른 경우에는 토지평가 산정의 감가요인

---

14) 김행종, "한국토지정책의 실태분석과 발전방안에 관한 연구", 「학술논총」, 제15집, 단국대학교 대학원, 1991, pp.443~450.

15) 소유권보존등기는 등기되어 있지 않은 토지를 등기부에 기재하기 위하여 하는 최초의 등기를 말한다. 보존등기의 신청인은 지적공부의 토지(임야)대장상 최초의 소유자로 등재된 자만이 될 수 있다. 다만, 대장상 소유자로 등재된 자가 사망했다면 그 상속인이 보존등기를 신청할 수 있다.

이 된다. 토지평가는 공정한 과세, 재정신용의 창출, 토지수용시의 보상, 보험계약시의 손해사정, 임대가격의 결정 등에 기초가 되는 등 많은 기여를 하게 된다.

5) 토지거래의 매개체

토지거래는 지적공부에 등록된 필지 단위로 이루어지며, 공부에 등록된 토지표시사항(소재, 지번, 지목, 면적, 경계등)과 등기부에 등재된 소유권 및 기타권리관계를 기초로 하여 거래가 이루어지고 있다. 토지의 거래는 특정된 토지를 대상으로 하기 때문에 지적공부에 등록되어 있지 않는 토지에 대하여 거래가 행해질 수 없다. 지적공부에 등록되어 있는 사항은 등기된 내용과 함께 토지거래에 필요한 기초정보를 제공하고 있고 이를 신뢰하여 거래의 상대방은 의사결정을 하게 된다.

6) 국토 및 토지이용계획의 기초자료

지적공부에 등록된 토지의 필지별 등록사항은 국토 및 도시계획, 토지이용계획 및 개발계획 등에 기초자료로 활용되고 있다. 각종 계획[16])은 지적공부에 등록된 사항을 토대로 입안, 결정되고 집행된다. 그러므로 지적공부에 등록되지 아니한 토지의 효율적인 이용계획이란 존재할 수 없으며 일정지역의 토지가 등록되지 않은 상태에서 사업을 시행한다는 것도 불가능하다.

7) 주소표기의 기초 및 기타 기능

민법에서의 주소, 호적법에서의 본적 및 주소, 주민등록법에서의 거주지·지번·본적, 인감증명법에서의 주소와 기타법령에 의한 주소·거주지·지번은 모두 지적공부에 등록된 토지소재와 지번을 기초로 하고 있다. 주소는 토지소재를 기초로 하며 지역과 지번의 표기를 통해 등록하게 된다. 즉, 주소의 표기는 정확하고 체계적인 지번설정 방법에 따라 좌우된다고 할 수 있다. 이는 체신 및 통신행정에 영향을 끼치며 기타 도시행정, 건축행정, 농사행정, 산림행정, 국공유재산관리행정, 군사행정 등의 기초자료를 제공할 뿐 아니라 각종 국토통계에 관한 정보제공 등 다양한 기능을 수행하고 있다.[17])

---

16) 김영모, "계획의 유형별 특성에 관한 연구", 「지역사회개발연구」, 제17집1호, 한국지역사회개발
　　학회, 1992, pp.7∼29.
17) 김행종, 「지적관계법론」, 전게서, pp.28-30.

5. 지적조사 및 재조사의 의미

지적조사(cadastral survey)란 일필지의 토지와 관련하여 당해 토지의 지번·지목·경계 등 기초적인 사항을 조사하는 것을 의미한다. 즉, 일필지별로 소유자가 입회하여 확인한 위치를 근본으로 지번·지목 및 필지별 경계를 확정하여 그 결정된 사항을 기록으로 작성하고 이를 공부에 보관관리하며 필요할 경우에는 보관된 자료를 다시 현지에 복원할 수 있도록 하는 것이다. 그러므로 지적조사는 토지조사의 분류상 국토조사[18]와 구분이 되며, 주로 지번, 지목 및 경계조사와 면적조사, 소유권조사 등에 한하여 이루어진다.

지적조사의 초기단계 목적은 집권자가 재정적인 수요를 공급하기 위한 수단의 하나로서 토지세를 징수하는데 주된 목적이 있었으나 점차 인구가 증가하고 도시화·산업화함에 따라 토지에 대한 과세나 토지소유권의 보호 및 토지이용의 극대화를 위하여 조사범주가 확대되고 있는 실정이다. 또한 기존의 지적자료는 실지와 부합하지 않는 점이 많아 지적이 갖는 본래의 제기능을 다하지 못하는 경향이 있어 지적조사의 내용과 방법, 그리고 지적재조사 등에 관한 검토가 제기되고 있다.

지적재조사(cadastral reform)란 과거 토지조사사업시 성과물인 지적공부의 질적 향상을 추구하고 현행 법적·행정적·기술적 기준을 보다 완벽하게 하여 지적관리의 현대화를 도모하고자 지적조사를 다시 실시하는 조사를 의미한다. 즉, 지적조사성과에 있어서 국지적으로 시행된 측량원점의 개선과 보다 정확도가 높은 국가기준점망에 의하여 통일된 좌표계로 일필지를 확정함으로써 측지학적으로 정확한 위치를 등록하고 면적산출의 정확성을 기하는 것이다.

따라서 지적재조사는 특정지역에 대하여 새로운 지적조사의 시행을 의미하게 되며, 이것은 결국 새로운 경계의 확정이나 경계의 설정을 의미한다. 또한 지적조사의 방법이나 지적관련 구성요소의 수정을 요구하며 가능한 지역에 대하여는 현행 도해지적(graphical cadastre)을 수치지적(digital cadastre)으로의 전환을 요구한다. 이는 지적형태와 관리적 관점에서 기술적으로 동질화해야 함으로 도해적 정보제공은 지적공부의 오손, 마멸로 질적 저하를 가져오기 때문에 이로 인한 지적불부합지를 해소하여 토지기록전산화를 통한 지적관리의 합리화와 효율화를 도모하는 것이 필요하다.[19]

---

18) 국토조사는 중앙정부 또는 지방자치단체 등이 국토의 이용개발 및 보전에 필요한 조사를 행하는 것으로 그 종류는 기본조사, 토지분류조사, 자원조사 및 계획조사가 있다. 여기서 기본조사는 각종 관측 및 측량이 주종을 이루고 있으며 그 외에도 지질 및 환경조사 등이 포함된다. 그리고 토지분류조사는 토지이용 및 분류조사와 토양조사로 기본조사와 더불어 타분야 조사의 기초자료로 사용되고 있다. 또한 자원조사는 토질자원, 동력자원, 수자원, 산림자원, 지하자원 등의 조사가 이루어지며, 계획조사는 실제로 국민생활에 직접적인 영향을 미치는 사업수행과 관련된 조사로 국토 및 지역계획, 관광계획, 도시계획, 도로·항만계획, 상하수도계획 등이 있다.

6. 지적재조사의 필요성

우리나라는 1910년부터 1924년까지 일제하에 전국을 대상으로 토지 및 임야조사사업을 실시한 바 있다. 그 주요 사업내용을 보면 지적제도 및 부동산등기제도의 확립을 위한 토지소유권조사와 지세제도의 확립을 위한 토지가격조사, 그리고 국토의 지리를 밝히는 토지지형조사 등을 중심으로 분류하여 시행하였다.

이 사업은 토지등록적 측면에서 조선시대의 양전사업이나 지계사업과 연결되어 종합적 식민지정책의 제1차적 사업으로서 토지제도의 확립을 주요목적으로 하여 시행되었다.

당시 토지조사사업이 촉진될 수 있었던 것은 구한말 국가정세의 불안전과 재래의 양전제도를 개선시키고자 하는 개혁적 분위기를 들 수 있고, 일제의 식민지 통치를 공고히 하기 위한 행정자료를 확보할 수 있었다는 점이다.[20] 이러한 시대적 배경하에 토지조사사업은 많은 비용과 인력을 투입하여 전국의 토지를 일필지마다 측량하였고 지번, 지목, 면적 및 경계, 소유권 등을 조사하여 토지·임야대장과 지적·임야도를 등록 및 조제하였다.

여기서 토지조사사업의 특징을 몇 가지 검토해 보면, 우선 이 사업은 식민지통치의 기초작업의 일환으로서 지세수입 증대의 원천을 확보하려 하였고 한편으로는 토지점유를 용이하게 하려는 의도가 있었음을 알 수 있다.[21]

그리고 일본의 지조개정사업이나 대만에서의 토지조사사업의 경험을 총괄하여 토지조사사업을 시행하였으므로 연속성과 통일성을 기하였다고 볼 수 있다.

또한 일본의 요구에 부응할 수 있는 특정 지주적인 토지소유의 옹호육성 측면이 이었고, 한편으로는 국유지 강제적 창출에 따른 토지분쟁의 해결을 사법적 권리에 의하지 않고 행정처분에 위임하여 토지소유자가 명확하게 되지 못하는 사례가 많았다는 점이다.

그리고 일필지 측량방법에 있어서 전국을 대상으로 처음 시행하여 그 의의가 크며 비교적 정확도가 높은 공부를 만들려 했다는 점이다.

그러나 이 사업은 학자마다 보는 각도와 견해를 달리하고 있어 부정적인 측면과 긍정적인 측면에서 다양하게 논의될 수 있는 소지가 충분하다고 본다.

다만 현실적으로 볼 때 토지조사사업의 완성은 근대 토지행정체제로의 전환을 가져온 계기가 되었음을 부인할 수 없고, 당시에 만들어진 지적공부는 90여년이 지난 지금까지도 활용되고 있는 실정이므로 그 일면에서 토지조사사업의 기대효과를 찾아 볼 수 있다.

그런데 토지조사사업 이후 사회적·경제적 발전에 따라 토지의 지목과 필지가 세분화되고 토지의 이용도가 높아져 이에 따른 지적정리가 빈번해짐에 따라 토지이동에 따른 측량을 수행하면서 국소적으로 발생하던 오차의 누적이 최근에는 더욱 증가하여 큰 사회문제로 대두되고

---

19) 김행종, 「지적관계법론」, 전게서, pp.124-125.
20) 김행종, "구한말의 지적제도 소고", 「지적」통권 제121호, 대한지적공사, 1985, pp.36~38.
21) 신용하, 「조선토지조사사업연구」(서울 : 지식산업사, 1982), pp.105~109.

있다.

더욱이 토지조사사업 당시에 매설했던 기초점들은 통일성이 결여되었을 뿐만 아니라 세월의 흐름에 따라 유지관리가 어려워지고 또한 6.25전쟁으로 측량기준점이 망실되거나 이동되어 있어 이를 근거로 한 측량성과는 더욱 더 지적불부합의 문제를 야기시키고 있는 실정에 있다.[22)

이러한 지적불부합의 토지문제는 지역주민간의 끊임없는 토지분쟁과 토지거래질서의 문란은 물론 토지소유권의 권리행사에 지장을 초래하고 지적행정의 불신을 가져오며 더 나아가서는 토지행정, 등기행정, 조세 및 건설행정 등 국가행정 전반에 영향을 주고 각종 공익사업이나 공공사업 등에 많은 지장을 초래하게 된다.

따라서 지적불부합에 따른 당면문제들을 근본적으로 해소시키기 위해서는 전국을 다시 측량하여 새롭게 지적공부를 작성하는 지적재조사의 필요성이 시급히 요구되는 것이다. 이는 토지정보의 신뢰성을 회복하는 동시에 급증하는 토지정보수요에 부응하여 21세기 정보화 사회에 대처하기 위한 최선의 준비활동으로 볼 수 있다.

7. 지적재조사사업의 준비

지적재조사사업의 준비는 1970년대 후반부터이나 보다 구체적으로 논의되고 제도화된 것은 지적법 제3조의2 지적재조사사업과 관련하여 국가는 "토지의 효율적인 관리를 위하여 지적재조사사업을 시행할 수 있다"라고 규정하면서 부터이다.

이는 2003년 12월 31일 제13차 지적법개정시 국회의 법안심사 과정에서 지적재조사사업의 필요성이 대두되어 사업시행의 법적근거가 마련되었으며, 이 사업은 새로운 시대의 국가운영에 필요한 토지정보 인프라의 구축과 국민들에게 현실 생활을 풍족하게 해주는 정보활용의 기반을 조성하는 것으로 앞으로 실질적인 세부전략을 수립하고 하위 규정 등을 제정하여 추진하여야 할 것이다.

이 조문이 제정되기까지 1995년 12월 21일 세계 정보화시대를 대비하기 위한 지적재조사사업추진 기본계획을 수립하고 1997년 11일 24일 지적제도발전 기본계획(1차), 1998년 5월 23일 지적제도발전 기본계획(2차), 2000년 4월 19일 지적재조사사업 추진 기본계획을 수립한 바 있다.

그러나 보다 정확한 국토정보의 취득과 일제의 잔재청산이라는 시대적 과제와 맞물려 21세기 지식정보화사회·디지털정부수립이라는 슬로건에 부응하기 위해서는 반드시 국가주도하에

---

22) 김행종, "토지정보불부합의 개선에 관한 연구", 「토지연구」 제5권 제1호, 한국토지공사, 1994, pp. 60~74.

지적재조사를 실시하여야 한다는 의견들이 강한 설득력을 갖게 되었다. 따라서 2005년 2월부터 지적재조사사업에 대한 구체적인 조사가 다시 시작된 것이다.

이에 따라 2005년 3월「지적재조사사업의 환경 분석 및 지적재조사법(안) 작성 연구」를 통해 지적재조사사업의 타당성 등을 검토하였고, 이를 바탕으로 지적재조사법 시안을 마련하여 2005년 9월 국회의원회관에서 일제 잔재청산과 함께 지적공부에 대한 공신력을 제고하기 위해 토지재조사사업을 서둘러야 한다는 인식하에 전문가 그룹 간담회를 개최하였다.

또한, 2006년 4월에는 국회도서관에서 국회와 학술단체 주도로 지적재조사특별법 제정을 위한 입법공청회를 개최하였으며, 이러한 일련의 제 과정을 통해 특별법 제정의 당위성이 인정되었고, 그 결과 2006년 9월 노현송외 24인의 국회의원들에 의해 법안 발의가 이루어져 토지조사특별법(의안번호 4909)을[23] 심의하게 된 것이다.

지적도면과 실제경계가 일치하지 않아 사회문제로 대두되고 있는 지적불부합지의 해결을 위한 방안으로 지적재조사 실험사업 추진, 지적재조사특별법 마련을 위한 입법예고, 전국 지적불부합지 일제조사를 실시, 디지털지적구축 시범사업 및 지적선진화 선행사업 등을 〈표 3-3〉에서 보는 바와 같이 추진하였다.

〈표 3-3〉 지적재조사사업 추진 경위

년도	내 용
1994	지적재조사 실험사업 추진
2004 ~'06	지적불부합지정리사업 추진
2006.9	「토지조사특별법안」 의원발의
2007.4	전국 지적불부합지 일제조사
2008~'10	디지털지적구축 시범사업 추진
2010.4	지적재조사사업 예비타당성조사 실시
2011.3	지적재조사특별법 제정 정책토론회 개최
2011.4	특별법안 의원입법 발의
2011.5~'12	지적선진화 선행사업
2011.6	특별법안 국토해양상임위 심사 통과
2011.8	법제사법위원회 및 본회의 통과
2011.9	지적재조사에 관한 특별법 제정 공포
2012.3	「지적재조사에 관한 특별법」 시행령 및 시행규칙 제정
2012.3	「지적재조사에 관한 특별법」시행
2012. 7~'14.12	지적재조사사업완료 (66개 지구)
2013. 6~'14.12	지적재조사사업완료 (331개 지구)
2014.10~'15.12	지적재조사사업완료 (95개 지구)

---

23) 본래 법안 발의 이전까지 일련의 과정에서는 "지적재조사특별법"이라는 법명이 거론되었으나, 지적재조사라는 용어에 대한 일반 국민들의 인식 부족과 사업실시에 대한 설득력 부족으로 인해 "토지조사특별법"으로 법명이 변경되기에 이르렀다.

지적재조사사업에 대한 예비타당성조사를 추진하였으나 통과하지 못하였으며, KDI(한국개발연구원)에서 정책제언으로 현실성 있는 사업계획 수립과, 지적재조사 전 과정에 대한 시범사업 실시 및 국민적 합의가 전제된 법률 제정과, 타 사업과의 연계성을 수립 할것을 제언함에 따라 지적재조사 기반조성 연구용역을 추진하였다.

그후 디지털지적구축시범사업과 지적선진화 선행사업을 추진하였고 모든 지적인들의 염원이자 숙원사업인 「지적재조사에 관한 특별법」을 제정하는 등 정책제언에 대한 모든 사항을 이행하였으며 2012년 3월 하위법령 제정과 함께 지적재조사사업을 시행하게 되었다.

제4장 지적불부합지의 실태

1. 지적불부합지의 의미

오늘날 지적불부합지는 토지분쟁의 근본 원인이 되고 있으며, 토지소유권 행사의 지장을 초래하고 있다. 또한 지적행정의 불신을 조장시키고 있는데, 지적불부합지는 그 개념상 한마디로 명확히 정의하기란 쉬운 일이 아니다.

그 이유는 지적불부합지 대상지역의 특수상황이나 토지가격의 고저 등에 따라 그 심각성이 서로 다르고 관할 지적소관청에 따라서도 그 한계를 달리할 수 있기 때문이다(최용규, 1985; 박순표 외, 1993).

그러므로 지적불부합지의 개념은 크게 협의의 지적불부합지와 광의의 지적불부합지로 나누어 정의할 수 있다. 일반적으로 지적소관청 등에서는 지적불부합지를 협의의 개념으로 보고 있다.

먼저 협의의 지적불부합지를 살펴보면, 지적불부합지이란 지적공부(도면)의 경계등록사항이 실지와 일치하지 않는 지역을 말하며, 그 한계는 지적세부측량에서 도상에 영향을 미치지 않는 축척별 오차를 초과하는 것으로 본다.[1]

그러나 실제로는 현지 형성경계인 지형지물의 폭이나 형태, 측량사의 거리측정 및 식별차이

---

1) 과거 지적법시행령 제44조제2항에서는 경계에 대한 도상 허용한계를 다음과 같이 정하고 있다. 즉, 도상길이 15센티미터미만인 때에는 그 차이 1밀리미터로 하고 도상길이 15센티미터이상인때에는 매15센티미터마다 1밀리미터를 가산한 차이로 한다. 그리고 측판측량방법에 있어서 도상에 영향을 미치지 아니하는 지상거리의 축척별 한계는 10분의 1M밀리미터(M은 축척의 분모임)로 규정하여 축척이 1,200분의 1인 경우 12㎝로서 도상 0.1밀리미터를 정확성의 기준으로 정하고 있다. 또한 지적법시행규칙 제34조제4항에서는 경계점 측량성과의 인정을 도해지적에서 10분의 3M 밀리미터(M은 축척분모)로 규정하여 축척별 경계변동의 한계는 600분의 1 지역에서는 18㎝, 1,200분의 1 지역은 36㎝로 측량성과 인정의 기준으로 삼고 있다.

나 토지분할에 따른 지적도 정리의 축척별 제도한계에 따라 30-50㎝이상의 차이를 불부합의 한계로 보고 있다. 그리고 백은기·원영희(1982)의 지적불부합지에 대한 조사연구 보고서[2])에 따르면 34㎝이상의 오류를 집단적(10필이상)으로 내포하고 있는 지역을 지적불부합지로 보고 있다.

따라서 지적불부합지는 지적공부의 경계와 현지경계가 30-50㎝이상으로 차이가 나는 토지가 10필지이상 분포되어 있는 지역으로서 지적법시행규칙 제41조의 2에 의한 절차를 이행한 경우에 한하여 지적불부합지라 정의할 수 있다.

즉, 소관청이 지적공부에 등록된 토지의 표시사항에 잘못이 있음을 발견한 때에는 지체 없이 등록사항정정에 필요한 서류 및 측량성과를 작성하여야 한다.

그리고 지적공부정리결의서를 작성한 후 대장의 사유란에 "등록사항정정대상토지"라고 등록하고 토지소유자 및 이해관계인에게 그 사유와 등록사항정정신청을 하도록 통지하여야 한다.

등록사항정정대상토지에 대한 대장을 열람하거나 등본을 발급하는 때에는 "등록사항정정대상토지"라고 등록한 사유를 흑백의 반전으로 표시하거나 붉은색으로 기재하여야 한다.

한편, 광의의 지적불부합지란 지적공부와 등기부 그리고 실지가 서로 부합하지 않는 것으로 토지등록상의 요소가 어느 하나라도 다른 경우를 말한다.

그리고 지적불부합지의 대상도 토지경계 이외에 지목이나 지번, 소유자 등과 등기부와의 문제 등을 생각할 수 있으며, 이 때에 어느 하나라도 부합하지 않는 경우를 광의의 지적불부합지라 정의할 수 있다.[3])

2. 지적불부합지의 원인

지적불부합지의 발생은 제도적 모순이나 운영상의 문제, 측량기술상의 어려움 때문에 일어나는 문제 등 여러가지 측면에서 그 원인을 찾을 수 있다(백은기·원영희, 1982: 35-62).

특히 1910년대 토지조사이후 경제발전에 따라 토지가 세분되고 지적관리가 빈번해짐에 따라 많은 이동지정리를 수행하면서 누적되는 오류도 적지 않았다. 최근에는 이러한 오류의 악순환이 계속 진행되어 사회적 문제로 대두되고 있다.

토지조사 당시에 매설해 놓은 측량기초점들은 통일성이 결여되었을 뿐 아니라 시간의 흐름에 따라 유지보수가 어려워지고 있다. 더욱이 한국전쟁과 토지이용의 증대에 따른 급속한 개발 등으로 더욱 많은 측량표가 망실 내지 이동되었다. 따라서 이를 기초로 하여 시행하는 지적측량의 성과는 날이 갈수록 저하될 수밖에 없게 되었다.

---

2) 백은기·원영희, 지적불부합지에 대한 조사연구, 1982, pp.35-62.
3) 김행종, 지적불부합지의 개선방안에 관한 연구, 한국토지공사, 1998, pp.26-27.

지적불부합지의 발생원인을 여러 가지의 측면에서 살펴볼 수 있는데, 여기서는 세부측량당시의 오류, 측량원점의 통일성 결여로 인한 오류, 도근도선 편성상의 오류, 이동지정리의 오류, 지적복구의 오류, 도면신축과 재조재시의 오류, 경계이외의 오류 등을 중심으로 구분하여 살펴보고자 한다(서울특별시, 1993: 68-71).[4]

1) 세부측량당시의 오류

우리나라 전 국토를 대상으로 처음 실시한 토지조사사업 당시에 세부측량을 실시한 경우에는 지적도 1매당 평균 6점 정도의 도근점을 배치하고 주로 이 도근점에 의하여 측량을 실시하였다. 따라서 도근점이 적당히 배치된 지역에서의 명확한 위치 결정에는 별다른 문제점이 없었다.

그러나 이 당시에는 지적측량기사의 대부분이 단기간 내의 훈련을 거친 사람들이었기 때문에 숙련된 지적측량기사가 부족하였고 전문적인 지식도 부족하여 토지조사사업의 운용상 많은 문제가 대두되었다. 또한 실무 측면에서도 지극히 단순한 업무만을 반복적으로 실시함으로써 오늘날과 같은 우수한 장비나 기술훈련에 의한 응용력을 확보하지 못하였다. 따라서 도근점이 닿지 못하는 골짜기의 농경지나 산림속의 독립된 경작지 등의 위치가 부정확하게 등록된 곳이 발견되고 있다.

2) 측량원점의 통일성 결여로 인한 오류

우리나라에서 사용하고 있는 지적좌표계는 가우스 이중투영 (Gauss Double Projection)도법이다. 이 도법에 따라 북위 38도선상에 3개의 지적원점을 설치하고 전국에 걸친 평면직각좌표계에 의한 망을 구축하였는데, 이것이 통일원점망이다.

우리나라의 지형이 남북으로 길고 동서가 짧기 때문에 3개의 점원구역으로 전국을 나누고 각 구역의 중앙에 원점이 있어 이 원점을 기초로 각 기초점의 종횡선 수치를 계산할 수 있도록 하였으며, 원점구역을 나누는 것은 지구투영 도법상 평면위치표시의 차를 적게 하기 위한 것이었다.

그러나 토지조사사업을 시작하기 이전 구한말 정부는 이미 외국인 측량기사를 초빙하여 교육을 실시하는 등 독자적인 지적조사를 실시하였다. 이 당시 실시한 소삼각측량구역은 토지조사당시 통일원점망과는 관계없이 독립적인 소삼각측량구역으로 나누어 측량하였다.

또한 1912년 시가지 지세를 시급히 징수할 목적으로 그 때까지 미처 통일좌표계에 의한 대삼각측량을 끝마치지 못한 평양외 17개소와 지형관계로 대삼각망과 연결을 할 수 없는 울릉도

---

4) 김행종, 지적불부합지의 개선방안에 관한 연구, 전계보고서, pp.27-28.

에 특별소삼각측량을 실시하였다.

이러한 3개의 원점계열로 구성된 우리나라의 지적좌표는 국지적인 지적관리에 큰 지장이 없었으나 측량단위와 정밀도가 통일되지 못하였기 때문에 서로 다른 좌표계가 접속되는 부분은 측량의 오류가 많이 발생하게 되었다. 지적관리를 단지 과세목적으로만 이용한다면 이러한 복합적인 원점계열이라 하더라도 1필지의 면적산출에는 큰 지장이 없으나 위치결정에 있어서는 문제가 있게 된다.

3) 도근도선 편성상의 오류

당시 지적측량에서 실시한 도근측량은 오늘날의 다각측량 도선법에 해당되는데, 이 도근측량은 삼각점을 기초로 약 120m의 측선 30-50개로써 연결하는 방식이다.

이 방식에서 도근측량 및 오차 배부는 각 도선 단독으로 이루어지기 때문에 수 많은 도선을 설치한 때에는 그 도선 상호간의 연결이 이루어지지 않았다.

즉, 도근측량을 하였을 때에는 같은 지역이라 하더라도 당해 도선간은 그런대로 조화가 이루어지지만 인접하는 다른 도선과는 조화를 이루지 못하는 예가 많았다.

그 당시에도 이러한 모순을 다소나마 경감하기 위한 조치로 새로이 도근측량을 할 때에는 되도록 종전에 한 도근측량의 도선과 비슷한 형태로 편성하도록 하였다.

그러나 이는 일개의 표준에 지나지 않고 실지에 있어서는 종전의 사례는 거의 무시된 채 임의로 도선이 편성되었기 때문에 도근도선간의 고질적인 불일치는 쉽사리 해결되지 못 하였다.

4) 이동지정리의 오류

토지조사사업의 실시 이후 집단지 또는 광대지라고 불리웠던 곳에 대규모의 토지이동정리가 여러 차례 실시되었다. 즉, 해방이후 일본인이 소유하고 있던 토지를 국가가 연고자에게 불하하기 위하여 귀속지분할 등을 시행하였고, 1949년에는 정부의 농지개혁에 따라 다시 한 차례 많은 지적정리를 처리해야만 하였다.

그리고 그 후에도 무신고 이동지의 정리, 농로분할 등 대단위 국가정책 사업에 따른 많은 업무량은 당시의 지적측량기사 특히, 대행측량사의 수적 부족과 실비 변상제 운영상의 모순 등으로 인하여 많은 기술상의 오류를 감수케 하였다.

이러한 단기간의 광대한 업무수행에 따른 문제점은 지적측량업무의 수행에 계속적으로 영향을 미치어 소위 일반이동지라고 불리웠던 소수의 토지분할이나 등록전환 등에 있어서까지 연쇄적인 오류를 낳게 하였다. 그리고 이러한 현상은 오늘날까지도 악순환이 거듭되고 있는 실정에 있다.

5) 지적복구⁵⁾의 오류

지적공부의 복구 당시에는 지적법에 관련 근거가 없기 때문에 주로 지적소관청과 상급기관과의 질의 및 협의 등에 의한 방법이나 운용지침 등에 따라 실시하였다. 따라서 이러한 제도적 장치의 미흡과 지적복구상의 불합리한 점들로 인하여 많은 오류가 발생하였다.

지적복구의 방법으로는 총무처의 정부문서기록보관소가 보관하고 있는 세부측량결과도를 등사하여 일단 사정당시의 강계선 및 지역선을 복구하고 토지조사사업 실시 이후에 이동된 토지표시사항은 읍·면·동이나 등기소와 소유자가 보유하고 있는 각종 증빙서류에 의하여 정리하였다. 이러한 자료마저 없는 토지는 새로이 조사측량을 실시하여 복구하도록 하였다.

지적복구의 요령은 읍·면·동이 비치하던 지적약도나 임야약도가 불타지 않은 것은 그 자료를 이용하여 다시 구적복구하고 자료가 없는 것은 주로 세부측량을 다시 실시하여 지번, 지목, 면적과 경계를 복구하는 방식을 채택하였다.

그러나 종전의 내용대로 정확히 복구하기란 매우 어려운 일이며, 토지소유자가 사망 또는 실종된 토지는 잘못 복구되는 사례도 많았다. 이러한 점을 감안하여 소관청은 일정기간 이의 신청을 할 수 있도록 공시절차를 밟기는 하였으나 이러한 형식적인 행정절차만으로 복구업무의 과오를 시정할 수는 없었다.

따라서 공시기간이 지나 일단 복구가 확정된 토지에 있어서도 경계정정의 사례가 빈발하였다. 특히, 임야도 등록지에 있어서는 지적도 등록지에 비하여 현지에 명확한 경계표지가 없는데다가 임야도는 멸실된 대장만이 존치되기도 하는 사례가 많아 토지조사방식에 의한 세부측량의 재실시 조차 곤란하였다. 이러한 사유로 인하여 뚜렷한 법적 근거 없이 간략한 행정행위로만 복구 처리됨으로 인하여 미복구지와 불부합지가 많이 발생하였다.

6) 도면의 신축과 재조제시의 오류

지적도는 전국적으로 통일된 규격을 사용하도록 조치하였다. 즉, 52×42㎝ 크기의 켄트지 뒷면에 고급한지 2장을 종횡방향으로 서로 엇갈리게 붙여 2년 이상을 그늘에 말려서 사용함으로써 도지의 신축이 적고 오래 보존할 수 있도록 하였다. 그러나 그 사용시기의 결정이 상당히 늦어진 관계로 인하여 도면용지의 신축이나 파손 등을 미리 막지 못하였다.

또한 지적도의 이첩과정에서 신축차가 발생하기도 하여, 지적도의 신축을 줄이기 위한 노력을 다각도로 경주하였으나 지적도의 사용빈도가 높아지고 시간이 경과하면서 도면용지의 신

---

5) 여기서 지적복구라 함은 주로 6.25사변으로 말미암아 지적공부가 분소실 하였기 때문에 새로이 지적측량을 실시하거나 소유자 등이 소지하고 있는 권리증서 지적공부 등에 관한 설명 등 가능한 모든 증서자료를 취합하여 지적공부를 종전의 내용대로 재작성하는 것을 말한다.

축은 보다 더 큰 문제로 부각되었다.

즉, 지적도의 오손방지를 위하여 손에 때가 묻지 않도록 하고 지적도를 다루게 하였으며, 지적도를 열람시킬 때에는 비닐카바에 넣어 제공하는 등 특별한 주의를 게을리 하지 않지만 100여년간 사용하는 동안 도면의 훼손이 많고 토지이동이 심한 지역의 지적도는 1필지의 경계선을 식별하지 못할 정도로 낡아 사용키 어려운 경우가 많아졌다.

지금까지 지적도의 재조재는 수시로 이루어졌으나 국가의 재정상태나 기술개발의 부족 등으로 수적인 면보다 그 질에 있어서 많은 문제점을 내포하였다. 그리고 지적도의 재조재 빈도의 증가와 지질의 저하 또는 재조재 기법의 미숙으로 인하여 세월이 흐를수록 재조재 지적도의 정밀도가 떨어지는 경향이 뚜렷하게 나타났다. 따라서 이러한 지적도의 신축과 비번한 재조재로 인한 토지경계선이 사실과 일치하지 아니하고 있음은 지적불부합의 중요한 요인이 되고 있는 것이다.

7) 경계이외의 오류

지적공부상 등록경계선의 불부합 이외에는 대장상의 불부합 등이 있다. 이러한 사항에는 현재 지적과 등기의 이원화에서 오는 지적공부와 등기부 상호간의 불부합도 포함한다. 그리고 한국전쟁 이후 실향민의 정착과정에서 이루어진 지적도상의 경계를 무시한 무질서한 무허가 건물의 난립 및 토지의 형질변경과 교환토지에 대한 지적정리의 미정리 등에서 나타난 오류가 있다.

현재 우리나라의 지적 및 등기불부합의 현황실태를 정확하게 파악할 수는 없으나 백은기·원영희 교수가 1982년 발표한 지적불부합지에 대한 조사연구에 따르면 충청북도의 경우 11개 시, 군 중에서 3,030필지를 표본조사하여 본 결과 그 중에서 37.2%에 해당되는 1,129건의 기재사항이 불일치한 것으로 나타났다.

그리고 청주시 서부 강서1동(행정동)중에서 강서동(법정동) 696필지의 토지를 대상으로 지적공부와 등기부의 등록사항을 비교·분석한 결과에 따르면 대상 토지 전체의 48.9%가 불일치한 것으로 조사되었다. 이것은 지적공부와 등기부 상호간의 불일치이므로 현지와의 불일치를 검토하면 또 다른 양상이 나타날 것으로 예상되며, 현재에도 그 비율은 다소의 차이는 있으나 양공부의 불일치와 현실과의 불부합은 상당한 수가 있을 수 있다.

3. 지적불부합지의 유형

지적불부합지의 유형은 여러 가지의 원인으로 인하여 발생되었기 때문에 지역여건이나 발생시기 및 오류의 정도 등에 따라서 그 규모와 크기가 다르다. 또한 일부는 혼합된 형태를 이루고 있어 명확하게 구별할 수 없는 경우도 나타나고 있다.

즉, 지적공부와 실지가 중복되거나 편위된 형태를 보이기도 하고, 또는 불규칙하거나 위치의 오류가 발생하는 등 그 사례가 다양한 양상을 띠고 있다. 이를 몇가지 유형별로 구분하여 살펴보면 다음과 같다(청주대학교 사회과학연구소, 1988: 220-225; 한국지적학회, 1987: 73-78).[6]

1) 중복형

일필지의 일부가 중복 등록되는 사례는 등록전환시의 측량실수나 골조 측량시에 사용한 원점이 서로 다른 경우 원점구역의 접촉지역(시·군이나 리·동 경계가 접하는 곳)에서 발생하는 예가 많다. 즉, 측량상의 오류는 인접한 시·군이나 리·동의 토지를 측량할 때에 다른 시·군이나 리·동 경계선 부근에 이미 등록된 토지의 경계선을 충분히 확인하지 않고 처리함으로써 일어나는 것이 대부분이다.

또한 발견이 쉽지 않기 때문에 각 필지의 오류가 상당기간 확인되지 않고 권리가 행사되거나 여러 차례 소유권이 이전등기 되어 이를 정정하기가 더욱 어려워지는 사례가 많다.

이러한 중복형의 불부합지의 사례로는 토지공사가 분당신도시 건설 당시에 발견된 사례로 성남시 분당구 구미동 관내에 등록된 토지 및 임야의 경계선과 용인시 수지면 죽전리 토지 및 임야 경계선이 이중으로 중복된 경우를 들 수 있다.

중복된 원인을 보면 성남시 분당구 관내는 지적공부 등록시 조본원점(광주읍 소재)에 의하여 측량되었고 용인시 관내에는 고초원점(용인시 이동면 소재)에 의하여 측량이 실시되어 2개 지역의 측량원점 차이로 이중으로 중복등록되어 지금까지 사용되어 오고 있던 중 분당신도시 4, 5, 6단계 지역을 사업준공하고자 확정측량시에 시·군간 경계접합 부분을 측량하면서 발견된 것이다.

2) 공백형

공백형의 불부합지는 비교적 많은 편은 아니나 삼각점 또는 도근점의 계열과 도서의 배열이 서로 다른 경우에 신규등록, 등록전환과 같은 이동지 정리측량의 오류로 인하여 발생한 것이다. 도근점 도선배열이 서로 다른 경우에는 리·동의 행정구역의 경계가 접하는 지역에서 오류가 발견되는 경우가 많으며, 그렇지 않으면 일정지역의 인접한 필지들이 실지와 폭이 달라지는 등 일필지의 형상과 면적이 부정확하게 발생된 경우도 있다.

등록전환의 경우에 발생하는 경사거리의 환산착오 등 측량기술상의 오류 등으로 인하여 동

---

6) 김행종, 지적불부합지의 개선방안에 관한 연구, 전게보고서, pp.50-54.

일한 지번 지역내에서도 등록시기와 측량자가 다른 경우 또는 산정의 양측에서 일부씩만을 등록하여 오다가 서로 필계선이 맞닿을 때에 비로소 오류가 확인되기도 한다.

이 때에는 도근도선 배열이 다른 경우와 마찬가지로 일필지의 도상경계는 서로 떨어져 있으나 실지에 있어서는 두 필지 사이에 토지가 존재하지 않는 것이다. 다시 말하면 현지가 서로 이어져 있어야 할 토지가 지적도상에 떨어져 있는 것처럼 공백부가 발생하는 경우이다. 이러한 사례는 수필씩 산재되는 경우가 많으며, 집단적으로 발생되는 예가 그렇게 많지는 않은 것으로 나타났다.

3) 편위형

편위형의 불부합지 형태는 일필지의 단위면적에서는 큰 차이가 없으나 토지의 위치가 부정확하며 현지복원을 할 경우 대부분 토지경계선이 인접한 토지를 침범해 있는 것으로 되어 있어 특히 토지경계분쟁으로 발전되기 쉽다.

또한 이런 불부합지는 대부분 상당한 면적이나 많은 필수의 토지가 집단적으로 구성되어 있어 행정처리상 커다란 애로가 있으며, 이 지역의 토지분할 등 이동정리시에는 국부적으로 편위시켜 처리함으로써 오류발견 이후에도 오류지역이 확대되는 현상이 빚고 있다.

이미 조사된 지역에서의 사례를 살펴보면, 대전 효동지역의 중심 토지가 있는 천동과 효동의 경계를 이루는 도로와 구거를 중심으로 효동지역은 동남방향으로 연속적으로 편위되었고, 천동지역에서는 천동내의 중심구도로를 따라 상부구역의 남북은 정확히 일치하나 동쪽 방향으로 편위 되었으며, 도로 하부구역은 동북방향으로 연속해서 편위되었다.

청주 모충지역에서는 중심지역으로 정형지구인 모충동 335-370번지 일대가 동서방향은 거의 일치하고 북쪽으로 편위되었으며, 부정형지구는 불규칙형태를 나타내고 있다. 그러나 정형지구인 남북은 거의 일치하나 동서에서 심한 편위를 나타내며 남동방향으로 크게 편위되어 있다. 농촌지역인 외북지역은 대부분 부정지구이므로 해서 편위형이 가장 적게 나타나고 있으며 편위의 형태도 일정하지 않고 있다.[7]

4) 불규칙형

불규칙형의 불부합지는 불규칙한 형태로 불부합하는 토지경계의 형태는 일반적으로 부정형지역에서 나타난다. 이러한 형태는 일정한 방향으로 밀리거나 중복되지 않고 산발적으로 오류등록된 것이다. 이러한 것은 기초점 자체의 위치 오류, 토지경계 인정의 착오, 토지 소유자들

---

7) 청주대학교 사회과학연구소는 지적공부의 재작성을 위한 실지현황·조사분석에 관한 연구 (1987)를 수행하기 위하여 청주 및 대전지역을 중심으로 지적불부합지의 실태를 조사하였다.

의 토지경계의 혼동으로 인한 경계구조물 설치의 부정확 등 다양한 원인으로 인하여 이루어진 복합형태이다.

예를 살펴보면 대전 효동지역에서는 천동 199-1번지 주위에 분산된 구릉지의 불량주택지역으로서 부정형한 토지경계의 형태를 나타내고 있다.

그리고 청주 모충지역으로 모충동 325-339번지 일대의 불규칙한 지적불부합의 형태는 동일 부락내에서도 분할된 시기 등에 따라 북쪽방향으로 밀린 지역과 서쪽, 남쪽방향 등 방사방향으로 밀리어 일정하지 않게 나타나고 있다. 이 지역은 구릉지에 저소득 주민들의 불량주택들이 난립하고 있고 소방도로 등이 제대로 관통되지 않아 이러한 오류가 집단적으로 발생된 것으로 본다.

농촌지역인 외북지역은 자연부락을 이루고 있는 대에서 주로 이러한 형태가 나타나고 있으며 지가가 저렴한 농촌에서의 토지경계관리의 소홀로 인한 것으로 본다.

5) 위치오류형 및 기타형

위치오류형의 불부합이란 1필지의 토지가 그 형상과 면적은 사실과 일치하나 측지학적인 위치에 있어서는 전혀 다른 데에 놓여 있는 것을 말한다. 이는 주로 세부측량 당시에 측량기초점이나 경계선으로 부터 비교적 멀리 떨어진 산림속의 경작지나 골짜기를 따라 이루어진 산답들 중에서 많이 발견되는 사례이다.

또한 6.25동란 동안에 자연부락의 주거지역이 완전 소실된 후 임의로 점용하거나 가옥을 신설한 산간오지 등에서도 자주 나타나는 형태이다.

이러한 형태 가운데 임야내에 있는 독립적인 전답이나 정확한 위치에 등록되지 않은 도서 등은 이해관계자가 단순하기 때문에 비교적 그 정정이 용이하며, 면적의 수정 없이 도면상의 위치만을 옮겨 놓은 것으로 처리할 수 있다.

그러나 연속된 산답 등은 위치정정에 있어서 자체 면적은 큰 변동이 없으나 인접된 임야와의 경계에서 문제가 발생하며, 정위치에 등록된 필지와의 경계에서도 면적과 위치를 정정해야 하는 어려움이 뒤따르게 된다.

그리고 기타 형은 이상에서 살펴본 불부합유형 이외의 모든 유형을 말한다. 즉, 세부측량 당시에 지적도 등사도를 뒤집어 정리함으로써 당해지역의 전부가 불부합되어 왔으나 토지이동이 전혀없고 또 소관청이나 소유자가 그 사실을 발견하지 못하였기 때문에 아무 이의 없이 지내오다가 최근에 이 사실이 발견되어 이를 정정한 경우이다. 또한 측량오차가 누적되어 그 처리가 곤란했던 지역의 토지를 어느 한 지역에 일괄처리 하여 발생된 경우이다.

6) 경계선이외의 불부합형

경계선이외의 불부합지 유형은 지적공부와 실지가 서로 일치하지 않고 다른 형태로 발생되어 문제시 되고 있는 필지를 말한다. 즉, 여기에는 지목과 지번, 소유자의 성명, 주소 등 토지표시 사항의 문제와 관련이 있다. 이 토지표시의 문제는 지적도와 토지대장 또는 토지대장과 등기부 상호간의 불일치로 나타나며, 이는 지적행정과 등기소 등의 공신력에 불신을 초래한다.

이러한 지적공부와 실지와의 불부합은 토지과세를 위한 조사시 또는 무신고 이동지정리사업 등을 통하여 수시로 정리되고 있다. 또한 토지대장과 등기부의 불부합은 매년 실시하는 토지소유자 불부합 일제조사정리를 통하여 법원측과 협의하고 있는 실정이어서 과거에 볼 수 있었던 민원의 문제나 공부의 신뢰성의 회복 또는 토지행정의 전산화 기반 조성에 다소 도움이 되고 있다.

4. 지적불부합지의 실태 및 문제점

1) 지적불부합지의 현황

우리나라 지적제도는 창설 당시부터 제도적 모순과 운용상의 문제점 등이 야기되어 왔으며, 오늘날 지적제도는 100여년동안 누적된 문제들로 인하여 지적불부합지의 실태를 정확히 파악하기란 거의 불가능한 실정이다.

더우기 지적불부합지에 대한 정의와 그 범위가 분명하게 정립되지 아니한 현실에서 그 대상의 통계작성에는 많은 어려움이 있다. 그러나 〈표 4-1〉에서 보는 바와 같이 정부는 지적민원처리 개선과제('80-'83)와 '93 행정쇄신과제('93-'96)를 채택하여 지적불부합지를 정리한 실적이 있다.

〈표 4-1〉 지적불부합지의 정리실적

(단위: 필지)

구분 \ 년도	업무량	실 적			미정리
		계	'80 - '83	'94 - '96	21,060
필지수	69,169	48,109(69.6%)	39,880	10,229	(30.4%)
면적(㎢)	1,101	1,079(98.0%)	1,036	34	31(2.8%)

* 자료: 내무부, 지적불부합토지 일제정비계획, 1997.

그리고 정부는 1997지적행정역점시책의 일환으로 지적불부합지 일제정리사업을 추진하였다. 이 사업은 비예산사업으로 추진하며 소유권분쟁민원을 해소하고 지적공부의 공신력을 제고함을 목적으로 한다.

지적불부합지의 일제정리계획 자료에 따르면 정리대상은 리·동별 10필지 이상 집단적으로 지적공부의 등록사항과 실제 현황이 부합되지 아니하여 민원이 야기되고 있는 토지[8]이다.

지적불부합지의 정리대상 업무량은 〈표 4-2〉에서 보는 바와 같이 21,060필지(31,273천㎡, 946만평)이다. 이는 면적정정 1,284필지, 경계정정 18,748필지, 위치정정 1,028필지 등을 합한 것이다.

〈표 4-2〉 지적불부합지의 정리대상 업무량

(단위: 필지)

구분 시도	계		면적정정		경계정정		위치정정	
	필지수	면적	필지수	면적	필지수	면적	필지수	면적
계	필 21,060	천㎡ 31,273	필 1,284	천㎡ 8,968	필 18,748	천㎡ 21,943	필 1,028	천㎡ 362
서 울	4,586	686	–	–	4,586	686	–	–
부 산	3,431	400	–	–	3,260	384	171	16
대 구	669	77	–	–	622	72	47	5
인 천	195	239	27	113	168	126	–	–
광 주	181	114	10	74	117	28	54	10
대 전	299	239	23	42	276	197	–	–
경 기	1,976	4,632	83	3,164	1,893	1,468	–	–
강 원	2,133	3,044	355	1,206	1,041	1,517	737	321
충 북	276	61	–	–	276	61	–	–
충 남	627	2,685	235	994	380	1,688	2	2
전 북	1,855	3,088	229	1,523	1,613	1,558	13	7
전 남	105	125	–	–	101	124	4	1
경 북	870	12,420	170	1,711	700	10,709	–	–
경 남	3,547	2,628	39	63	3,508	2,565	–	–
제 주	320	838	113	78	207	760	–	–

* 자료: 내무부, 지적불부합토지 일제정비계획, 1997.

〈표 4-3〉은 10필이상 집단지의 시·도별 지적불부합지의 현황을 집계한 표인데, 그 현황을 살펴보면 전국 82개 시군구의 195지구에 지적불부합지가 산재하고 있으며, 필지는 총 18,807 필지로 그 면적은 10,567천㎡이다.

---

8) 10필지 미만의 소규모 등록사항정정대상토지도 포함정리함.

<표 4-3> 시도별 지적불부합지의 현황

(단위:필지)

시도 \ 구분	시군구수	지구수	필지수	면적(천㎡)
계	82	195	18,807	10,567
서 울	9	37	4,555	626
부 산	11	23	3,322	397
대 구	4	7	669	78
인 천	1	2	117	25
광 주	2	4	169	34
대 전	2	3	274	177
경 기	10	14	1,976	4,632
강 원	11	32	1,823	1,735
충 북	5	9	276	61
충 남	2	2	29	80
전 북	1	10	1,261	304
전 남	3	3	105	125
경 북	8	12	607	366
경 남	11	31	3,426	1,655
제 주	2	6	198	272

* 주: 위 사항은 10필지이상 집단지의 현황이며, 10필지미만의 업무량은 2,253필지로 그 면적은 20,706천㎡임.
* 자료: 내무부, 지적불부합토지 일제정비계획, 1997.

그러나 최근 <그림 4-1>에서 보는 바와 같이 전국 3,761만 필지 중 14.9%를 차지하고 있는 지적불부합지는 국토교통부가 지적재조사특별법에 근거하에 기본계획 수립 및 지침시달하고 소관청이 실시계획 수립하여 추진하고 있다. 현재 지적재조사사업을 추진하면서 경계결정, 조정금 산정 등 민감한 사안에 대하여 법적 근거가 마련되어 있으나 사업이 진행되면서 보완 및 개선되어야 할 사안이다.

〈그림 4-1〉 전국 지적불부합지 분포도

2) 지적불부합지의 정리사례

(1) 지적소관청의 정리사례

지적소관청의 지적불부합지 정리목적은 비예산사업으로 추진하여 소유권 분쟁민원을 해소하고 지적공부의 공신력을 제고하는데 있다. 이 때에 주요방침은 시장·군수·구청장 책임하에 자체계획을 수립 정리하며, 그 근거는 소축척에서 대축척화(지적법 제27조), 이해관계인의 동의(지적법 제38조) 등 지적관계법령에 근거에 따른다. 또한 지적불부합지의 정리위원회를 구성하며, 토지소유자의 참여하에 비예산 사업으로 추진하여 지적민원을 해소하는 것이다.

지적불부합지정리의 세부추진은 내무부 지적업무추진지침에 따라 지적불부합지의 대상지를 일제 조사하여 단계별로 정리하였다. 이 때에 조사대상지는 리·동 단위로 10필지이상 집단적으로 지적공부의 등록사항인 경계·면적·위치 등이 실지 현황과 일치되지 않고, 민원이 야기되고 있는 토지로 토지·임야조사사업 당시에 착오로 등록된 토지, 토지이동정리시에 착오 등록된 토지, 지적공부복구등록시 착오 등록된 토지, 기타사유로 착오 등록된 토지 등이다.[9]

① 경기도 의정부시 가능지구

경기도 가능지구의 지적불부합지는 지적복구시(1964. 12. 28) 복구자료가 미비하여 경계선이 착오로 등록된 경우의 사례이다. 이 지구의 지적불부합지의 정리를 위한 측량을 실시 결과, 도로로 편입되는 필지가 발견되어 지적불부합지 정리위원회를 구성하여 도로로 편입되는 토지는 용지보상한다. 그리고 나머지는 금전청산 없이 현재 사용하고 있는 대로 경계 및 면적정정으로 처리되었다.

이 지역의 특기사항은 지적불부합지의 정리를 위한 측량을 실시한 결과 일부토지가 도로에 경계복원 됨에 따라 도로에 편입된 토지소유자들이 용지보상을 촉구하고 나서 지적불부합지의 정리에 큰 어려움이 발생된 경우이다. 이에 따라 우선 도로에 편입되지 않은 토지를 중심으로 실지 사용하고 있는 경계대로 정리하고, 도로에 편입된 토지는 지적불부합지의 정리위원회 위원중 신망이 있는 위원이 토지소유자와 끈질긴 설득으로 용지보상관계를 타협시켜 지적불부합지를 해소한 것이다.

② 안산시 대부도지구

1910년 토지조사사업 당시에 이 지역은 육지로 부터 12km이상 격리된 도서로서 공공업무의 수행에 어려움이 있었다. 또한 지적측량의 가장 기초가 되는 도근점 매설과 이를 기초로한 세부측량이 토지조사측량 당시부터 소홀히 취급되어 온 지역이다.

특히 경기도 부천군, 옹진군 등으로 행정구역이 여러번 개편되어 은연중에 방치되어 왔으나, 1993년도에 지적불부합지 임이 확인되어 이를 개선시키고자 지적현황측량을 실시하여 분석 및 검토한 후 금전청산 없이 실지 경계대로 정리한 것이다.

본 사업을 처리함에 있어서 토지대장과 등기부를 면밀히 열람하여 모든 토지소유자에게 홍

---

9) 경기도, 지적불부합지정리사례집, 1996, pp.51-145.

보물을 발송하였으나 소유자 309명중 93명 즉, 약 30%이르는 우편물이 반송되어 관계직원이 토지소재 현지로 가서 이장이나 지역유지, 관리자 또는 연고자 등을 찾아 소유자의 실제 거주지로 우편물을 재발송하였다. 그 편지를 받은 관계 토지소유자의 빗발치는 전화와 사무실을 찾아온 토지소유자들의 강한 불만으로 많은 어려움이 있었다.

그러나 이 업무추진의 정당성을 피력하고 소유권행사에 따른 불편사항을 주지시켜, 전 소유자의 동의하에 지적불부합지를 해소하여 행정적 장애요인 제거뿐 만 아니라 지역발전에 크게 기여하였다. 또한 업무추진 중 미등록 토지 10필지 48,270㎡가 발생하여 이를 '국'으로 신규등록 조치하여 관리청 지정 신청중에 있는 국유재산관리 및 지적행정의 공신력이 크게 향상되는 계기가 되었다.

③ 포천군 신읍지구

포천읍 신읍리 일원은 한국전쟁 이후 건축물의 무질서한 신축, 증축, 개축으로 인해 경계선을 임의 변경하여 사용함으로써 지적불부합지가 발생된 지역이었다. 현지의 경계선과 지적공부상 경계선이 서로 달라 축척변경으로 경계 정정하고자 하였으나 모델블럭 추진이 저조하여 지적불부합지 정리위원회를 구성 운영하여 면적 증감 없이 경계정정 방법으로 정리한 사례이다.

그 추진경위를 보면, 포천군 포천읍 신읍리 175-9번지 일원 지적불부합지에 대하여 1988년 축척변경사업으로 정리계획을 수립하였으나 사업수행상 여의치 않아 이를 경계정정방법으로 변경공고한 후 정리계획을 다시 수립하여 사업을 수행하였다.

그리고 소유자전체회의를 통한 동의를 거친 후에 경계정정측량을 실시하여 지적공부정리를 완료하였다. 지적불부합지의 정리사업을 추진하던 중 면적증가자의 청산금 납부능력 및 호응 부족으로 어려움을 겪었으나 축척변경사업을 경계정정방법으로 전환함과 동시에 토지소유자에 대한 개별방문을 통하여 소유권행사에 따른 제약사항을 주지시키는 등의 적극적인 자세로 동의서를 징구하여 정리하였다.

(2) 한국토지주택공사 사업지구내의 정리사례

한국토지주택공사는 택지 및 공단개발사업을 착수할 때부터 사업을 준공하기까지 지적업무와 밀접한 관계를 맺고 있다. 그리고 그 과정에서 지적업무와 관련한 많은 문제를 접하게 된다.

특히 지적불부합지의 문제는 법과 규정대로만 처리할 수 있는 성격의 업무가 아니기 때문에 사업수행과정에서 많은 어려움과 전문성을 요한다. 또한 소유자와 소관청과의 밀접한 협의가 이루어야 처리되는 특수한 경우에 접하기도 한다.

한국토지주택공사가 택지개발사업중 지적불부합지로 야기되는 문제는 그 유형이 다양하다. 이들 문제는 각종 민원을 유발시키고 공공사업을 지연시켜 행정적, 재정적 측면에 공공기관의 불신과 예산상의 낭비를 초래한다.

지적관련 문제점으로 몇가지 사례를 보면, 먼저 신규등록토지 및 등록전환토지가 축척변동에 따라 면적차이가 발생하게 되는데, 이는 최초의 용지도 작성을 지적공사에 의뢰시 등록전환대상 토지에 대하여 주의를 환기시켜 추후 문제점이 발생하지 않도록 되어야 할 것이다.

그리고 확정측량시 시공선이 지구계분할선과 불일치하는 사례가 자주 발생하는데, 이는 지구계분할 측량시 말박기 측량을 반드시 현장직원 및 시공업체와 함께 실시하여 공사시 지구계가 명확하도록 하여 확정측량시 예정지구변경사유가 발생하지 않도록 하여야 할 것이다.[10]

① 성남 분당지구

성남분당지구는 정부의 200만호 주택건설 목표에 부응한 대단위 택지조성으로 수도권의 주택난 해소와 쾌적한 주거환경의 조성 및 다양한 주택수요에 부응하기 위해서 계획된 지구이다. 이 지구는 1989년 5월 4일 택지개발예정지구로 지정고시한 이후 11차 개발계획의 변경과정을 거쳐 총면적 19,639,008㎡를 7단계로 나누어 개발사업을 추진하였다.

성남 분당 택지개발사업지구내 편입된 토지에 대한 미보상 및 토지조서 누락여부를 확인하기 위하여 소관청에 지적도 원도를 발급받아 용지도와 대사한 결과 〈표 4-4〉에서 보는 바와 같이 다양한 유형의 지적불부합토지가 372건이나 발생하였고, 이를 소관청과 협의하여 지적복구 및 대장회복과 말소처리 등을 한 것으로 나타났다.

토지의 신규등록 및 경계와 면적정정 처리상 야기되는 문제는 여러 사례에 찾아볼 수 있다. 우선 지적공부에 미등록된 현황 도로 및 구거 토지를 국유재산으로 신규등록 할 때에는 신규등록 측량에 의거 등록하여야 한다.

또한 신규등록시 소유자를 국으로 등재하기 위해서는 무주부동산에 대한 공고절차를 이행한 후 소유자를 국으로 등재하여야 한다. 이 때에 소유자가 국으로 등재된 후 소관청의 지정을 위해서는 소관청 조회절차를 관할지자체에 의뢰하여 이행한 후 건설교통부 또는 농림수산부로 관리청을 등재하고 무상귀속 협의를 하여야 함으로 이 경우 최소한 2년 정도의 시일이 소요되는 문제가 야기되었다.

그리고 유형별 지적불부합의 토지 가운데, 지적관계 자료에 의거 도면복구, 이중 등록된 토지대장의 정리 등으로 신규보상 대상토지의 발생이 예상되었다.

따라서 문제토지의 처리대책으로 지적복구와 대장회복, 말소처리 및 정정대상토지를 말소 또는 복구·회복하지 아니하고 대상토지를 관리하다가 사업준공후 지적정리 신청으로 폐쇄할 수 있으나 사업준공후 소유자의 이의신청이 있는 경우에는 해결방안이 없어 불가함으로 신규등록대상인 지번 없는 토지에 대하여는 소관청과 협의하여 인접토지의 경계 및 면적정정으로 처리되었다.

---

10) 김행종, 지적불부합지의 개선방안에 관한 연구, 전게보고서, pp.62-69.

〈표 4-4〉 성남분당지구의 지적불부합지 현황

(단위: 건)

유 형	건수	처 리 현 황				
		지적공부 및 회복	공부사 항 말소	면적 정정	경계 말소	직권 정정
1. 지적도는 있고, 토지대장 및 등기부가 없는 토지	11		11			
2. 토지대장은 있고, 지적도 및 등기부가 없는 토지	19	7	12			
3. 등기부는 있고, 토지대장 및 지적도가 없는 토지	6		6			
4. 지적도 및 등기부는 있고, 토지대장이 없는 토지	5		5			
5. 토지대장 및 지적도는 있고, 등기부가 없는 토지	15	15				
6. 토지대장 및 등기부는 있고, 지적도가 없는 토지	6	3	3			
7. 지적도 및 임야도에 지번이 없는 토지	31			16	15	
8. 지적도상 다른필지에 동일 지번이 중복된 토지	26				4	22
9. 지적도와 임야도가 겹쳐 중복된 토지	4					4
10. 지적분할시 지번오기 및 지적선, 지번누락토지	40	12				28
11. 분할 및 합병관계 불분명 토지 (대장과 도면불일치)	11					11
12. 지적도와 임야도상 지번오기토지	4					4
13. 행정구역변경시 지번오기 및 지적선, 지번누락토지	194	30				164
합 계	372	67	37	16	19	233

* 자료: 한국토지주택공사 분당직할사업단 용지부 내부자료.

또한 중복 등록된 토지 및 기타 도면복구 및 회복대상 토지는 조속히 정리하여 소유자를 설득, 보상을 실시함으로써 기한내 사업준공을 목표로 하였고, 관보 미고시된 신규보상대상 토지에 대하여는 건설교통부와 협의하여 총무처에 관보추가고시토록 처리되었다.

② 충남 부곡지구

충남 부곡지구는 신규 공업용지의 수요증대와 해상화물의 증가에 대처하고 기계, 가스, 자동차 등의 공업단지 조성을 목적으로 하는 사업지구(1995. 7. 24 - 1999. 12. 31)이다. 즉, 이 지구는 수도권의 이전공장을 수용함으로써 수도권 정비 및 중부권의 개발을 촉진시키고자 조성하는 국가공업단지 개발사업지구인 것이다.

사업시행 방법은 사업지구내에 편입된 토지 등을 전면 매수 및 보상하여 사업을 시행한 후 개발된 토지를 관계법 등의 규정에 따라 실수요 업체 등에게 공급하는 공영개발방법으로 시행 하였다.

당해 사업지구를 소관청에 의뢰하여 현황 및 분할측량한 결과 사업지구내에 지적도와 임야 도가 상호 중복등록되거나 실제면적이 공부상의 면적보다 작은 것이 발견되는 등 지적불부합 지로 인하여 사업추진 계획상의 일정에 큰 차질이 예상되었다.

이에 토지공사 관할 사업단인 아산만직할사업단에서는 소관청의 협조를 구하여 지적불부합 지의 정리에 착수하게 되었다. 그 추진경위를 보면, 1995년 6월 사업지구의 지구계분할 및 현 황측량시 지적불부합지가 발견되어 현지 소관청인 당진군청에 지적공부의 정리를 요청하게 되었다.

그러나 당진군 지적과에서 지적등록사항 정정으로 경계와 면적이 변경될 경우에는 토지소 유자의 신청서 및 이해관계인의 승락서 또는 판결서가 요구(지적법 제38조 2, 3항)되므로 소 관청이 직권으로 지적공부를 정리할 수 없음을 통보해 왔다.

그리고 관할 지적소관청에서는 토지소유자에게 지적불부합지의 정리에 따른 협조를 요청하 였고, 또한 등록사항정정에 관련한 이해관계인의 회의를 주관하기도 하였다. 그러나 토지소유 자의 이해와 설득을 구하기 위하여는 소유자를 직접방문하여 협조를 요청하는 등에 많은 어려 움이 수반되었다.

당해 지역의 지적불부합지 정리에 있어 특기사항은 두가지의 경우를 들 수 있다. 우선 첫째 는 같은 계열의 법인회사 소유의 토지가 중복등록되어 있어 소관청과 협의하에 회사대표를 설 득하여 무리없이 경계정정을 한 경우이다.

그리고 다른 경우는 중복등록에 따른 면적감소가 발생된 지역(복운 70-27)으로 당해 지적 불부합지의 처리에 있어서는 이해당사자의 중간입장에서 지속적인 설득과 협조를 통하여 중 복부분을 서로 절반씩 양보하는 선에서 경계정정 등록한 사례이다.

③ 대전 노은지구

대전 노은지구는 대전 광역도시 생활권의 주택난 해소 및 쾌적한 주거단지의 조성과 다양한 주택수요에 부응하는 전원적이며 환경보전적인 신 시가지의 조성을 목적으로 추진중인 사업 지구이다. 사업지구의 위치는 대전광역시 유성구 노은동과 지족동 일원이며, 면적은 약 592천 평이다. 사업기간은 1995년 11월부터 시작하여 1998년 12월말까지 준공하는 것으로 추진되고 있다.

특히, 노은동 312-3 토지는 지구계에 저촉된 토지로서 지구계분할과정에서 공부상의 면적과 실제 측량면적과의 오차가 발생된 면적불부합지이다. 이 토지는 1970년 7월 18일 노은동 산24-59번지 임야를 등록전환하는 과정에서 등록전환 토지내의 임야면적 507㎡(153평)를 착오로 이중등록하여 면적이 불부합되었다.

당해 토지소유자는 유성구청 및 사업단에 지적불부합지의 해결을 요구하는 민원이 극심하고, 토지소유자의 신청에 의하지 아니하면 등록사항 정정이 곤란하여 수용재결 등 방법으로도 취득이 어려워 사업의 원활한 추진과 민원의 조기 해결이 요구되었다. 유성구청은 민원해소에 참고하고자 사업지구내 면적 산출경위 및 지구계 변경가능여부에 대하여 사업단에 조회를 의뢰하였다.

이에 지구계 저촉토지의 편입면적은 사업지구계 결정선을 기준으로 지구내 편입부분을 구적기로 개략 산정한 편입예정면적으로 개발계획승인을 득하고 지구계 분할측량 완료후 확정된 면적으로 보상계약체결한다.

그리고 실시계획 승인시 변경된 면적으로 재고시함과 사업지구계획변경의 불가함에 대하여 소관청에 회신하였다. 또한 토지소유자에 대하여는 토지공사의 업무처리과정에 대한 이해와 설득, 채권지급 부분을 현금으로 보상하는 방안 등을 적극 모색하게 되었다.

④ 청주 용암2지구

청주 용암2지구는 1992년 9월 14일 택지개발 예정지구로 지정된 이래 간선시설 지원부담금 문제 등으로 사업착수가 지연되었으나 토지공사와 지자체의 노력으로 간선시설 부담금 등의 일부조정후 사업성이 인정되어 사업시행을 하기로 협약이 이루어진 사업지구이다. 위치는 충북 청주시 상당구 용암, 용정, 금천, 용담동 일원으로 면적은 1,631천㎡(494천평)이다.

사업지구내 사유지의 토지가운데 면적이 증가된 지적불부합지의 경우에는 우선 당해 토지소유자에게 유선으로 연락하여 협조를 구한후 이를 정정 등록함으로서 큰 문제가 없었다.

그러나 면적이 공부상의 면적보다 감소된 경우에는 토지소유자의 동의하에 등록사항정정이 이루어지기 때문에 토지소유자의 설득에 어려움이 예상되었다. 그리고 당해 지구의 토지면적 감소가 대체로 경미하여 소관청과 협의하에 직권으로 등록정정처리함으로서 불부합지의 사전발견과 소과청과의 긴밀한 협조가 요구된다.

또한 국유지의 면적불부합지는 해당 소관청에 지구계 분할측량성과도 사본과 등기부등본 사본, 등록사항정정신청서, 관련공문 사본 등을 첨부하여 등록사항정정 협조를 요청하였다. 토지공사가 시행하는 당해 택지개발사업의 지구계 분할측량결과 등록당시 착오로 인하여 정정대상토지로 통보됨에 따라 지적법 제38조 제2항 및 동법 시행규칙 제41조의 규정에 의하여 등록사항을 정정하여 공부정리 신청하고자 협조요청을 하여 처리하였다.

(3) 대법원의 판례사례

대법원은 일제하 총독부임시토지조사국에서 작성된 토지조사부에 소유자로 기재되어 있는 경우에는 소유자로 사정받았다는 것을 추정받는다. 또한 조선임야조사령에 의한 임야조사서에 소유자로 등재되어 있는 경우 소유자로 사정받았다는 것이 추정되고, 토지대장등본에 소유자로 기재되어 있으면 소유권을 추정받기도 한다.

이렇게 토지조사서나 임야조사서에 추정력을 인정하는 것은 우리나라의 특수한 사정, 즉 일제하 조선총독부에 의한 토지조사 및 임야조사에 의해 소유자를 사정하여 소유권을 인정해 주었다는 것이다.

그리고 토지대장이나 임야대장상의 소유자명의에 대해서도 추정력을 인정해 주는 것은 그 후 6.25 한국전쟁을 통하여 등기부나 지적공부가 소실된 것이 적지 않았다는 사정에 연유하는 것이라 할 수 있다. 따라서 지적공부상의 소유자명의의 추정과 부동산을 특정하는 지적공부의 기재와는 구분되어야 할 것이다.

이와 같이 지적공부는 등기부의 내용과 일치되기 때문에 대법원은 지적도상의 경계가 진실한 경계선과 다르다는 것을 인정할 증거가 없다면 지적도에 따라 경계가 확정된다는 입장을 취하고 있다. 즉, 지적도의 경계에 따라 범위가 정하여 진다고 추정되는 것이다. 더 나아가 당사자 사이의 의사해석에 있어서도 지적도는 중요한 기능을 한다.

지적공부에 의해 토지가 등록되기 때문에 토지의 매매에 있어서도 지적도의 경계를 기준으로 한 부동산을 매매할 의사였다고 추정되기도 한다. 이와 같은 것은 모두 지적공부에 의해 토지가 등록되고, 그것이 등기부의 내용이 되기 때문에 인정되는 추정력이다.

즉, 지적법에 의하여 어떤 토지가 지적공부에 1필지의 토지로 등록되면 그 토지의 소재, 지번, 지목, 면적 및 경계는 다른 특별한 사정이 없는 한, 이 등록으로써 특정되고 그 소유권의 범위는 현실의 경계와 관계없이 공부상의 경계에 의하여 확정된다는 것이다.

① 경계확정의 訴의 경우

경계확정의 소는 서로 인접한 토지의 경계선에 관하여 다툼이 있는 경우에 법원의 판결에 의하여 그 경계의 확정을 구하는 소송이다. 경계확정의 소는 행정처분적 성격을 갖는 비송사건이고, 또 토지의 경계는 공법상의 것이므로 사인의 합의에 의하여 좌우되는 것은 아니다.

그리고 임의처분도 허용되지 않아 그 확정은 당해 사인간의 분쟁해결만이 아니라 일반 공익에도 관계가 있기 때문에 그 확정에 필요한 경우에는 직권으로 증거조사를 하는 것이 허용된다고 한다.

그리고 당사자의 주장에 구애되지 않고 경계를 확정할 수 있다고 한다. 그러므로 경계확정의 소에 있어서 중요한 것을 결국 지적도와 임야도일 것이다.[11]

또한 경계확정의 소에 있어서는 결국 지적도가 잘못 작성되었다는 증거가 없는 한, 언제나 지적도에 의해 그 경계를 확정하여야 할 것이다. 물론 당사자 중의 일방이 토지소유권의 범위나 실체상의 권리의 확인을 구하기 위해서는 별도의 소송을 제기할 수 있을 것이다.

더 나아가 지적도와 임야도가 서로 상이한 경우도 있을 수 있다. 이 경우에는 지적도가 임야도보다 더 정확하게 작성되기 때문에, 지적도를 기준으로 하여 소유권의 범위를 확정하여야 한다는 것이다.[12]

② 소유권확인의 소의 경우

지적도의 경계와 현실의 경계가 상이하여 인접 토지의 소유자들이 자신의 소유권의 범위를 다투는 경우, 당사자 사이의 분쟁은 다음 두 가지 양태로 나타날 수 있을 것이다. 첫째, 지적도로 볼 때 현실경계가 지적도의 경계를 침범하는 경우, 경계를 침범 당하는 자가 현실점유자에게 건물 등 시설물의 철거와 토지의 인도를 구하는 것이 있을 것이다. 둘째, 현실의 경계에 따라 토지를 점유하고 있는 자가 지적도의 경계에 비추어 볼 때에는 자신이 불법적으로 타인의 토지를 점유하는 경우여서, 침범토지에 대한 소유권확인을 구하고, 등기부상의 명의인에게 소유권이전등기말소를 구하는 소송으로 나타나기도 한다.

우선 현실의 경계가 지적도상의 경계를 침범하고 있는가를 확인하기 위해서는 지적도상의 경계를 실지에 복원하기 위하여 경계복원측량을 행한다. 이때에는 분할등록 당시의 측량방법에 따라야 하고(지적법 시행령 제45조), 측량 당시의 기준점을 기준으로 하여야 한다. 비록 등록 당시의 측량방법이나 기술이 발전하기 못하여 정확성이 없었다 하더라도 경계복원측량을 하기 위해서는 등록당시의 측량방법에 의하여야지, 등록 당시의 측량방법보다 더 정확한 측량방법이 있다고 하여 그 방법에 따라 측량하여서는 안된다.

경계복원측량을 통하여 경계가 확정되었다면, 지적도상의 경계를 침범당하는 자는 그 침범을 상대로 하여 소유권확인의 소를 제기할 수 있다. 즉, 소유권확인판결을 얻게 되면, 그 판결은 지적법 제38조 3항에서 말하는 판결서 정본으로서의 효력이 있게 된다.[13]

③ 지적도상 경계를 침범한 경우

건물철거와 대지인도를 구하는 소송 또한 적지 않아 문제시 되고 있다. 대법원 판결은 경계를 둘러싼 분쟁이 있으면 지적도의 경계를 기준으로 하여 소유권의 범위를 인정한다. 다음의 대법원판결이 그 예이다.[14]

---

11) [대법원 1993. 10. 8, 92다44503 (경계확정. 공보 957호, 3043면 이하)] 참조.
12) [대법원 1971. 6. 22, 71다871(집 19-2,147)] 참조.
13) [대법원 91.10.11, 91다1264(공보 909, 2695)] 참조.
14) [대법원 1991.6.14, 90다10346] 참조.

④ 지적도가 잘못 작성된 경우

대법원은 1필지의 토지를 분할 양도하려는 소유자의 의사와 달리 지적도가 작성된 경우에는 지적도대로 소유권의 범위를 인정하고 있다. 이 경우는 대개 소유자가 토지에 담장 등으로 현실경계를 먼저 설정한 후 토지를 인도하고, 지적도상의 분할과 등기는 사후적으로 이루어지는 것이 일반적이다. 따라서 지적도가 현실경계를 제대로 반영하지 못하는 경우가 있을 수 있게 된다. 즉, 대법원판결이 그러한 사안을 전형적으로 보여준다.[15]

그리고 지적도가 잘못 작성된 경우에도 그 토지가 전전 양도되면 원칙적으로 그 양수인들은 지적도의 범위대로 소유권을 취득한다고 하는 것이 대법원의 입장이다. 다음의 판결이 그것을 전형적으로 보여준다.[16]

⑤ 현실경계를 존중한 경우

대법원은 현실의 경계와 지적도의 경계가 다를지라도 특별한 사정이 있는 경우에는 지적도의 경계와는 달리 현실경계에 따라 소유권의 범위를 인정할 수 있다고 한다.

대법원은 이 때의 특별한 사정이란 첫째, 지적도를 작성함에 있어서 그 기점을 잘못 선택하였다는 등 기술적인 착오로 말미암아 지적도상의 경계선이 당사자가 의욕한 진실한 경계선과 다르게 작성될 것(이하 제 1 요건이라 한다), 둘째, 양 토지의 소유권을 전득한 자들이 모조리 지적공부상 확정된 토지를 매매할 의사가 아니고 사실상의 경계선대로의 토지를 매매할 의사로 매매한 사실이 인정되는 것(이하 제 2 요건이라 한다)의 두 요건이 있는 경우라고 하여 왔다. 그 대표적인 예는 다음의 판결일 것이다.[17]

따라서 현행의 대법원 판례하에서는 1필의 토지를 현실적으로 먼저 경계를 나눈 뒤 그에 따라 분할된 토지의 소유권을 취득하고자 하였으나, 지적도가 잘못 작성된 경우에는 건물을 철거하여 대지를 인도하는 것이 거의 불가피하다고 할 수 있을 것이다.

⑥ 지적도상 경계를 침범한 자의 보호 경우

시효취득이 완성된 후 소유자에 변경이 생기게 되면 20년간의 점유자는 그 양수인에게는 시효취득을 주장할 수 없게 된다. 물론 이 때 원칙적으로 소유권이전 의무있는 토지소유자에 대해 채무불이행으로 인한 손해배상을 청구할 수 없다. 다만 불법행위책임만을 부과한다.

그리고 소유자가 시효취득의 사실을 알지 못하고 그 소유권을 양도한 경우에는 20년간의

---

15) [대법원 1985. 5. 14, 84다카941(공보 755, 840)] 참조.
16) [대법원 1992. 1. 21, 91다32961, 32978] 참조.
17) [대법원 1986.10.14, 84 다카490(공보 789호, 3030면 이하)], [대법원 1975.11.11, 75다1080 (집 23-3, 64면 이하)], [대법원 1974.10.8, 72다1900(대법원민사재찬원본 202집 1면)--동지의 판결] 참조.

장기점유자는 시효취득할 권리의 침해를 이유로 하여 손해를 전보 받을 수도 없게 된다. 대법원은 여기에 일정한 예외를 두고 있다. 다음의 대법원판결이 그 한 예이다.[18]

따라서 현행 대법원 판례 하에서는 아무리 장기간 현실경계에 따라 점유하더라도, 소유자에 변동이 있게 되면 현실점유자가 시효취득할 수 없게 되는 문제가 있다. 즉 지적도상의 경계에 비추어 보면 그 경계가 침범당하는 토지의 소유자가 변동되면, 현실경계에 따라 아무리 장기간 점유하고, 또 그 토지가 그 현실경계에 따라 거래되었다 하더라도, 시효취득을 주장할 수 없게 되어 건물 등의 시설물을 철거해야 하는 일이 발생할 수 있다.[19]

3) 지적불부합지의 폐단 및 문제점

(1) 사회적 측면

① 토지분쟁의 빈발

지적불부합지로 인한 토지표시의 부정확은 인접토지의 소유자가간에 토지분쟁의 직접적인 원인이 되고 있다. 우리나라는 토지면적의 결정은 지적도를 근거로 하고 있으며, 지적도에 의하여 지표상에 복원된 토지경계가 인접 소유자간에 이해되지 못할 때에는 법적 소송문제로 까지 비화되고 있다.

토지에 대한 국민의 의식구조는 토지소유자에 대한 근대적 개념을 전면적 지배권과 불가침성의 의미로 받아들이고 있으며, 토지소유권의 침해에 대한 반응이 상당히 민감함을 보여주고 있다.

또한 토지소유자는 지적측량사의 경계복원 측량시에 자기에게 유리하다고 느끼면 그 측량은 잘 되었다고 주장하지만 만약에 자기에게 불리하다고 판단되었을 때에는 무조건 거부반응을 일으켜 소송으로 발전하는 경우가 많다. 더욱이 자신에게 불리한 원인이 부정확한 측량이나 지적공부의 오류로 인한 것이라면 문제는 더욱 심각해진다.

이러한 이유로 경계복원을 위한 지적측량과 법원에서 이와 관련한 민사업무가 매년 빈번히 발생되어 사회문제화 되고 있는 실정이다. 물론 이것은 반드시 지적불부합지에 기인하는 것만은 아니나 어찌되었건 이러한 현상은 토지문제의 심각성을 나타내고 있음을 알 수 있다.

② 토지거래의 문란

공정한 토지거래행위는 토지권리에 관한 공시기능의 효율적인 운영으로 가능한 것이나 지적공부와 실지와의 불부합은 토지소유권의 행사에 지장을 초래하고 토지거래질서상의 문제를 야기하게 된다. 즉, 토지의 경계나 면적이 실지와 일치하지 않으면 거래를 기피하는 현상이 발

---

18) [대법원 1993.4.13, 92다44947(공보, 945호, 1383)] 참조.
19) 김행종, 지적불부합지의 개선방안에 관한 연구, 전게보고서, pp.69-81.

생하고, 만약 거래가 이뤄진다고 하더라도 불공정거래가 성립될 것이다. 또한 토지의 중복등록은 결국 소유자의 입장에서 보면 타의에 의한 이중거래가 되는 경우도 생길 것이다.

그러므로 이러한 문제점을 악용하는 토지사기의 행위가 만연될 우려가 있으며, 또한 정부의 토지공시 기능의 불비로 인한 부동산거래질서의 문란이 유발된다. 결국 토지소유자는 사유권의 수호를 위한 부단한 소송과 진정, 반목 등 선량한 주민상호간의 인화를 해치는 결과를 초래하게 될 것이다.

지적불부합지에 대한 거래상의 또 다른 문제점은 지가하락을 들 수 있다. 즉, 지가는 토지의 이용도와 교통 등 주거환경에 따라 형성되는 것이 원칙이다. 그러나 토지소유권의 행사에 지장이 있으면 토지거래행위가 이루어지기 어려워짐에 따라 인근 주변의 토지에 비하여 상당히 지가 하락되어 토지소유자에게 뜻하지 않게 불이익을 주게 된다.

③ 권리실체인정의 불신

지적과 등기는 부동산권리변동에 관한 효력요건을 충족시키고 부동산에 관한 권리관계를 명확히 함으로써 사유재산의 보호와 거래의 안전을 도모하고자 한다. 그러나 그 권리의 객체인 부동산자체의 현황이 공부와 불부합할 때에는 부동산에 관한 권리의 명확화라는 의미에서 토지대장에 등재되어 있다고 하더라도 완전한 공시기능이나 공시제도라고 말할 수는 없게 된다.

이러한 부동산의 공적 장부인 토지대장과 지적도가 간단히 등기부와 대조함으로써 그 불부합이 해소되거나 지목 또는 소유자의 주소, 성명 등이 불일치하거나 아니면 단순한 면적측정 작업상의 오류 등으로 인하여 타인과의 이해 관계없이 독립적으로 정정될 수 있는 사항이라면 별문제가 없다.

그러나 토지경계의 변동으로 권리의 실체가 달라진다면 벌써 지적공부의 공시기능은 이미 상실되었으며, 오히려 공부가 없는 것만도 못한 결과가 되는 것이다. 토지소유권은 정당한 이익이 있는 범위내에서 토지의 상하에 미쳐야만 그 토지의 효용을 완전히 보장하는 것이다. 즉, 토지를 완전히 이용하기 위해서는 지표뿐만 아니라 지상의 공간이나 지하의 시설공간에까지 소유권의 효력이 미치게 되는 것이다.

따라서 권리실체 인정의 근간이 되는 토지경계의 불부합은 심각한 사회문제라고 말할 수 있을 것이다. 지적불부합지에 대하여 토지소유자는 이전등기나 근저당 설정이 곤란하며 이렇게 될 경우 금융기관에서도 문제된 토지를 담보로 하여 융자해 줄리가 없을 것이다. 또한 토지소유자는 행정관청으로 부터 인허가 신청에 있어서도 어려움을 겪게 된다.

(2) 행정적 측면

① 지적행정의 불신초래

지적은 전 국토에 대하여 지적법이 정하는 바에 따라 일필지로 구별하여 지번, 지목, 경계 또는 좌표와 면적을 정하여 지적공부에 등록하도록 하고 있다. 이러한 지적은 국정주의를 그 이념으로 하고 있기 때문에 국가는 일필지의 등록사항에 대하여 공신력을 부여하는 책임행정을 해야 할 것이다.

지적등록사항에 있어서 경계는 가장 우선적으로 행정적, 사법적 측면에서 조사하여 대장 및 도면에 등록함으로 당연히 국가로 부터의 공신력이 요청되고 있다.

그러나 불행히도 우리나라의 토지공시 기능인 지적과 등기는 모두 완전한 공신력을 부여하지 못하고 있다. 또한 지적불부합지는 권리객체의 핵심을 이루는 경계와 면적의 부정확으로 인하여 소유권의 행사에 막대한 지장을 줌으로써 국가의 지적행정에 대한 불신을 초래하게 되는 것이다.

특히, 토지소유자의 입장에서 피부로 느껴질 수 있는 것은 경계복원의 위치가 소유자 자신의 판단과 큰 차이가 있을 때, 그리고 이것이 오류측량으로 인한 것임을 확인하였을 때 그 충격은 더욱 커지게 마련이다. 일반적으로 지적에 국가의 공신력을 인정하지 않는 나라에서는 지적의 국정주의를 택하지 아니하고 소극적인 등록주의를 채택하기 마련이지만, 적극적인 등록주의를 택하는 우리나라의 입장에서는 지적의 불부합지에 의한 국민의 불신을 자초하는 일은 심각한 문제라 할 수 있다.

② 토지이동정리의 정지

지적소관청이 지적불부합지를 발견하면 토지거래상의 안전을 해치고 권리행사가 부정확 또는 불공정하게 이루워지는 것을 막기 위하여 해당 지역이나 필지에 대하여 일반적으로 지적공부를 봉쇄하고 일절의 지적정리를 정지하게 된다.

지적공부의 봉쇄에 대한 법률적인 근거는 명문이 없지만 소유권행사에 따른 사회적, 법률적인 영향을 고려하여 행정행위로써 잠정조치를 취할 수 있는 것으로 해석하고 있다. 이러한 경우에 지적소관청은 지적공부에 오류정정대상 토지임을 명시하게 되며 민원인이 토지이동신청은 수리할 수 없게 된다.

여기서 말하는 토지이동사항으로서는 토지분할 등 측량을 수반하는 사항과 지목변경 등 모든 지적정리사항이 해당된다. 또한 지적공부의 봉쇄로 인하여 지적에 관한 제증명 발급이 곤란해져 토지소유권자와 이해당사자들의 불편이 초래된다.

그리고 지적측량을 국가로부터 대행하고 있는 지적공사에서도 지적불부합지의 확대경향과 불부합지에 대한 오류의 우려로 인하여 경계복원측량의 기피현상이 증대되고 있다. 이에 수탁업무의 감소는 물론 일단 시행한 측량행위에 대한 불안감과 함께 경우에 따라서는 뜻하지 않는 손해배상책임을 지며, 혹은 법정에 출원해야 하는 사례도 빈번히 발생하는 것으로 나타났다.

③ 토지과세의 부정확

토지에 관련되어 부과되는 조세는 종합토지세, 취득세, 양도소득세 등 다양하며, 그 세율의 적용에 있어서도 일정하지 않다. 토지에 관한 조세는 크게 국세와 지방세로 구분되며, 토지의 취득과 양도에 관하여도 세금의 종류가 다르다. 그러나 이러한 모든 세의 부과는 대부분 지적법에 등록된 토지를 그 대상으로 하고 있다. 따라서 일단 지적공부에 등록되고 등기부에 기재되어 있으면 과세대상이 된다.

그런데 지적불부합지의 경우에도 어김없이 세법이 준용되기 때문에 소유자의 입장에서 보면 억울한 경우가 많게 된다. 위치와 면적이 부정확한 토지에 대하여 불공정한 과세를 하였다면 소유자의 원성을 듣게 마련이며, 소유자가 이 사실을 잘 알고 있을 때에는 더욱 그 저항이 크게 나타난다.

토지에 관한 과세는 일회에 한하는 것도 있으나 재산세와 같은 경우에는 매년 되풀이되기 때문에 더욱 불공정이 누적되기도 한다. 한편으로는 지적불부합지의 자체가 토지의 정상거래를 저해하기 때문에 국민경제를 위축시키고 정부는 사실상 세원을 놓치는 결과를 가져오므로 국가적인 차원에서도 바람직하다고 할 수 없는 것이다.

④ 소송수행의 지장

법원에 제기되는 민사소송중 상당수는 토지에 관한 소송이고 그 비중이 높은 것으로 나타났다. 토지에 관한 소송은 토지소유권의 확인, 토지거래상의 문제 및 토지경계의 분쟁 등으로 나눌 수 있는데, 그중 지적과 관련되어 발생하는 문제로 가장 큰 비중을 차지하는 것은 토지의 경계분쟁이라고 할 수 있다.

만약 법원의 요청이 있으면 지적도에 근거하여 경계를 측량감정하고 의견서를 제출함으로써 결국은 담당법관의 심증에 막대한 영향을 주게 되는 것이다. 이것이 불부합지의 경우에는 법원으로 하여금 그릇된 판단을 하게 하는 결과를 가져오며, 또한 측량사에 따라서 동일한 토지의 경계감정 내용이 달라지는 경우가 있다는 것은 지적도의 오류가 중요한 원인이 된다고 할 수 있다.

토지경계에 관한 소송이 일단 제기되면 최소한 수년을 끄는 장기성을 가지고 있는 것도 사실은 부합되지 않는 현재의 지적도로서 보다 명확한 감정이 곤란하다는 것을 의미한다고 할 수 있다.

더구나 소관청으로부터 당해 토지가 지적불부합지임이 확인되지 않은 상태에서 시행하는 토지감정은 사유권에 절대적인 해를 가져다주는 결과가 되며, 지적측량기사 자신도 이 측량 업무를 수행하기에는 특별한 어려움이 따르게 된다.[20]

---

20) 김행종, 상게보고서, pp.82-88.

5. 지적불부합지의 해소방안

1) 지적재조사사업의 추진

지적재조사사업은 21세기 선진 복지국가의 진입을 위해서 반듯이 수행하여야할 국토기반조성사업의 하나이다(김행종, 1996: 51-67). 지금까지 일제하의 토지조사사업으로 만들어진 지적공부를 활용하고 있어 각종 불부합에 따른 많은 문제점이 야기되어 왔다.

또한 그 동안의 국토개발과 도시화 과정에서 지형, 지모의 변화가 심하고 소축적지역의 도시화로 지적자료의 손상을 가속시켰다. 그러므로 이 재조사사업의 실시로 인하여 국민 모두의 공통기반이고 재산권의 객체인 토지를 보다 더 정확하게 공시할 수 있으며 토지관리상 최유효 이용을 도모할 수 있는 기능을 확보할 수 있는 계기가 되었다.

지적재조사사업의 실시는 토지행정의 어느 문제보다도 중요한 의미를 띠게 되며, 이의 실현에 따른 기대효과는 경제적, 사회적, 행정적 그리고 대국민 서비스 제측면에서 실익으로 나타날 것이다. 먼저 경제적 측면은 새로운 고용의 창출과 관련사업의 기술력 향상을 가져올 것이며, 토지관련 정보의 공동활용 체계구축으로 부처간 중복투자를 방지할 수 있어 예산상의 낭비요소를 제거할 수 있다. 그리고 국가적 차원의 토지정보 전산화로 초고속통신망의 활용도 증진에 따라 경제적 측면의 실익을 기대할 수 있다.

사회적 측면은 우리 실정에 적합한 새로운 지적 및 토지제도의 창설로 인하여 일제잔재를 청산하는 계기가 될 수 있다는 점이다. 지금까지 지명 및 국민학교 명칭변경, 쇠말뚝 철거, 구 조선총독부 건물의 철거 등이 이루어져 왔다. 또한 부동산관련 정보의 완전 전산화로 건전한 부동산 거래질서의 확립을 기대할 수 있다. 그리고 현실과 부합되는 부동산 정보구축으로 세수증대와 공평과세의 실현을 가져올 수 있다.

행정적 측면은 우선 불부합에 따른 민원문제의 해소와 지적도면의 전산화로 관계부처와 유관기관간에 유기적인 협조체제를 구축할 수 있다는 점이다. 또한 지금까지 규제와 통제 위주의 토지정책에서 탈피하여 통합 관리적 측면의 토지정책을 실현할 수 있게 된다. 그리고 보다 신속·정확한 종합토지정보의 제공으로 효율적인 토지정책수립 및 집행을 할 수 있다는 점이다.

대국민 서비스 측면은 토지경계에 관한 측량분쟁의 민원 등을 해소하여 공신력이 있는 지적행정을 수행할 수 있게 되며, 전국을 온라인 서비스로 국민에게 입체적이고 다양한 서비스를 제공한다는 점이다. 그리고 국토의 효율적인 관리와 집약적인 활용으로 국민복지의 향상에 기여할 수 있게 된다.

2) 지적불부합지의 실태조사 및 정리방법의 모색

지적불부합지의 정리는 당해지역의 토지소유자와 지적업무종사자가 이를 해소해야하겠다는 의지를 갖고 양보와 이해, 타협의 바탕위에 적극적으로 추진되어야 그 결실을 얻을 수 있다. 전통적으로 강한 토지소유자의 소유욕구와 토지에 대한 집념, 토지이용가치의 상승으로 인한 경제성과 그로 인한 이기주의적 사고의 집착, 면적증가자의 무관심, 면적감소자의 피해의식 등이 맞물려 현실적으로 상당한 어려움이 있다.

따라서 우선 이미 지적불부합지로 문제화된 지역을 포함하여 전국 지적불부합지의 실태조사계획을 수립하고 지적불부합지의 원인에 대한 정확한 유형분석과 판단하에 지적불부합지의 조사기록부와 조사현황도가 체계적으로 기록되어져야 한다. 또한 당해 지역이 완전히 정리될 때까지 별도로 보호 관리되어야 하며, 대상지조사에 있어서도 누락됨이 없이 정확히 작성되어야 한다(McEntyre, 1978).

대상지역에 대한 정확한 조사결과에 의거 작성된 지적불부합지의 조사기록부와 조사 현황도를 근거로 지적불부합지의 정리방법이 소축척에서 대축척화하는 방안과 이해관계인의 동의를 기초로 면적증감의 처리를 하도록 하며, 이를 위하여 지적불부합지정리위원회를 구성하여 자율적 해결방안을 모색하여야 할 것이다.

다시 말하면 축척변경은 토지가격이 비교적 높은 시가지 지역에서 불부합의 유형이 지그 재그식 중복형일 때 검토할 수 있는 방법으로 현행법에 법적인 뒷받침이 있다. 그리고 등록사항의 정정방법에 있어서 공차이내에 속하는 미세한 면적증감의 부분을 수용함으로써 이해관계인을 줄이거나 법절차에 의한 추진에서 다소 변수를 가질 수 있다는 점에서 지금까지 추진하고 있으나, 도해적으로 정리함으로써 이후 기준점관리나 측량기술상의 착오 등을 원인으로 또다시 지적불부합지를 만들 수 있는 요인을 안고 있다.

3) 경계 및 면적증감 처리방안의 구체화

지적불부합지의 처리를 위하여 검토될 수 있는 것은 특별법 등의 제정에 의한 추진이나 도시재개발사업 등의 활용 또는 축척변경의 강력한 추진과 건물일제등록측량의 실시와 병행하는 방법 등을 이용할 수 있을 것이다. 이러한 모든 수단을 통하여 지적불부합지를 처리함에 있어 경계 및 면적증감에 따른 처리방안은 다음과 같이 구별할 수 있을 것이다.

먼저 지적불부합지의 정리에 있어서 경계를 어떻게 결정할 것인가 하는 문제가 업무추진상 상당히 어려운 문제로 대두되고 있다. 원래 경계란 지상에 객관적으로 이미 존재하는 것이지만 주관적으로 그를 알수 없을 경우에 경계의 불분명사태 또는 분쟁이 일어나는 것이다. 따라서 지적불부합지의 정리시 합병해야 할 토지가 있으면 소유권의 내용대로 우선 합병하여 불필요한 경계를 줄여야 할 것이다.

그리고 현지에 담장, 도로 등 뚜렷한 지형지물에 의거 경계가 형성되어 있으면 현지 경계에 따르도록 하고, 처마에 맞물려 어느 처마를 기준으로 할 것인지 판단하기 어려운 경우나 현지 경계가 뚜렷하지 못할 경우는 평분하는 것을 원칙으로 하여 토지소유자의 이해를 구해야 할 것이다. 만약 이 때에 평분에 이의가 있는 경우 그 이의의 타당성 여부를 충분히 검토하여 당사자간의 합의경계에 따르도록 한다.

한편 면적증감에 따른 지적불부합지의 처리방법으로는 현황위주의 재확정 방안, 환지처리의 방안, 금전청산의 방안, 절충방안 등을 모색할 수 있다. 여기서 현황위주로 재확정하는 방안이란 현재 각 소유자가 현실적으로 현지에서 인식하고 관리하며 점유하고 있는 현 상태대로 재조사의 측량을 실시하는 방안으로써 종전 경계나 면적은 전혀 무시된 채 점유하고 있는 현 상태대로 현지경계의 결정방법에 따라 지적불부합지의 경계를 결정하는 것이다.

그리고 환지처리의 방안은 현황위주의 재확정 방안처럼 현황위주로 결정하되 다만, 면적에 특별한 증감이 생길 경우에는 필요에 따라 환지하는 방법이다. 이러한 방법은 토지구획정리지역이나 도시재개발지구 또는 경지정리사업지구 등에 주로 사용되고 있는 방법의 응용이다.

또한 금전청산의 방안은 현황위주로 재확정을 하든지 아니면 환지방식에 의하여 환지처분을 한 때에 종전 권리면적과 비교하여 증감이 있거나 또는 면적의 증감은 없다고 하더라도 토지가격 등이 서로 다른 때에는 감정평가 등 가장 합리적인 방법에 의하여 토지를 평가하고 이에 따라 인접소유자 상호간이나 소관청의 일괄수납조정 방식으로 청산하는 것이다.

마지막으로 지적불부합지의 정리방법에 있어서 절충방안이란 현지경계에 의하여 정리할 때 감소되는 면적이 일정면적(3~5평)이내인 경우에 금전청산 없이 정리하고, 일정면적 이상으로 적어지는 경우는 면적이 1㎡라도 늘어나는 토지소유자에게서 감정가격대로 받아 많은 면적이 감소한 자에게 실보상의 개념으로 청산하는 방법이다.

4) 측량기술의 개발 및 우수인력의 확보

최근 우리나라의 지적측량기술은 과거 그 어느 때 보다도 눈부시게 발전되었다. 그러나 아직까지 도해지적을 운영하고 있는 현시점에서 보면, 보다 체계적이고 과학적인 지적측량기술의 연구개발이 절실히 요구되고 있다. 그 이유는 지금까지 발견된 지적불부합지의 내용에 있어서 지적측량기술의 낙후성과 미숙 또한 적지 않았기 때문이다.

따라서 앞으로 추진될 지적재조사사업과 관련하여 항공측량의 기법과 GPS 및 광파거리측정기 등 최신 기자재의 도입을 통한 지적측량의 새로운 이론개발 및 보급이 필요하다. 그러기 위해서는 지적관련 대학 및 연구소 등에 정부나 국토정보공사의 적극적인 지원을 통하여 이룩될 수 있을 것이다.

한편, 기술적인 측면에서 볼 때에 측량기사의 경우 일반 측지기능 및 기사와 지적측량기능 및 기사를 구분하여 보는 시각은 바람직하지 않다. 따라서 일반 측량업체에서도 지적측량업을 수행할 수 있도록 개방하여야 하는 시점에 있다.

그리고 지적측량기술의 개발과 이의 보급에 있어서 중요한 관건은 우수인력의 확보에 달려 있다고 본다. 우수인력을 확보하여 인력수요에 능동적으로 대처하고 전문화 시대를 대비하여 현장 적응능력을 겸비한 지적관련 기능인력과 전문 기술인력의 확보 및 양성이 이루어져야 할 것이다.

특히, 지적재조사와 관련한 인력확보 및 양성의 문제는 지적조사에 국한한 것이 아니기 때문에 장기적 측면에서 지적기능 및 기술인력을 보아야 할 것이다. 또한 이미 배출된 지적기술인력에 대한 적절한 업무분담 및 처우개선과 해외연수, 지적관련 재교육 등이 필요하다(김행종, 1987b).

5) 토지정보체계(LIS)의 구축

토지정보는 토지공간의 효율적 이용관리를 목적으로 각종 토지관련 자료를 종합적으로 수집하여 표준화, 축적, 관리함으로써 토지이용계획을 비롯한 부동산활동과 집행을 위한 의사결정의 기초조사를 신속하고 정확하게 제공하는데 의미를 둘 수 있다.

그러므로 토지정보는 토지현상을 조사하여 체계화, 집중화, 집중관리, 분야별 공동 이용할 수 있는 체계를 확보하는 것이다. 최근 컴퓨터 기술이 급격하게 발달함에 따라 공간을 다루는 정보시스템에 많이 활용되고 있다.

따라서 국토 및 토지정책을 효과적으로 실시하기 위해서는 토지정보의 체계화가 반드시 필요하다. 특히 토지정보의 체계화는 필지중심의 지적정보를 중심으로 구축하여 토지이용정보, 토지거래정보, 토지가격정보 등을 포함하는 것이 무엇보다도 효과적이다.

또한 토지정보는 토지자원 및 소유권관리에 있어서 가장 기본이 되는 지적정보와 등기정보 등을 보유와 이용, 변화를 보여주는 거래와 토지이용전환 측면에서 파악할 수 있는 체제로 체계화하여야 한다.

그리고 토지정보의 체계화는 그 자체가 궁극의 목적 혹은 가치가 아니다. 국토관리에 내실을 기하고 국민생활의 질을 향상시키고 경제활동의 활성화와 생산유통의 효율화 및 합리화를 꾀하여 국가발전의 목표를 달성하기 위한 토지활동의 절대적 수단인 것이다.[21]

---

21) 김행종, 상게보고서, pp.82-88.

제5장 지적재조사사업의 성과와 계획

1. 지적재조사사업의 추진배경과 진행

1) 추진배경

우리나라의 지적제도는 부동산에 대한 물리적 현황과 법적 권리관계를 등록 및 공시하는 제도로서 그 목표는 공적 측면에서 볼 때 국토의 효율적인 관리와 토지정책 및 행정수행의 기초자료를 제공하고, 사적 측면에서는 국민의 토지소유권 보호 및 토지거래의 안전성 및 신속성 보장 등에 역점을 두고 지금까지 발전해 왔다.

그러나 오늘날 세계화·지방화에 따른 외부적 환경변화와 1910년대 지적제도 창설이후 누적되어온 많은 지적문제들로 인해 야기되는 피해가 점차 커지고 확대됨에 따라 21세기 정보화사회를 준비하는 현시점에서 전국토를 대상으로 하는 지적재조사사업의 추진을 적극적으로 모색하게 된 것이다. 이 사업을 추진하게 된 배경에는 지적재조사사업의 필요성에서 언급하였듯이 현재 당면한 지적문제의 해소와 미래 정보사회에 대처하기 위한 것이 내포되어 있다.[1]

이에 현행 우리나라의 지적문제점들을 몇 가지로 나누어 살펴보면, 우선 첫째는 측량기준점에 관련된 문제점을 들 수 있다. 측량의 기준이 되는 원점이 지역별로 유지·관리되어 상이한 측량성과가 발생하고, 6.25한국전쟁으로 측량기준점의 80%가 망실된 것을 복구사용하고 있어 측량성과의 통일성 결여 및 정확한 세부측량이 곤란하다는 점이다.

둘째는 측량방법에 따른 문제점으로 전국토의 대부분이 도해측량방법에 의존하고 있어 도면의 신축오차, 제도오차, 개인오차 등에 의하여 동일 측량성과 제시의 곤란함이 있다. 또한 토지를 분할할 경우 도면의 신축오차·제도오차 등으로 공부상등록 된 권리면적과 실제면적

---

1) 최용규, "토지정보의 현대화를 위한 신지적공부의 창설", 「사회과학논총」, 제12집, 청주대학교 사회과학연구소, 1993, pp. 141~174.

의 차이발생으로 공신력의 저하를 가져오고 있다.

셋째는 지적공부상의 문제로 대부분 공부가 100여년전의 기술·인력 및 측량장비로 작성되어 공부의 마모와 신축, 멸실 등으로 공신력이 저하되었고, 현실에 안 맞는 다양한 축척은 업무의 비효율성을 초래하고 있다. 그리고 건축물에 관한 사항이 지적공부와 연계하여 등록관리되지 않아 활용도가 저하되고 있고 토지이용이 다양화되고 있으나 지목분류가 현실화되지 않아 토지이용의 현황 파악이 곤란한 실정이다. 또한 필지의 세분화와 분할·합병의 반복정리로 지번체계가 혼잡하여 지번에 의한 위치색인이 곤란하다는 점이다.

넷째는 지적전산화와 지적불부합의 문제이다. 토지·임야대장의 전산화는 이미 완료되었으나 지적·임야도의 전산화 미비로 불균형적이며 비효율적인 지적관리를 하고 있다. 또한 지적공부의 등록사항과 실제사항이 부합되지 않아 경계분쟁의 야기, 토지거래질서의 문란, 소유권 행사의 제한 등으로 지적행정의 불신을 초래하고 있다. 이에 따라 국토교통부 국토정보정책관 산하 공간정보제도과와 지적재조사기획단, 한국국토정보공사 등 관련부처에서 지적재조사사업의 원활한 추진을 도모하고 있다.

2) 사업추진의 당위성

지적재조사사업을 추진하게 된 당위성은 크게 세 가지 측면으로 나누어 살펴볼 수 있다. 그 첫째는 지가상승으로 고정밀도 측량성과에 대한 국민의 요구에 부응할 수 있는 제도구현 측면에서 필지중심의 토지정보시스템(PBLIS)을 구축하는 것이다.

이는 정보화시대에 대비하여 도면정보(지적도·임야도 등)D/B를 구축하여 효과적인 토지정책의 의사결정을 지원하고 자연재해와 지하매설물 사고 등 재해관리 예방체제의 구축에 활용토록 해야 한다.

그리고 현지와 일치된 토지이용현황과 면적등록으로 국민 누구나 인정하는 조세부과 및 은닉·탈루세원을 발굴하여 세수증대를 가져올 수 있다. 또한 토지관련 정보를 공동관리 함으로써 이중투자의 방지 및 토지행정의 효율성·능률성을 도모하고 토지경계분쟁에 따른 민원을 해소해야할 것이다.

둘째는 국내시장의 개방화에 따른 측량시장의 자생력 강화와 국가경쟁력의 제고에 있다. 따라서 최첨단 측량장비 및 기술을 보유한 선진 외국업체의 국내진출에 대응할 수 있는 최신 측량장비와 기술의 확보와 지적 전문인력의 양성 등이 필요하다.

이제는 수동적인 위치측정 및 계산체제에서 인공위성과 컴퓨터를 이용한 자동처리 체제로 전환하는 등 측량 및 정보처리의 기술혁신이 요구된다. 그리고 향후 지적재조사사업의 추진에 따른 축척된 기술과 경험을 토대로 남북통일에 대비한 북한의 지적정보시스템 구축에 기여할 수 있을 것이다.

셋째는 토지수탈 및 토지세 징수목적으로 작성된 지적도를 폐쇄하고 최첨단 기술·장비로 재측량하여 완전 전산화를 모색하는 것이다. 현재 일본식으로 표기된 지명을 국제적 위상과 한국 전통에 맞는 지명으로 변경하고 국가측지원점을 동경원점에서 새롭게 국제적으로 공인 받은 독자적인 측지원점을 설치하여 국가위상을 제고하는 것이다.

그리고 세금부과 및 토지가격평가 등에 기초한 현행지적제도를 국민의 재산권보호와 토지 관련정보의 활용을 극대화 할 수 있는 다목적지적제도[2]로 전환하는 것이다.

3) 지적재조사사업의 기본방향

지적재조사사업 추진을 위한 기본방향으로 국토공간활용의 극대화를 위한 스마트지적 실현 을 비전으로 설정하였다. 이를 실현하기 위해 공간정보산업 및 선진 지적시장 창출을 목표로 설정하여 국제표준의 고정밀 디지털지적정보를 구축하고 국민을 지향한 지적정보 서비스를 실현하며 공간정보산업 및 시장을 활성화하는데 목적이 있다.

지적재조사사업은 〈표 5-1〉에서 보는 바와 같이 2030년까지 진행될 장기 국책사업으로 전 체 사업량은 3,761만필지가 해당된다. 도시개발사업 등으로 매년 추진되는 지적확정측량에 의 해 점진적으로 디지털화를 추진하게 되는데, 현재 전국토의 5.6%는 디지털화 완료되었으며 10만필지의 확정으로 2030년까지 전 국토의 13%인 498만 필지의 디지털화가 가능하게 된다. 그리고 경계분쟁 및 민원이 유발되고 있는 집단적 불부합지역은 지적재조사측량에 의해서 디 지털화를 추진하게 되는데 전국토의 14.8%인 554만필지가 해당이 된다.

〈표 5-1〉 지적재조사 프로그램별 추진과제

(단위 : 만필/㎢)

프로그램 명	2020년		2030년		소요예산 (억원)
	사업량	비율(%)	사업량(누계)	비율(%)	
지적확정측량 (도시개발 등)	398 (6,958)	11	498 (8,958)	13	시행자 부담
지적불부합지 정리	280 (3,100)	8	550 (6,130)	15	8,410
세계측지계 기준의 디지털화	1,170 (36,700)	31	2,713 (84,949)	72	3,655
계	1,848 (46,758)	50	3,761 (100,037)	100	12,065

*출처: 국토해양부(2011), 「지적선진화계획」

---

2) National Research Council, Need for a Multipurpose Cadastre(Washington, D.C.: National Academy Press), 1980, pp.5~106.

또한 지적의 정확도가 유지되고 있는 72%에 해당하는 2,713만필지에 대해서는 현재 동경원점 기준의 지적시스템을 정사사진 및 사업지구의 일부 현황측량을 통해 변환계수를 산출하여 간접측량방식에 의한 세계측지계기준의 디지털지적으로 구축할 계획이다.

그리고 지적사무는 국가사무로써 지적소관청(시장·군수·구청장)이 위임받아 수행하게 되는데 사업의 효율적 추진을 위해 국비지원이 불가피하며 중장기 소요예산은 다음과 같이 계획하고 있다. 1조 2천억원에 대한 예산중에서 사업의 원년인 2012년에는 30.4억원을 확보하였으며 2015년에는 300억원, 2020년에는 1,000억원이 소요될 것으로 보고 있으며 2017년부터는 연평균 약 700억원이 소요될 것으로 계획하고 있다.

또한 2030년을 목표로 추진하고 있는 지적재조사 사업량은 전국 필지수 3,761만필지 중 2016년까지 전국토의 23%인 865만필지를 디지털화 완료하고 2020년까지 전 국토의 50%인 약 1,848만필지를 디지털화하며 2030년까지 100% 디지털화 완료를 목표로 [그림 5-1] 와 같이 추진하고 있다.

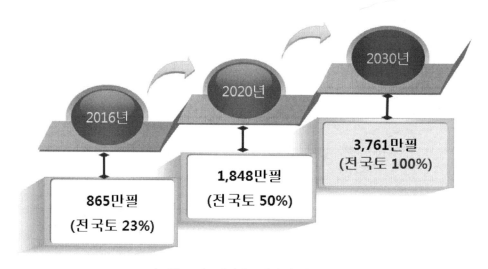

〈그림 5-1〉 지적재조사사업 업무량

지적재조사 추진의 조직을 보면 기본계획의 입안, 지적재조사사업의 지도·감독, 기술·인력 및 예산 등의 지원, 중앙위원회 심의·의결사항에 대한 보좌를 위하여 국토해양부에 지적재조사기획단이 발족되었다. 국토정보정책관이 단장을 맡고 그 아래에 부단장이 있으며 기획총괄팀과 사업지원팀이 설치되었다. 조직도는 〈표 5-2〉와 같으며 팀별 업무현황은 〈표 5-3〉에서 보는 바와 같다.

지적재조사사업의 지도·감독, 기술·인력 및 예산 등의 지원을 위하여 시·도에 지적재조사지원단을 둘 수 있으며, 실시계획의 입안, 지적재조사사업의 시행, 사업대행자에 대한 지도·감독 등을 위하여 지적소관청에 지적재조사추진단을 둘 수 있다.

지적재조사사업의 지도·감독, 기술·인력 및 예산 등의 지원을 위하여 시·도에 지적재조사지원단을 둘 수 있으며, 실시계획의 입안, 지적재조사사업의 시행, 사업대행자에 대한 지도·감독 등을 위하여 지적소관청에 지적재조사추진단을 둘 수 있다.

〈표 5-2〉 지적재조사기획단 조직표

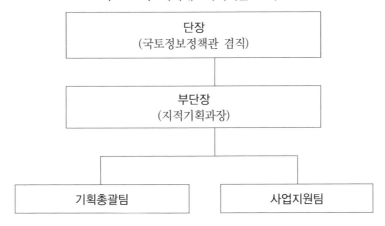

〈표 5-3〉 지적재조사기획단의 팀별 업무현황

팀명	내　용
기획총괄팀	• 기본계획 수립 변경 및 운영 • 특별법 및 관련 규정 운영 • 예산편성, 집행, 결산 등 예산관리 • 중앙지적재조사위원회 구성·운영 • 기금 조성·운영 추진 • 사업 관련 연구용역, 국제 협력 등 • 사업 홍보전략 수립 및 홍보물 제작 • 기획단 국회업무, 민원 등 총괄
사업지원팀	• 세계측지계 기준 성과 산출 • 지적재조사 성과관리 및 시스템 구축 • 지적재조사측량 기술개발 및 측량규정 • 공간정보체계 융·복합 및 연계활용 • 디지털지적 표준제도 및 서비스 표준화 • 지적재조사측량 수수료 산정·고시 • 불일치 지목조사 및 관리 • 지적기준점 및 경계점표지 관리 등

그러나 2016년 현재 지적재조사기획단은 기구를 개편하여 국토교통부 별도조직의 지적재조사기획단 기획관하에 사업총괄과 단일과로 운영되고 있다. 사업총괄과에서는 지적재조사사업 지원총괄, 예산 및 위원회, 지적재조사 행정시스템, 법령 제도 담당, 지적재조사 추진체계 개편, 지적재조사 국회 예산 관련 대외협력, 지적재조사 해외협력, 바른땅시스템, 지적재조사 사업지구 관리, 점검, 평가 및 사업비 예산배정, 결산, 지적재조사특별법 및 하위규정 운영, 임야지역 등 지적재조사 확대 방안 마련, 지적재조사 신기술 개발 등이다.

4) 지적재조사시범사업의 추진현황

(1) 디지털지적구축 시범사업

2008년부터 2011년까지 전남·광주 5개 지구와 15개 시·도에서 1개 지구씩 시범사업을 추진하였다. 시범사업 결과를 효율적으로 분석할 수 있도록 도시, 농촌, 도면축척, 측량원점 등 다양한 유형으로 〈표5-4〉에서 보는 바와 같이 16개 시도에서 20개 지구를 선정하여 디지털지적구축 시범사업을 실시하여 지적측량은 100% 완료하였다.

그리고 경계확정은 77% 완료하였으며, 9개 지구에서는 공부정리를 완료하였다. 일부 미완료 또는 진행 중인 지구의 경우 경계 및 면적의 변동에 따른 토지소유자의 부동의 등으로 현재 계속 협의·조정 진행 중에 있다.

기준점측량은 기존 측량성과가 양호한 지적삼각점(1,600점)을 GPS 상시관측소와 연계하여 세계측지계 기준으로 측량성과를 산출하였으며, 일필지 측량은 경계조정을 위한 지적현황측량을 실시하여 경계는 현실경계(49%), 도상경계(8%), 합의경계(43%)로 결정하였다.

〈표 5-4〉 디지털지적구축 시범사업 추진현황

(단위: 개, %)

구 분	사업량	지적측량	경계확정	공부정리
지구수	20	20	20	15
필 수	9,590	9,590	7,403	4,204
비율	100	100	77	44

(2) 지적선진화 선행사업

「지적재조사 기반조성 연구」용역결과 정책제언을 지적선진화사업에 적용하고 디지털지적구축 시범사업의 미흡한 사항을 보완하여 적용하기 위하여 2011년 5월~2011년 12월까지 〈표5-5〉에서 보는바와 같이 전국 3개 시·군에서 5개 지구를 대상으로 지적선진화 선행사업을 실시하였다.

2011년 12월 말 현재 지적재조사측량은 완료하였으며, 지적소관청에서 2012년 말까지 지적공부정리 완료를 목표로 추진하고 있다.

그리고 오산시 서랑지구에서는 현실경계보다는 경계선을 조정하여 권리면적을 확보하였으며, 함평군 학교지구에서는 점유하고 있는 현실경계로 확정하였으며 권리면적의 증감에 대해서는 조정금으로 정산하고 있다.

〈표 5-5〉 지적선진화 선행사업 추진현황

(단위: 개, 천㎡)

시·군·구	필지수	면적	불부합유형
경기오산	358	297	편위,불규칙
충남금산	99	231	위치오류
전남함평	647	265	편위,불규칙

2. 지적재조사사업의 추진성과

1) 2012년 사업성과의 개요

2012년 지적재조사사업의 추진성과는 지적재조사 특별법령의 시행이다. 주요내용을 살펴보면 추진배경으로 지적도상 경계와 실제경계 불일치로 경계분쟁 및 재산권행사 제약 등 국민 불편사항 해소와 세계측지계 디지털지적의 구축이다.[3]

추진실적은 2010년 8월 지적재조사사업 예비타당성 심사에서 권고사항으로 사업예산 과다, 법률제정, 추진조직 구성, 선행사업 등을 검토하여 추진하는 것으로 분석되었다. 이에 따라 「지적재조사에 관한 특별법」이 제정(2011.9.16)되었고, 「지적재조사에 관한 특별법령」 제정·시행(2012.3.17)하게 된 것이다.

「특별법」 시행(2012.3.17)에 따라 법·시행령, 시행규칙에서 국토해양부장관이 정하도록 위임한 사항을 구체화시켰다. 이때에 추진성과는 「지적재조사 측량규정」 제정·시행 (2013.1.2)으로 특별법 제11조 시행규칙 제5조 (측량의 기준, 방법 및 절차 등)이며, 「지적재조사 업무처리 지침」을 마련(2013.3.6)한 것이다.

그리고 실무추진반의 구성운영 및 관계기관 의견수렴 반영하여 확정하고 「지적재조사 사업대행자 선정기준」을 마련하여 국무총리실 사전 규제심사를 완료(2012.10.23~)한 것이다.

예비타당성조사의 주요내용[4]을 살펴보면 국민의 재산권 보호, 사회적 갈등해소를 위해 지

---

3) 지적경계분쟁으로 연간 약 3,800억원 소송비용 및 경계확인 900억원 국민부담하는 것으로 조사되었다.

적재조사사업의 사업계획, 기술적 타당성, 비용추정 등 정부에서 예비타당성 조사하여 사업기간 및 규모, 계획의 구체성·추진방식, 관련사업 연계성 등 종합적으로 판단한 결과 2030년까지 1조3,000억원 재정투입이 적정한 것으로 분석되었다.

주요 추진실적은 지적재조사사업 간이예비타당성 신청(2012.4), 기획재정부 및 KDI 사업계획 설명(2012.5.2~5.3), KDI 2차 사업(세부추진계획 보완제출) 계획협의 및 설명 (2012.5.17), 지적재조사사업 예타 자문위원(서울대) 토론회 개최 (2012.5.23) 등이다.

지적재조사사업 기본계획 수립의 주요내용을 살펴보면 기본방향, 시행기간 및 규모, 연도별 예산집행, 사업비 배분 등 지적재조사사업을 효율적으로 시행하기 위한 최상위의 계획을 모색한 것이다.

주요 추진실적은 지적재조사사업 기본계획(초안) 위원회 보고 (2012. 11), 지적재조사사업 기본계획(초안) 공청회 개최 (2012. 11), NGO 정책자문회의 개최 (2012. 12), 기본계획(안)에 대한 중앙지적재조사위원회 심의·의결(2013.2.14), 지적재조사사사업의 기본계획수립 및 관보고시 (2013.2.27) 등이다.

중앙지적재조사위원회의 운영 주요내용은 「지적재조사에 관한 특별법」 제28조 에 설치근거를 두고 장관(위원장) 및 산·학·연 관계자 등 16명의 위원으로 구성한다. 중앙지적재조사위원회는 지적재조사 관련 주요정책 심의·의결 등 기능을 한다.

추진성과는 제1회 중앙지적재조사위원회가 2012 년11월 27일 국토해양부 소회의실에서 개최되었으며, 이날 위원회 운영세칙 심의, 위촉장 수여, 지적재조사 기본계획(초안) 보고 등이 있었다. 제2회 때에는 지적재조사 기본계획 심의·의결, 2013년 지적재조사 추진계획 보고 등이 있었다.

「지적재조사에 관한 특별법」 제32조에 근거한 전담조직의 구성[5]의 주요내용은 법령운영, 기본계획수립, 사업지도·감독, 기술·인력·예산지원, 실시계획입안, 대행자 지도·감독 등 추진조직의 구성(국토교통부 : 지적재조사 기획단, 시·도 : 지원단, 시·군·구 : 추진단) 등이다.

추진성과는 기획단출범으로 2012년 4월 26일 지적재조사기획단 신설/정원 (1단 2팀 총16명) 등이다. 인력증원은 2013년 지자체 총액인건비 확정 및 신규 인력(100명)증원 등이다.[6]

홍보 컨텐츠 개발 및 보급의 주요내용은 공감대 형성에 두고 주민설명회 등 현장홍보에 활용할 각종 홍보물 제작, 사업 효과에 대한 국민체감도 제고를 위해 지자체 배포하였다. 즉, 사업홍보 동영상(4분), 프리젠테이션(주민설명회), 리플렛(동의서 징구 등이다.

---

4) 기획재정부에서 KDI에 사업계획 적정성 검토용역 (2012.9.20)
5) 공무원 5, 학계 5, 법조계 2, 유관단체 3, 갈등관리 1 ('12.10.25, 방침결정)
6) 지적재조사사업의 원활한 추진을 위해 약 795명(광역68명, 기초727명) 필요함

추진성과는 브랜드사업을 감성적으로 쉽게 이해할 수 있는 컨텐츠를 개발하였고 네이밍, 슬로건인 "바른땅" / "반듯하게, 가치있게, 행복하게": 토지경계가 바르게 되어 활용가치증대, 이웃간 분쟁 해소로 행복한 삶 표현으로 하였다.

<그림 5-2> 지적재조사사업 홍보컨텐츠

2) 2012년 사업추진의 성과

2012년 지적재조사사업의 추진내용은 2012년 「특별법령」을 기반으로 최초 시행하여 토지소유자 동의서 징구(80%), 사업지구 고시(100%), 재조사측량(98%) 완료 전체 추진율 76.1% 정상 진행 중(2012.12.31현재)이다. 총 사업비 30.4억원 중 28.2억원(94.8%) 집행하였다.

주요추진실적은 지적재조사 법령 교육 및 2012년 추진방향 교육, 2012년 지적재조사사업 추진사항 점검 회의 개최, 2012년 지적재조사사업 마무리를 위한 담당자 교육 등이다.

지적재조사선행사업의 완료실적은 경기 오산(서랑 1지구)의 지적공부 정리 및 등기촉탁(2012. 6월), (서랑 2지구) 조사측량, 경계조정 완료, 공부정리 및 등기촉탁(2012. 12월) 등이 있다. 그리고 충남 금산(대산, 황풍, 현내지구)은 지적공부 정리 및 등기촉탁('12. 6월), (역평지구) 조사측량, 경계조정 완료, 공부정리, 등기촉탁(2012. 8월) 등이 있고 전남 함평(학교지구)는 지적공부 정리 및 등기촉탁 (2012. 12월) 등이 있다.

추진성과는 일제잔재 청산과 지적주권 회복을 위해 세계측지계 기반의 디지털 지적으로 토지소유자간 이해갈등 없이 사업을 완료하였는데, 토지소유자 및 기관장의 적극적인 참여와 합의점 도출이 있었다.

추진결과 긍정적인 면은 실제이용현황으로 바로잡고, 도로가 없는 맹지해소, 토지경계를 정형화하여 국토의 효율적 이·활용 및 가치가 상승되었다. 전체 1,622필지 중 16.9%인 274필지가 가치상승이 되었고 도시계획 관련부서와 유기적인 협조체계로 현황도로와 관리계획선을 일치시킴으로써 도로개설에 따른 토지보상비 등 예산절감 효과가 나타났다.

부정적인 면은 산림, 농경지 등 지형에 따라 최신측량기술 적용에 일부 한계가 있으며 지상경계점등록부 작성 등 행정절차가 미흡하였다. 산림·농지법 등 관련법률 저촉으로 지목현실화의 추진에 제약이 있었다.

3) 최근 사업추진현황 및 실적

최근 지적재조사사업의 추진현황 및 실적(2012-2014년)을 종합해보면 〈표 5-6〉에서 보는 바와 같다.[7]

〈표 5-6〉 지적재조사사업의 추진현황 및 실적 (2012-2014년)

(단위: 개, 필지, 억원)

연도	지자체수	지구수	필지수	사업비	사업기간
계		492	146,380	277.1	–
2012년	58(16개시도)	66	18,010	30.4	'12. 7.12~'14.12.31.
2013년	189(17개시도)	331	102,446	200	'13. 6.27~'14.12.31.
2014년	77(17개시도)	95	28,335	46.7	'14.10.29~'15.12.31.

2012년 사업은 2014.12월말까지 사업이 완료되었어야 하는데, 완료율이 84%[8]로 대부분의 사업지구가 경계확정(66개중 62개 완료)후 이의신청기간중으로 빠른 시일내에 사업이 완료되도록 지속관리 필요가 필요하다.

그리고 미완료 7개 지자체(서울 동작, 부산 서구, 울산 동구(3)·울주(2), 강원 고성, 경북 상주, 경남 창원)로부터 향후 추진계획을 제출받아 관리되고 있다.

2013년 사업은 2014.12월말까지 사업이 완료되었어야 하는데, 완료율이 47%[9], 경계확정 58.6%로 실적이 미진(331개중 194개 완료)하여 지속관리가 필요하다.

특히, 서울 성동구는 사업추진을 위한 기본요건(소유자 2/3이상 동의)을 갖추지 못해 사업을 포기하고 사업비를 반납(2014.10. 41백만원)하는 사례도 있다.

미완료 173개 지자체로부터 향후 추진계획을 제출받고, 완료율이 높은 전남, 충남 등과 비교·분석하여 사업관리방안를 마련하는 것이 필요하다.

2014년 사업 예산의 수시배정으로 인해 국고보조금이 늦게 지자체에 교부(2014.10.29.)되어 대행자 선정단계에 있으나, 24개 지구는 재조사측량에 착수한 상황으로 다소 높은 공정율을 보이고 있다. 신규착수 지역의 원활한 사업추진을 위해 업무담당자에 대한 업무연찬회 등을 개최하여 사업의 효율성을 제고할 필요성이 있다.

---

7) 국토교통부, 지적재조사사업 주요 추진실적, 2015.
8) 66개 지구중 56개 지구 공부정리 완료 15,971필지 16,147천㎡
9) 331개 지구중 158개 지구 공부정리 완료 44,572필지 147,176천㎡

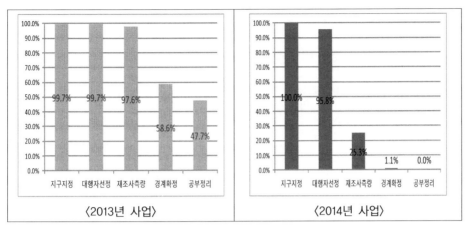

〈그림 5-3〉 지적재조사사업 추진 공정율

한편, 세계측지계변환의 사업개요를 살펴보면 〈표 5-7〉에서 보는 바와 같이 사업물량이 3,240만 필지(전체 3,793만 필지중 집단불부합지 553만필지 제외)이다.

지자체는 "측량·수로조사 및 지적에 관한 법률" 및 세계측지계변환의 종합계획(2014.7.31)에 따라 2020년말까지 동경측지계를 세계측지계로 변환할 계획이다.

〈표 5-7〉 세계측지계변환의 사업물량

(단위: 필지, %)

1단계('13년): 선행사업			2 단계('14~'15): 수치 지역			3단계('16~'20): 도해지역		
사업완료	완료	누적	사업대상	완료	누적	사업대상	완료	누적
25만 필지	0.8	0.8	173만	5.4	6.2	3,042만	93.8	100

현재까지 추진실적은 220개 지자체가 직접수행을 통해 862개 지구 141만필지(4.4%)를 완료하여 576천만원의 예산절감효과를 거두었고 특히, 부산·경기지역은 기초 지자체 인력으로 세계측지계변환의 기동반을 구성·운영하여 효율적·성공적으로 변환 사업을 추진하였다.

3) 예산편성 및 향후 검토계획

최근 지적재조사사업 연도별 예산편성 현황은 〈표 5-8〉에서 보는 봐와 같다. 지자체는 세계측지계변환 등 직접수행을 통한 예산 절감방안(총사업비 13,017억원→10,257억원으로 △2,760억원(21%) 절감)을 마련하여, 재정당국과의 합의를 통해 안정적 예산(2012년(34억원) → 2013년(215억원) → 2014년(80억원)→ 2015년(150억원, 전년대비 188% 증액) 편성기반 마련하여야 한다.

<표 5-8> 연도별 예산 편성현황

(단위: 백만원)

연도	계	2012	2013	2014	2015
계	47,940	3,400	21,500	8,040	15,000
일반운영비	835	43	120	136	136
연구개발비 (시스템구축비)	5,351 (4,200)	317 (-)	1,380 (1,100)	2,904 (1,600)	2,150 (1,500)
지자체 경상보조	40,754	3,040	20,000	5,000	12,714

* 주: 시스템 유지보수비, 자산취득비는 연구개발비에 포함

2015년 지자체 예산 편성현황을 살펴보면 재정당국과의 합의로 국고보조금의 일부를 지방비로 부담(10%) 하게 되어, 2015년 지방비 편성현황을 확인한 결과 17개 광역 지자체 모두가 부담비율을 충족하여 예산[10])을 편성하였다.

2015년 국고보조금 교부계획은 사업비 150억원 중 국고보조금 12,714백만원은 정시배정(6,714백만원, 2월)과 수시배정(6,000백만원, 2/4분기)으로 분할하여 지자체에 교부한다.

그리고 2015년 사업의 원활한 사업추진을 위해 동의서 징구율, 2014년 평가결과, 지자체 의견 등을 반영하여 교부 우선순위를 결정한다.

지자체 전담인력 충원을 살펴보면 전국의 지적재조사 전담인력 증원대상을 714명으로 확정하고, 2015년에 27명(대구 1명, 경기 2명, 강원 1명, 충북 3명, 전남 10명, 경북 10명)을 총액인건비에 반영하여 충원(2013년 100명, 2014년 27명 포함 총205명)하기로 계획 중이다.

충원 인력을 기초로 광역·기초 지자체에 팀 단위 전담조직[11])의 신설 및 증원 인력이 조속히 충원되도록 지속적인 지원·독려 추진

그리고 공정조정관련 관리카드의 작업공정[12])중 조정금의 정산은 지적공부정리 후 공정으로 공부정리 전에 위치하는 것은 맞지 않아 조정할 필요성이 있다.

조정금의 정산을 조정금의 산정으로 용어를 변경하고, 조정금의 정산 공정은 제외하는 것이 타당 ⇒ 조정금의 정산에 따른 지급·징수는 별도 대장관리 중이다.

사업포기 방지관련 2013년 사업 중 기본요건인 토지소유자 2/3 이상 동의를 얻지 못해 사업

---

10) 국고보조금 12,714백만원 대비 지방 직접사업비는 3,695백만원(29%)이며, 조정금 및 감정평가료 등 간접사업비를 포함한 지방비 총액은 24,962백만원임
11) 팀 설치 현황을 보면 광역 17개중 7개(41%), 기초 212개중 92개(43%) 완료하였다.
12) 공정(100%): 실시계획수립(5%)→동의서 징구(30%)→지구지정(5%)→대행자선정(5%)→재조사측량(30%)→경계확정(5%)→조정금정산(15%)→공부정리(5%)

을 포기하고 예산을 반납한 사례가 발생하여 추가 동일한 사례가 발생하지 않도록 재발 방지 대책 마련이 필요하다. 2015년 사업지구는 국고보조금 교부前에 동의서 징구여부 등을 확인하여 예산을 배정할 계획이다.

그리고 세계측지계변환의 지원관련 목표물량을 이행하지 않은 전북, 경남 등 일부 지자체에 대한 사업추진 지원방안 마련이 필요하며, 세계측지계변환의 기술지원 T/F 및 자문위원을 구성하여 상시적 지원체계의 마련 필요하다.

3. 지적재조사사업의 세부추진계획

1) 2013년도 사업의 추진계획

(1) 추진개요

2013년 2월 27일 「지적재조사에 관한 특별법」 시행, 「기본계획」 확정·고시됨에 따라 2013년 사업은 본 궤도진입으로 국민행복 맞춤형 정책으로 발전하였다. 2012년 사업·선행사업 효과 등을 2013년 사업에 적용하여 국민이 체감하는 현실적이고 실용적인 성과를 도출하여 지원 체계를 마련하였다.

지적재조사 사업지구의 통일된 추진일정, 방향, 일필지조사·경계확정 등 전국 사업지구의 일관성 유지 및 사업 조기 완료하는 방향으로 추진하는 것이다.

국민행복 맞춤형 지적재조사사업 본궤도 진입

12대 중점과제

'13년 사업 본격추진	사업기반조성	행정·기술지원
▷ 경계분쟁 해소 재산권 보호 ▷ SOC 사업연계 검토 ▷ 사업추진체계 개선 ▷ 시스템 구축·운영	▷ 소유권 공시제도 확립 ▷ 사업의 표준절차 정립 ▷ 국·공유지 관리방안 마련 ▷ 디지털 지적 표준(안) 마련	▷ 전문교육과정 개설 및 교육 ▷ 조직 및 인력확보 ▷ 기술·제도개선 연구추진 ▷ 기술·장비 국산화 방안마련

〈그림 5-3〉 지적재조사사업 비전과 목표

(2) 주요내용

지적재조사사업은 2012년 시범사업을 시작으로 2013년부터 본격 추진되었다. 지적공부의 등록사항을 바로잡아 경계분쟁 및 재산권행사 제약 해소 및 타 공간정보와 융·복합을 통한 행정의 효율성 향상시키고자 2013년에는 지적불부합지 해소가 시급한 지역을 우선 정비하는 것이다.[13]

중소도시 정비사업, SOC 사업 등과 연계하여 사업에 필요한 토지 조정을 원활하게 하고 재조사사업의 효율성을 제고하고 향후 국가·지자체·공공기관에서 시행하는 모든 SOC사업 등을 지적재조사 측량방법으로 지적공부를 작성하여 예산절감 효과를 창출하는 것이다. 정부는 도로·철도·하천 등 국가예산 중 2013년 국토교통부 SOC예산 23.1조원이 투입되었다.

국고보조금 집행절차 및 일하는 방식 개선 등 사업 추진체계를 개선하여 당해연도 사업을 조기에 완료하고 사업의 효율성을 제고하며, 자체 국고보조금 배정 전에 실시계획 수립 및 동의서 징구 절차를 우선 준비하는 등 지적재조사사업 추진 절차 개선 시행한다. 그리고 실시계획수립 및 동의서 징구 지연으로 인한 사업 착수지연을 사전에 예방한다.

새로운 지적공부 등록관리와 지적재조사사업 정보를 인터넷 등으로 실시간 열람할 수 있도록 공개시스템 구축·운영하며, 지적재조사 공개 자료 연계시스템 및 자료공유체계를 마련할 필요가 있다. 이는 한국토지정보시스템(KLIS), 시군구 지적행정, 부동산행정정보일원화, 국토정보시스템 연계 활용하는 것이다.

그러기 위해서는 우선, 지적재조사사업의 기반을 조성하는 것이다. 재조사사업 완료지역의 경계분쟁을 미연에 방지하고 소유권공시제도 확립을 위해 "토지의 경계표시에 관한 법률(가칭)"제정 추진한다. 토지소유자 등이 등록 당시의 지상 경계점을 확인할 수 있도록 경계점 표지등록부의 작성 기준 및 관리 방법 등을 규정한다.

그리고 지적재조사사업의 정책방향 설정 및 체계화를 위한 기본계획을 수립하고 사업의 표준절차 정립 등을 위한 관련 규정 제정을 추진한다. 2030년까지 37백만 필지를 차질 없이 정비할 수 있는 제도적 기틀 마련한다. 법령 해설서, 대행자 선정기준, 지적재조사 업무규정, 등기촉탁기준 등을 정하는 것이다.

국·공유지 토지이용현황과 토지정보의 불일치 문제점 해소 등을 위한 국·공유지의 효율적 관리방안 마련하며 폐도로, 폐하천 등 국·공유지 지목을 현황에 맞게 정비하고, 국·공유지 매각제도를 개선하여 원활한 사업관리 지원한다. 즉, 관련부처 기획재정부, 안정행정부 등과 협의하여 용도폐지 간소화 및 수의매각 조건 완화 등을 추진한다.

국제수준의 지적정보 품질관리를 위한 디지털 지적 표준(안) 마련하며, 지적정보의 다양한 활용을 지원하고 국제표준화에 부응할 수 있도록 ISO19152 LADM[14] 기반의 표준모델과 품질

---

13) 2012년은 66개 지구 34억원이 투입되었고, 2013년에는 약 400개 지구 215억원이 투입되었다.

관리방안 마련한다.

둘째는 안정적 사업 추진을 위한 행정·기술지원을 적극적으로 도모한다. 지적재조사사업을 중장기적으로 추진해나갈 수 있는 전문인력 양성을 위해 전문교육기관에 전문 교육과정 개설 및 교육을 실시한다. 국토교통인재개발원, 지적공사 지적연수원 등에 전문과정을 신설한다.

교육인원은 지적재조사과정 연2회 80명, 지적재조사실무과정 연4회 140명, 전국 지적담당 공무원 및 사업대행자 대상 5개광역권(서울권, 수도권, 충청권, 호남권, 영남권) 교육 및 담당 공무원 워크숍 등을 개최한다.

시·도의 지적재조사지원단 및 시·군·구의 지적재조사추진단의 조직 및 인력을 확보하여 차질 없는 사업추진을 지원한다. 2012년에 행안부 협조를 받아 지자체 지적재조사 소요인력 100명 확보·지원하였다.

지적재조사사업에 직접적으로 활용 가능한 최첨단 지적정보 취득기술 개발 및 관련 제도개선 등을 위한 기반연구를 추진한다. 산·학·연·관 협력을 통한 과제 발굴로 선정 단계부터 구체적인 실행방안까지 선순환 체계를 마련하여 실효성 있는 연구결과 도출한다.

지적재조사사업 기본계획의 제도 및 기술 부문에 부합한 연구과제를 발굴하며 측량기술 및 장비 개발 추진으로 한국형 지적재조사사업을 완성할 수 있도록 국내 실정에 맞는 측량장비와 SW개발·보완하여 측량장비 국산비율 확대로 공간정보산업 활성화 방안 마련이 필요하다.

2) 2013년 사업의 세부추진 내용

(1) 개요

지적재조사사업 기본계획 고시 및 관련규정 제정에 따른 사업추진 동력 완비로 법령사항을 준수하여 지적재조사사업 본 궤도에 진입한다. 지적재조사사업의 추진방향·기준·절차 등을 마련하여 국민행복 맞춤형 사업 효과를 체감할 수 있는 결과 도출로 사업의 일관성을 유지한다.

(2) 국토교통부

국토교통부는 2012년 사업을 마무리하고 2013년 지원체계 확립, 사업 본격추진, 사업 추진 활성화, 효율적 추진 및 기반마련, 미래 성장동력 정책지원, 업무·예산집행 점검 등 그리고 2014년 사업준비 철저, 추진체계 개선, 2014년 적정수수료 고시사업을 추진한다.

① 2012년 사업 마무리

2012년 사업범위를 살펴보면 사업예산은 3,040백만원이며, 대상지구는 66개 사업지구 (17,845필지, 334,954천㎡)이다.

---

14) LADM(Land Administration Data Model) : 필지중심의 데이터 관리목적으로 개발된 모형

〈표 5-9〉 2012년 사업지구의 현황

(단위: 개)

서울	부산	대구	인천	광주	대전	울산	경기
4	3	2	1	3	2	5	6
강원*	충북	충남	전북	전남	경북	경남	제주
14	2	3	4	5	5	6	1

* 주: 강원도3개 시·군(동해, 태백, 영월군)은 동일행정구역내 별도로 지구 구분

〈표 5-10〉 2012 추진실적의 현황

	구분 (비중)	추진율	완료	미완료	공 정 표(%)									
					10	20	30	40	50	60	70	80	90	100
사업추진실적	① 실시계획수립 (5%)	100%	66											
	② 동의서징구 (30%)	98%	65	1										
	③ 사업지구지정 (5%)	98%	65	1										
	④ 대행자선정 (5%)	98%	65	1										
	⑤ 재조사측량 (30%)	98%	65	1										
	⑥ 경계확정 (5%)	90%	1	65										
	⑦ 조정금정산 (15%)	2%	1	65										
	⑧ 공부정리 (5%)	2%	1	65										

* 주: 추진율 : 단계별 추진율 × 추진실적 구분(비중)의 합

2012년 추진실적은 지적재조사 사업 예산 시·도 배정 (3. 9), 지적재조사 법령 교육 및 2012년 추진방향 교육 (6. 19~20), 지적재조사 추진지침 통보 (7.12), 담당자 지정 운영·통보 (8.3), 지적재조사사업 추진지침교육 (9.12), 추진사항 점검 (10.9), 지적재조사사업 담당자 교육 (11. 9), 의사소통 채널구축 (12. 5), 지적재조사사업 지구별 추진실적 점검 (12.3 ~ 12.12), 지적재조사사업 사업지구별 관리카드 작성 (12.31), 기관장 관심도 제고 및 토지소유자 의견 청취(12.11~), 사업 원년임에도 불구하고 전체 추진율 76.1% 정상 진행중 (2012. 12.31현재) 이다. 총사업예산 30.4억원 중 92.5% 예산집행 완료하였고 나머지 2.2억원은 사업마무리에 필요한 운영비로 상반기 집행완료 예정이다.

그리고 추진일정은 경계조정·결정, 조정금 산정, 위원회 개최, 이의신청 접수·처리, 지적공부 정리, 등기촉탁 등 사업 조기완료 지원 (2013. 1~6월), 의사소통 채널을 통한 진도율 관리 및 지구별 사업관리 카드를 작성하여 실시간 사업진행사항 모니터링 (2013.1~마무리까지), 우수사례 및 부진사업지구 독려와 지적재조사사업에 대한 국민여론 동향파악을 위한 업무지도 및 민생탐방 추진(2013. 1~6월) 등이다.

활용방안은 사업지구별 다양한 수범사례를 조사하여 홍보 종합계획에 반영하고, 대국민 인지도 제고와 공감대 형성자료로 활용하며, 법령, 업무규정, 측량규정 및 Q&A 등을 보완하고 선행사업 분석결과를 2014년 사업계획에 반영한다.

② 2013년 지적재조사사업 추진
가. 지원체계의 확립

지적재조사사업 지원체계의 확립을 위해서 2014년 지적재조사사업 예산의 안정적 확보와 지적재조사에 관한 특별법령 개정 등 제도개선 추진하는 것이다. 그리고 지적재조사 기본계획 등 지적재조사사업에 관한 주요 정책을 심의·의결하기 위한 중앙지적재조사위원회 운영 활성화를 추진하는 것이다.

또한 사업추진에 필요한 중앙 및 지자체 사업집행부서조직(인력) 확보로 지적재조사사업의 안정적 추진이 필요하다.[15] 지적재조사사업의 원활한 추진을 위하여 지자체별 매년 총액인건비 내에서 필요 인력·조직 등 지자체 자구노력의 지원도 검토되어야 한다.

그리고 지적재조사 사업에 대한 국민의 올바른 이해와 공감대 형성, 사업지역 주민·이해당사자 등의 자발적 참여와 동의를 위한 홍보활동의 전개가 필요하며, 지적재조사사업의 차질 없는 수행을 위하여 업무 담당 공무원 및 유관단체 교육이 필요하다.

---

15) 시·도(50만이상 대도시 포함):「지적재조사지원단」, 지적소관청 :「지적재조사추진단」 조직과 운영에 관하여 필요한 사항은 해당 지방자치단체의 조례로 정하도록 규정

나. 2013년 지적재조사사업 본격 추진

지적재조사사업에 필요한 일필지측량비, 각종 위원회[16] 운영비, 동의서 징구 및 측량성과 검사 등에 필요한 직접경비 등을 위한 지방자치단체 보조금 배분 하는 것이다.

그리고 지적불부합지의 정리사업으로 지자체에서 신청한 338여개 사업지구 중 주민 불편이 심한지역을 우선 사업지구 선정하여 본격 시행한다. 사업 초기임을 감안하여 지적소관청 담당자가 사업을 이해하고 법령을 숙지할 수 있도록 사업지구 선정시 고려한다.

또한 세계측지계의 변환 선행사업의 추진하는데, 동경측지계 기준의 지적경계를 세계측지계의 기반으로 변환하기 위한 방법과 절차를 검증하여 시행착오를 사전에 예방한다. 세계측지계의 변환 완료된 지적도의 필지경계와 항공사진을 비교하여 부합여부를 검사하고, 개별불부합지의 추출 및 정리방안을 도출한다.

다. 사업추진의 활성화

사업추진의 활성화를 위해서는 첫째, 국가·지방자치단체에서 시행하는 SOC사업과 도시정비사업 등과 연계하여 사업의 효율성과 경제적 효과를 도출한다.

국민 재산권을 효과적으로 보호하고 지역경제 활성화를 촉진하기 위해 주민의 수요와 지역발전에 적합한 지적재조사를 추진한다. 국민복지 향상을 위한 지방 중소도시 정비사업 등과 유기적으로 연결하여 추진할 수 있는 업무영역을 발굴한다.

둘째, 지적재조사 행정시스템을 구축한다. 지적재조사 사업관리, 행정정보 공동 활용 및 토지소유자 등에게 추진사항 공개를 위한 특화된 시스템을 구축한다. 사업지구 지정부터 경계결정과 조정금 산정 등 일련의 업무를 정보 시스템화하여 국민과 소통할 수 있는 채널을 통해 투명성을 확보한다.

추진계획은 토지소유자가 의견제출, 경계결정, 조정금 산정 등 의사결정과정에 참여하는 양방향 공유시스템을 구축하여 갈등요인을 해소하는 것이다.

셋째, 지적재조사사업 추진체계를 개선한다. 지적재조사사업은 2030년까지 계속 사업으로 당해 연도 사업을 조기에 완료하여 사업의 연속성을 유지할 필요성이 있다. 그러기 위해서 2014년 지적재조사사업을 당해연도 예산집행 및 사업완료할 수 있도록 국고보조금 교부 및 집행절차와 일하는 방식을 개선한다.

추진계획은 국고보조금 배정이후 실시계획 수립 및 동의서 징구 절차를 전년도에 우선 준비하도록 사업추진 절차를 개선하여 시행한다.

넷째, 지방자치단체가 직접 수행하는 기반을 마련한다. 중·장기적으로 지적소관청 공무원이 세계측지계 좌표변환 업무(개별불부합지 재조사측량 포함) 수행능력 기반을 조성한다. 국

---

16) 시·도, 시·군·구 지적재조사 위원회, 경계결정위원회, 토지소유자 협의회 등

책사업을 직접 수행하여 예산절감 및 사업기간을 단축하고, 공직자의 성실의무로 안정된 고품질의 성과를 도출한다.

특별법 제5조 제1항 지적재조사사업은 지적소관청이 시행하며, 최신기술습득, 지침마련, 좌표변환 선행사업 등에 참여하여 직접수행 능력을 갖춘 시·도별 전문가를 양성한다.

라. 효율적 추진을 위한 기반마련

효율적 추진을 위한 기반마련을 위해서는 첫째, 국·공유지의 토지이용현황과 토지정보 불일치 등의 문제점을 해소하여 효율적으로 관리하기 위한 방안을 마련한다. 여러 필지로 관리되는 국·공유지를 합병하여, 측량에 소요되는 예산을 절감하고, 공공용지 등은 쉽게 지목변경 할 수 있도록 관련규정을 보완한다. 추진계획은 사업 지구 내 공공용지 지목변경, 폐도로, 폐하천 등 국·공유지를 정비하고, 매각제도 개선 등 효율적 관리방안을 마련한다.

둘째, 지적정보의 품질관리를 위한 디지털 지적 표준(안)을 마련한다. 지적정보의 다양한 활용을 지원하고 국제표준화에 부응할 수 있도록 ISO19152 LADM[17)]기반의 표준모델과 품질관리방안 마련하는 것이다. 추진계획은 지적재조사사업으로 생성되는 지적정보의 품질 평가 항목을 도입하여 선진규격의 디지털 지적 표준 제정(안)을 마련한다.

셋째, 경계점표지등록부 작성·관리 방법을 마련한다. 재조사사업이 완료된 지역은 토지소유자 등이 등록당시의 경계점을 확인할 수 있는 경계점표지등록부 작성·관리한다. 추진계획은 경계점표지등록부 작성 실태와 유형을 분석하여 경계분쟁을 미연에 방지하고 소유권공시제도의 확립을 위한 가칭 "토지의 경계표시에 관한 법률" 제정(안)을 검토한다.

넷째, 지적공부 정리와 등기촉탁 기준을 마련한다. 사업완료 공고가 있을 경우 지체 없이 기존 지적공부를 폐쇄하고 새로운 지적공부를 작성하여 등기촉탁 한다. 국민의 재산권을 보호하고 지적공부와 등기부등본의 토지표시사항과 소유권사항을 일치시켜 공적장부의 신뢰성을 확보한다.

추진계획은 기존지적공부의 토지이동사유(시행신고, 폐지, 폐쇄 완료 등)와 새로운 지적공부 작성 및 등기촉탁에 필요한 관련코드를 신설한다.

마. 인력양성을 위한 전문 교육기관 지정

인력양성을 위한 전문 교육기관 지정을 위해서는 첫째, 지적재조사사업을 중장기적으로 추진해나갈 수 있는 전문인력을 국가차원에서 교육할 수 있는 전문기관이 필요하다. 지적재조사사업의 이해와 최신 측량기술 습득을 통해 획일적인 사업추진과 토지소유권 분쟁 조정자 역할

---

17) LADM(Land Administration Data Model) : 필지중심의 데이터 관리목적으로 개발된 CCDM(Core Cadastral Domain Model)을 토지 행정과 활용에 맞도록 발전시킨 모형

에 대한 전문교육을 실시한다.

추진계획은 지적재조사사업의 성공적 추진과 사업의 조기정착을 위한 사업시행자 및 사업대행자 기술향상 방안을 마련한다.

둘째, 지적재조사사업 지속발전을 위한 제도 및 기술연구를 도모한다. 사업 추진에 직접적으로 활용 가능한 최첨단 기술개발·관련제도 개선사항 등 기반연구를 통해 지속발전 방안을 마련한다. 산·학·연·관 협력을 통한 과제 발굴로 선정 단계부터 구체적인 실행방안까지 선순환 체계를 마련하여 실효성 있는 연구결과 도출한다.

추진계획은 과제의 활용가능성, 시급성, 중요성, 기본계획의 부합성 등을 고려하여 산·학·연·관의 과제 선정위원회에서 선정한다.

셋째, 한국형 측량기술 및 장비개발을 추진한다. 위성측량 장비개선 및 신기술 개발로 측량장비 국산 비율 확대 및 신기술 접목으로 한국형 지적재조사사업을 완성한다. GPS 장비개발에 필요한 환경조성과 지원체계를 구축하고, 신기술을 적용하여 재조사 측량의 정확도 및 신뢰도 향상 추진한다. 추진계획은 국내 실정에 맞는 측량장비와 SW개발·보완하여 측량장비 국산비율 확대로 공간정보산업 활성화 방안 마련한다.

마. 업무지도 및 추진사항 점검

2012년 사업완료 및 2013년 사업의 원활한 추진을 위하여 부진사업지구 독려 및 우수사례를 발굴하여 제도개선사항을 도출한다. 2012년 사업추진 업무 절차별 우수사례를 집약하고, 추진사항 및 2013년 예산집행 점검을 통해 사업추진 표준(안) 마련하며, 추진계획은 사후점검보다 예방위주의 업무지도를 추진한다.

③ 2014년 지적재조사 사업 준비 철저

가. 지적재조사 사업 추진체계의 개선

추진배경은 선행사업 및 2012년 본 사업 추진결과 토지소유자 동의서 징구, 경계확정 등 토지소유자의 권리보호를 위한 사업기간이 절대부족 함을 극복한다. 국민의 소중한 재산권 보호와 한정된 사업기간(2030년)내에 성공적으로 사업을 마무리하기 위하여 행정절차와 일하는 방식개선이 필요하다.

추진계획은 국고보조금 교부 이후 실시계획 수립 및 동의서 징구 절차 등 행정절차를 전년도에 우선 시행하도록 사업추진 절차를 개선 시행한다.

나. 2014년도 지적재조사사업 적정 수수료 고시

새로운 측량방법(위성측량), 세계측지계의 변환 선행사업 추진 시 정확한 품셈을 조사하여 지적재조사측량 적정수수료를 고시한다. 「통합법」 제106조제3항 지적측량 수수료는 매년 12월 말까지 국토교통부 장관이 고시하며, 지적재조사 측량수수료는 측량뿐만 아니라 현황조사,

세계측지계의 변환 등의 수수료체계를 재 정의하여 지적측량 수수료와 구분한다. 추진계획은 소요인력, 최신장비투입, 업무시간, 물가상승률 등을 종합적으로 반영하여 현실에 적합한 수수료를 책정한다.

(3) 시·도

시·도는 지적재조사사업종합계획을 수립하여 지적재조사 기본계획 관보고시 한다. 그 배경은 지적재조사사업의 안정적 사업 추진을 위해 사업의 지도·감독, 기술·인력 및 예산 지원, 우선사업지구 지정 등을 포함하여 종합계획을 수립한다.

수립방향은 기본계획의 기본방향, 비전 및 목표, 세부실천과제 등 내용을 구체화하여 시·도별 특성에 맞는 실현가능한 종합계획을 수립하며 시·도지사는 5년마다 종합계획 타당성을 재검토하여 정비(인구50만 이상 대도시 포함)한다.

시·도별, 사업물량에 따른 시·군·구별 연도별 추산액, 배분계획, 사업지구 지정의 세부기준 등 실질적인 사업지원 방안 마련

지적재조사사업의 수립절차는 〈그림 5-4〉에서 보는 바와 같고 추진일정은 시·도 지적재조사사업 종합계획(안) 수립(3~6월), 종합계획(안) 시·군·구 및 관련부서 의견수렴(7월), 시·도 지적재조사 위원회 심의 의결(8월), 종합계획 고시 및 시·군·구 통보(8~9월)한다.

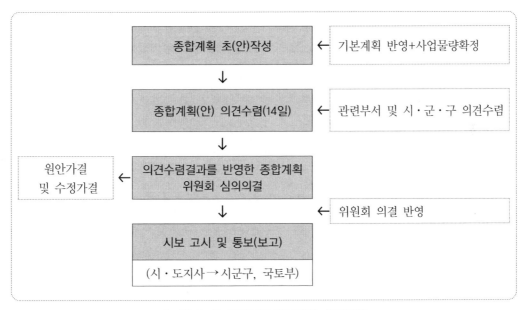

〈그림 5-4〉 지적재조사사업의 추진절차

그리고 2012년 지적재조사사업지구의 관리는 현재 경계조정·확정, 조정금의 산정, 일필지 조사서작성, 경계점표지 등록부 등 사업 추진율 관리 및 새로운 공부작성 등을 적극지원하고 있어 재조사측량이후 사업 추진율 76.1%에서 정체하고 있지만, 지적재조사 측량규정, 업무지침을 활용하여 교육을 실시하고 있다.[18]

사업지구의 주요내용은 지적재조사 커뮤니티 상시 모니터링, 현장방문 애로·건의사항 등 사업지구 의견을 적극 수렴하여 해결방안을 마련하고, 추진일정은 사업추진 부진내용 및 현황 파악 (3월), 2013년 6월 사업완료 방안마련 (4월), 2012년 사업지구 완료보고 (6월~) 등이다.

2014년 사업지구 대상지 조사 및 추진체계 개선지원으로 그 현황은 전국 시·군·구에서 1개 지구 이상 2014년 지적재조사사업을 추진할 수 있도록 사업계획 수립 및 사전준비를 한다.

그 주요내용은 2014년 지적재조사사업은 당해 연도에 사업을 완료하기 위하여 추진체계를 개선하고, 보조금 교부 및 일하는 방식을 개선한다. 실시계획 수립, 동의서 징구 등은 2013년도에 우선 준비하여 국고 보조금 배정 즉시 사업지구 지정·고시될 수 있도록 업무지도를 한다.

추진일정은 시·군·구별 2014년 사업신청서 제출 (4월), 시·군·구별 업무지도 (5~10월)하며, 사업지구 지정(4~6월중), 근거법률 「지적재조사특별법」 제7조, 시행령 제6조이다.[19]

방법은 2013년 사업동의서 징구 등 지적소관청별 사업지구 지정신청 일자가 다를 경우 최대한 취합하여 위원회 심의·고시하며, 일정을 맞추지 못하는 일부 지적소관청은 서면 심의 등 방안 강구한다.

지적재조사사업의 지정절차는 〈그림 5-5〉에서 보는 바와 같고 추진일정은 지적소관청은 사업지구 지정신청 (5. 30일까지), 시·도 지적재조사 위원회 심의·의결 (6월), 사업지구 지정 고시 및 국토교통부 결과보고(7. 15일까지) 한다.

---

18) 지적재조사 측량규정 ('13.1.2시행), 업무지침('13.3.6시행) 등 제정 시행함

19) (지적소관청) 실시계획을 수립하여 시·도지사에게 사업지구 지정 신청, (시·도) 30일 이내 위원회의 심의·의결 결과를 지적소관청에 통보

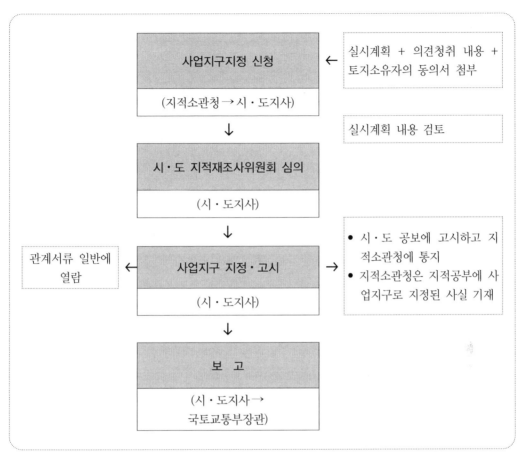

〈그림 5-5〉 지적재조사사업의 지정절차

지적재조사 기준점 성과검사(9월중)는 근거법률 「지적재조사특별법」 시행규칙 제6조제4항이다.[20)]

기준점관측은 위성측량방법으로 재조사 측량시 상공장애가 있거나 위성신호를 수신할 수 없는 경우에 기준점 관측 사용하며, 측량 성과검사 방법은 지적재조사측량규정을 적용한다.

성과검사는 측량계획도 작성유무 및 위성측량 방법으로 재조사 측량이 불가한 지역인지를 우선 판단하여 기준점 성과검사 시행하며, 지적재조사 기준점 측량성과와 검사측량 결과의 연결교차가 ± 0.03미터 이내일 경우 최종성과 인정, 측량 성과검사 방법은 지적재조사측량규정을 적용한다.

---

20) (지적소관청) 지적재조사 사업을 위하여 지적기준점 측량을 완료한 경우 지체 없이 시·도지사에게 측량성과에 대한 검사 요청, (시·도) 지적기준점의 성과검사를 위한 기초자료조사 및 현장검사를 실시하고, 성과결정에 이상이 없을 때에는 지적소관청에 통지함

추진일정은 (사업대행자) 기초측량 및 지적소관청에 검사요청 (7월), (지적소관청) 시·도에 검사요청 (7월), (시·도) 측량검사 실시 및 관보 고시한다.

세부측량 검사는 시·도에서 소관청의 인력·장비 등을 사전점검 하여 검사계획 수립 추진한다. 검사 환경조사(인력·장비) : 8월, 검사계획 수립 : 8월, 시·군·구에서 검사요청 : 8월, 시·도 검사 완료 : 9월이다.

4. 지적재조사사업의 기본계획

1) 2015년 지적재조사 추진계획[21]

지적재조사사업은 토지의 실제경계와 지적경계가 일치하지 않는 지적공부의 등록사항을 바로 잡고, 종이에 구현된 지적을 디지털지적으로 전환하여 국토를 효율적으로 관리하고 도민의 재산권을 보호하기 위함이다.

추진목적은 일제강점기 조세수탈 목적의 지적도를 21세기 글로벌시대에 맞는 지적공부로 재작성하여 일제잔재 청산을 통한 국토의 주권실현에 있다. 100년전 낙후기술로 작성된 종이 지적도의 정밀성 한계로 발생한 토지의 현장경계와 지적경계가 일치하지 않는 지적불부합지의 해소에 있다.[22]

종이도면기반의 아날로그 지적도의 디지털화를 통해 타 공간정보와 융·복합 활용을 활성화 할 수 있는 한국형 스마트지적의 완성이다.

추진방침은 재조사측량을 통해 경계분쟁 및 민원이 유발되고 있는 집단적 불부합을 해소하는 것이다. 또한 지역을 우선·선정추진 및 사업지구별 당해연도 사업완료 기반을 조성하는 것이다.

그리고 세계측지계의 변환을 통한 도해지역의 정확한 변환성과 확보 및 효율적 사업을 추진하는 것이다. 추진방안 모색을 위한 소관청별 다양한 유형의 사업지구를 선정·추진한다.

또한 지적확정측량을 통해 개별법령에 의거 추진하는 모든 개발사업지에 대한 지적확정측량은 세계측지계의 성과로 작성한다.

사업개요는 사업기간은 2012 ~ 2030년(19년간)이며, 대상은 224만필지 / 7,407㎢(전국 3,761만필지 / 100,037㎢), 총사업비는 1,025억원(전국 1조 3천억원), 추진방법은 지적재조사 측량, 세계측지계의 변환, 지적확정측량 등이다. 추진내용은 공부상 토지경계와 실제이용 경

---

21) 충청북도, 2015년 지적재조사 추진계획, 2015.
22) 전국은 3,753만필지 중 554만필지(14.8%, 6,130㎢), 충북북도는 224만필지 중 55만필지 (24.6%, 562㎢)

계를 일치하게 재조사 등록이다.

2) 충북지역의 추진실적 사례

2012년 지적재조사 사업이 완료(2개 지구 / 1,306필지) : 2014. 6월, 조정금 정산 : 15.4억원(지급 6억원, 징수 9.4억원, 수입 3.4억원)되었고, 2013년 지적재조사 사업추진(21개 지구 / 5,458필지)하여 추진율 90.5%로 사업완료는 19개 지구, 미완료 2개 지구('15.3월 완료예정) 등이다.

2014년 지적재조사 사업추진(11개 지구 / 1,937필지) : 추진율 65.0%로 필지별 재조사측량 완료 및 경계조정 추진 중(2015.6월 완료 예정)이다.

세계측지계변환 및 지적확정측량 : 60개 지구 / 99,575필지로 세계측지계변환은 54개 지구 / 98,746필지, 지적확정측량으로 6개 지구 / 829필지이다.

3) 2015년 충북지역사례의 추진계획

(1) 집단 불부합지 지적재조사

집단 불부합지 지적재조사의 개요를 살펴보면 기간은 2015월 1일부터 12월까지이고 업무량은 19개 지구 / 5,370필지(8,208천㎡), 사업비는 9억원(국비)이고 추진방법은 필지별 실제이용 현황대로 재조사측량 후 경계확정·등록한다.

추진내용은 실시계획수립으로 개별사업지구를 대상으로 그 사업지구 안에서 시행되는 지적재조사사업에 관한 구체적 사항을 정하는 실시 계획을 수립한다.

또한 지구지정을 신청하는데, 실시계획을 수립하여 주민의견 수렴 후 토지소유자 총수의 3분의 2 이상과 토지면적 3분의 2 이상 동의 받아서 지구지정을 신청한다.[23]

재조사측량은 지적기준점을 정하기 위한 기초측량과 일필지 경계와 면적을 정하는 세부측량으로 구분 실시한다.[24]

경계의 결정은 현실경계와 지적도면 경계가 일치하지 않을 경우 합의한 경우는 합의경계, 다툼이 있는 경우 등록당시 경계로 설정한다. 토지가 국유지·공유지와 경계를 같이 하는 경우 합의경계 설정불가 및 「도로법」, 「하천법」등 관계법령에 따라 고시· 설치된 공공용지의 경계변경이 불가하다.

이의신청은 경계에 관한 결정을 통지받은 토지소유자가 이에 불복하는 경우에는 통지받은 날부터 60일 이내 이의신청한다. 경계결정위원회의 최종 결정에 불복하는 경우 사업대상지에

---

23) 실시계획 수립내용 서면통보 후 주민설명회 개최, 30일이상 주민 공람함
24) 측량성과 검사 연결오차는 지적기준점 ± 0.03미터, 경계점 ± 0.07미터이다.

서 제외하고 "경계미확정 토지"로 공부정리 후 경계확정시까지 측량을 정지한다.

경계확정은 법제17조제1항(경계결정)에 따른 이의신청 기간 및 이의신청에 대한 결정에 대하여 불복의사를 60일 이내에 표명하지 아니하였을 때, 법제16조3항에 따른 경계결정이나 법제17조4항에 따른 이의 신청결정에 불복하여 행정소송을 제기한 경우 그 판결이 확정되었을 때이다.[25]

조정금산정은 경계확정으로 지적공부상의 면적이 증감된 경우에는 필지별 면적증감 내역을 기준으로 조정금을 산정하여 징수 또는 지급한다.[26]

사업완료 공고는 사업지구 내 모든 토지의 경계가 확정된 경우 조정금 조서 등 구비서류를 첨부하여 지체 없이 사업완료 공고한다. 사업지구 내에 경계결정위원회의 최종결정에 불복하는 토지가 있는 경우에는 다음 요건중 하나만 갖추었더라도 사업완료 공고 추진한다. 첫째, 사업지구 내 전체 토지면적의 10분에 9 이상에 해당하는 토지의 경계가 확정된 경우, 둘째, 사업지구 내 전체 토지소유자 수의 10분의 9 이상에 해당하는 토지의 경계가 확정된 경우이다.

조정금은 현금으로 지급하거나 납부하여야 하며, 소관청은 조정금 수령통지를 한 날부터 6개월 이내에 조정금을 지급한다. 조정금 납부고지를 받은 자는 그 고지를 받은 날부터 6개월 이내에 조정금을 소관청에 납부, 기한내 납부하지 아니할 때에는 국세 또는 지방세 체납처분의 예에 따라 징수한다.[27]

(2) 세계측지계 좌표변환

세계측지계 좌표변환은 기간이 2015년 1월부터 12월까지이며, 대상은 지적공부 수치등록지역(*축척 1/500, 1/600, 1/1000)을 우선 추진한다.

업무량은 169천필지(확정측량 11천필, 좌표변환 158천필)이며, 지금까지 추진실적(2013~2014년)은 60개지구 99,575필지이며, 추진방법은 변환계수를 활용 현재 동경측지계의 지적경계를 세계측지계로 변환한다.

추진내용은 먼저 지구선정을 하는데, 행정구역, 개발사업지구 또는 도로·하천 등의 경계를 기준으로 선정하되 행정구역을 우선하여 사업지구로 선정한다.[28]

도면정비는 변환 전·후로 나누어 지적도면의 축척·행정구역·도곽에 접한 필지의 경계간 이격·공백·중복 등의 오류를 정비한다. 사전조사로 지적기준점 설치현황, 설치이력, 관측 및 좌표계산부, 기존성과 자료조사와 기준점 보존, 활용여부 등 현지조사를 실시하며, 공통점

---

25) 법제24조제1항의 규정에 의해 경계변경 확정 시점은 "사업완료 공고일"
26) 조정금 산정기준은 "토지소유자협의회"에서 정하고 "토지소유자협의회"가 구성되지 않았을 경우 시·군 지적재조사위원회에서 정함
27) 지적재조사사업은 조정금의 지급이나 납부 절차와는 별개로 진행한다.
28) 지적소관청이 실시계획 수립하여 도지사의 승인을 통해 사업지구를 결정한다.

선점으로 지적기준점 중 현장보존이 양호하고, 시통이 원활하여 검증에 적합한 점을 소관청·지구별로 공통점을 확보한다.

공통점 측량은 지역측지계·세계측지계의 좌표를 모두 산출하며, 측량결과 편차량이 큰 공통점은 반드시 제거한다. 변환계수 산출은 공통점에 대한 지역·세계측지계 2차원(X, Y)성과를 활용하여 공통점간 균질성·부합성 분석 후 최소제곱법으로 산출한다.

공통점에서 얻어진 변환계수로 소관청·사업지구별로 2차원 상사모델(2D Helmert) 변환식을 적용하여 좌표변환을 한다. 편차량 조정으로 1차 좌표변환된 변환성과와 실측성과간 편차량에 대해 사업지구별 위거 및 경거방향의 평균 편차량을 2차 조정한다.

성과검증으로 사업지구 내 공통점·일필지경계점을 대상으로 표본추출하여 좌표변환성과를 현장에 복원 또는 현지경계점을 관측하여 성과를 검사하는 현지검사와 도상검사를 병행한다.

성과검사로 대행자가 시행한 변환성과는 지적소관청이, 소관청이 직접 수행한 변환성과는 도지사가 검사한다. 불부합지는 세계측지계의 변환 후 실제 이용현황과 도면상 직접 경계가 일치하지 않는 불부합지를 조사·추출하여 지적재조사사업으로 추진 또는 등록사항정정 정리를 한다.

(3) 신규개발지 지적확정측량

신규개발지 지적확정측량 기간은 2015년 1월부터 12월까지이며, 대상은 도시개발사업 등(택지, 산업단지, 골프장 등)으로 업무량은 14개 지구 / 11천 필지이다.[29] 추진절차는 사업지구 지정·승인 ⇒ 사업시행신고(사업시행자) ⇒ 지구계 분할 및 지적확정측량 의뢰 ⇒ 사전 검토제 실시 ⇒ 공사완료 ⇒ 지적확정측량(지적측량수행자) ⇒ 성과검사 ⇒ 사업완료 ⇒ 지적공부정리 등이다.

추진내용으로 사업시행은 개발사업 시행자가 사업지구에 대한 확정측량 실시(지적측량수행자) 후 성과검사(도)를 거쳐 세계측지계로 공부정리(소관청) 등이다. 성과검사는 지적측량수행자가 제출한 수행계획서에 의거 기초측량[30]과 세부측량[31] 성과를 구분하여 확정측량성과를 검사하며, 사업이 완료된 때에는 확정될 토지의 지번별 조서에 의거 토지대장을 작성하고 측량성과에 따라 경계점좌표등록부를 작성한다.

---

29) 2014년 추진실적은 6개 지구 / 827필지(14,629㎡)이다.
30) 기초측량는 지적기준점설치망 구성, 관측각 및 거리측정, 계산의 정확여부 등 검사
31) 세부측량은 가구계점 및 필지 경계점의 정확성, 좌표면적 계산의 적정, 지번 및 지목설정의 적합여부 등 검사

(4) 홍보계획

홍보계획으로 지적재조사 활성화를 위한 중앙 및 도·시·군 협업홍보를 추진한다. 언론기고, 우수성과 사례소개, 이슈 제공 등 언론매체를 적극 활용한다. 지적재조사사업의 성공사례에 대한 스토리텔링 형식의 홍보를 확대한다.

동영상, 브로슈어, 전단지, 포스터, 리플릿 등 다양한 디자인 제작과 인터넷·SNS활용 등소셜미디어 활용 온라인 홍보 확대한다. 각종 사이버 홍보관(지자체 홈피 등)에 기 제작 홍보물(동영상, 리플릿 등) 게재 등 지자체에서 운영하는 페이스북, 트위터 등을 적극 활용한다.[32]

지적재조사 사업추진 공감대 형성을 위한 다양한 현장홍보를 강화한다. 지자체 축제·행사 및 공공장소 등에 홍보물 상설 전시와 전광판 및 도정홍보지, 지역소식지 및 반상회보 적극 활용 수시홍보하며, 사업추진 단계별 언론홍보 일정 등을 계획추진 한다.

(5) 행정사항

지적재조사사업 특성을 감안하여 보조금의 목적외 사용, 집행 잔액발생시 임의사용 및 2회계 연도 초과 이월은 금지한다. 2030년까지 지적재조사 사업의 안정적 추진기반 마련을 위하여 금년도 사업은 11월말까지 완료 조치(2014년 사업은 6월말까지 완료)한다. 지금까지 매년 하반기에 배정되던 사업비를 상반기에 배정예정이다.

지적공부 수치등록지역 세계측지계변환의 완료, 시·군은 도해지역중 지적부합지를 선정하여 추진하며, 청주시 상당구, 제천시는 행정구역단위(리·동단위)로 좌표변환 추진한다. 지적재조사 사업지구 측량성과 검사 및 세계측지계변환의 사업지구 공통점 직접측량 등을 위한 소관청별 자체 측량장비 확보 조치한다. 지적재조사 사업지구 지정 신청은 2015년 3월 6일까지이며, 세계측지계의 좌표변환 사업지구 지정 신청은 2015년 2월 17일까지이다.

---

32) 지적재조사 홍보 홈페이지(http://www.newjijuk.go.kr) 홍보자료 참고

제6장 지적재조사사업의 문제점과 발전방향

1. 지적재조사사업의 문제점[1]

1) 예산 확보의 문제

지적재조사사업은 2030년까지 시행되는 중장기 사업으로 원활한 사업추진을 위해서는 지속적인 예산확보 방안을 제시해야 하는데, 현재 지적재조사사업의 소관부처인 국토교통부는 재정당국인 기획재정부와의 사업예산 협의에 어려움을 겪고 있다.

기획재정부는 사업예산을 절감하기 위한 방안으로 지자체와의 사업비분담 및 사업지구 확대 등을 국토교통부와 논의하고 있다. 지자체는 지적재조사사업을 통해 지적불부합지의 해소에 따른 토지매매 증가로 재산세 등 세수증가 효과가 발생하므로, 수익자부담원칙에 따라 국가와 지자체가 사업비를 분담해야한다는 의견이다.

이에 따라 2014년과 2015년은 사업계획 대비 10% 내외의 예산이 배정되어 사업계획 대비 각각 29.0%와 24.4% 수준의 물량이 발주되었다. 특히 2014년의 경우에는 사업예산의 수시배정으로 인해, 지적소관청에 대한 국고보조금의 교부가 지연되었고, 2015년부터는 사업예산이 정시 및 수시 예산으로 배정되고 있으나, 일부 사업예산은 여전히 수시배정으로 교부됨에 따라 사업진행 과정에서 어려움이 발생할 여지가 있다. 국회 국토교통위원회는 2014회계연도 결산 예비심사보고서에서 지적재조사사업의 실질 집행률은 지속적으로 감소하고 있으나, 이는 예산 교부의 지연에 따른 영향이 크다고 지적한 바 있다.[2]

---

1) 김행종, "지적재조사사업의 현황분석과 향후 발전연구", 한국지적학회지, 제32권 제1호2016, pp.20-25.
2) 국토교통위원회, 국토교통위원회 소관 2014회계연도 결산예비심사보고서, 2015. 7.

2) 사업추진 계획상의 문제

사업물량 및 예산 배분의 적절성 문제와 기본계획의 효율성 및 구체성 부족이다. 사업물량 및 예산 배분의 적절성 문제는 지금까지 진행된 지적재조사사업의 사업성과가 사업계획에 크게 미치지 못하고 있어, 지적재조사사업 기본계획의 사업물량 및 예산에 대한 타당성을 재검토할 필요가 있다.[3]

현재 지적재조사사업은 사업추진 기반을 마련하는 1단계(2012-2015년)에서 계획한 사업물량(52만 필지)은 전체 사업 물량(542만 필지)의 9.6%이며, 예산(2,203억 원)은 총 사업 예산(1조 3,017억 원)의16.9%에 해당한다. 1단계에 계획한 사업물량 가운데 실제로 사업이 시행된 물량(38.9%)이 절반에도 미치지 못하고 있어, 2030년까지 계획한 사업기간 내에 사업을 완료할 수 있을지 여부에 대한 면밀한 검토가 필요하다.

그리고 기본계획의 효율성 및 구체성 부족문제인데, 기본계획의 효율성 및 구체성 부족으로 지적소관청의 사업계획수립의 기초가 되는 기본계획의 효율성·구체성이 미흡한 측면이 있다. 이는 우선 지적재조사 사업지구가 시·군·구 지적소관청별로 소규모로 진행되어 사업에 대한 인지도가 낮고, 파급효과가 제한적으로 발생하는 등 사업의 효율성이 낮다. 지적재조사 사업 지구별 평균 필지수는 약 310필지로 소규모로 사업이 진행되고 있다. 현재까지 진행된 지적재조사사업의 사업지구는 총 653개이며, 사업물량은 202,110필지이다.

둘째는 지적재조사사업의 실질적 업무를 담당하는 지적소관청 산하의 위원회가 경계결정위원회와 시·군·구 지적재조사위원회로 세분화되어 있어 사업 추진의 효율성이 저하된다는 지적이 있다.[4] 지적재조사사업의 주요 사안에 대한 의결기능을 가지고 있는 경계결정위원회와 시·군·구 지적재조사위원회는 위원의 자격요건 등 위원회 구성에서 유사한 측면이 존재하며, 유사한 위원으로 구성된 위원회를 별도로 구분하여 운영함으로써, 행정업무의 비효율성이 있다.

셋째는 기본계획 및 법령에서는 지적재조사측량 및 세계측지계의 변환사업에 항공사진측량을 활용하도록 제시하고 있으나, 현업에서 활용하기 위한 구체적인 세부 지침이 마련되어 있지 않아, 지적재조사에 관한 특별법 시행규칙 제5조는 지적재조사측량의 세부측량 방안의 하나로 항공사진측량 등을 포함하고 있다.[5]

넷째는 기본계획에서는 사업비 절감 및 파급효과 증대 등을 목적으로 지적재조사사업과

---

3) 김진수, "지적재조사사업의 현황과 개선과제", 국회입법조사처, 2015, pp.28-38.
4) 김종수, "지적재조사사업 조정금 제도의 쟁점과 개선방안", 감정평가, 제115호, 2014. 9.
5) 그러나 현재 시행규칙에 따라 지적재조사측량의 구체적인 방법 및 절차를 규정하고 있는 「지적재조사측량규정」(국토교통부고시 제2015-19호)에는 항공사진측량에 관한 사항이 포함되어 있지 않은 상태이다.

SOC사업을 연계하여 추진하도록 하고 있으나, 구체적 계획이 수립되지 않았다. 국토교통부는 지적재조사사업과 SOC사업을 연계 추진할 경우, 연간 16만 필지의 지적재조사사업 효과를 창출할 수 있을 것으로 예상하고 있으나, 실제로 연계사업이 시행된 사례는 아직까지 없다.[6]

3) 세계측지계 변환 및 불부합의 문제

세계측지계의 변환사업은 지자체별로 세계측지계의 변환지구를 지정하여 자체적으로 사업계획을 수립·추진함에 따라 사업절차 및 사업성과의 통일성 저하가 우려되고 있다. 지적공부 세계측지계의 변환규정의 제정이 지연되어, 통일된 지자체별 세계측지계의 변환 실시계획 수립을 위한 지침이 마련되지 못한 상태이다. 표준지침의 부재는 지적도의 세계측지계의 변환 절차 및 성과물 구축의 일관성 저하로 이어질 수 있다.

2020년까지 지자체 자체 사업으로 세계측지계의 변환사업을 완료하기에는 기술인력 및 장비 운용에 어려움이 예상된다. 2012년부터 2015년까지 3년간 전체 사업물량의 약 14%에 대하여 세계측지계의 변환을 완료하였는데, 2020년까지 향후 5년간 전체 사업물량의 80%를 지적소관청 자체사업으로 추진해야 한다.

다수의 사업지구에서 동시에 세계측지계의 변환사업이 진행될 경우, 지적소관청에 따라 측량장비와 전문인력 등 한정된 공공부문의 자원 활용에 한계가 발생할 수 있다.

그리고 지적재조사사업을 통해 지적공부와 실제 필지의 경계를 조정하는 과정에서 필지면적 증감에 따라 갈등이 발생할 소지가 있다. 경계결정위원회에서 결정된 경계에 대해 토지소유자나 이해관계인이 불복하는 경우에는 '등록사항정정대상 토지'로 지정되어 사업대상지에서 제외된다.(지적재조사에 관한 특별법제17조제6항)

경계미확정 토지는 이해관계인 간의 경계확정소송과 같은 법원의 판결 또는 결정에 따라 토지경계가 확정되며, 경계미확정 토지의 면적 또는 소유자의 수가 사업지구 전체의 1/10을 초과하는 경우에는 사업완료 공고를 할 수 없다.(법 제23조제2항)

즉, 토지경계에 대한 협의가 원만히 이루어지지 못할 경우, 토지소유자는 오랜 시간과 비용이 소요되는 법적분쟁을 통해 경계를 확정해야하고, 지적소관청은 사업진행에 차질이 발생할 수 있다.

이에 지적재조사에 관한 특별법은 개별필지 면적 증감에 대한 해결방안으로 조정금의 산정을 통한 청산과 토지소유자 간의 합의 방식을 규정하고 있어 다양한 형태로 문제점이 발생할 수 있다.

---

6) 국토교통부, 지적재조사사업 기본계획(2012-2030), 2013. 2.

4) 민간부문의 참여저조 및 홍보부족의 문제

정부는 2030년까지 진행되는 지적재조사사업을 통해 지적 및 공간정보산업의 진흥을 도모하고 있다. 최근 5년간 지적측량 시장규모는 평균 4,681억원으로 민간업체의 참여가 저조하여 관련 산업에 대한 파급효과가 낮아 보인다. 그러나 지적재조사사업 기본계획상에는 지적재조사사업을 통한 관련 산업의 진흥계획이 포함되어 있다.

이에 지적분야의 신기술의 상용화, 일자리의 창출, 해외시장의 개척 등의 산업활성화의 방안을 모색한다. 그러나 실제로 지적재조사사업에서 민간업체가 차지하는 비율은 매우 낮은데, 2014년까지 지적재조사사업이 시행된 494개 사업지구 가운데 민간업체가 사업을 시행한 사업지구는 26개(5.3%)에 불과하며 필지수 기준으로는 전체 사업물량의 9.6%, 사업예산 기준으로는 전체 사업비의 9.1%에 해당된다. 한정된 공공부문의 기술 인력과 장비만으로는 2030년까지 시행되는 지적재조사사업의 지속적인 추진에 지장을 초래할 수 있다.

그리고 지적재조사사업에 대한 국민적 인지도가 낮아 사업 추진을 위한 공감대 형성 및 토지소유자의 참여유도에 어려움이 발생한다. 지적재조사사업이 공익성을 포함하고 있으나 사업대상 지역주민의 참여를 강제할 수는 없으므로, 토지소유자 또는 이해당사자의 자발적인 참여가 중요하다. 사업지구 지정을 위한 동의, 경계설정을 위한 합의, 토지면적 증감에 따른 조정금의 납부 및 수령 등 지적재조사사업의 주요과정에서 토지소유자의 의견이 체계적으로 반영될 필요가 있다.

그러나 세계측지계의 변환사업을 포함한 지적재조사사업은 전국을 대상으로 시행됨에도 불구하고, 지적불부합지 이외의 지역에서는 국민적 관심대를 형성하지 못하고 있다. 지적재조사사업이 지적과 연관된 해당 지역의 토지소유자에 한정된 문제인 것으로 여기고, 대부분의 국민이 지적재조사사업의 진행여부에 대하여 인식하지 못하고 있는 실정이다. 이해당사자 위주의 단순한 정책 및 사업홍보만으로는 지적재조사사업의 성공적 추진을 위한 합의도출에 어려움이 발생할 수 있다.

2. 지적재조사사업의 향후 발전방향[7)]

1) 지적재조사사업의 재원확보 방안모색

지적재조사사사업의 지속적인 추진을 위해 사업재원의 안정적 확보방안을 모색할 필요가 있다. 향후 사업예산 확보에 어려움이 계속되어 지적재조사사업이 지연될 경우, 안정적인 재

---

7) 김행종, "지적재조사사업의 현황분석과 향후 발전연구", 전게논문, pp.25-30.

원조달을 위해 지적재조사사업에 대한 특별회계 또는 지적재조사기금을 운영하는 방안을 고려할 수 있다. 특히 일반회계로 지적소관청 단위로 운영되는 현행의 경우에는 개별사업지구간 예산 조정이 불가능하다는 점을 고려하면, 지적재조사기금등을 통해 조정금의 부족 또는 잉여가 발생하는 사업지구 간의 예산을 조정·배분할 수 있을 것이다.

국가재정법 제14조 제2항에서 규정하고 있는 기금신설 기준에 해당하는지에 대한 검토가 우선 필요하며, 지적측량수수료로 기금을 조성할 경우에는 자칫 측량수수료의 인상으로 이어질 수 있으며, 조정금의 경우에는 토지의 면적 증감에 따라 수입차이가 발생하여 안정적 재원 확보가 곤란할 수 있다. 향후 지적재조사기금을 마련하기 위해서는 기금관련 현행 법률에 대한 검토와 더불어, 안정적 기금 운영을 위한 구체적 근거를 우선적으로 마련해야 할 것이다.

그리고 현재 논의되고 있는 국가와 지자체의 사업비 분담 문제는 신중히 접근해야 할 사안으로 지자체별 재정자립도에 따라 사업 추진에 어려움을 겪을 수 있으며, 특히 사업기간 연장에 따라 토지매매의 어려움이 지속되어 지역민원이 발생하고, 추가예산의 투입으로 인해 사업예산이 오히려 증가하는 등의 문제점이 발생하고 있다.

지적재조사사업 추진에 무리가 발생하지 않는 적정수준의 국가와 지자체 간의 사업비 배분 비율을 산정하고, 이를 법률에 명시할 필요가 있다. 현재 지적재조사사업을 시행하는 지적소관청에서는 국가보조금으로 지급되는 사업비의 약 10% 가량을 자체 예산으로 마련하여 예비비 등 기타비용으로 사용하고 있으나, 이는 법률에 명시되어 있는 것은 아니다.

2) 지적재조사사업 추진계획의 재조정 및 보완

현재까지 지적재조사사업 진행과정에서 발생하였던 사업 물량 및 예산배분에 대한 문제점을 면밀히 검토하여, 기본계획을 포함한 사업추진 계획을 체계적으로 재설계할 필요가 있다. 1단계(2012-2015년) 기본계획에서 사업이 시행되지 못한 사업부족물량은 317,890필지로 전체 사업물량의 5.9%을 고려하여 향후 연도별 추진계획을 재수립해야 한다.

우선 1단계에서 발생한 부족물량을 소화하기 위해서는 향후 2-4단계 사업물량이 증가하게 되므로, 지역별 사업여건을 고려한 장비, 인력 및 예산 등에 대한 추가 지원이 필요할 것이다. 특히 기본계획 상의 2단계(2016-20년) 사업예산 규모는 7,133억 원으로 전체 사업예산 규모(1조 3,017억 원)의 55%에 달하는 점 등을 고려하여, 단계별 사업규모의 적정성 여부를 재검토할 필요가 있다. 기존 사업기간 내에 부족물량을 처리하기에 어려움이 발생할 경우에는 사업기간을 연장하는 방안도 고려할 수 있겠으나, 이에 대한 타당성을 국회 및 재정당국 등과 긴밀히 협의하여 결정해야 한다.

시·도 또는 지적소관청으로 하여금 나머지 사업기간에 대한 추진계획을 우선적으로 마련하도록 하고 이를 기초자료로 활용하여 기본계획을 수하여야 하며, 지적재조사사업의 현황과 개선 과제를 수립하는 상향식 계획수립을 고려할 필요가 있다. 현행 기본계획에 대한 개선방안을 향후 수립될 예정인 제2차 지적재조사사업 기본계획(2016-2020년)에 적극 반영해야 할 것이다.

그리고 지적재조사사업의 기본계획의 효율성 및 구체성 등을 보완하여야 하는데, 기본계획에서는 사업시행자가 지적재조사사업을 시행하기에 현실적이고 실천 가능한 방안을 제시해야 할 것이다.

즉, 지금같이 소규모의 지구단위로 재조사하기 보다는 행정구역 중심의 광역단위 사업추진을 통해 지적재조사사업의 효율성을 제고할 필요가 있다. 지적불부합지 위주의 소규모 사업지구와 세계측지계의 변환사업과의 연계를 고려하여 보다 광역단위의 사업지구를 병행 지정하는 방안이다. 또한 경계결정위원회와 시·군·구 지적재조사위원회를 통합하여 하나의 위원회를 구성하여 지적재조사사업 추진체계의 효율성을 제고할 필요가 있다.

그리고 지적재조사사업 기본계획에서 재조사측량 방안 중 하나로 제시한 항공사진측량의 활용에 대한 구체적 방안을 마련해야 한다. 지적재조사사업의 세부측량 방법 및 절차 등을 규정한 지적재조사측량규정에 항공사진측량에 대한 사항을 포함하도록 한다.

또한 지적재조사사업과 SOC관련 사업을 병행하여 추진하는 종합적인 지역개발사업의 수립·시행방안을 기본계획에서 제시할 필요가 있다. 지적재조사사업의 파급효과를 증대하고 토지소유자의 사업 참여를 유도하기 위하여, 지적재조사사업이 실시되는 지역에 우선하여 관련 도시재생사업이나 주민복지사업을 병행하여 시행하는 방안을 고려할 수 있다.

그리고 다양한 지역개발 사업과의 연계를 위해서는 각 개별법에서 규정하고 있는 사업의 시행목적, 행정절차 및 예산확보 방안 등을 종합적으로 검토할 필요가 있다. 국토기본법, 국토의 계획 및 이용에 관한 법률, 국가공간정보기본법에 따른 국토종합개발계획, 지역개발계획, 도시·군계획, 국가공간정보정책 기본계획상의 사업 등을 대상으로 고려할 수 있다.

3) 세계측지계 변환과 지적불부합지의 연계추진 모색

지적도의 세계측지계의 변환을 위한 행정적·기술적 과정의 표준절차를 마련하고, 지적재조사사업 성과와 연계하여 국토 전반에 걸친 체계적인 지적정보를 구축해야 하는데, 지적공부 세계측지계의 변환규정의 제정을 추진하여 통일된 지자체별 좌표변환 실시계획을 수립해야 한다.

세계측지계 변환사업의 지속적인 추진을 위해 지적소관청 외의 별도의 기관에 해당 사업을 위탁하여 수행하는 방안을 고려할 필요가 있다. 해당 시·도 또는 지적소관청의 재정자립도, 기술인력 및 장비 보유 현황에 따라 지역별 사업추진에 차이가 발생할 수 있으므로 세계측지계의 변환자료를 활용하여 지적불부합지를 추출하는 등 지적재조사사업과의 연계를 위해서는 세계측지계 변환사업의 조속한 완료가 필요하다.

지자체 및 지적소관청이 자체 예산으로 수행하되 사업시행은 지적재조사사업과 같이 전문성과 기술력을 보유한 공공기관 또는 민간업체를 활용하도록 하는 것이 바람직하다.

그리고 지적재조사사업의 운용상 추진과정에서 발생하는 토지면적 증감에 대한 청산 방식을 다양화할 필요가 있다. 개별필지 증가에 따른 조정금 납부에 대한 부담을 경감시키기 위해 분할납부가 가능하도록 규정하고는 있으나, 현금을 보유하지 못한 주민은 여전히 조정금 납부에 어려움이 발생할 여지가 있다.

더불어 지적재조사사업의 추진 과정에서 토지소유자협의회에서 결정한 조정금 산정방법에 대해 불복하는 경우를 예방하기 위해, 토지소유자에게 이에 대한 동의서를 받는 방의서를 받도록 한다. 또한 경계다툼을 최소화하기 위해서는 다양한 경우에 대한 경계확정 방안을 마련하고, 실제 경계를 설정하는 경계결정위원회와 지적소관청에서 이를 탄력적으로 운영할 필요가 있다.

경계를 설정하는 모든 경우를 법에서 규정할 수는 없으므로 다양한 경계결정 방안을 마련하여 적용하되, 면적허용공차와 같은 방안을 추가로 고려할 필요가 있다. 공부상의 면적과 실제 측량한 면적과 다소 차이가 있으나, 그 차이가 허용공차 이내인 경우에는 조정금의 대상 토지에서 제외하도록 한다. 다만 면적허용공차의 범위를 산정하기 위해서는 기술적인 검토와 더불어, 사업지구 지정 과정에서 토지소유자들과의 충분한 사전협의 및 동의절차를 거쳐야 하며, 토지가격과 토지활용도 등에 따라 사업대상 지구별로 동 제도의 적용에 대한 의견 차이가 발생할 수 있는데, 지적재조사사업에 적합한 면적허용공차의 적정기준에 대한 연구가 선행되어야 할 것이다.

그리고 토지소유자의 권리 보호를 위해 토지경계 및 조정금에 대한 이의신청 제도를 개선할 필요가 있다. 토지경계 및 조정금에 대한 결정과 이의신청을 동일한 위원회에서 처리하기 보다는 별도의 조직에서 이를 검토하는 방안을 고려할 수 있다. 토지경계의 결정 또는 조정금을 산정하였던 지적소관청 소속인 경계결정위원회나 시·군·구 지적재조사위원회가 아닌, 시·도지사 또는 국토교통부장관 소속의 시·도 지적재조사위원회와 중앙지적재조사위원회에서 이의신청의 타당성 여부를 검토하도록 하여야 한다.

4) 지적재조사사업의 민간참여와 홍보추진

지적재조사사업의 효율적 추진 및 이를 통한 지적·공간정보 산업의 진흥을 위해서는 민간업체의 사업 참여를 유도하기 위한 정부의 실효성 있는 대책이 필요하다. 현재 일률적으로 적용하고 있는 지적불부합지의 측량수수료 감면율을 사업지구의 특성에 따라 차등 적용할 경우, 민간업체의 참여가 증가할 것으로 예상된다.

현재 지적불부합지의 측량수수료는 일반 측량수수료에 최대 감면율 50%를 적용하여 산정하고 있고 농지, 임야, 도로 등 사업대상 지구의 지목과 토지시가 등을 종합적으로 검토하여 사업지구별로 감면율을 다르게 적용하는 방안을 고려할 수 있다. 그러나 수수료의 감면율 완화는 사업예산의 추가로 이어지므로, 예산확보 방안과 더불어 산업진흥의 실효성을 우선적으로 검토하여야 할 것이다.

그런데 현재 지적재조사사업은 사업예산 확보에 어려움을 겪고 있으므로 사업예산이 추가로 소요되지 않는 범위내에서, 한국국토정보공사와 민간업체 간의 컨소시엄(consortium)을 구성하거나 또는 지적재조사사업의 일부과정을 민간업체에게 전담하도록 하는 방안이 타당해 보인다.[8]

컨소시엄 구성을 통해 2년여의 기간 동안 진행되는 지적재조사사업을 수행할 여건이 부족한 민간업체에 대해 한국국토정보공사가 기술 및 장비를 지원하여 협력하도록 한다. 다만 지적재조사사업은 토지소유자의 재산권 변동에 관한 민감한 사안을 주로 다루고 있으므로, 민간업체가 사업에서 참여할 수 있는 부분을 명확히 구분해야 한다.

그리고 지적재조사사업 진행과정에서 토지소유자의 직접 또는 간접적인 참여는 사업의 성공여부에 결정적인 영향을 미치게 되므로, 사업에 대한 홍보와 토지소유자의 자발적 참여를 적극 장려할 필요가 있다.

지적재조사사업은 지적뿐만 아니라 측량을 포함한 국가 토지행정의 효율성을 제고하고, 국토를 효율적으로 개발하고 관리하는 등 국민생활 전반에 걸친 지적재조사사업의 기대효과를 홍보할 필요가 있다.

지적재조사사업이 단순히 토지를 소유한 일부 계층을 위한 사업이라는 인식을 해소하고, 지역네트워크를 활용하여 관련 정보를 공유하여 토지소유자를 사업시행의 주체로 참여하도록 하여 공감대를 형성해야 한다.

더불어, 토지소유자의 참여 증진을 위한 실질적인 인센티브 제도의 도입을 통해 토지면적 증감에 따른 재산권 변동을 감수하기 위한 직접적인 혜택도 고려할 필요가 있고 토지소유자의 재산권 변동에 따른 국세나 지방세의 감면을 관련 법령에서 규정하는 방안을 고려할 수 있다.[9]

---

8) 2010년 기준, 지적측량 업체는 총 133개이며 해당 인력은 1,064명으로, 업체당 평균인력이 8명에 불과해 광역 단위 사업지구의 업무를 전담하여 수행하기에는 지적측량 업체가 대부분 영세함.

9) 국토교통부는 필지면적 증감에 따라 징수 또는 지급하는 조정금은 국세나 지방세부과대상에서 제외하고 있으나, 이에 대한 법적 근거는 마련되어 있지 않은 상태이다.(국토교통부 지적재조사기획단, 지적재조사업무자료집, 2015. 7.

제7장 제정이유 및 주요사항

1. 제정이유

지적재조사에 관한 특별법은 법률 제11062호로 2011년 9월 16일 제정되어 2012년 3월 17일부터 시행되었다. 제정이유는 100여년 전 일제강점기에 평판과 대나무자로 측량하여 수기로 만든 종이지적을 지금까지 그대로 사용하고 있어 지적의 디지털화에 맞지 않고, 측량기술의 발달로 지적공부의 등록사항이 토지의 실제현황과 일치하지 않는 경우가 전 국토의 15퍼센트에 달하고 있어 이를 방치할 경우 심각한 문제가 발생할 우려가 있었다.

이에 지적공부의 등록사항을 조사 및 측량하여 기존의 지적공부를 디지털에 의한 새로운 지적공부로 전환하고, 토지의 실제현황과 일치하지 않는 지적공부의 등록사항을 바로잡기 위한 지적재조사사업의 실시근거 및 절차규정 등을 마련함으로써, 국토를 효율적으로 관리함과 아울러 국민의 재산권을 보호하려는 것이다.[1]

2. 주요내용

1) 기본계획의 수립

국토교통부장관은 지적재조사사업을 효율적으로 시행하기 위하여 미리 공청회를 개최하여 관계 전문가 등의 의견을 듣고, 시·도지사에게 송부하여 의견을 들은 후 중앙지적재조사위원회의 심의를 거쳐 지적재조사사업에 관한 기본방향 등이 포함된 기본계획을 수립하도록 하였다(제4조).

---

1) 법제처, 국가법령정보센터, 지적재조사에 관한 특별법 제정이유, 2012 참조.

2) 지적재조사실시계획 수립

지적소관청은 기본계획을 통지 받았을 때에는 지적재조사사업의 시행자 등이 포함된 지적재조사사업에 관한 실시계획을 수립하도록 하였다(제6조).

3) 사업지구

지적소관청은 실시계획을 수립하여 사업지구 안 토지소유자 총수의 3분의 2 이상과 토지면적 3분의 2 이상에 해당하는 토지소유자의 동의를 받아 시·도지사에게 사업지구 지정을 신청하도록 하고, 사업지구의 지정고시가 있었던 날부터 2년 내에 일필지조사 및 지적재조사측량을 시행하지 않았을 때에는 사업지구의 지정 효력을 상실하게 하였다(제7조 및 제9조).

4) 일필지조사

지적소관청은 사업지구 지정고시가 있으면 그 사업지구의 토지를 대상으로 일필지조사를 하여야 하며, 일필지조사는 지적재조사측량과 병행하여 실시할 수 있도록 하였다(제10조 및 제11조).

5) 토지소유자협의회

사업지구 안의 토지소유자는 토지소유자 총수의 3분의 2 이상과 토지면적 3분의 2 이상에 해당하는 토지소유자의 동의를 받아 토지소유자협의회를 구성할 수 있도록 하였다(제13조).

6) 경계결정위원회

지적소관청은 토지의 실제 현황과 기존의 지적공부상의 경계가 일치하지 않는 경우 토지소유자와의 합의 등에 의하여 지적재조사를 위한 경계를 설정하고, 경계가 설정되면 지체 없이 임시경계점표지를 설치하고 지적재조사측량을 실시하도록 하며, 경계결정위원회의 의결에 따라 경계를 결정하고, 경계결정위원회의 결정에 이의가 없을 때에는 이를 확정하도록 하였다(제14조부터 제19조까지).

7) 조정금 산정

경계 확정으로 지적공부상의 면적이 증감된 경우에는 시·군·구 지적재조사위원회의 심의를 거쳐 조정금을 산정하여 징수하거나 지급하도록 하였다(제20조).

8) 지적재조사위원회

지적재조사사업에 관한 주요정책을 심의·의결하기 위하여 국토교통부장관 소속하에 중앙지적재조사위원회를 두고, 시·도의 지적재조사사업에 관한 주요정책을 심의·의결하기 위하여 시·도지사 소속하에 시·도 지적재조사위원회를, 시·군·구의 지적재조사사업에 관한 주요 정책을 심의·의결하기 위하여 지적소관청 소속하에 시·군·구 지적재조사위원회를 둘수 있도록 하였다(제28조부터 제30조까지).

9) 지적재조사추진단

기본계획의 입안, 지적재조사사업의 지도·감독, 기술·인력 및 예산 등의 지원을 위하여 국토교통부에 지적재조사기획단을 두고, 시·도계획의 입안, 지적재조사사업의 지도·감독, 기술·인력 및 예산 등의 지원을 위하여 시·도에 지적재조사지원단을, 실시계획의 입안, 지적재조사사업의 시행, 사업대행자에 대한 지도·감독 등을 위하여 지적소관청에 지적재조사추진단을 둘 수 있도록 하였다(제32조).[2]

---

2) 법제처, 국가법령정보센터, 지적재조사에 관한 특별법 주요내용, 2012 참조.

제8장 총칙

1. 제정목적

지적재조사에 관한 특별법은 토지의 실제 현황과 일치하지 아니하는 지적공부(地籍公簿)의 등록사항을 바로 잡고 종이에 구현된 지적(地籍)을 디지털 지적으로 전환함으로써 국토를 효율적으로 관리함과 아울러 국민의 재산권 보호에 기여함을 목적으로 한다.[1]

그리고 지적재조사에 관한 특별법 시행령은 「지적재조사에 관한 특별법」에서 위임된 사항과 그 시행에 필요한 사항을 규정함을 목적으로 한다. 또한 지적재조사에 관한 특별법 시행규칙은 「지적재조사에 관한 특별법」 및 같은 법 시행령에서 위임된 사항과 그 시행에 필요한 사항을 규정함을 목적으로 한다.

지적불부합에 따른 재산권행사 제한과 분쟁발생 해소를 위해 낙후된 지적을 디지털지적으로 전환은 필수적이며, 특정지역을 대상으로 지적재조사사업이 불가피하여 이를 뒷받침하기 위해 법적 장치가 요구된다.

아울러, 경계분쟁 등으로 인한 사회적 갈등비용을 감소하고 국가공간정보사업 발전과의 연계 등을 위한 지적재조사사업의 근거 마련이 필요하였으며, 「공간정보의 구축 및 관리 등에 관한 법률」이 지적 외에 측량·수로조사 부분도 포함하고 있고 추진체계를 명확히 할 필요성 등을 고려하여 특별법 제정이 필요하게 되었다.

김기현 의원 등 22인 특별법안 제안이유는 100여년 전 일제강점기에 평판과 대나무자로 측량하여 수기로 만든 종이지적을 지금까지 그대로 사용하고 있어 지적의 디지털화에 맞지 않고, 측량기술의 발달로 지적공부의 등록사항이 토지의 실제현황과 일치하지 않는 경우가 전 국토의 15퍼센트에 달하고 있어 이를 방치할 경우 심각한 문제가 발생할 우려가 있다.

이에 지적공부의 등록사항을 조사·측량하여 종이로 된 기존의 지적공부를 디지털에 의한

---

1) 지적재조사에 관한 특별법 제1조(목적)

새로운 지적공부로 전환하고, 토지의 실제현황과 일치하지 않는 지적공부의 등록사항을 바로 잡음으로써 국토를 효율적으로 관리함과 아울러 국민의 재산권을 보호하려는 것이다.

그리고 국토해양위원회 수석전문위원 특별법안 검토의견은 현재 우리나라에서 운영하고 있는 지적제도는 일제강점기 시대에 조선총독부의 식민지 정책에 따라 토지수탈 및 토지세 징수를 목적으로 하여 행한 토지조사사업(1910~1918년)과 임야조사사업(1916~1924년)을 통해 작성된 토지·임야대장과 지적·임야도를 근간으로 현재에 이르고 있는 상황이다.

지적제도는 국토를 개발·활용하기 위한 계획을 세우고 효율적으로 이용하는데 필요한 기초자료이며, 토지의 질과 용도 등 가치를 평가하여 토지를 사고 팔 때 거래의 기준이 되고, 토지 등기와 토지 과세의 기준이 되는 등 국가토지행정의 기초로서 토지의 물리적 현황과 권리적 사항 등을 정확하게 표시하고 있어야 함에도 불구하고 현재 우리나라의 지적제도는 시대적인 변화를 반영하지 못함은 물론, 지적제도 전반에 걸쳐 다양한 문제점을 노출하고 있다.

제정안은 이러한 현실을 반영하여 지적공부의 등록사항을 조사·측량하여 디지털에 의한 새로운 지적공부로 전환함으로써 토지의 실제현황에 맞게 지적공부의 등록사항을 바로잡아 국토를 효율적으로 관리함과 동시에 국민의 재산권을 보호하려는데 그 취지가 있다.

2. 용어정의

용어의 정의[2]를 살펴보면 우선 공부라 함은 행정기관이 행정의 수행을 위하여 법령의 규정에 따라 작성하여 비치하는 공적인 장부이다. 지적공부는 토지거래, 과세 및 토지정보를 위한 기초자료 이며 지적측량과 지적재조사를 통하여 구획된 토지를 필지단위로 등록해서 비치·관리하는 국가의 중요한 공적장부이다.

"지적공부"란 토지대장, 임야대장, 공유지연명부, 대지권등록부, 지적도, 임야도 및 경계점좌표등록부 등 지적측량 등을 통하여 조사된 토지의 표시와 해당 토지의 소유자 등을 기록한

---

2) 법 제2조(정의) 이 법에서 사용하는 용어의 정의는 다음과 같다. "지적공부"란「측량·수로조사 및 지적에 관한 법률」제2조제19호에 따른 지적공부를 말한다. "지적재조사사업"이란「공간정보의 구축 및 관리 등에 관한 법률」제71조부터 제73조까지의 규정에 다른 지적공부의 등록사항을 조사·측량하여 기존의 지적공부를 디지털에 의한 새로운 지적공부로 대체함과 동시에 지적공부의 등록사항이 토지의 실제 현황과 일치하지 아니하는 경우 이를 바로 잡기 위하여 실시하는 국가사업을 말한다. "사업지구"란 지적재조사사업을 시행하기 위하여 제7조 및 제8조에 따라 지정·고시된 지구를 말한다. "일필지조사"란 지적재조사사업을 시행하기 위하여 필지별로 소유자, 지번, 지목, 면적, 경계 또는 좌표, 지상건축물 및 지하건축물의 위치, 개별공시지가 등을 조사하는 것을 말한다. "지적소관청"이란「공간정보의 구축 및 관리 등에 관한 법률」제2조제18호에 따른 지적소관청을 말한다.

대장 및 도면정보처리시스템을 통하여 기록한 대장 및 도면(정보처리시스템을 통하여 기록·저장된 것을 포함한다)을 말한다(「측량·수로조사 및 지적에 관한 법률」제2조제19호).

그리고 지적재조사사업은 집단적인 지적불부합지 등 특정지역을 대상으로 지구를 지정하여 재조사 하는 것을 말한다. 당초 국회에 발의된 '지적재조사에 관한 특별법안(김기현 의원안)'에서는 "지적재조사사업"의 정의를 "전 국토를 대상으로 제71조부터 73조까지의 규정에 따른 지적공부의 등록사항을 조사·측량하여 종이로 된 기존의 지적공부를 디지털에 의한 새로운 지적공부로 대체함과 동시에 지적공부의 등록사항이 토지의 실제현황과 일치하지 아니하는 경우 이를 바로 잡기 위하여 실시하는 국가사업을 말한다."로 제안하였으나, 국회에서의 심의과정에서 "전 국토를 대상으로"라는 용어를 삭제함에 따라 지적재조사사업의 범위가 지적불부합지역으로 조정되었다.

따라서 법률의 규정에 따르면 지적재조사사업 내용은 다음과 같이 구분될 수 있다. 첫째, 지적공부의 등록사항을 조사·측량하는 것, 둘째, 기존의 지적공부를 디지털에 의한 새로운 지적공부로 대체하는 것, 셋째, 지적공부의 등록사항과 토지의 실제 현황을 일치시키는 것 등이다.

그리고 「측량·수로조사 및 지적에 관한 법률」제 71조부터 제73조까지의 규정에 따른 지적공부의 등록사항은 다음과 같다. 토지대장과 임야대장 등록사항(같은 법 제71조제1항, 같은 법 시행규칙 제68조제2항), 공유지연명부 등록사항(같은 법 제71조제2항, 같은 법 시행규칙 제68조제3항), 대지권등록부(토지대장이나 임야대장에 등록하는 토지가 「부동산등기법」에 따라 대지권 등기가 되어 있는 경우) 등록사항(같은 법 제71조제3항, 같은 법 시행규칙 제68조제4항), 지적도 및 임야도 등록사항(같은 법 제72조, 같은 법 시행규칙 제69조제2항), 경계점좌표등록부 등록사항(같은 법 제73조, 같은 법 시행규칙 제71조제3항) 등이다.

사업지구(제2조제3호)는 지적재조사사업 대상이 전 국토가 아니라 특정지역을 대상으로 하는 사업이다. 입법과정에서 전 국토를 대상으로 지적재조사사업을 추진할 경우 전 국토에 대한 소유권의 확정시 측량방식에서 오는 면적증감이나 경계변경이 불가피하여 정상적인 토지도 경계·면적의 재확정에 따라 새로운 민원을 야기할 가능성이 존재하여 이로 인한 사회적 갈등 유발이 우려된다는 일부 지적이 존재하고 있어, 그간의 시범사업 등 추진 현황을 감안하여 지적불부합지 해소와 디지털화 등 지적선진화를 적극 추진하되, 사회갈등 유발과 재정적 부담을 최소화하기 위하여 ⅰ) 도시개발사업 등 신규 개발지역은 매년 실시되는 지적확정측량에 의해 점진적 디지털화를 추진하고, ⅱ) 경계분쟁 및 민원이 유발되고 있는 집단적 지적불부합지역은 동 사업의 주요대상으로 지적재조사사업을 거쳐 디지털화를 추진하며, ⅲ) 지적의 정확도가 유지되고 있는 지역에 대해서는 현재의 동경측지계 기준의 지적좌표계를 세계 기준으로 디지털화 하는 방안으로 추진한다.

이에 따라 법 제7조에서는 사업지구의 지정 절차에 관하여 정하고 있으며, 제8조에서는 시

·도지사는 사업지구를 지정하거나 변경한 경우에 시·도 공보에 고시하도록 규정하고 있다. 지적재조사사업은 제8조의 규정에 의해 고시된 지역에서 실시하는 것이다.

일필지조사(제2조제4호)는 상기 법 제2조제2호에서 정한 "지적재조사사업"의 3가지 내용 중 "지적공부의 등록사항을 조사·측량하는 것"에 포함되는 것으로, 법 제2조제4호에서는 지적공부 등록사항의 조사 범위를 소유자와 지번, 지목, 면적, 경계 또는 좌표, 지상건축물 및 지하건축물의 위치, 개별공시지가 등으로 특정하고 있다. 이때의 필지나 지번, 지목, 면적, 경계 또는 좌표는 「측량·수로조사 및 지적에 관한 법률」 제2조제21호부터 제27조에서 정하고 있다. 기타 "소유자"란 「민법」 제211조에서 규정하고 있는 소유자(소유권 보유자)를 의미하며, "건축물"이란 「건축법」 제2조제2호에서 정한 건축물을 의미하는 것으로 볼 수 있다. 또한 "개별공시지가"란 「부동산가격 공시 및 감정평가 등에 관한 법률」 제11조에서 정한 공시지가를 의미하는 것으로 볼 수 있다. 즉 "개별공시지가"란 시장·군수 또는 구청장이 「개발이익환수에 관한 법률」에 의한 개발부담금의 부과 그 밖의 다른 법령이 정하는 목적을 위한 지가산정에 사용하도록 하기 위하여 「부동산가격 공시 및 감정평가 등에 관한 법률」 제20조의 규정에 의한 시·군·구부동산평가위원회의 심의를 거쳐 매년 공시지가의 공시기준일 현재 관할구역 안의 개별토지의 단위면적당 가격을 의미한다.

지적소관청(제2조제5호)은 국가사무인 지적사무를 직접 담당(지적공부를 등록·관리)하는 시장·군수·구청장을 뜻하며 일반적인 지방자치단체의 시장·군수·구청장을 의미하는 것이 아니다. 현행 「측량·수로조사 및 지적에 관한 법률」 제2조제18호에서는 "지적소관청"을 지적공부를 관리하는 시장(「제주특별자치도 설치 및 국제자유도시 조성을 위한 특별법」 제15조제2항에 따른 행정시의 시장을 포함하며, 「지방자치법」 제3조제3항에 따라 자치구가 아닌 구를 두는 시의 시장은 제외)·군수 또는 구청장(자치구가 아닌 구의 구청장을 포함)으로 정의하고 있다.

3. 다른 법률과의 관계[3]

「지적재조사에 관한 특별법」은 「측량·수로조사 및 지적에 관한 법률」에 대한 특별법 관계에 있음을 명시하고 법률간 상호 충돌 방지를 위한 체계를 규정하고 있다. 따라서 지적재조사업무에 대해서 이 법에서 정한 사항은 현행 「측량·수로조사 및 지적에 관한 법률」이 적용되지 않는다. 다만, 지적재조사업무 중 이 법에 규정되지 아니한 사항에 대해서는 「측량·수로

---

3) 법 제3조 (다른 법률과의 관계) ① 이 법은 지적재조사사업에 관하여 다른 법률에 우선하여 적용한다. ② 지적재조사사업을 시행할 때 이 법에서 규정하지 아니한 사항에 대하여는 「측량·수로조사 및 지적에 관한 법률」에 따른다.

조사 및 지적에 관한 법률」이 적용된다.

「측량·수로조사 및 지적에 관한 법률」은 측량 및 수로조사의 기준 및 절차와 지적공부의 작성 및 관리 등에 관한 사항을 규정함으로써 국토의 효율적 관리와 해상교통의 안정 및 국민의 소유권 보호에 기여함을 목적으로 2009년 6월 9일 법률 제9774호로 법률을 말한다. 같은 법에서는 제3장(제64조부터 제90조) 지적 등에서는 지적제도 전반에 대해 규정하고 있다.

이 법은 측량, 지적 및 수로업무 분야에서 서로 다른 기준과 절차에 따라 측량 및 지도 제작 등이 이루어져 우리나라 지도의 근간을 이루는 지형도·지적도 및 해도가 서로 불일치하는 등 국가지리정보산업의 발전에 지장을 초래하는 문제를 해소하기위하여 종전의 「지적법」, 「측량법」, 「수로업무법」을 통합하여 측량의 기준과 절차를 일원화함으로써 측량성과의 신뢰도 및 정확도를 높여 국토의 효율적 관리, 항해의 안전 및 국민의 소유권 보호에 기여하고 국가지리정보산업의 발전을 도모하기 위해 제정되었으며, 이 법 제정으로 종래의 「지적법」은 폐지되었다. 기타 다른 법률과의 관계에서의 경과규정은 법 부칙 제2조에서 별도로 규정하고 있다.

그리고 이 법은 2015년 6월 4일부터 「공간정보의 구축 및 관리 등에 관한 법률」로 법률 제명을 바꾸어 시행되고 있다. 따라서 본서에서는 「측량·수로조사 및 지적에 관한 법률」과 「공간정보의 구축 및 관리 등에 관한 법률」을 혼용하여 기술하고 있다.

제9장 지적재조사사업의 시행

1. 기본계획의 수립

지적재조사사업의 시행을 위한 기본계획의 수립과 그 관할을 명확하게 할 필요가 있으며, 지적재조사사업은 국가사업으로서 반드시 지방자치단체와 지적소관청의 현실을 반영하여야 하는 사업이므로 상호 유기적인 업무협조의 기회를 입법화하였다.

이에 따라 국토교통부장관은 지적재조사사업을 효율적으로 시행하기 위하여 다음 각 호의 사항이 포함된 지적재조사사업에 간한 기본계획을 수립하여야 한다.[1]

① 지적재조사사업에 관한 기본방향
② 지적재조사사업비의 시행기간 및 규모
③ 지적재조사사업비의 연도별 집행계획
④ 지적재조사사업비의 특별시·광역시·도·특별자치도·특별자치시 및 「지방자치법」 제175조에 따른 인구 50만 이상 대도시별 배분계획
⑤ 지적재조사사업에 필요한 인력의 확보에 관한 계획
⑥ 그 밖에 지적재조사사업의 효율적 시행을 위하여 필요한 사항으로서 대통령령으로 정하는 사항[2]

아울러 현실적으로 지적재조사사업을 시행하는 지적소관청의 의견을 최대한 존중하고, 기본계획의 수립에 앞서 공청회를 의무화함으로써 가장 실정에 맞는 기본계획을 수립하여 지적 재조사사업의 효율을 극대화할 필요성이 있다.

---

1) 지적재조사에 관한 특별법, 제4조 기본계획의 수립
2) 시행령 제2조 디지털 지적의 운영·관리에 필요한 표준의 제정 및 그 활용, 지적재조사사업의 효율적 추진을 위하여 필요한 교육 및 연구개발, 그 밖에 국토교통부장관이 법 제4조제1항에 따른 지적재조사사업에 관한 기본계획의 수립에 필요하다고 인정하는 사항 등이다.

국토교통부장관은 기본계획을 수립할 때에는 미리 공청회를 개최하여 관계 전문가 등의 의견을 들어 기본계획안을 작성하고, 특별시장·광역시장·도지사·특별자치도지사·특별자치시장 및 「지방자치법」 제175조에 따른 인구50만 이상 대도시의 시장에게 그 안을 송부하여 의견을 들은 후 제28조에 따른 중앙지적재조사위원회의 심의를 거쳐야 한다.

시도지사는 기본계획안을 송부 받았을 때에는 이를 지체없이 지적소관청에 송부하여 그 의견을 들어야 한다. 지적소관청은 제3항에 따라 기본계획안을 송부받은 날부터 20일 이내에 시·도지사에게 의견을 제출하여야 하며 시·도지사는 제 2항에 따라 기본계획안을 송부받은 날부터 30일 이내에 지적소관청의 의견에 자신의 의견을 첨부하여 국토교통부장관에게 제출하여야 한다. 이 경우 기간 내에 의견을 제출하지 아니하면 의견이 없는 것으로 본다.

이상의 규정은 기본계획을 변경할 때에도 적용한다. 다만, 대통령령으로 정하는 경미한 사항3)을 변경할 때에는 제외한다.

그리고 국토교통부장관은 기본계획을 수립하거나 변경하였을 때에는 이를 관보에 고시하고 시·도지사에게 통지하여야 하며, 시·도지사는 이를 지체 없이 지적소관청에 통지하여야 한다. 또한 국토교통부장관은 기본계획이 수립된 날부터 5년이 지나면 그 타당성을 다시 검토하고 필요하면 이를 변경하여야 한다.

기본계획에는 지적재조사사업의 기본방향, 사업 시행기간 및 규모, 사업비의 연도별 집행계획 및 시도별 배분계획, 사업에 필요한 인력확보에 관한 사항, 디지털 지적의 표준 및 활용, 사업에 필요한 교육 및 연구개발 등이 포함된다.

이 중 실무상 가장 중요하다고 할 수 있는 사업비의 연도별 집행계획 및 시도별 배분계획에 따라 시도 및 시군구의 지적재조사사업의 개괄적인 규모가 정해진다.

따라서 지적재조사사업은 국가사업이므로 지적재조사 기본계획은 지적사무의 소관부처인 국토교통부장관이 수립하도록 규정하고 있다. 이때, 기본계획은 지적재조사사업에 관한 계획의 최상위에 있는 계획으로서 기본계획은 제1단계 계획에 해당되며, 기본계획에 따라 지적소관청은 실시계획이 수립된다.

지적재조사사업의 시행기간 또는 규모가 달라지거나 사업비용의 연도별 집행계획 등이 달라지게 되는 경우에는 기본계획을 변경하여야 하는데, 실제로 정부의 예산사정에 따라 이러한 상황이 연례적으로 발생할 가능성이 클 것으로 예상된다.

---

3) 법 제3조(기본계획의 경미한 변경) 법 제4조제5항 단서에서 "대통령령으로 정하는 경미한 사항"이란 다음 각 호의 어느 하나에 해당하는 사항을 말한다. ① 지적재조사사업 대상 필지 또는 면적의 100분의 20 이내의 증감, ② 지적재조사사업 총사업비의 처음 계획 대비 100분의 20 이내의 증감

〈표 8-1〉 기본계획 수립절차

| 기본계획안 작성 |
| 국토교통부장관 |

⇩

| 전문가 의견 청취 |
| 공청회 개최 |

⇩

| 시·도 의견청취 |
| 국토교통부장관→시·도지사 |

⇩

| 중앙지적재조사위원회 |
| 국토교통부장관 |

⇩

| 기본계획의 고시(관보) 및 통지 |
| 국토교통부장관 |

2. 지적재조사사업의 시행자

지적재조사의 주체를 명문화함으로써 지적재조사사업의 권한과 책임을 분명하게 할 필요가 있으며, 아울러 수행자에게 지적측량을 대행할 수 있는 법적 근거를 마련함으로써 신속하고 능률적인 지적재조사사업을 가능하게 하였다.[4]

지적업무는 국가사무이므로 지적재조사사업 또한 국가사무로 보아야 할 것이며, 지적업무를 담당하는 지적소관청이 지적재조사사업의 시행자가 되는 것은 당연하다.

따라서, 법 제5조에서는 지적소관청을 지적재조사사업의 시행자로 규정하고, 지적재조사사업의 일부를 지적측량수행자(대한지적공사 또는 지적측량업의 등록을 한 자)에게 대행할 수 있도록 하고 있다.[5]

---

4) 시행령 제4조 (측량·조사 대행에 관한 고시 등) ① 지적소관청은 법 제5조제2항에 따른 지적측량수행자(이하 "지적측량수행자"라 한다)로 하여금 지적재조사사업의 측량·조사 등을 대행하게 할 때에는 법 제5조제3항에 따라 다음 각 호의 사항을 공보에 고시하여야 한다. ① 지적측량수행자의 명칭, ② 사업지구의 명칭, ③ 사업지구의 위치 및 면적, ④ 지적측량수행자가 대행할 측량·조사에 관한 사항

5) 법 제5조(지적재조사사업의 시행자) ① 지적재조사사업은 지적소관청이 시행한다. ② 지적소관청은 지적재조사사업의 측량·조사 등을 「측량·수로조사 및 지적에 관한 법률」 제58조에 따라 설립된 대한지적공사와 같은 법 제44조에 따라 지적측량업의 등록을 한 자(이하 "지적측량

지적소관청이 지적재조사사업의 시행자로서 이 업무를 신속하고 효율적인 수행과 더불어 한정된 지적직 공무원의 인력 부족을 메우기 위해서 지적재조사사업의 일부를 지적측량수행자로 하여금 대행하게 할 필요가 있으나, 지적재조사사업의 일부 대행과 관련하여 일부의 의미가 구체적으로 어떠한 것을 지칭하는 것인지 명확하지 않으므로 일부의 의미를 측량·조사 등으로 한정하는 것이 바람직하다는 의견[6]이 있어 이를 반영하였다.

따라서, 지적측량수행자는 이 법에 따라 지적측량 뿐만 아니라, 지적소관청을 대신하여 지적측량 외에 지적재조사사업을 위한 일필지조사 등에 관한 업무까지 대행 하게 할 수 있을 것으로 본다.

그리고 지적측량수행자는 지적재조사측량성과의 검사에 필요한 자료를 지적소관청에 제출하여야 하며, 지적소관청은 위성측량, 토털 스테이션측량 및 항공사진측량 방법 등으로 지적재조사측량성과(지적기준점측량성과는 제외한다)의 정확성을 검사하여야 한다.

또한 지적소관청은 인력 및 장비 부족 등의 부득이한 사유로 지적재조사측량성과의 정확성에 대한 검사를 할 수 없는 경우에는 특별시장·광역시장·도지사·특별자치도지사·특별자치시장 및 「지방자치법」 제175조에 따른 인구 50만명 이상 대도시의 시장(이하 "시·도지사"라 한다)에게 그 검사를 요청할 수 있다. 이 경우 시·도지사는 검사를 하였을 때에는 그 결과를 지적소관청에 통지하여야 한다.

그리고 지적소관청은 지적기준점측량성과의 검사에 필요한 자료를 시·도지사에게 송부하고, 그 정확성에 대한 검사를 요청하여야 한다. 이 경우 시·도지사는 검사를 하였을 때에는 그 결과를 지적소관청에 통지하여야 한다.

3. 실시계획의 수립

법 제4조에 따라 수립된 기본계획을 수행하기 위하여 지적재조사사업의 현장에서 발생할 수 있거나 요구되는 사안을 규율하는 실체법적 근거를 제시하였으며, 법 제5조에서 지적소관청이 지적재조사사업의 시행자이므로, 지적소관청에 실시계획을 수립할 수 있는 기본권한을 위임하였다.

개별 사업지구를 대상으로 그 사업지구 안에서 시행되는 지적재조사사업에 관한 구체적인 사항을 정하는 계획이 실시계획이며, 실시계획의 수립권자는 지적소관청이다.

수행자"라 한다)에게 대행하게 할 수 있다. ③ 지적소관청이 지적재조사사업의 측량·조사 등을 지적측량수행자에게 대행하게 할 때에는 대통령령으로 정하는 바에 따라 이를 고시하여야 한다.
6) 국토해양위원회 수석전문위원 법률안 검토보고('11.6)

실시계획에는 사업시행기간, 사업비용 등 지적재조사사업의 시행을 위하여 필요한 사항이 포함되는바, 이 실시계획에 의해 그 사업지구에서 시행되는 지적재조사사업의 구체적인 내용이 정해진다.

지적소관청은 기본계획을 통지받았을 때에는 다음 각 호의 사항이 포함된 지적재조사사업에 관한 실시계획을 수립하여야 한다. ① 지적재조사사업의 시행자, ② 사업지구의 명칭, ③ 사업지구의 위치 및 면적, ④ 지적재조사사업의 시행시기 및 기간, ⑤ 지적재조사사업비의 추산액, ⑥ 일필지조사에 관한 사항, ⑦ 그 밖에 지적재조사사업의 시행을 위하여 필요한 사항으로서 대통령령으로 정하는 사항[7] 등이다. 그리고 실시계획의 작성 기준 및 방법은 국토교통부장관이 정한다.

4. 사업지구의 지정

1) 사업지구의 배경

사업지구의 지정은 지적재조사사업의 시작인 동시에 사업의 성부를 결정하는 중요한 요인이다. 따라서 사업지구의 지정과 변경은 민주적 절차에 따라 주민의 동의를 얻어 이루어져야 하며, 이를 위한 설명회를 마련하도록 하였다.

사업지구 내의 주민의 동의에 관한 요건을 엄격하게 규정함으로써 정당성을 확보하고 주민 민원을 최소화하였으며, 개별주민의 의사를 직접 반영하기 어려움으로 필요한 경우 토지소유자협의회를 구성하고 이를 운영하는 근거를 마련하였다.[8]

또한, 사업지구의 지정은 단순히 지적소관청의 단독행위가 될 수 없고 상급 지방자치단체의 개입이 필요하므로 이 사실을 입법에 반영하였다.

---

7) 시행령 제5조(실시계획의 수립 등) ① 법 제6조제1항 제7호에서 "대통령령으로 정하는 사항"이란 다음 각 호의 사항을 말하는데, ① 사업지구의 현황, ② 지적재조사사업의 시행에 관한 세부계획, ③ 지적재조사측량에 관한 시행계획, ④ 지적재조사사업의 시행에 따른 홍보, ⑤ 그 밖에 지적소관청이 법 제6조제1항에 따른 지적재조사사업에 관한 실시계획의 수립에 필요하다고 인정하는 사항 등이다. 그리고 지적소관청은 실시계획을 수립할 때에는 기본계획과 연계되도록 하여야 한다.

8) 법 제7조 ③ 제2항에도 불구하고 지적소관청은 사업지구에 제13조에 따른 토지소유자협의회(이하 "토지소유자협의회"라 한다)가 구성되어 있고 토지소유자 총수의 4분의 3 이상의 동의가 있는 지구에 대하여는 우선하여 사업지구로 지정을 신청할 수 있다.

2) 사업지구 지정절차

그리고 지적재조사사업을 시행하기 위해서는 먼저 사업지구를 정하여 그 사업지구 안에서 지적재조사사업을 시행하기 위한 구체적인 실시계획을 수립하여야 한다. 그리고 사업지구를 지정하고자 하는 경우에는 같은 지구 안에 있는 토지소유자 총수의 3분의 2 이상과 토지면적 3분의 2 이상에 해당하는 토지소유자의 동의를 얻어야 받아야 하는데, 토지소유자의 동의를 받기 위해서는 그 사업지구 안에서 지적재조사사업을 어떻게 시행할 것이라는 청사진을 제시하여야 한다.

즉, 사업지구의 지정과 그 지구 안에서 시행할 지적재조사사업에 관한 계획이 별도의 사항이 아니라 불가분의 관계에 있다. 그래서 사업지구를 지정하고자 할 때에는 실시계획을 먼저 수립하여 주민의 의견을 수렴하여야 한다.

또한 지적소관청이 사업지구를 지정하고자 할 때 대상지역에 있는 토지의 소유자의 동의를 받도록 한 사항은 토지의 소유에 대한 일반 국민의 법 감정을 고려한 것이다. 사업지구 지정에 관하여 토지소유자의 동의를 받도록 함으로써 정부가 토지소유권을 손대는 것이 토지소유자의 의견에 관계없이 정부가 일방적으로 추진하는 것이 아니라는 점을 부각시키고, 동의를 받는 과정에서 실시계획을 제시하여 그 내용을 설명함으로써 지적재조사사업으로 인해 손해를 보지 않을까 하는 의구심을 해소하려는 것이다.

이는 향후 지적재조사사업이 시행될 때 이에 대한 토지소유자의 협력을 유도하기 위한 전제 작업이 될 수 있다. 입법적으로는 토지소유자의 동의를 받지 않도록 하는 것도 생각할 수 있지만, 정부가 토지소유자들의 의사를 전혀 수렴하지 않고 토지의 경계 및 면적으로 조정하고자 하는 경우 그 이론적 정당성에 관계없이 지적재조사사업은 사유재산권 침해라는 토지소유자들의 강력한 저항을 받게 될 것으로 예상된다.

토지소유자의 동의를 받도록 하면 사업지구 지정이 어려울 것이라는 소수 의견도 있었지만, 사업지구 지정 단계에서 토지소유자와의 공감대를 형성해 놓지 않으면 더 이상 지적재조사사업을 원활하게 추진할 수 없다고 보아 동의제도를 도입하였다.[9]

먼 후일 지적재조사사업에 관한 공감대가 형성되어 주민들이 모두 지적재조사사업에 찬성하게 되는 경우에는 굳이 동의요건을 둘 필요는 없겠지만, 현재로서는 주민의 반대를 무릎 쓰

---

9) 타 법령에서의 동의요건을 살펴보면 환지방식의 도시개발사업(도시개발법 제4조 제3항) 토지소유자 2분의 1 이상, 토지면적의 3분의 2 이상의 동의, 주거환경개선사업(도시 및 주거환경정비법 제7조 제 1항) 토지등 소유자의 3분의 2 이상, 세입자 세대수 과반수 동의, 재개발·재건축사업(도시 및 주거환경정비법 제8조) 토지등 소유자 3분의 2 이상, 토지면적의 2분의 1 이상의 동의(LH등 단독시행) 조합원 과반수(조합과 LH등이 공동시행), 축적변경사업(측량·수로조사 및 지적에 관한 법률 제83조 제3항) 토지소유자 3분의 2 이상의 동의

고 사업을 추진할 경우 그 사업이 원활하게 진행될 수 없을 것이다.

한편, 토지소유자협의회가 구성되어 있고 토지소유자 총수의 4분의 3 이상의 동의가 있는 지구에 대해서는 우선사업지구의 신청을 할 수 있도록 하고 있는바, 주민의 사업추진 의사가 확실한 지구에 대해서는 사업의 우선순위를 부여하고 하는 취지이다.

3) 이해관계인의 범위

이 법에서는 "이해관계인"의 범위에 대하여 정하고 있지 않다. 다만, 법률 전반의 내용을 검토해 볼 때 법 제7조에서의 "이해관계인"이란 사업지구에 속한 토지의 소유자 이외에 지적재조사 사업지구의 지정과 관련하여 직접적이고 구체적으로 이익이나 손해가 발생할 가능성이 있는 자로 볼 수 있다.

예를 들어 사업지구의 지정으로 인해 토지경계 변경이나 면적 변경 등 토지이동이 발생할 수 있으므로 토지에 대한 이용권을 보유한 지상권자나 지역권자, 임차권자, 담보권을 보유한 저당권자 등은 모두 이해관계인이 범위에 포함될 수 있을 것이다.

이와 같이 "이해관계인"의 범위는 해당 규정으로 인해 직접적이고 구체적인 이익이나 손해가 발생할 가능성이 있는 자로 보아야 할 것이다.

판례상 이해관계인의 의미를 살펴보면 선박소유자 등의 책임제한절차에 관한 법률' 제6조제1항, 제23조제1항은 '이해관계인에 한하여 책임제한절차개시결정에 대하여 즉시항고를 할 수 있다고 규정하고 있다. 여기서 이해관계인은 책임제한절차개시결정으로 인하여 직접적이고 구체적인 법률상 이해관계를 갖게 되는 자를 말하고, 법률상 이해관계란 당해 결정의 효력이 직접 미치거나 또는 결정의 효력이 직접 미치지는 아니한다고 하더라도 적어도 그 결정을 전제로 하여 항고하려는 자의 법률상 지위가 결정되는 관계에 있는 경우를 말하고 사실상 또는 간접적인 이해관계를 가지는 데 불과한 경우는 이해관계인에 포함되지 않는다(대법원 1012.4.17. 선고 2010마222 결정 【선박책임제한】).

4) 대도시 지역의 지구 지정

영 제6조 제1항의 규정은 도내의 다른 지역과는 독립적인 도시형성을 보이는 인구 50만 이상의 시의 시장에 대하여 개발사업에 대한 구체적인 대상지역 확정권을 독자적으로 부여하는 것이 최근의 입법추세라는 점을 감안하여, 인구 50만 이상의 시의 시장은 시ㆍ도지사에게 사업지구지정을 신청하지 아니하고 직접 사업지구를 지정 할 수 있도록 하였는데, 이는 해당 지역 여건에 보다 충실하면서 신속한 지정이 이루어질 수 있도록 하는 취지이다.

제1항에 따라 사업지구 지정 신청을 회부받은 시ㆍ도 위원회는 그 신청을 회부받은 날부터 30일 이내에 사업지구의 지정 여부에 대하여 심의ㆍ의결하여야 한다. 다만, 사실 확인이 필요

한 경우 등 불가피한 사유가 있을 때에는 그 심의기간을 해당 시·도 위원회의 의결을 거쳐 15일의 범위에서 그 기간을 한 차례만 연장할 수 있다.

그리고 시·도 위원회는 사업지구 지정 신청에 대하여 의결을 하였을 때에는 의결서를 작성하여 지체 없이 시·도지사에게 송부하여야 하며, 시·도지사는 제3항에 따라 의결서를 받은 날부터 7일 이내에 법 제8조에 따라 사업지구를 지정·고시하거나, 사업지구를 지정하지 아니한다는 결정을 하고, 그 사실을 지적소관청에 통지하여야 한다. 또한 제1항부터 제4항까지의 규정은 사업지구를 변경할 때에도 적용한다.

5) 토지소유자 수 및 동의자 수 산정방법

지적소관청이 시·도지사에게 사업지구 지정을 신청하고자 할 때에 토지소유자 수 및 동의자 수는 다음과 같은 기준에 따라 산정한다. 첫째, 1필지의 토지가 수인의 공유에 속할 때에는 그 수인을 대표하는 1인을 토지소유자로 산정할 것, 둘째, 1인이 다수 필지의 토지를 소유하고 있는 경우에는 필지 수에 관계없이 토지소유자를 1인으로 산정할 것, 셋째, 토지등기부 및 토지대장·임야대장에 소유자로 등재될 당시 주민등록번호의 기재가 없거나 기재된 주소가 현재 주소와 다른 경우 또는 소재가 확인되지 아니한 자는 토지소유자의 수에서 제외할 것, 넷째, 국유지·공유지에 대해서는 그 재산관리청을 토지소유자로 산정할 것 등이다.[10]

그리고 공유토지의 대표 소유자는 국토교통부령으로 정하는 대표자 지정 동의서를 첨부하여 제2항에 따른 동의서 또는 동의철회서와 함께 지적소관청에 제출하여야 하며, 토지소유자가 외국인인 경우에는 지적소관청은「전자정부법」제36조제1항에 따른 행정정보의 공동이용을 통하여「출입국관리법」제88조에 따른 외국인등록 사실증명을 확인하여야 하되, 토지소유자가 행정정보의 공동이용을 통한 외국인등록 사실증명의 확인에 동의하지 아니하는 경우에는 해당 서류를 첨부하게 하여야 한다.

또한 사업지구의 경미한 변경은 사업지구 명칭의 변경, 1년 이내의 범위에서의 지적재조사사업기간의 조정, 지적재조사사업 대상필지 또는 면적의 100분의 20 이내의 증감 등이다.[11]

6) 사업지구 지정고시와 효력상실

시·도지사는 사업지구를 지정하거나 변경한 경우에는 시·도 공보에 고시하고 그 지정내용 또는 변경내용을 국토교통부장관에게 보고하여야 하며, 관계 서류를 일반인이 열람할 수 있도록 하여야 한다. 또한 사업지구의 지정 또는 변경에 대한 고시가 있을 때에는 지적공부에

---

10) 시행령 제7조 토지소유자 수 및 동의자 수 산정방법 등에 규정되어 있다.
11) 시행령 제8조 사업지구의 경미한 변경 등에 규정되어 있다.

사업지구로 지정된 사실을 기재하여야 한다.[12]

사업지구의 지정과 변경은 토지소유자와 이해관계인의 권리에 많은 영향을 미칠 가능성이 있으므로 이의 공시방법을 두었으며, 사업지구의 지정과 변경을 공시함으로써 토지소유자와 이해관계인의 이익보호에 기여하도록 한다.

사업지구가 지정되면 시·도지사는 일반인이 이를 열람할 수 있도록 공보에 고시하고 지적소관청은 지적공부에 사업지구 지정 또는 변경내용을 기재하도록 함으로써 사업지구 토지소유자로 하여금 지적재조사사업이 시행된다는 사실을 알 수 있도록 하여야 한다. 아울러 일단 사업지구로 지정되면 법 제12조에 따라서 지적공부가 정지됨을 함께 고려하여야 한다.

그리고 법 제8조에 근거하여 일단 사업지구로 지정되면 지적공부가 정지되고 사업지구에 위한 토지소유자 등 이해관계인의 권리행사가 제한될 수 있다. 이에 따라 지적소관청은 신속히 지적재조사사업의 집행을 강제하고 그렇지 않을 경우에는 사업지구 지정의 효력을 상실하도록 하였다.

따라서 사업지구 지정의 효력상실을 입법하여 지적소관청에 2년 내에 지적재조사사업의 시행을 의무화하여 국가사업의 효율을 증진하였으며, 사업지구 지정의 효력 상실규정을 둠으로써 국가의 책임을 제고하고 국민의 권리를 보호하고자 하였다.[13]

재산권보호를 위해 주민의 2분의 1이상 동의가 있으면 지구지정의 해제를 요청할 수 있는 조항의 신설이 필요하다는 일부 의견이 있었으나, 이를 일부 반영하여 사업지구 지정고시가 있는 날부터 2년이 지나도록 일필지조사 및 지적재조사측량을 시행하지 않으면 사업지구 지정이 해제되는 일몰제도를 도입하였다.

그러므로 사업지구로 지정이 되면 법 제12조에 따라 필요한 경우 해당 사업지구내 지적공부 정리와 경계복원측량을 일정기간 정지할 수 있다. 또한 법 제37조에 따라 지적소관청은 타인의 토지등에의 출입이 가능해지는 등 토지소유자 재산권의 제약이 뒤따르는 점을 감안하면, 사업이 장기간 동안 추진되지 않을 경우에는 지구지정의 효력을 상실시켜 토지소유자의 재산권을 보호하려는 취지로 법에 명문화 되어 있다.

---

12) 법 제8조 사업지구 지정고시
13) 법 제9조(사업지구 지정의 효력상실 등) ① 지적소관청은 사업지구 지정고시를 한 날부터 2년 내에 일필지조사 및 지적재조사를 위한 지적측량(이하 "지적재조사측량"이라 한다)을 시행하여야 한다. ② 제1항의 기간 내에 일필지조사 및 지적재조사측량을 시행하지 아니할 때에는 그 기간의 만료로 사업지구의 지정은 효력이 상실된다. ③ 시·도지사는 제2항에 따라 사업지구 지정의 효력이 상실되었을 때에는 이를 시·도 공보에 고시하고 국토교통부장관에게 보고하여야 한다.

5. 일필지조사

일필지조사란 지적재조사사업을 시행하기 위하여 필지별로 소유자, 지번, 지목, 면적, 경계 또는 좌표, 지상건축물의 위치, 개별공시지가 등을 조사하는 것을 말한다.[14]

지적재조사사업의 전단계로서 법 제2조제4호 일필지조사와 일필지조사서의 작성을 의무화 하였으며, 일필지조사를 지적재조사사업과 평행할 수 있도록 함으로써 지적재조사사업의 능률을 극대화하고 토지소유자 등의 권리침해를 최소화하였다.

지적재조사사업을 시행하기 위해서는 단순히 경계만 측량하는 것이 아니라 각 필지의 특성을 모두 파악하여야 한다. 사업지구 안의 모든 토지를 대상으로 일필지조사를 실시하여 소유자, 지번, 지목, 경계 또는 좌표, 지상건축물 및 지하건축물의 위치, 개별공시지가 등을 파악하여 일필지조사서를 작성하게 된다.[15]

일필지조사는 사전조사와 현지조사로 구분되는데[16], 현지조사는 〈표 8-2〉에서 보는 바와 같이 지적재조사측량과 병행하여 실시되며, 특히 건축물의 현황은 반드시 지적측량을 통하여 실측면적 등 필요한 사항을 일필지조사서에 기록하여야 한다. 일필지조사서 작성 등 지적재조사 업무처리와 관련된 지침으로는 지적재조사업무규정이 있다.[17]

---

14) 법 제2조 4항
15) 법 제10조 2항 일필지조사를 할 때에는 소유자, 지번, 지목, 경계 또는 좌표, 지상건축물 및 지하건축물의 위치, 개별공시지가 등을 기재한 일필지조사서를 작성하여야 한다.
16) 시행규칙 제4조 ② 일필지조사는 사전조사와 현지조사로 구분하여 실시하며, 현지조사는 법 제9조제1항에 따른 지적재조사를 위한 지적측량(이하 "지적재조사측량"이라 한다)과 함께 할 수 있다.
17) 시행규칙 제4조(일필지조사) ① 법 제10조제1항에 따른 일필지조사(이하 "일필지조사"라 한다)는 지적재조사사업지구의 필지별로 다음 각 호의 사항에 대하여 조사한다. 1. 토지에 관한 사항, 2. 건축물에 관한 사항, 3. 토지이용계획에 관한 사항, 4. 토지이용 현황 및 건축물 현황, 5. 지하시설물(지하구조물) 등에 관한 사항, 6. 그 밖에 국토교통부장관이 일필지조사와 관련 하여 필요하다고 인정하는 사항

<표 8-2> 일필지조사 내용

구분		내용
사전조사	토지에 관한 사항	토지(임야)대장: 지번, 지목, 면적, 토지소유한 사항
		등기부: 지목, 면적, 토지소유자에 관한 사항
	건축물에 관한 사항	건축물대장: 지번, 구조, 용도, 층수, 건축면적, 건폐율, 용적율, 소유자에 관한 사항
	토지이용계획에 관한 사항	토지이용과 관련된 용도지역·지구 등 지정과 관련된 사항 및 도시계획시설 등 토지이용규제 정보와 관련된 사항
현지조사	토지이용 현황	토지의 실제 이용현황·도로조건·지형 및 기타 구조물 등
	건축물 등 현황조사	지번, 구조, 용도, 층수, 건축면적, 소유자정보
	지하시설물 등에 관한 사항	관련지번, 시설명, 구분지상권, 시설(구조)물 구분
	경계 등 조사내용	자료 및 현지조사일과 조사자, 조사자의견, 측량현황(톤보일, 실시일, 측량 및 검사내용과 경계미확정사유, 측량자의견 등

6. 지적재조사측량

지적재조사측량을 「공간정보의 구축 및 관리 등에 관한 법률」에서 정한 지적측량 방법을 원용한다는 규정은 없으며, 법 제11조제1항과 제2항 외에 지적재조사측량의 방법과 절차 등은 국토교통부령으로 정한다고 규정하고 있으므로(법 제 11조제3항), 지적재조사측량은 지적측량의 일종으로 볼 수 있으나 지적재조사측량은 이 법에서 정한 측량방법에 의하여야 한다.

참고로 「공간정보의 구축 및 관리 등에 관한 법률」에 따르면 제2조(정의)에서 "지적측량"이란 토지를 지적공부에 등록하거나 지적공부에 등록된 경계점을 지상에 복원하기 위하여 제21호에 따른 필지의 경계 또는 좌표와 면적을 정하는 측량을 말하며, 지적확정측량 및 지적재조사측량을 포함한다.

그리고 법 제6조 측량의 기준을 보면 위치는 세계측지계(世界測地系)에 따라 측정한 지리학적 경위도와 높이(평균해수면으로부터의 높이를 말한다. 이하 이 항에서 같다)로 표시한다. 다만, 지도 제작 등을 위하여 필요한 경우에는 직각좌표와 높이, 극좌표와 높이, 지구중심 직교좌표 및 그 밖의 다른 좌표로 표시할 수 있다.

또한 법 제25조 지적측량수행자가 제23조에 따라 지적측량을 하였으면 시·도지사, 대도시 시장(「지방자치법」 제175조에 따라 서울특별시·광역시 및 특별자치시를 제외한 인구 50만 이상의 시의 시장을 말한다. 이하 같다) 또는 지적소관청으로부터 측량성과에 대한 검사를 받아야 한다. 다만, 지적공부를 정리하지 아니하는 측량으로서 국토교통부령으로 정하는 측량의 경우에는 그러하지 아니하다. 제1항에 따른 지적측량성과의 검사방법 및 검사절차 등에 필요한 사항은 국토교통부령으로 정한다.

따라서 측량기준[18]으로 지적재조사측량은 세계측지계에 따라 측정한 지리학적 경위도와 평균해수면으로부터의 높이를 기준으로 실시되며, 토지를 지적공부에 등록하기 위해서는 평면직각좌표로 필지의 경계 또는 좌표와 면적을 정하게 된다.

측량방법으로 지적재조사측량은 기초측량과 세부측량으로 구분하여 위성측량, 토털스테이션측량 및 항공사진측량(세부측량만) 등의 방법으로 실시하게 된다. 이때, 위성측량은 기준점의 경우 GNSS측량기법 중 Static측량으로 실시되며, 세부측량의 경우 NetworkRTK측량으로 대부분 실시될 것으로 본다. 이에 대한 구체적인 측량 및 검사방법에 대하여는 별도 「지적재조사 측량규정」이 있다.

현행 「지적측량 시행규칙」 제5조제2항에서는 지적측량의 방법으로 평판(平板)측량, 전자평판측량, 경위의(經緯義)측량, 전파기(電波機) 또는 광파기(光波機)측량, 사진측량 및 위성측량 등을 열거하고 있으나, 지적재조사측량에서는 위성측량, 토탈스테이션, 항공사진측량 등으로 한정하고 있으므로 이에 따라 종래의 평판(平板)측량, 전자평판측량, 경위의측량, 전파기 또는 광파기측량 방법은 지적재조사 측량 방법으로 사용할 수 없다.

성과검사는 지적측량수행자가 지적재조사측량을 실시한 경우에는 시·도지사, 대도시 시장(「지방자치법」 제3조제3항에 따라 자치구가 아닌 구가 설치된 시의 시장을 말함) 또는 지적소관청으로부터 측량성과에 대한 검사를 받아야 한다.

지적재조사측량의 성과검사에 관련된 사항은 「측량·수로조사 및 지적에 관한 법률」 제25조에서 정한 성과검사에 대한 규정을 준용하며, 해당 규정에서 정하지 않은 사항에 대해서는 국토교통부령으로 정한 「지적재조사 측량규정」을 적용하여야 한다.

규칙 제6조제1항 및 제4항에 따른 "지적재조사측량성과의 검사에 필요한 자료"란 지적측량수행자가 작성한 측량부·측량결과도·면적측정부, 측량성과 파일 등 측량성과에 관한 자료를 의미하는 것으로 볼 수 있다.(지적측량시행규칙 제28조 제2항 제1호 참조).[19]

연결교차로 지적재조사측량성과와 검사성과와의 연결교차는 기준점이 3cm, 경계점은 7cm이다. 이때, 연결교차라 함은 측량성과와 검사성과와의 좌표계산에 의한 직선거리를 의미한다.[20]

---

18) 시행규칙 제5조 (지적재조사측량) 지적재조사측량은 지적기준점을 정하기 위한 기초측량과 일필지의 경계와 면적을 정하는 세부측량으로 구분한다.

19) 지적측량 시행규칙 제28조(지적측량성과의 검사방법 등) ② 법 제25조제2항에 따른 지적측량성과의 검사방법과 검사절차는 다음과 같다. 즉, 지적측량수행자는 측량부·측량결과도·면적측정부, 측량성과 파일 등 측량성과에 관한 자료를 지적소관청에 제출하여 그 성과의 정확성에 관한 검사를 받아야 한다. 다만, 지적삼각점측량성과 및 경위의측량방법으로 실시한 지적확정측량성과인 경우에는 시·도지사에게 검사를 받아야 한다.

20) 법 제7조(지적재조사측량성과의 결정) 지적재조사측량성과와 지적재조사측량성과에 대한 검사

7. 지적공부정리의 정지

지적공부의 정지[21]는 국민의 권리행사를 최소한으로 제한하는 범위에서 허용되어야하며, 이를 위하여 토지소유자 협회의 의견을 듣고 고시하여야 할 것이다.[22]

따라서 지적재조사사업의 수행을 도모하면서 토지소유자 등의 권리를 보호하기 위하여 최소한의 범위에서 지적공부정리와 경계복원측량의 정지를 입법화하였다.

그러나 공보에 대한 고시만으로는 토지소유자에 대한 통지효력이 제한적일 것이므로 지역신문광고보다 효율적인 정보 전달방안을 강구해야 한다.

지적공부정리의 주요내용은 정지요건으로 지적재조사사업의 효율적 수행을 위하여 불가피한 경우로, 그 대상업무는 토지의 분할에 따른 지적공부정리, 경계복원측량 등이다.

예외로 지적재조사사업의 시행을 위한 경계복원측량, 법원의 판결 또는 결정에 따라 토지를 분할하거나 경계복원측량을 하는 경우로 지적공부정리의 정지는 사업의 효율적 수행을 위해 필요하다. 그러나 정지 기간 동안의 토지소유권의 행사에 대한 침해 가능성이 있어 문제가 야기된다.

의 연결교차가 다음 각 호의 범위 이내일 때에는 해당 지적재조사측량성과를 최종 측량성과로 결정한다. 1. 지적기준점: ± 0.03미터, 2. 경계점: ± 0.07미터

21) 법 제12조(지적공부정리 등의 정지) ① 지적소관청은 지적재조사사업의 효율적 수행을 위하여 불가피할 때에는 토지의 따른 지적공부저리와 경계복원측량을 일정한 기간 동안 정지할 수 있다. 다만, 지적재조사사업의 시행을 위한 경계복원측량과 법원의 판결 또는 결정에 따라 토지를 분할하거나 경계복원측량을 하는 경우는 제외한다. ② 제1항에 따라 지적공부정리와 경계복원측량을 정지하는 기간은 2년의 범위에서 정하되 1년의 범위에서 1회에 한하여 연장할 수 있다. 이 경우 토지소유자와 이해관계인의 불편이 최소화되도록 하여야 한다. ③ 지적소관청은 제1항에 따라 지적공부정리와 경계복원측량을 정지하고자 할 때에는 미리 토지소유자협의회의 의견을 들어야 한다. 다만, 토지소유자협의회가 구성되지 아니할 때에는 제외한다. ④ 지적소관청은 제1항에 따라 지적공부정리와 경계복원측량을 정지하고자 할 때에는 대통령령으로 정하는 바에 따라 이를 고시하여야 한다.

22) 법 제9조(지적공부정리 등의 정지) 지적소관청은 법 제12조제4항에 따라 지적공부(地積公簿)정리와 경계복원측량을 정지하려는 때에는 다음 각 호의 사항을 공보에 고시하여야 한다. 사업지구의 명칭, 사업지구의 위치 및 면적, 사업기간과 지적공부정리 등이 정지되는 기간, 관련 자료의 열람 방법, 그 밖에 지적소관청이 지적공부정리 등의 정지와 관련하여 필요하다고 인정하는 사항

8. 토지소유자협의회

사업지구의 지정에서 지적공부의 정지, 조정금의 산정 등에 이르기까지 사업지구 내의 토지소유자의 권리에 대한 보호가 요구 된다. 하지만, 개별 토지소유자의 의견개진은 제한적으로 법 제7조제5항의 조치로 가능하나, 그 밖의 사항에 대하여 토지소유자의 의견을 수렴하는 방안이 적절하지 않다. 이러한 사정을 고려하여 특별법에서 토지소유자협의회의 조직을 장려하고 그 권한, 운영, 동의절차, 의견개진의 기회를 부여하고자 하였다.[23]

토지소유자협의회의 구성과 운영을 명문화하여 토지소유자의 참여 아래 그의 권리보호를 위하여 노력하는 동시에 합리적인 그들의 참여와 지지를 얻어 원활한 지적재조사사업의 수행을 도모하고, 사업지구의 지정[24]에서 지적공부의 정지, 조정금의 산정 등에 이르기까지 사업지구 내의 토지소유자 권리를 보호하고자 하였다.

사업지구 안에 있는 토지소유자는 토지소유자 총수의 3분의 2 이상과 토지면적 3분의 2 이상의 동의를 받아 토지소유자협의회를 구성할 수 있다.

토지소유자협의회는 지적재조사사업의 시행에 대한 토지소유자들의 의견을 전달하는 통로가 되며, 조사·측량 등에 입회함으로써 사업시행에 참여할 수 있게 된다.

그리고 토지소유자협의회의 구성에 대한 규정은 있으나, 해산에 대한 규정은 없다. 따라서 협의회 구성 동의자가 동의를 철회하여 잔여 동의자가 토지소유자 총수의 3분의 2 이상 또는 토지면적 3분의 2 이상에 해당하지 못 할 경우에는 해산할 수 있다고 본다.[25]

---

23) 법 제13조(토지소유자협의회) ① 사업지구의 토지소유자는 토지소유자 총수의 3분의 2 이상과 토지면적 3분의 2 이상에 해당하는 토지소유자의 동의를 받아 토지소유자협의회를 구성할 수 있다. ② 토지소유자협의회는 위원장을 포함한 5명 이상 20명 이하의 위원으로 구상한다. 토지소유자협의회의 위원은 그 사업지구에 있는 토지의 소유자이어야 하며, 위원장은 위원 중에서 호선한다. ③ 토지소유자협의회의 기능은 다음 각 호와 같다. 지적소관청에 대한 우선사업지구의 신청, 일필지조사에 대한 입회, 임시경계점표지 및 경계점표지의 설치에 대한 입회, 지적공부정리 정지기간에 대한 의견 제출, 제20조제3항에 따른 조정금 산정기준에 대한 결정, 제31조에 따른 경계결정위원회(이하 "경계결정위원회"라 한다) 위원의 추천, ④ 제1항에 따른 동의자 수의 산정방법 및 동의절차, 토지소유자협의회의 구성 및 운영, 그 밖에 필요한 사항은 대통령령으로 정한다.

24) 법 제7조(사업지구의 지정) ⑤ 사업지구에 있는 토지소유자와 이해관계인은 제4항에 따른 공람기간 안에 지적소관청에 의견을 제출할 수 있으며, 지적소관청은 제출된 의견이 타당하다고 인정할 때에는 이를 반영하여야 한다.

25) 법 제10조(토지소유자협의회의 구성 등) ① 법 제13조제1항에 따른 토지소유자 협의회 (이하 이 조에서 "협의회"라 한다)를 구성할 때 토지소유자 수 및 동의자 수 산정은 제7조제1항의 기준에 따른다. ② 협의회를 구성하려는 토지소유자는 별지 제1호서식의 협의회 명부에 본인임을

하지만, 토지소유자협의회 구성에 대한 동의자 수에 대해서는 영 제7조제1항의 기준을 준용하도록 규정하고 있으나, 동조 제2항의 동의철회 규정에 대해서는 준용 규정이 따로 마련되어 있지 않다.[26]

9. 경계설정의 기준

경계설정의 기준의 배경에는 지적재조사사업의 목적과 방법을 모색하는데 있다. 즉, 지적재조사사업의 목적인 토지의 현황은 결국 토지경계문화로 귀착되며, 특히 지적불부합지의 경우 경계를 설정하기 위한 기준을 명문화하여야 한다. 경계설정의 기준으로 먼저 토지의 현실용익관계를 존중하여 인근 경계 토지소유자의 사적 자치를 우선으로 하고, 그들의 합의가 없을 경우에 대비하여 법정경계설정의 방법[27]을 마련한 것이다.

확인한 후 동의란에 서명 또는 날인하여야 한다. ③ 협의회의 위원장은 협의회를 대표하고, 협의회의 업무를 총괄한다. ④ 협의회의 회의는 재적위원 과반수의 출석으로 개의(開議)하고, 출석위원과반수의 찬성으로 의결한다. ⑤ 제1항부터 제4항까지에서 규정한 사항 외에 협의회의 운영 등에 필요한 사항은 협의회의 의결을 거쳐 위원장이 정한다. 3. 사업기간과 지적공부정리 등이 정지되는 기간, 4. 관련 자료의 열람 방법, 5. 그 밖에 지적소관청이 지적공부정리 등의 정지와 관련하여 필요하다고 인정하는 사항

26) 법 제7조(토지소유자 수 및 동의자 수 산정방법 등) ① 법 제7조제2항에 따른 토지소유자 수 및 동의자 수는 다음 각 호의 기준에 따라 산정한다. 1필지의 토지가 수인의 공유에 속할 때에는 그 수인을 대표하는 1인을 토지소유자로 산정할 것, 1인이 다수 필지의 토지를 소유하고 있는 경우에는 필지 수에 관계없이 토지소유자를 1인으로 산정할 것, 토지등기부 및 토지대장·임야대장에 소유자로 등재될 당시 주민등록번호의 기재가 없거나 기재된 주소가 현재 주소와 다른 경우 또는 소재가 확인되지 아니한 자는 토지소유자의 수에서 제외할 것, 국유지·공유지에 대해서는 그 재산관리청을 토지소유자로 산정할 것, ② 토지소유자가 법 제7조제2항 또는 제3항에 따라 동의하거나 그 동의를 철회할 경우에는 국토교통부령으로 정하는 동의서 또는 동의철회서를 제출하여야 한다.

27) 제14조 (경계설정의 기준) ①지적소관청은 다음 각 호의 순위로 지적재조사를 위한 경계를 설정하여야 한다. 1. 지상경계에 대하여 다툼이 없는 경우 토지소유자가 점유하는 토지의 현실경계, 2. 지상경계에 대하여 다툼이 있는 경우 등록할 때의 측량기록을 조사한 경계, 3. 지방관습에 의한 경계, ② 제1항에도 불구하고 경계를 같이 하는 토지소유자들이 경계에 합의한 경우 그 경계를 기준으로 한다. 다만, 국유지·공유지가 경계를 같이 하는 토지를 구성하는 때에는 그러하지 아니한다. ③ 지적소관청이 제1항과 제2항에 따라 지적재조사를 위한 경계를 설정할 때에는 「도로법」, 「하천법」등 관계 법령에 따라 고시되어 설치된 공공용지의 경계가 변경되지 아니하도록 하여야 한다.

1) 경계설정의 기준

법 제14조 규정에 따라 경계설정 기준 상호간의 우열이 정해지게 된다. 즉, 지방관습에 의한 경계와 토지소유자가 점유하는 토지의 현실경계가 각각 다를 경우, 토지의 현실경계가 경계설정 기준으로 채용될 것이다.

이는 지적재조사와 관련하여 가장 핵심인 지표상의 현실경계와 지적도면의 경계가 일치 하지 않을 경우 어느 것을 진실된 토지경계선으로 보느냐에 대해서는 현 점유상태를 기준으로 인접 토지소유자와 합의한 경계를 새로운 경계로 인정하고, 다툼이 발생하는 경우 등록할 때의 측량기록을 조사하여 이를 기반으로 경계를 설정하도록 하고 있다.

2) 지방관습에 의한 경계

토지조사령에 의한 토지조사사업 당시 토지의 경계설정기준은 휴반, 애안, 구거, 능선, 계곡, 소로, 수목, 석축, 담장 등과 같은 지형지물이나, 구조물을 이용하여 법률상에 규정을 두어 지표면 상에서 경계를 설정하고, 그 설정된 경계선상의 굴곡점을 경계점으로 등록하여 관습적으로 사용하여 왔는데 그 내용은 다음과 같다.

① 인접하는 토지사이에 고저차가 있을 때에는 그 사이에 있는 휴반, 애안을 높은 쪽의 소속으로 하여 경계를 설정한다.

② 인접하는 양 사이에 고저차가 없을 때에는 휴반 또는 구조물의 중앙을 경계로 설정한다.

③ 높은 쪽 토지가 하천 또는 구거의 둑이거나 도로이고, 낮은 쪽 토지가 다른 지목의 토지일 때에는 낮은 쪽 토지가 만나는 지점까지를 높은 쪽 토지 소속으로 한다. 이 경우 특수한 사정이 있는 경우 또는 토지의 경사가 완만하여 낮은 쪽 토지와의 경계가 분명하지 않은 토지는 경작지점 또는 적당하다고 인정되는 구역을 경계로 설정한다.

④ 낮은 쪽의 토지가 하천, 구거 또는 도로이고, 높은 쪽의 토지가 다른 지목의 토지일 때에는 그 애각(崖脚: 낭떠러지 아래 끝부분을 말함)까지를 높은 쪽 토지의 소속으로 하되, 낮은 쪽 토지를 위해서 필요하다고 인정되는 부분을 낮은 쪽 토지의 소속으로 한다.

⑤ 토지가 수면에 접하였을 때에는 최대만조위 또는 최대만수위 때의 수륙분계선을 토지와 수면의 경계로 한다.

⑥ 도로나 구거 등에 절토된 부분이 있을 때에는 그 절토된 경사면의 상단부를 도로나 구거 등의 경계로 설정한다. 그러나 그 토지에 대하여 특별한 경우로서 인접하는 양 토지사이에 경계에 대한 별도의 관습이 있는 경우에는 그 관습에 따르도록 하였다.

⑦ 연접되어 있는 두 건축물 사이에서는 빗물이 떨어지는 지점을 경계로 설정하기도 하였다.

⑧ 임야조사사업을 시행할 당시에는 주로 능선이나 계곡과 같은 지류의 분계선 또는 산중의 소로를 기준으로 경계를 설정하기도 하였다.

3) 대법원 판례

종래 대법원의 판례는 현실경계와 지적도면의 경계가 일치하지 않는 경우 특별한 사정이 없는 한 지적도면의 경계가 일치하지 않는 경우 특별한 사정이 없는 한 지적도면의 경계를 원칙으로 하고 예외적으로 현실경계를 기준으로 하여 왔으나, 지적재조사사업을 통해 새로운 지적도면이 완성될 경우 이에 따라 설정된 경계가 향후 진실된 경계로 인정받게 된다.

법 제14조제2항에 따르면, 경계설정 기준 중 경계를 공유하는 토지소유자의 합의를 최우선 경계설정 기준으로 보고 있다. 이와 같은 규정은 지적법에 의하여 어떤 토지가 지적공부에 일 필지의 토지로 등록 되면 그 토지의 경계는 다른 특별한 사정이 없는 한 이 등록으로써 특정되었다. 다만 지적공부를 작성함에 있어서 기점을 잘못 선택하는 등의 기술적인 착오로 말미암아 지적공부상의 경계가 진실한 경계선과 다르게 잘못 작성되었다는 등의 특별한 사정이 있는 경우에는 그 토지의 경계는 지적공부에 의하지 않고 실제의 경계에 의하여 확정하여야 하지만 (대법원 2000.5.26. 선고 98다15446 판결 등 참조)[28], 그 후 그 토지에 인접한 토지의 소유자 등 이해관계인들이 그 토지의 실제 경계선을 지적공부상의 경계선에 일치시키기로 합의하였다면 적어도 그 때부터는 지적공부상의 경계에 의하여 그 토지의 공간적 범위가 특정된다고 보아야 한다는 점(대법원 2006.9.22. 선고 2006다24971 판결)[29]에서 바람직한 부분이다.

4) 국·공유지와 인접한 토지의 경계설정

법 제 14조제2항의 규정에 따라 국유지·공유지가 경계를 같이 하는 토지를 구성하는 때 에는, 즉 경계를 같이 하는 토지 중 한 필지가 국유지나 공유지인 경우에는 당사자의 합의가 있더라도 제1항의 3가지 기준이 경계 설정에 우선 적용된다. 이는 국유지나 공유지의 보존을 위

---

28) 지적법에 의하여 어떤 토지가 지적공부에 1필의 토지로 등록되며 그 토지의 경계는 다른 특별한 사정이 없는 한 이 등록으로써 특정되고 지적공부를 작성함에 있어 기점을 잘못 선택하는 등의 기술적인 착오로 말미암아 지적공부상의 경계가 진실한 경계선과 다르게 잘못 작성되었다는 등의 특별한 사정이 있는 경우에는 그 토지의 경계는 지적공부에 의하지 않고 실제의 경계에 의하여 확정하여야 한다(대법원 2000.5.26. 선고 98다 15446 판결[소유권확인]).

29) 지적법에 의하여 어떤 토지가 지적공부에 1필지의 토지로 등록되면 그 토지의 경계는 다른 특별한 사정이 없는 한 이 등록으로써 특정되고 다만 지적공부를 작성함에 있어 기점을 잘못 선택하는 등의 기술적인 착오로 말미암아 지적공부상의 경계가 진실한 경계선과 다르게 잘못 작성되었다는 등의 특별한 사정이 있는 경우에는 그 토지의 경계는 지적공부에 의하지 않고 실제의 계경에 의하여 확정하여야 하지만, 그 후 그 토지에 인접한 토지의 소유자 등 이해관계인들이 그 토지의 실제의 경계선을 지적공부상의 경계선에 일치시키기로 합의하였다면 적어도 그 때부터는 지적공부상의 경계에 의하여 그 토지의 공간적 범위가 특정된다(대법원 2006.9.22. 선고 20006다24971 판결 [토지인도 등]).

한 조치이다.

이때의 '합의'가 성립되기 위해서는 쌍방 소유자들의 표시행위에 나타난 의사의 내용이 객관적으로 일치하여야 되는 것이며, 소유자들의 의사표시에 흠결이 존재하지 않아야 한다.[30]

또한 쌍방 소유자들이 금전 지급 등 조건을 붙인 합의의 경우에는 일종의 계약이 성립되므로 경계 설정 과정에서 경계에 대한 합의를 판단할 때는 법률적 배경을 보유한 자의 신중한 검토가 필요하다.

이는 지적재조사의 결과로 경계가 변동되어 도로나 하천 등 공공용지의 경계가 침탈당하는 사례를 방지하기 위한 것으로 보인다. 특히 "공공용지의 경계가 변경되지 아니하도록 하여야 한다."고 규정하여, 경계설정에서 최우선적인 기준으로 적용되어야 한다.

5) 공용수용

이와 같은 강행규정으로 인해 "관계 법령에 따라 고시되어 설치된 공공용지"에 접한 토지소유자는 지적재조사로 인해 종래보다 토지 면적이 감소될 확률이 높으며, 경계 확정으로 인해 토지 면적이 감소될 경우 공용수용과 유사한 침해가 형성될 수도 있다.

---

30) 합의에 대한 대법원 판례를 보면, 계약의 합의해제 또는 해제계약이라 함은 해제권의 유무를 불문하고 계약당사자 쌍방이 합의에 의하여 기존의 계약의 효력을 소멸시켜 당초부터 계약이 체결되지 않았던 것과 같은 상태로 복귀시킬 것을 내용으로 하는 새로운 계약으로서 계약이 합의 해제되기 위해서는 일반적으로 계약이 성립하는 경우와 마찬가지로 계약의 청약과 승낙이라는 서로 대립하는 의사표시가 합치될 것을 그 요건으로 하는데, 이와 같은 합의가 성립하기 위해서는 쌍방당사자의 표시행위에 나타난 의사의 내용이 객관적으로 일치하여야 되는 것이다(대법원 1999.2.23. 선고 92다4130,92다4147 판결[임차보증금반환 등]).
그리고 계약의 합의해제 또는 해제계약은 해제권의 유무를 불문하고 계약당사자 쌍방이 합의에 의하여 기존 계약의 효력을 소멸시켜 당초부터 계약이 체결되지 않았던 것과 같은 상태로 복귀시킬 것을 내용으로 하는 새로운 계약이다. 계약이 합의해제 되기 위해서는 계약의 성립과 마찬가지로 계약의 청약과 승낙이라는 서로 대립하는 의사표지가 합치될 것을 요건으로 하는데, 이와 같은 합의가 성립하기 위해서는 쌍방당사자의 표시행위에 나타난 의사의 내용이 객관적으로 일치하여야 한다. 그리고 계약의 합의해제는 명시적으로뿐만 아니라 당사자 쌍방의 묵시적인 합의에 의하여도 할 수 있으나 묵시적인 합의해제를 한 것으로 인정되려면 계약이 체결되어 그 일부가 이행된 상태에서 당사자 쌍방이 장기간에 걸쳐 나머지 의무를 이행하지 아니함으로써 이를 방치한 것만으로는 부족하고, 당사자 쌍방에게 계약을 실현할 의사가 없거나 계약을 포기할 의사가 있다고 볼 수 있을 정도에 이르러야 한다. 이 경우에 당사자 쌍방이 계약을 실현할 의사가 없거나 포기할 의사가 있었는지 여부는 계약이 체결된 후의 여러 가지 사정을 종합적으로 고려하여 판단하여야 한다(대법원 2011.2.10. 선고 2010다77385 판결[소유권이전등기 등]).

공용수용 유사침해에 대한 보상은 조정금의 지급대상이 된다. 이와 같은 조정금은 개별공시지가로 산정하거나 시장가격과 비교적 유사한 감정평가액으로 산정하는 것이므로(법 제20조 제3항[31]), 2가지 가격 중 어떤 가격을 정용할 것인지 여부에 따라 공용수용 유사침해에 대한 정당한 보상이 이루어질 것인지 여부가 결정된다.

따라서 지적소관청에서는 상기 규정에 따라 공용수용 유사 침해가 발생할 경우 정당한 보상이 이루어질 수 있도록 해야 한다.

6) 경계설정 우선순위

결국 위와 같은 규정들을 종합할 경우 다음과 같은 경계설정의 기준이 적용되어야 한다. 첫째, 1순위는 관계 법령에 따라 고시되어 설치된 공공용지의 경계 준수 둘째, 2순위는 당사자 합의 (국·공유지 제외) 셋째, 3순위는 지상경계에 대하여 다툼이 없는 경우 토지소유자가 점유하는 토지의 현실경계 셋째, 4순위는 지상경계에 대하여 다툼이 있는 경우 등록할 때의 측량기록을 조사한 경계 다섯째, 5순위는 지방관습에 의한 경계 등이다.

10. 경계점표지 설치 및 지적확정조서 작성

법 제14조에 따라 경계가 설정된 경우 그 후속조치를 둠으로써 경계설정의 효과를 확보하기 위함이며, 설정된 경계를 표시하기 위한 임시경계점표지의 침해금지를 명문화하였다. 또한 설정된 경계를 기준으로 지적재조사측량을 시행하고 토지면적을 기입한 지적확정조서를 작성하는 한편, 이의제기의 기회를 부여하기 위한 결과의 통보절차를 규정하였다.[32]

즉, 지적소관청은 제14조에 따라 경계를 설정하면 지체 없이 임시경계점표지를 설치하고 지적재조사측량을 실시하여야 한다. 또한 지적소관청은 지적재조사측량을 완료하였을 때에는 대통령령으로 정하는 바에 따라 기존 지적공부상의 종전 토지면적과 지적재조사를 통하여 확정된 토지면적에 대한 지번별 내역 등을 표시한 지적확정조서를 작성하여야 한다.

그리고 지적소관청은 제2항에 따른 지적확정조서를 작성하였을 때에는 토지소유자나 이해관계인에게 그 내용을 통보하여야 하며, 통보를 받은 토지소유자나 이해관계인은 지적소관청에 의견을 제출할 수 있다. 이 경우 지적소관청은 제출된 의견이 타당하다고 인정할 때에는 경계를 다시 설정하고, 임시경계점표지를 다시 설치하는 등의 조치를 하여야 한다.

---

31) 법 제20조 3항 조정금은 지적소관청이 사업지구를 지정하여 고시하였을 때의 부동산가격공시 및 감정평가에 관한 법률에 따른 개별공시지가를 기준으로 정하거나 같은 법 제28조에 따른 감정평가법인에 의뢰하여 평가한 감정평가액으로 산정한다.

32) 법 제15조에서 경계점표지 설치 및 지적확정조서 작성 등에 관한 사항을 규정하고 있다.

지적소관청은 법 제15조제2항에 따른 지적확정조서에 토지의 소재지, 종전 토지의 지번, 지목 및 면적, 확정된 토지의 지번, 지목 및 면적, 토지소유자의 성명 또는 명칭 및 주소, 그 밖에 국토교통부장관이 지적확정조서 작성에 필요하다고 인정하여 고시하는 사항 등을 포함하여야 한다.

누구든지 제1항 및 제3항에 따른 임시경계점표지를 이전 또는 파손하거나 그 효용을 해치는 행위를 하여서는 아니 된다. 그 밖에 지적확정조서의 작성에 필요한 사항은 국토교통부령으로 정한다. 토지소유자나 이해관계인의 의견을 접수한 지적소관청은 제출된 의견이 타당하다고 인정될 때에는 경계를 다시 설정하고 임시경계점표지를 다시 설치하는 등의 조치를 하여야 한다.

11. 경계결정 및 이의신청

1) 경계의 결정

법 제16조 제1항에 따라 지적재조사에 따른 경계결정은 경계결정위원회의 의결을 거쳐 결정한다. 지적소관청은 제1항에 따른 경계에 관한 결정을 신청하고자 할 때에는 제15조제2항에 따른 지적확정조서에 토지소유자나 이해관계인의 의견을 첨부하여 경계결정위원회에 제출하여야 한다.

신청을 받은 경계결정위원회는 지적확정조서를 제출받은 날부터 30일 이내에 경계에 관한 결정을 하고 이를 지적소관청에 통지하여야 한다. 이 기간 안에 경계에 관한 결정을 할 수 없는 부득이한 사유가 있을 때에는 경계결정위원회는 의결을 거쳐 30일의 범위에서 그 기간을 연장할 수 있다.

토지소유자나 이해관계인은 경계결정위원회에 참석하여 의견을 진술할 수 있다. 경계결정위원회는 토지소유자나 이해관계인이 의견진술을 신청하는 경우에는 특별한 사정이 없는 한 이에 따라야 한다.

그리고 경계결정위원회는 경계에 관한 결정을 하기에 앞서 토지소유자들로 하여금 경계에 관한 합의를 하도록 권고할 수 있다. 지적소관청은 경계결정위원회로부터 경계에 관한 결정을 통지받았을 때에는 지체 없이 이를 토지소유자나 이해관계인에게 통지하여야 한다. 이 경우 제17조제1항에 따른 기간 안에 이의신청이 없으면 경계결정위원회의 결정대로 경계가 확정된다는 취지를 명시하여야 한다.

2) 경계결정에 대한 이의신청

(1) 의의

토지소유자나 이해관계인에게 경계결정위원회의 경계결정에 대한 이의신청권을 재차 부여함으로써 국민의 권리보호를 위한 제도적 장치를 완비하였다[33]. 하지만, 이의신청권의 남용을 막기 위하여 토지소유자 등에게 증빙서류의 제출의무를 부과하는 동시에, 이의신청이 이유 있다고 인정되는 경우 결정에 이르기까지 해당필지를 사업대상지에서 배제하는 방안을 마련하였다.

이의신청에 대한 경계결정위원회의 결정절차를 법률로 정하고 신속한 기간 내에 이의신청 결정이 확정될 수 있도록 하여 원할한 지적재조사사업의 시행에 기여하고자 하였으며, 이의신청권의 도입에도 행정심판 또는 행정소송권을 배제하지 않음으로써 다시 국민의 권리보호가 가능하도록 제도화하였다.

(2) 행정소송

이 법에서는 경계결정위원회의 경계에 관한 결정을 통지받은 토지소유자나 이해관계인이 이에 대하여 불복하는 경우에는 통지를 받은 날부터 60일 이내에 지적소관청에 이의신청을 할 수 있도록 규정하고 있으나(법 제17조제1항), 경계결정위원회에 이의신청을 거치지 않으면 결정에 대한 행정소송(취소소송)을 제기할 수 없다는 규정을 두고 있지 않다.

따라서 「행정소송법」 제18조제1항[34]이 규정에 의해 토지소유자나 이해관계인은 경계에 관한 결정에 대하여 경계결정위원회에 이의신청을 하지 않고 경계결정위원회의 결정의 취소를 청구하는 행정소송을 제기할 수도 있다. 물론, 경계결정위원회의 경계결정에 따른 이의신청에 관한 결정에 대해서 불복할 경우에도 행정소송을 제기할 수 있다.

이와 같이 경계결정위원회의 경계에 관한 결정에 대하여 이의신청을 거치지 않고 행정소송을 제기한 토지소유자도 역시 "경계결정위원회의 결정에 불복하는 토지소유자"에 해당되나, 이 경우 상기 법 제17조제6항에서 정한 규정에 의거하여 해당 토지소유자의 필지는 사업대상지에서 제외하거나 등록사항정정대상 토지로 지정하여 관리할 수 있는지 여부에 대해 논란이 있을 수 있다.

만약, 등록사항정정대상 토지로 지정될 경우에는 법 제24조제 3항 근거하여 지적공부에 "경계미확정 토지"라고 기재하고 지적공부를 정리할 수 있으며, 경계가 확정될 때까지 지적측량을 정지시킬 수 있다.

---

33) 법 제17조(경계결정에 대한 이의신청) ① 제 16조 제6항에 따라 경계에 관한 결정을 통지받은 토지소유자나 이해관계인이 이에 대하여 불복하는 경우에는 통지를 받은 날부터 60일 이내에 지적소관청에 이의신청을 할 수 있다.

34) 행정소송법 제18조 (행정심판과의 관계) ① 취소소송은 법령의 규정에 의하여 당해 처분에 대한 행정심판을 제기할 수 있는 경우에도 이를 거치지 아니하고 제기할 수 있다. 다만, 다른 법률에 당해 처분에 대한 행정심판의 재결을 거치지 아니하면 취소소송을 제기할 수 없다는 규정이 있는 때에는 그러하지 아니하다.

반면에 법 제17조제6항에서 정한 규정을 적용하지 못할 경우에는 대상 토지의 경우 지적공부의 정리나 지적측량 정지 조치 등이 불가능하기 때문이다.

법 제17조제5항에서는 경계결정위원회의 결정에 대하여 불복할 것인지 여부를 알려야 하는 의무자에는 "경계결정위원회의 이의신청에 대한 결정 통지를 받은 자"로 한정하고 있으며, 동조 제6항에서는 "제5항에 따른 경계결정위원회의 결정에 불복하는 토지소유자의 필지"에 대해서만 사업대상지에서 제외하고 등록사항정정대상 토지로 지정하여 관리할 수 있도록 규정하고 있다.

또한 법 제24조제3항에서도 "제17조제6항에 따라 경계결정위원회의 최종 결정에 불복하여 경계가 확정되지 아니한 토지"에 대해서만 "경계미확정 토지"라고 기재하고 지적공부를 정리할 수 있으며, 경계가 확정될 때까지 지적측량을 정지시킬 수 있도록 규정하고 있다.

따라서 경계결정위원회의 경계에 관한 결정에 대하여 이의신청을 거치지 않고 행정소송을 제기한 토지소유자의 경우에는 법 제17조제5항이나 제6항, 그리고 법 제24조제3항의 적용 대항에 포함되지 않는 것으로 볼 수 있다.

이와 같은 토지소유자의 토지에 대해서는 지적재조사사업이 완료되더라도 지적공부에 "경계미확정 토지"라고 기재하고 지적공부를 정리할 수 없으며, 지적측량을 정지시킬 수도 없다.

다만, 현행 「공간정보의 구축 및 관리 등에 관한 법률 시행령」 제82조제3항의 규정[35]에 의해 지적측량을 정지시킬 수 있을 것이나, 이 규정의 제정 근거가 되는 「공간정보의 구축 및 관리 등에 관한 법률」 제84조제2항에서는 지적소관청은 지적공부의 등록사항에 잘못이 있음을 발견하면 대통령령으로 정하는 바에 따라 직권으로 조사·측량하여 정정할 수 있도록 규정하고 있으며, 토지소유자에 대한 재산권 침해의 소지가 있는 지적측량 정지조치 권한까지 지적소관청에 부여한 것이 아니므로, 지적측량 정지로 인해 재산권 행사에 침해가 발생하는 토지소유자가 지적측량 정지 조치를 취소해 달라고 요청할 경우 이에 응할 수 밖에 없을 것이다.

이러한 문제 해결을 위해서는 향후 법 제17조 제6항의 "경계결정위원회의 결정에 불복하는 토지소유자"의 범위에 경계결정위원회의 결정에 대한 행정소송을 제기자도 포함되도록 수정하는 것에 대해 검토가 필요한 사항이다.

(3) 행정심판

법 제 17조 제5항에 따르면 경계결정위원회는 이의신청에 대한 결정서 부본을 받은 토지소

---

35) 「공간정보의 구축 및 관리 등에 관한 법률 시행령」 제82조(등록사항의 직권정정 등) ③ 지적공부의 등록사항 중 경계나 면적 등 측량을 수반하는 토지의 표시가 잘못된 경우에는 지적소관청은 그 정정이 완료될 때까지 지적측량을 정지시킬 수 있다. 다만, 잘못 표시된 사항의 정정을 위한 지적측량은 그러하지 아니한다.

유자는 결정서를 송부 받은 날부터 60일 이내에 경계결정위원회의 결정에 대해 행정심판이나 행정소송을 통하여 불복할지 여부를 지적소관청에 알려야 한다고 규정하고 있다.

이는 해당 토지소유자가 행정심판이나 행정소송을 제기할 수 있다는 전제에서 제정된 규정이며, 이 규정으로 인해 토지소유자에게 행정심판이나 행정소송을 제기할 권한이 주어지는 것은 아니다.

이와 관련하여 「행정심판법」을 살펴보면 경계결정위원회의 경계에 대한 결정은 토지소유자의 재산권의 변동을 가져올 수 있는 행정행위로서 토지소유자는 「행정소송법」 제12조에서 구정된 최소소송의 원고적격이나 같은 법 제35조의 무효 등 확인소송의 권고적격에 해당한다고 볼 수 있으므로, 같은 법의 규정에 따라 행정소송을 제기할 수 있을 것이다.[36] 다만 「행정심판법」 제3조제1항에서는 행정청의 처분 또는 부작위에 대하여는 다른 법률에 특별한 규정이 있는 경우 외에는 이 법에 따라 행정심판을 청구할 수 있도록 규정하고 있고, 같은 법 제4조제1항의 규정을 보면 사안의 전문성과 특수성을 살리기 위하여 특히 필요한 경우에는 특별행정심판 절차에 대한 특례를 법률로 정할 수 있는 것으로 해석된다.

또한 이 법 제17조1항에서는 경계에 관한 결정을 통지받은 토지소유자나 이해관계인이 이에 대하여 불복하는 경우에는 통지를 받은 날부터 60일 이내에 지적소관청에 이의신청을 할 수 있도록 규정하고 있으므로, 이 법 제17조1항의 규정은 「행정심판법」 제3초제1항에서 말하는 "다른 법률에 특별한 규정이 있는 경우"에 해당된다고 할 수 있다.

이와 같이 이 법에 의한 경계결정위원회의 결정에 대한 이의신청 규정이 특별행정 심판절차에 해당될 경우 이 규정은 「행정심판법」의 특별법적 효력을 보유하게 되므로 경계결정위원회의 결정에 대한 이의신청에 불복하더라도 행정심판을 청구할 청구인 적격을 갖추지 못하는 것으로 해석된다.

이러한 해석에 따르면, 법 제17조제5항에서 경계결정위원회는 이의신청에 대한 결정서 부본을 받은 토지소유자의 경계결정에 대한 불복방법으로 제시된 "행정심판"은 사문화된 규정이 될 수 있다.

---

36) 행정소송법 제12조 (원고적격) 취소소송은 처분 등의 취소를 구할 법률상 이익이 있는 자가 제기할 수 있다. 처분 등의 효과가 기간의 경과, 처분 등의 집행 그 밖의 사유로 인하여 소멸된 뒤에도 그 처분 등의 취소로 인하여 회복되는 법률상 이익이 있는 자의 경우에는 또한 같다. 제35조 (무효 등 확인소송의 원고적격) 무효 등 확인소송은 처분 등의 효력 유무 또는 존재 여부의 확인을 구할 법률상 이익이 있는 자가 제기할 수 있다.

12. 경계의 확정

토지경계의 확정시기를 명확하게 하고 새로운 지적공부 작성을 위한 경계점표지등록부 작성을 의무화하였다. 또한 토지경계점을 설치하고 그의 보호를 선언하여 새로운 지적공부의 작성을 촉진하며 토지경계에 관한 법적 안정성을 도모하고자 하였다.

법 제18조 제1항에 따라 경계가 확정된다는 것은 확정된 경계가 조정금 산정과 새로운 지적공부의 작성 근거가 된다는 의미(제24조제1항 참조)[37]일 뿐, 종전의 토지경계가 확정된 경계로 변경된다는 의미로 볼 수 없다.

이는 법 제24조제1항 후단에서 사업완료 공고일에 토지의 이동이 있은 것으로 간주하고 있기 때문이다. 즉, 법 제24조제1항의 규정에 의해 종전의 토지경계가 확정된 경계로 변경되는 시점은 법 제18조제1항 각호에서 정한 경계확정시점이 아닌 사업완료 공고일이 되는 것이다.

현행 「공간정보의 구축 및 관리 등에 관한 법률 시행령」 제54조에서는 토지의 지상 경계는 둑, 담장이나 그밖에 구획의 목표가 될 만한 구조물 및 경계점표지 등으로 표시하고(제1항), 지적소관청은 토지의 이동에 따라 지상경계를 새로 정한 경우에는 국토교통부령으로 정하는 바에 따라 지상경계점등록부를 작성·관리하도록 의무화 하고 있다.(제2항)

그러나 지적재조사 측량이 시행된 경우에는 토지의 이동이 없더라도 경계점표지를 설치해야 하며, "지상경계점등록부"가 아닌 "경계점표지등록부"를 작성하고 관리하도록 의무화하고 있다.

그리고 법 제18조제2항에 따르면 확정된 경계가 법 제15조제1항 및 제3황에 따라 설정된 경계와 동일할 때에는 같은 조 제1항 및 제3항에 따른 임시경계점표지를 경계점표지로 본다.

따라서 별도로 경계점표지를 설치할 필요는 없을 것이다. 다만, 임시경계점표지를 설치할 당시에는 경계점표지등록부를 작성할 의무가 없으므로, 이 규정에 의해 임시경계점표지를 경계점표지로 보더라도 경계점표지등록부는 별도로 작성해야 한다.

지적소관청이 작성하여 관리하는 경계점표지등록부에는 토지의 소재, 지번, 공부상 지목과 실제 토지이용 현황, 면적, 위치도, 토지이용계획, 개별공시지가, 작성일, 작성자 및 검사자, 부호도 또는 경계점부호가 표시된 실측도, 경계점표지의 규격과 재질, 경계점부호, 표지 종류 및 경계점 위치, 경계점좌표, 경계점 위치 설명도, 경계점의 사진파일, 건물현황 등 사항이 포함되어야 한다.[38]

---

37) 지적재조사에 관한 특별법 제20조(조정금의 산정) ① 지적소관청은 제18조에 따른 경계 확정으로 지적공부상의 면적이 증감된 경우에는 필지별 면적 증감내역을 기준으로 조정금을 산정하여 징수하거나 지급한다. 제24조(새로운 지적공부의 작성) ① 지적소관청은 제23조에 따른 사업완료 공고가 있었을 때에는 기존의 지적공부를 폐쇄하고 새로운 지적공부를 작성하여야 한다. 이 경우 그 토지는 제23조제1항에 따른 사업완료 공고일에 토지의 이동이 있은 것으로 본다.

13. 지목의 변경

지적재조사사업은 토지의 실제 형황에 맞는 새로운 지적공부의 작성을 목적으로 하므로 현실 이용현황에 따른 지목의 재설정은 불가피할 것이다. 그러나 지목은 토지소유자의 이해관계는 물론 국토의 이용과 관련된 중대한 사항이므로 개별 법령의 규제사항을 초월하여 지적소관청이 임의로 지목을 경정할 수 있는 권한은 특별법에서 부여받지 못하였다.

따라서 지목의 변경을 제한하는 법령이 있을 경우 그 법령에 의한 인·허가 또는 국가기관의 협의가 필요할 경우에는 그 협의를 요건으로 지목을 변경하도록 하였다.[39]

현행「공간정보의 구축 및 관리 등에 관한 법률 시행령」제84조제2항에서도 지적소관청은 지적공부의 등록사항에 잘못이 있음을 발견하면 대통령으로 정하는 바에 따라 직권으로 조사·측량하여 정정할 수 있도록 규정하고 있으나, 같은 법 시행령 제82조제1항에서 직권으로 등록사항을 정정할 수 있는 경우를 극히 한정함에 따라 지적공부상의 지목과 실제 지목이 다른 문제가 발생하게 되었다.

그러나 지적재조사측량을 시행한 경우에는 지적소관청이 새로이 작성되는 지적공부가 아닌 기존의 지적공부상의 지목도 변경할 수 있도록 규정하고 있다.

이에 따라 지적공부의 신뢰성 저하의 큰 원인 중 하나였던 지목의 공부와 현황의 불일치 문제가 일부 해결될 수 있을 것이다.

「산지관리법」제21조의2[40]에서는 산지전용허가 등을 받지 않은 경우 산지를 임야 외의 지목으로 변경하지 못하도록 규정하고 있으며, 「농지법」제41조[41]에서는 농지전용허가 등을 받

---

38) 시행규칙 제10조 (경계점표지등록부) 제1항

39) 법 제19조(지목의 변경) 지적재조사측량 결과 기존의 지적공부상 지목이 실제의 이용현황과 다른 경우 지적소관청은 기존의 지적공부상의 지목을 변경할 수 있다. 이 경우 지목을 변경하기 위하여 다른 법령에 따른 인허가 등을 받아야 할 때에는 그 인허가등을 받거나 관계기관과 협의한 경우에 한하여 실제의 지목으로 변경할 수 있다.

40) 산지관리법 제21조의2(산지의 지목변경 제한) 제14조에 따른 산지전용허가를 받았거나 제15조에 따른 산지전용신고를 한 경우(다른 법률에 따라 산지전용허가 또는 산지전용신고가 의제되는 행정처분을 받은 경우를 포함한다)을 제외하고는 산지를 임야 외의 지목으로 변경하지 못한다.

41) 농지법 제41조(농지의 지목 변경 제한) 다음 각 호의 어느 하나에 해당하는 경우 외에는 농지를 전.답.과수원 외의 지목으로 변경하지 못한다. 1. 제34조제1항에 따라 농지전용허가(다른 법률에 따라 농지전용허가가 의제되는 협의를 포함한다)를 받거나 같은 조 제2항에 따라 농지를 전용한 경우, 2. 제34조제1항제4호 또는 제5호에 규정된 목적으로 농지를 전용한 경우, 3. 제35조 또는 제43조에 따라 농지전용신고를 하고 농지를 전용한 경우, 4.「농어촌정비법」제2조제5호가목 또는 나목에 따른 농어촌용수의 개발사업이나 농업생산기반 개량사업의 시행으로 이 법 제2조제1호나목에 따른 토지의 개량 시설의 부지로 변경되는 경우, 5. 시장.군수 또는 자치구구청장이 천재지변이나 그 밖의 불가항력의 사유로 그 농지의 형질이 현저히 달라져 원

지 않은 경우 농지의 지목을 변경하지 못하도록 규정하고 있다.

따라서 지목을 변경하기 위해 다른 법령에 따른 인허가 등을 받아야 할 때에는 그 인허가 등을 받거나 관계 기관과 협의한 경우에 한하여 실제의 지목으로 변경할 수 있다.

14. 조정금의 산정

지적재조사는 국가가 지적제도로 인하여 국민에게 피해를 끼쳤기 때문에 시행하는 것이 아니다. 100년이라는 기간이 지나는 동안 지적측량기술이 발전함에 따라 기존의 도해지적의 정확성이 떨어졌기 때문에 이를 디지털지적으로 개편하려는 것이다.

공부상의 면적이 달라지면 거래관계에 영향을 미치므로 면적이 줄어 든 경우에는 토지에 대한 국민의 법감정을 고려하여 조정금을 지급하고, 면적이 늘어난 경우에는 형평의 차원에서 조정금을 징수하도록 하였다.[42]

1) 조정금의 성격

지적불부합지의 현상은 근본적으로 지적측량기술이 발달함에 따라 기존 지적제도가 이를 따라잡지 못한 데에 기인한 것이므로, 지적재조사사업에 의한 조정이 공무원의 위법한 행위로 인한 국가배상은 아니다.

그렇다고 해서 국가의 적법한 행위에 의한 손실보상도 아니며, 지적재조사사업에 따른 조정은 동일한 지역에 속한 토지소유자 상호간의 형평을 갖추기 위한 것으로 생각할 수 있다.

조정금의 산정에 있어서의 쟁점은 개별토지에 대하여 감정평가를 할 것인가 여부에 있다. 그런데 지적재조사사업의 경우 전국의 모든 토지를 대상으로 하므로 궁극적으로는 전국의 모든 토지를 대상으로 감정평가를 할 것인지, 과연 이렇게 할 필요가 있는지가 문제된다. 따라서 조정금의 산정은 감정평가 뿐만 아니라 개별공시지가를 기준으로도 산정할 수 있도록 규정을 마련하였다.

「부동산 가격공시 및 감정평가에 관한 법률」 제9조에 따른 공시지가란 국토교통부장관이 토지이용상황이나 주변환경 그 밖의 자연적·사회적 조건이 일반적으로 유사하다고 인정되는 일단의 토지 중에서 선정한 표준지에 대하여 매년 공시기준일 현재의 적정가격을 조사·평가하고, 제19조의 규정에 의한 중앙부동산평가위원회의 심의를 거쳐 이를 공시하는 표준지공시지가를 의미한다. 이때의 표준지공시지가는 표준지의 단위면적당 가격을 의미한다.

상회복이 거의 불가능하다고 인정하는 경우
42) 향후 조정금과 관련하여 필요한 사항은 대통령령으로 정하고 있다. 법제20조 5항 참조

그리고 「부동산 가격공시 및 감정평가에 관한 법률」 제11조에 따른 개별공시지가란 시장·군수 또는 구청장이 「개발이익환수에 관한 법률」에 의한 개발부담금의 부과 그 밖의 다른 법령이 정하는 목적을 위한 지가산정에 사용하도록 하기 위하여 같은 법 제20조의 규정에 의한 시·군·구부동산평가위원회의 심의를 거쳐 매년 공시지가의 공시기준일 현재 관할구역 안의 개별토지의 단위면적당 가격을 말한다.

다만, 같은 법에 의해 표준지로 선정된 토지, 조세 또는 부담금 등의 부과대상이 아닌 토지 그밖에 대통령령이 정하는 토지에 대하여는 개별공시지가를 결정·공시 하지 아니할 수 있다. 이 경우 표준지로 선정된 토지에 대하여는 당해 토지의 공시지가를 개별공시지가로 본다.

또한 「부동산 가격공시 및 감정평가에 관한 법률」 제28조에 따른 감정평가법인이란 같은 법 제28조의 규정에 따라 10인 이상의 감정평가사가 설립하여 국토교통부장관으로부터 감정평가법인으로 설립 인가를 받은 법인체를 의미한다.

여기서 "감정평가사"란 같은 법 제23조의 규정에 의해 국토교통부장관으로부터 감정평가사 자격을 부여받은 자를 의미하며, 감정평가사는 국토교통부장관으로부터 감정평가자격수첩을 발급받을 수 있다.

이때의 "감정평가"라 함은 토지 등의 경제적 가치를 판정하여 그 결과를 가액으로 표시하는 것을 말하므로, "감정평가가격"이란 감정평가에 의해 도출된 가액을 의미한다.

2) 조정금의 산정기준

조정금의 산정을 개별공시지가 기준으로 할 것인지 감정평가액을 기준으로 할 것인지 여부에 대해서는 법 제13조 제3항 제5호의 규정에 따라 토지소유자협의회가 정한다.

다만, 토지소유자협의회는 임의기구이므로 해당 사업지구의 토지소유자협의회가 구성되지 않았을 경우에는 사업시행자인 지적소관청이 정해야 하나, 이 경우 법 제30조 제2항 제4호에서는 시·군·구 지적재조사위원회의 업무에 "기타 지적재조사사업에 필요하여 시·군·구 위원회의 위원장이 부의하는 사항"을 포함하고 있으므로 시·군·구 지적재조사위원회에서 조정금의 산정기준을 정하는 것이 바람직하다.

또한 감정평가업자는 그 업무수행에 관하여 의뢰인으로부터 「부동산가격공시 및 감정평가에 관한 법률」에 근거한 소정의 수수료와 직무수행에 따른 출장 또는 사실 확인에 소요된 실비를 받을 수 있다.

따라서 조정금을 감정평가액을 기준으로 산정해야 할 경우 감정평가법인 감정평가 수수료를 지급해야 하나, 이에 대한 비용지급 주체는 법령에서 따로 규정하고 있지 않아 세부사항에 관한 검토가 필요하다.

3) 조정금의 지급징수 또는 공탁

조정금은 현금으로 지급하거나 납부하여야 하며, 대통령령으로 정하는 바에 따라 분할 납부하게 할 수 있다. 그리고 지적소관청은 제20조제1항에 따라 조정금을 산정하였을 때에는 지체 없이 조정금 조서를 작성하고, 토지소유자에게 개별적으로 조정금액을 통보하여야 한다. 또한 지적소관청은 제2항에 따라 조정금액을 통지한 날부터 10일 이내에 토지소유자에게 조정금의 수령통지 또는 납부고지를 하여야 한다.

지적소관청은 제3항에 따라 수령통지를 한 날부터 6개월 이내에 조정금을 지급하여야 한다. 그리고 제3항에 따라 납부고지를 받은 자는 그 고지를 받은 날부터 6개월 이내에 조정금을 지적소관청에 납부하여야 하며, 지적소관청의 장은 조정금을 납부하여야 할 자가 기한 내에 납부하지 아니할 때에는 국세 또는 지방세 체납처분의 예에 따라 징수한다.

지적소관청이 조정금을 지급하여야 하는 경우 조정금을 받을 자가 그 수령을 거부하거나 주소 불분명 등의 이유로 조정금을 수령할 수 없을 때, 지적소관청이 과실 없이 조정금을 받을 자를 알 수 없을 때, 압류 또는 가압류에 따라 조정금의 지급이 금지되었을 때에는 조정금을 공탁할 수 있다.

그리고 사업지구 지정이 있은 후 권리의 변동이 있을 때에는 그 권리를 승계한 자가 제1항에 따른 조정금 또는 제6항에 따른 공탁금을 수령한다.

지적소관청은 법 제21조제1항 단서에 따라 조정금이 1천만원을 초과하는 경우에는 그 조정금을 6개월 이내의 기간을 정하여 3회 이내에서 나누어 내게 할 수 있으며, 제1항에 따라 분할납부를 신청하려는 자는 별지 제2호서식의 조정금 분할납부신청서에 분할납부 사유 등을 적고, 분할납부 사유를 증명할 수 있는 자료 등을 첨부하여 지적소관청에 제출하여야 한다. 지적소관청은 제2항에 따라 분할납부신청서를 받은 날부터 15일 이내에 신청인에게 분할납부 여부를 서면으로 알려야 한다.

그리고 법 제21조제3항에 따라 수령통지 되거나 납부고지된 조정금에 관하여 이의가 있는 자는 수령통지 또는 납부고지를 받은 날부터 60일 이내에 지적소관청에 이의신청을 할 수 있다. 제1항에 따른 이의신청을 받은 지적소관청은 30일 이내에 법 제30조제1항에 따른 시·군·구 지적재조사위원회의 심의·의결을 거쳐 그 인용 여부를 결정한 후 지체 없이 그 내용을 서면으로 이의신청인에게 알려야 한다.

4) 조정금의 소멸시효

사업지구 소재 토지 중에는 장기간 관리되고 있지 않는 부재지주 소유 토지가 있을 수 있다. 부재지주의 연락처를 찾을 수 없을 경우 조정금을 지급할 수도 조정금을 납부 받을 수도 없으므로, 법 제22조에서는 조정금을 받을 권리나 징수할 권리는 5년간 행사하지 아니하면 시효의 완성으로 소멸하도록 규정하고 있다.[43]

이와 같은 규정은 현행 [국가재정법] 제96조 제1항과 제2항[44]에서 금전채권, 채무의 소멸시효 기간을 5년으로 정하고 있는 것이나, [지방재정법] 제82조[45]에서도 같이 정하고 있는 점에서 이 규정으로 인해 토지소유자의 권리가 침해된다고 보기는 어렵다.

권리의 행사는 신의에 쫓아 성실히 하여야 하고 남용할 수가 없는 것이고, 특히 권리자가 장기간에 걸쳐 그의 권리를 행사하지 아니하여 의무자인 상대방으로서도 이제는 권리자가 그 권리를 행사하지 아니할 것으로 믿을 만한 정당한 사유를 갖게 되거나 행사하지 아니할 것으로 추인하게 되고 새삼스럽게 그 권리를 행사하는 것이 신의성실의 원칙에 반하는 결과가 될 때에는 이른바 실효의 법리에 따라 그 권리행사가 허용되지 않는다고 볼 것이므로, 우리나라 민법 제1편 총칙 중 제7장(제162조 내지 제184조)에서는 소멸시효에 대한 규정을 두고 있다.[46]

이들 규정 중 민법 제162조 제1항에서는 채권은 10년간 행사하지 아니하면 소멸시효가 완성한다고 규정하고 있으며, 아울러 제167조에서는 소멸시효는 그 기산일에 소급하여 효력이 생긴다고 규정하고 있다.

따라서 채권자가 10년간 자신의 채권을 행사하지 않으면 그 채권이 처음부터 없는 것으로 소멸되어 채무자에게 채무 변제를 주장할 수 없는 것이다. 다만, 채무자가 소멸시효가 완성된 이후에 선의로 채무를 이행하는 것은 불법이 아니다.

---

43) 법 제22조(조정금의 소멸시효) 조정금을 받을 권리나 징수할 권리는 5년간 행사하지 아니하면 시효의 완성으로 소멸한다.

44) 국가재정법 제96조(금전채권, 채무의 소멸시효) ① 금전의 급부를 목적으로 하는 국가의 권리로서 시효에 관하여 다른 법률에 규정이 없는 것은 5년 동안 행사하지 아니하면 시효로 인하여 소멸한다. ② 국가에 대한 권리로서 금전의 급부를 목적으로 하는 것도 또한 제1항과 같다.

45) 지방재정법 제82조(금전채권과 채무의 소멸시효) ① 금전의 지급을 목적으로 하는 지방자치단체의 권리는 시효에 관하여 다른 법률에 특별한 규정이 있는 경우를 제외하고는 5년간 행사하지 아니하면 소멸시효가 완성한다. ② 금전의 지급을 목적으로 하는 지방자치단체에 대한 권리도 제1항과 같다.

46) 소멸시효에 대한 대법원의 판례를 보면 권리행사가 이른바 신의칙에 반하는 결과가 되어 허용되지 않는 경우라는 것은 권리자의 주관적인 동기가 고려되지 않는다 하더라도 그에게 권리행사의 기회가 있어서 이를 현실적으로 기대할 수가 있었음에도 불구하고 행사하지 않은 경우에 한하는 것인바, 조건부 징계해임처분을 당한 원고가 퇴직금을 수령하였다 하여 위 조건부 징계해임결의절차에 하자가 있어서 그 결의 자체가 무효라는 것까지 알면서 이를 승인한 것으로 단정하기는 어렵고, 또한 그 후 원고와 같이 조건부 징계해임결의에 따라 사직원을 제출하여 의원면직으로 처리된 사람이 피고를 상대로 제기한 소송이 대법원의 상고기각판결로 피고패소가 확정되자 곧바로 원고가 이 사건 소를 제기한 것이 징계처분일로부터 10년 남짓 기간이 경과된 후인 경우에는 원고의 권리행사의 지체가 그의 단순한 주관적인 동기에 비롯된 것으로 보기 어렵고 상대방인 피고로서도 이제는 원고가 그의 권리를 행사하지 아니할 것이라고 신뢰할 정당한 사유가 있었다고 볼 수 없으니, 원고의 권리행사가 신의성실에 반하여 그 권리가 실효되었다고 단정할 수는 없다. (대법원 1990.8.28. 선고 90다카 9619 판결)

토지소유자가 조정금을 받을 권리나 지적소관청이 조정금을 징수할 권리는 채권의 일종이 므로 민법의 규정에 의할 경우 소멸시효 기간이 10년으로 인정될 수 있을 것이나, 법 제22조 의 규정에 따라 소멸시효 기간이 5년으로 단축된다.

또한 법 제22조에서는 "시효의 완성으로 소멸한다"고 규정하고 있으므로, 민법에서의 소멸 시효와는 달리 토지소유자가 조정금을 징수할 권리를 5년간 행사하지 않아 소멸시효가 완성된 경우에는 조정금을 징수할 권리가 소멸되므로, 지적소관청은 선의로도 미지급한 조정금을 토 지소유자에게 지급할 수 없는 것으로 해설할 수 있다.

상기 법 제22조나 다른 규정에서도 조정금의 소멸시효에 대한 시효 중단 규정은 존재하지 않 는다. 다만, 국가 또는 지방자치단체가 행하는 납입의 고지는 시효중단의 효력이 인정된다. (국 가재정법 제96조 제1항 및 제2항과 지방재정법 제84조 참조). 따라서 조정금을 받을 수 있는 지적소관청의 권리는 토지소유자에 대한 새로운 납부 고지로서 시효가 중단될 것이다. 또한 현 행 [국가재정법]과 [지방재정법]에서는 금전의 급부를 목적으로 하는 국가나 지방자치단체의 소 멸시효의 중단과 정지는 다른 법률에 특별한 규정이 없는 한 민법의 규정을 적용하도록 규정하 고 있으므로, 지적소관청의 새로운 납부 고지로서 시효가 중단될 경우 시효가 중단된 때에는 중단까지에 경과한 시효기간은 이를 산입하지 아니하고 중단사유가 종료한 때로부터 새로이 진 행하므로 새로운 납부 고지일로부터 5년이 경과되어야 조정금의 시효가 완성된다.

기타 금전의 급부를 목적으로 하는 국가나 지방자치단체의 소멸시효의 중단과 정지는 다른 법률에 특별한 규정이 없는 한 민법의 규정을 적용하는 것이므로 상기와 같은 규정 이외에 조 정금의 시효 중단에 대해서는 현행 민법 제168조 내지 제181조에서 정한 규정이 적용되어야 한다.

15. 사업완료 공고 및 공람

지적재조사 사업이 완료된 경우 이를 공고하고 관련서류를 공람할 수 있도록 함으로써 새로 운 지적공부의 작성 전이라도 토지관계인 등의 권리를 보호하고자 하였다.[47]

경계미확정 토지가 지나치게 많고 이로 인하여 지적재조사사업의 장애가 초래될 경우에는

---

47) 법 제23조(사업완료 공고 및 공람 등) ① 지적소관청은 사업지구에 있는 모든 토지에 대하여 제18조에 따른 경계 확정이 있었을 때에는 지체 없이 대통령령으로 정하는 바에 따라 사업완료 공고를 하고 관계 서류를 일반인이 공람하게 하여야 한다. ② 제 17조제6항에 따라 경계결정위 원회의 최종 결정에 불복하여 경계가 확정되지 아니한 토지가 있는 경우 그 면적이 사업지구 전체 토지면적의 10분의 1 이하이거나, 토지소유자의 수가 사업지구 전체 토지소유자 수의 10 분의 1 이하인 경우에는 제1항에도 불구하고 사업완료를 공고 할 수 있다.

지적재조사사업의 완료를 경정할 수 없으나, 그렇지 않은 경우에는 지적재조사사업의 완료를 공고하고 제17조제6항이 정하는 등록사항정정대상 토지에 대한 경계를 순차적으로 확정하도록 하였다.

주요내용은 이 규정에 따라 사업완료 공고의 원칙적인 조건은 '사업지구에 있는 모든 토지에 대하여 법 제18조에 따른 경계 확정'으로 볼 수 있다.

사업완료 공고의 구체적인 방법은 대통령령으로 정하고 있으며, 공고와 동시에 관계 서류에 대한 공람절차도 함께 수행하도록 규정하고 있다.[48]

지적재조사사업의 완료란 지적재조사사업의 정차를 종료하는 것으로 볼 수 있으며, 이는 법 제18조의 규정에 따라 모든 토지의 경계가 확정되는 것을 전제로 한다.

따라서 사업완료 공고는 사업지구 안에 속한 모든 토지의 경계가 확정되어야 하나, 법 제17조제6항에서는 경계결정위원회의 결정에 불복하는 토지소유자의 필지는 사업대상지에서 제외할 수 있도록 규정하고 있으므로, 다음과 같은 3가지 요건 중 하나만 갖추었더라도 사업완료 공고를 할 수 있도록 규정하고 있다. ① 사업지구 내 모든 토지의 경계가 확정된 경우, ② 사업지구 내 전체 토지면적의 10분의 9 이상에 해당하는 토지의 경계가 확정된 경우, ③ 사업지구 내 전체 토지소유자 수의 10분의 9 이상에 해당하는 토지의 경계가 확정된 경우 등이다.

16. 새로운 지적공부의 작성

1) 배경

특별법은 새로운 지적공부의 작성을 입법목적으로 하므로 새로운 지적공부의 작성으로 인한 기존 지적공부의 폐쇄를 규정하였으며, 기존의 지적공부의 작성양식에 따라 새로운 지적공부에 기입되어야 할 구체적인 사항을 명문화하였다.

제17조제6항 및 제23조 제2항에 따라 경계가 확정되지 않은 토지에 대하여는 지적재조사가 이루어지지 않은 사실을 지적공부에 기입하도록 하였다.

---

48) 시행령 제15조(사업완료의 공고) ① 지적소관청은 법 제23조제1항에 따라 사업완료 공고를 하려는 때에는 다음 각 호의 사항을 공보에 고시하여야 한다. 1. 사업지구의 명칭, 2. 제11조 각 호의 사항, 3. 법 제21조제2항에 따른 조정금조서, ② 지적소관청은 제1항에 따른 공고를 한 때에는 다음 각 호의 서류를 14일 이상 일반인이 공람할 수 있도록 하여야 한다. 1. 새로 작성한 지적공부, 2. 경계점표지등록부, 3. 측량성과 결정을 위하여 취득한 측량기록물

2) 토지이동의 효과 발생일

지적재조사사업의 궁극적인 목적 중 하나는 토지의 실제 현황과 일치하지 아니하는 지적공부의 등록사항을 바로잡는 것(법 제1조 참조)으로 지적재조사 사업은 지적공부의 등록사항 변경을 수반하게 된다.

"토지의 이동"이란 토지의 표시를 새로 정하거나 변경 또는 말소하는 것을 의미하는 것(「공간정보의 구축 및 관리 등에 관한 법률」 제2조제28호)이며, 이때 "토지의 표시"란 지적공부에 토지의 소재·지번·지목·면적·경계 또는 좌표를 등록한 것을 말하는 것이므로(「공간정보의 구축 및 관리 등에 관한 법률」 제2조제20호), 지적재조사사업으로 인해 지적공부의 등록사항이 실제 현황과 일치하도록 하는 것은 토지의 이동에 포함된다.

결국 지적재조사사업은 토지의 이동을 목적으로 하는 것으로 지적재조사사업으로 인한 토지이동의 효력은 법 제23조제1항에 따른 사업완료 공고일에 발생된다.(법 제24조제1항 후단)

이와 같은 규정을 감안할 때 법 제24조제1항 전단에서는 지적소관청은 제23조에 따른 사업완료 공고가 있었을 때에는 기존의 지적공부를 폐쇄하고 새로운 지적공부를 작성하도록 규정하고 있으나, 새로운 지적공부를 작성하기 이전이라도 사업완료 공고 시점에서 토지의 이동의 효력이 발생되는 것이다.

또한 법 제18조에서는 지적재조사사업에 따른 경계가 확정되는 시기를 정하고 있으나, 이와 같은 규정에 의해 경계가 확정되더라도 경계 확정의 법률적 효력은 사업완료 공고일에 발생하는 것으로 보아야 한다.

그리고, 지적재조사측량 결과 기존의 지적공부상 지목이 실제의 이용현황과 다른 경우 지적소관청은 기존의 지적공부상의 지목을 변경할 수 있는 것(법 제19조 참조)으로 지목변경의 효력 역시 사업완료 공고일에 발생되는 것으로 보아야 한다.

어떤 토지가 지적법에 의하여 1필지의 토지로 지적공부에 등록되면 그 토지는 특별한 사정이 없는 한 그 등록으로써 특정되고 그 소유권의 범위는 현실의 경계와 관계없이 공부상의 경계에 의하여 확정되는 것이고[49], 현행 「민법」 제212조 토지소유권의 범위에 대해서 토지의 소

---

49) 소유권의 범위에 대한 대법원 판례에 따르면, 어떤 특정 토지가 지적공부(토지대장 및 지적도)에 1필의 토지로 등록이 되었다면, 그 토지의 주소, 지번, 지목, 지적에 대한 소유권의 범위는 지적공부상의 경계선에 의하여 확정되어져야 할 것이요 토지거래의 보통의 경우에는 토지의 실제의 경계에 관계없이 위와 같이 지적공부의 기재에 따라 확정되는 주소, 지번, 지목, 지적 및 경계에 의하여 특정되는 토지를 미래의 대상으로 하는 것이라 할 수 있다(대법원 1969.10.28. 선고 69다 889,890판결 【부당이득금반환】).
그리고 어떤 토지가 지적법에 의하여 1필지의 토지로 지적공부에 등록되면 그 토지는 특별한 사정이 없는 한 그 등록으로써 특정되고 그 소유권의 범위는 현실의 경계와 관계없이 공부상의

유권은 정당한 이익있는 범위내에서 토지의 상하에 미친다고 규정하고 있으므로, 토지의 이동이 확정되는 시점에서 대상 토지소유자의 재산권의 범위가 확정되는 것으로 보아야 한다.

또한 조정금은 필지별 면적 증감내역을 기준으로 산정되는 것(법 제20조제1항 참조)이며, 시·군·구 지적재조사위원회의 심의를 거쳐 조정금이 산정(동조 제2항 참조)되나, 이러한 정차를 거쳐 조정금이 산정되더라도 조정금과 관련된 채권과 채무는 토지의 이동 효력이 발생되는 사업완료 공고일에 발생되는 것으로 보아야 한다.

3) 새로운 지적공부의 작성

법 제24조제1항에서 지적공부란 부동산종합공부(토지), 부동산종합공부(토지, 건물), 부동산종합공부(집합건물)로 구분된다(규칙 제13조 제2항 참조).

부동산종합공부(토지)란 토지 위에 건물이 없는 토지에 대한 지적공부를 의미하며, 부동산종합공부(토지, 건물)란 구분소유 건물이 아닌 건물이 있는 토지에 대한 지적공부를 의미하는 것으로 토지에 대한 표시 사항뿐만 아니라 건물에 대한 표시사항도 함께 등록된다.

경계에 의하여 확정되는 것이고, 지적도상의 경계표시가 분할측량의 잘못 등으로 사실상의 경계와 다르게 표시되었다 하더라도 그 토지에 대한 매매도 특별한 사정이 없는 한 현실의 경계와 관계없이 지적공부상의 경계와 지적에 의하여 소유권의 범위가 확정된 토지를 매매 대상으로 하는 것으로 보아야하고, 다만 지적도를 작성함에 있어서 기술적인 착오로 인하여 지적도상의 경계선이 진실한 경계선과 다르게 작성되었기 때문에 경계와 지적이 실제의 것과 일치하지 않게 되었고, 그 토지들이 전전매도 되면서도 당사자들이 사실상의 경계대로 토지를 매매할 의사를 가지고 거래한 경우 등과 같이 특별한 사정이 있는 경우에 한하여 그 토지의 경계는 실제의 경계에 의하여야 한다(대법원 1996.7.9 선고 95다 55597,55603 판결【건물철거등·소유권이전등기】).

또한 어떤 토지가 지적법에 의하여 1필지의 토지로 지적공부에 등록되면 그 토지는 특별한 사정이 없는 한 그 등록으로써 특정되고 그 소유권의 범위는 현실의 경계와 관계없이 공부상의 경계에 의하여 확정되는 것이고, 지적도상의 경계표시가 분할측량의 잘못 등으로 사실상의 경계와 다르게 표시되었다 하더라도 그 토지에 대한 매매도 특별한 사정이 없는 한 현실의 경계와 관계없이 지적공부상의 경계와 지적에 의하여 소유권의 범위가 확정된 토지를 매매 대상으로 하는 것으로 보아야 할 것이나, 다만 지적도를 작성함에 있어서 기술적인 착오로 인하여 지적도상의 경계선이 진실한 경계선과 다르게 작성되었기 때문에 경계와 지적이 실제의 것과 일치하지 않게 되었다는 등의 특별한 사정이 있는 경우에는 실제의 경계에 의하여야 할 것이므로, 이와 같은 사정이 있는 경우 그 토지에 대한 매매에 있어서 매매 당사자 사이에 진실한 경계선과 다르게 작성된 지적도상의 경계대로 매매할 의사를 가지고 매매한 사실이 인정되는 등의 특별한 사정이 없는 한 진실한 경계에 의하여 소유권의 범위가 확정된 토지를 매매 대상으로 하는 것으로 보아야 한다(대법원 1998.6.26 선고 97다 42823 판결【소유권이전등기말소】).

부동산 종합공부(집합건물)이란 구분소유 건물이 있는 토지에 대한 지적공부를 의미하는 것으로 토지에 대한 표시 사항과 집합건물에 대한 표시사항도 함께 등록된다.

이와 같은 규정에 따라 폐쇄되는 기존의 지적공부의 범위는 이 법에서 구체적으로 규정하고 있지 않다. 다만 법 제2조제1호에서는 "지적공부"란 「공간정보의 구축 및 관리 등에 관한 법률」 제2조제19호에 따른 지적공부로 정의하고 있고, 「공간정보의 구축 및 관리 등에 관한 법률」 제2조제19호에서는 "지적공부"란 토지대장, 임야대장, 공유지연명부, 대지권등록부, 지적도, 임야도 및 경계점좌표등록부 등 지적측량 등을 통하여 조사된 토지의 표시와 해당 토지의 소유자 등을 기록한 대장 및 도면(정보처리시스템을 통하여 기록·저장된 것을 포함한다)로 정의하고 있다.

또한 「공간정보의 구축 및 관리 등에 관한 법률」 제71조부터 제73조까지는 토지대장과 임야대장, 공유지연명부, 대지권등록부, 지적도와 임야도, 경계점좌표등록부 등 지적공부의 등록사항을 규정하고 있다.

따라서 새로운 지적공부 작성에 따라 폐쇄되는 기존의 지적공부에는 토지대장과 임야대장, 공유지연명부, 대지권등록부, 지적도와 임야도, 경계점좌표등록부가 포함될 수 있다.

다만, 규칙 제13조제1항제5호에서는 새로이 작성하는 지적공부의 등록사항으로 "필지별 공유지 연명부의 장 번호"를 규정하고 있고, 같은 항 제8호에서는 "집합건물별 대지권등록부의 장 번호"를 규정하고 있는 점을 감안할 때, 폐쇄되는 기존의 지적공부는 토지대장과 임야대장, 지적도와 임야도, 경계점좌표등록부의 3가지가 된다.

규칙 제13조제1항제1호의 "토지의 고유번호"란 각 필지를 서로 구별하기 위하여 필지마다 붙이는 고유한 번호를 말한다(「공간정보의 구축 및 관리 등에 관한 법률 시행규칙」 제68조제2항제1호 참조).

규칙 제13조제1항제2호의 "토지의 이동 사유"에서 "토지의 이동"이란 토지의 표시를 새로 정하거나 변경 또는 말소하는 것을 말한다(「공간정보의 구축 및 관리 등에 관한 법률」 제2조제28호).

규칙 제13조제1항제4호의 "개별공시지가, 개별주택가격, 공동주택가격"이란 「부동산가격공시 및 감정평가에 관한 법률」 제11조제1항에서의 개별공시지가와 같은 법 제16조제2항에서의 개별주택가격, 같은 법 제17조제1항의 공동주택가격을 말한다.

규칙 제13조제1항제4호의 "부동산 실거래가격"이란 「공인중개사의 업무 및 부동산 거래신고에 관한 법률」 제27조제1항에서의 부동산등의 실제거래가격을 말한다.

규칙 제13조제1항제5호의 "필지별 공유지 연명부"란 「공간정보의 구축 및 관리 등에 관한 법률」 제71조제2항의 규정에 의해 토지소유자가 둘 이상인 경우 작성하는 공유지연명부를 의미한다.

규칙 제13조제1항제5호의 "대지권등록부"란 「공간정보의 구축 및 관리 등에 관한 법률」 제

71조제5항의 규정에 의해 토지가 「부동산등기법」에 따라 대지권 등기가 되어 있는 경우에 작성하는 대지권등록부를 의미한다.

규칙 제13조제1항제10호의 "지적기준점"이란 특별시장·광역시장·도지사 또는 특별자치도지사(이하 "시·도지사"라 한다)나 지적소관청이 지적측량을 정확하고 효율적으로 시행하기 위하여 국가기준점을 기준으로 하여 따로 정하는 측량기준점으로서(「공간정보의 구축 및 관리 등에 관한 법률」 제7조제1항제3호) 지적삼각점, 지적삼각보조점, 지적도근점을 의미한다(같은 법 시행령 제8조제1항제3호 참조).

규칙 제13조제1항제14호의 "구분지상권"이란 「민법」 제289조의2에서 정한 구분지상권을 의미한다. 규칙 제13조제1항제15호의 "도로명주소"란 「도로명주소법」에 따라 부여된 도로명, 건물번호 및 상세주소(상세주소가 있는 경우만 해당한다)에 의하여 표기하는 주소를 말한다(같은 법 제2조제1호).

〈표 8-3〉에서는 이 법에 의한 새로운 지적공부의 등록사항과 기존 「공간정보의 구축 및 관리 등에 관한 법률」에서 정한 5개 지적공부의 등록사항을 비교한 것이다. 비교 결과에 따르면 새로운 지적공부에는 기존 지적공부의 등록사항 이외에도 다음의 등록사항이 추가되었다. 즉, 「토지이용규제기본법」에 따른 토지이용과 관련된 지역·지구 등의 지정에 관한 사항(규칙 제13조제1항제12호), 건축물의 표시와 건축물 현황도에 관한 사항(같은 조 제13호), 구분지상권에 관한 사항(같은 조 제14호), 도로명주소(같은 조 제15호) 등이다.

이와 같이 새로운 지적공부의 등록사항에 항목이 추가된 것은 지적공부가 종래와는 달리 지상의 건축물 위치 등을 포괄하는 토지에 대한 종합정보를 등록하는 "부동산종합공부"로서의 역할을 수행하기 위한 것이다. 반면에 다음의 등록사항은 새로운 지적공부에 포함되어 있지 않다.

즉, 토지대장 및 임야대장 등록사항 중 제외사항은 지적도 또는 임야도의 번호와 필지별 토지대장 또는 임야대장의 장번호 및 축척, 토지등급 또는 기준수확량등급과 그 설정·수정 연월일, 공유지연명부와 대지권등록부 중 제외 사항은 토지소유자가 변경된 날과 그 원인, 지적도와 임야도 중 제외 사항은 경계, 지적도면의 색인도(인접도면의 연결 순서를 표시하기 위하여 기재한 도표와 번호를 말한다), 지적도면의 제명 및 축척, 도곽선(圖廓線)과 그 수치, 경계점 좌표부 중 제외 사항, 지적도면의 번호, 필지별 경계점좌표등록부의 장번호 등이다.

다만, 종전의 공유지연명부와 대지권등록부 등록사항 중 "토지소유자가 변경된 날과 그 원인"은 상기 법 제24조 제2항과 규칙 제13조 제1항에 등록사항에 명시되어 있지 않으나, 지적공부 양식(규칙 별지 제9호, 제10호, 제11호 서식)에는 그 내용이 포함되어 있으므로, 실제로는 8개 등록사항이 제외된 것이다. 이와 같이 제외된 등록사항을 보면 종이에 구현된 지적(地籍)을 디지털 지적으로 전환함에 따라 다음과 같이 종이로 된 지적도와 임야도, 경계점 좌표부에 필수적인 등록사항 7건은 제외된 것이다.

〈표 8-3〉 새로운 지적공부와 기존의 지적공부 등록사항 대비표

새로운 지적공부	기존의 지적공부				
	토지대장 및 임야대장	공유지 연명부	대지권 등록부	지적도 및 임야도	경계점 좌표 등록부
법 제24조, 규칙 제13조	법 제71조 제1항, 규칙 제68조 제2항	법 제71조 제2항, 규칙 제68조 제3항	법 제71조 제3항, 규칙 제68조 제4항	법 제72조, 규칙 제69조	법 제73조, 규칙 제71조
토지의 소재	○	○	○	○	○
지번	○	○	○	○	○
지목	○			○	
면적	○				
경계점좌표					○
소유자의 성명 또는 명칭, 주소 및 주민등록번호	○	○	○		
소유권지분		○	○		
대지권비율			○		
지상건축물 및 지하건축물의 위치				○	
토지의 고유번호	○	○	○		○
토지의 이동 사유	○				
토지소유자가 변경된 날과 그 원인	○				
개별공시지가, 개별주택가격, 공동주택가격및부동산실거래가격 과그기준일	○				
필지별 공유지 연명부의 장 번호		○			
전유(專有)부분의 건물 표시			○		
건물의 명칭			○		
집합건물별 대지권등록부의 장 번호			○		
좌표에 의하여 계산된 경계점 사이의 거리				○	

새로운 지적공부	기존의 지적공부				
	토지대장 및 임야대장	공유지 연명부	대지권 등록부	지적도 및 임야도	경계점 좌표 등록부
지적기준점의 위치				○	
필지별 경계점좌표의 부호 및 부호도					○
「토지이용규제기본법」에 따른 토지이용과 관련된 지역・지구등의 지정에 관한 사항					
건축물의 표시와 건축물 현황도에 관한 사항					
구분지상권에 관한 사항					
도로명주소					
그 밖에 새로운 지적공부의 등록과 관련하여 국토교통부장관이 필요하다고 인정하는 사항	○			○	
새로운 지적공부에서의 등록 제외 항목	3건	1건	1건	3건	2건

* 자료: 국토해양부, 지적재조사에 관한 특별법령 해설, 2013.

즉, 지적도 또는 임야도의 번호와 필지별 토지대장 또는 임야대장의 장번호 및 축척, 경계, 지적도면의 색인도(인접도면의 연결 순서를 표시하기 위하여 기재한 도표와 번호를 말한다), 지적도면의 제명 및 축척, 도곽선(圖廓線)과 그 수치, 지적도면의 번호, 필지별 경계점좌표등록부의 장번호 등이다.

기타 "토지등급 또는 기준수확량등급과 그 설정・수정 연월일"이 제외된 것은 1989.4.1 「지가공시 및 토지등의 평가에 관한 법률」이 제정됨에 따라 토지에 대한 과세기준이 종래의 토지등급에서 개별공시지가로 변경되었고, 1984.12.24 「지방세법」중 농지세 관련 규정이 전면 개정됨에 따라 농지세의 과세표준이 종전의 기준수확량 등급에서 농지소득금액으로 변경되었으며, 이에 따른 「소득세법」등 관련 규정도 함께 변경됨에 따라 사실상 토지정보로서의 효용이 상실되었기 때문이다.

4) 경계미확정 토지의 관리

현행 「공간정보의 구축 및 관리 등에 관한 법률」 제84조제2항에서 지적소관청은 지적공부의 등록사항에 잘못이 있음을 발견하면 대통령령으로 정하는 바에 따라 직권으로 조사·측량하여 정정할 수 있도록 규정하고 있고, 이에 따른 같은 법 시행령 제82조제3항에서는 지적공부의 등록사항 중 경계나 면적 등 측량을 수반하는 토지의 표시가 잘못된 경우에는 지적소관청은 그 정정이 완료될 때까지 지적측량을 정지시킬 수 있도록 규정하고 있다.

이와 같은 관련 법률의 규정을 감안할 때 상기 법 제24조제3항의 규정은 「공간정보의 구축 및 관리 등에 관한 법률」의 관련 규정을 지적재조사사업에서 원용한 것으로 볼 수도 있다.

다만 이때의 "지적측량"이란 토지를 지적공부에 등록하거나 지적공부에 등록된 경계점을 지상에 복원하기 위하여 「공간정보의 구축 및 관리 등에 관한 법률」 제2조제21호에 따른 필지의 경계 또는 좌표와 면적을 정하는 측량을 말한다(「공간정보의 구축 및 관리 등에 관한 법률」 제2조제4호).

지적측량은 지적공부를 복구하거나 토지를 신규등록, 등록전환, 분할하는 경우, 바다가 된 토지의 등록을 말소하는 경우, 지적공부의 등록사항을 정정하는 경우 등에 반드시 시행되어야 하는 것이며, 경계점을 지상에 복원하는 경우에도 시행되어야 한다(「공간정보의 구축 및 관리 등에 관한 법률」 제23조제1항 참조).

"경계미확정 토지"로 등록된 토지의 소유자는 현재 상태대로 토지를 이용하는 경우에는 큰 문제가 없으나, 토지의 거래를 위한 경계복원측량이나 분할측량 등이 사실상 불가능해지는 불이익이 발생하게 된다. 다만, 이와 같은 규정은 임의 규정에 불과하므로 "경계미확정 토지"라고 기재하고 지적공부를 정리한 이후에도 사안에 따라 지적측량이 정지되지 않을 수도 있을 것이며, 이와 같은 지적측량 정지 여부는 지적소관청의 자유재량에 의해서 결정될 수 있을 것이다.

따라서 지적소관청에서 "경계미확정 토지"에 대한 지적측량 정지 조치는 부득이한 경우로 한정되어야 할 것이며, 자유재량으로 인해 토지소유권에 대한 과도한 침해가 발생하지 않도록 하여야 한다.

지적소관청은 법 제24조제3항에 따라 경계가 확정되지 아니한 토지의 새로운 지적공부에 "경계미확정 토지"라고 기재한 때에는 토지소유자에게 그 사실을 통지하여야 한다(영 제16조).

상기와 같이 "경계미확정 토지"로 기재된 토지소유자는 경계가 확정될 때까지 지적측량이 정지됨으로 인한 상당한 손해가 발생할 수 있으므로, 이를 새로운 지적공부에 기입한 경우에는 토지소유자에게 그 사실을 통지하도록 의무화하고 있는 것이다. 이와 같은 조치는 토지소유자에게 장래 발생할 수 있는 손실을 최소화하기 위한 적절한 조치이다.

17. 등기촉탁

「공간정보의 구축 및 관리 등에 관한 법률」의 예에 따라 지적소관청이 지적조사와 그의 결과로서 경계확정을 통보받은 때에는 「부동산등기법」 제96조와 같이 등기촉탁을 하도록 규정하였으며, 촉탁등기는 특히 토지소유자 등의 이익과 밀접한 관계에 있으므로 등기촉탁이 지연된 경우 등기권리자의 직접등기를 인정하고 있다.[50]

등기촉탁의 주체는 지적재조사사업의 시행자인 지적소관청이 된다. 그리고 이때의 등기촉탁은 "국가가 자기를 위하여 하는 등기"로 보게 되므로, 이 법에 의한 등기촉탁은 「등기사항증명서 등 수수료규칙」 제7조제3항의 규정에 따라 같은 규칙 제5조의2제2항의 부동산등기의 신청수수료를 면제 받게 된다.[51]

또한, 법 제25조제2항은 지적소관청의 등기촉탁 지연으로 인한 토지소유자나 이해관계인의 재산상 손실을 최소화하기 위한 규정이며,[52] 이때의 등기신청은 "국가가 자기를 위하여 하는 등기"가 아니므로 등기신청을 하는 토지소유자나 이해관계인은 「등기사항증명서 등 수수료규칙」 제5조의2제2항의 부동산등기의 신청수수료를 납부해야 한다.

그리고 지적소관청은 법 제25조제1항에 따라 관할등기소에 지적재조사 완료에 따른 등기를 촉탁할 때에는 별지 제12호 서식의 지적재조사 완료 등기촉탁서에 그 취지를 적고 등기촉탁서 부본(副本)과 토지(임야)대장을 첨부하여야 하며, 지적소관청은 제1항에 따라 등기를 촉탁하였을 때에는 별지 제13호서식의 등기촉탁 대장에 그 내용을 적어야 한다.

---

50) 법 제25조(등기촉탁) ① 지적소관청은 제24조에 따라 새로이 지적공부를 작성하였을 때에는 지체없이 관할등기소에 그 등기를 촉탁하여야 한다. 이 경우 그 등기촉탁은 국가가 자기를 위하여 하는 등기로 본다. ② 토지소유자나 이해관계인 지적소관청이 제1항에 따른 등기촉탁 을 지연하고 있는 경우에는 대통령령으로 정하는 바에 따라 직접 제1항에 따른 등기를 신청할 수 있다. ③ 제1항 및 제2항에 따른 등기에 관하여 필요한 사항은 대법원규칙으로 정한다.

51) 등기사항증명서 등 수수료규칙 제7조(수수료 면제) 제3항 다른 법률에 수수료를 면제하는 규정이 있거나 국가가 자기를 위하여 하는 등기의 신청의 경우에는 제5조의2 내지 제5조의5에서 규정하는 수수료를 면제한다.

52) 시행령 제17조(토지소유자 등의 등기신청) 토지소유자 및 이해관계인(이하 "토지소유자등"이라 한다)이 법 제25조제2항에 따라 등기를 신청하는 경우에는 지적소관청은 새로운 지적공부 등 등기신청에 필요한 지적 관련 서류를 작성하여 토지소유자등에게 제공하여야 한다.

18. 폐쇄 지적공부의 관리 및 건축물현황 통보

1) 폐쇄 지적공부의 관리

법 제24조제1항에 따라 새로운 지적공부를 작성하고 기존의 지적공부는 폐쇄하도록 규정하고 있으므로 이에 대한 후속조치에 대한 규정을 명문화하였다.

이 규정에 따라 폐쇄된 지적공부에 대해서 지적소관청에 신청하여 지적공부를 열람하거나 등본을 발급받을 수 있으며, 폐쇄된 지적공부가 정보처리시스템을 통하여 기록·저장된 경우라면 시장·군수 또는 구청장이나 읍·면·동의 장에게 신청하여 열람하거나 등본을 발급받을 수 있다(「공간정보의 구축 및 관리 등에 관한 법률」 제75조제1항 참조)53).

이와 같은 폐쇄된 지적공부의 열람이나 등본의 발급 절차 등은 다른 지적공부의 열람이나 등본 발급 절차와 같다(같은 조 제 2항 참조)54)

2) 건축물현황 통보

새로이 작성되는 지적공부는 기존의 지적공부와 같이 단순히 토지대장, 건축물대장과 임야대장으로 구성되지 않고 공간의 표시와 이를 기초로 하는 건축물의 현황표시, 그리고 구분지상권까지 포함하고 있으므로 이의 변화를 지적공부에 수용할 수 있는 제도적 장치를 마련하였다.55)

사업완료 공고 이전의 경우 지적재조사사업을 통하여 지상건축물 또는 지하 건축물의 위치에 관한 사항을 조사하게 되나, 그 이후에는 새로이 지상건축물 또는 지하건축물이 건축되거나 이들의 위치에 관한 사항이 변경될 때 건축물대장을 관리하는 소관청에서 지적소관청에 통보함으로써 새로이 작성되는 지적공부의 표시사항을 올바로 관리하기 위한 조치이다.56)

---

53) 제75조(지적공부의 열람 및 등본 발급) ① 지적공부를 열람하거나 그 등본을 발급받으려는 자는 해당 지적소관청에 그 열람 또는 발급을 신청하여야 한다. 다만, 정보처리시스템을 통하여 기록·저장된 지적공부(지적도 및 임야도는 제외한다)를 열람하거나 그 등본을 발급받으려는 경우에는 시장·군수 또는 구청장이나 읍·면·동의 장에게 신청할 수 있다. ② 제1항에 따른 지적공부의 열람 및 등본 발급의 절차 등에 필요한 사항은 국토교통부령으로 정한다.

54) 법 제26조(폐쇄된 지적공부의 관리) ① 제24조제1항에 따라 폐쇄된 지적공부는 영구히 보존하여야 한다. ② 제24조제1항에 따라 폐쇄된 지적공부의 열람이나 그 등본의 발급에 관하여는 「공간정보의 구축 및 관리 등에 관한 법률」 제75조를 준용한다.

55) 법 제27조(건축물현황에 관한 사항의 통보) 제23조제1항에 따른 사업완료 공고가 있었던 지역을 관할하는 특별자치도지사 또는 시장·군수·자치구청장은 「건축법」 제38조에 따라 건축물대장을 새로이 작성하거나, 건축물대장의 기재사항 중 지상건축물 또는 지하건축물의 위치에 관한 사항을 변경할 때에는 그 내용을 지적소관청에 통보하여야 한다.

이와 같은 건축물대장 소관청의 통보의무는 반드시 수행해야 하는 의무이나, 이런 의무가 준수되지 않을 경우에는 지적공부 등록사항과 실제 현황이 일치하지 않는 문제가 발생될 수 있으며, 이와 같은 불일치 문제는 토지소유자의 재산권 침해의 결과를 낳을 수 있음을 유념하여야 한다.

---

56) 제38조(건축물대장) ① 특별자치도지사 또는 시장·군수·구청장은 건축물의 소유·이용 및 유지·관리 상태를 확인하거나 건축정책의 기초 자료로 활용하기 위하여 다음 각 호의 어느 하나에 해당하면 건축물대장에 건축물과 그 대지의 현황을 적어서 보관하여야 한다. 1. 제22조제2항에 따라 사용승인서를 내준 경우, 2. 제11조에 따른 건축허가 대상 건축물(제14조에 따른 신고 대상 건축물을 포함한다)외의 건축물의 공사를 끝낸 후 기재를 요청한 경우, 3. 제35조에 따른 건축물의 유지·관리에 관한 사항, 4. 그 밖에 대통령령으로 정하는 경우, ② 제1항에 따른 건축물대장의 서식, 기재 내용, 기재 절차, 그 밖에 필요한 사항은 국토교통부령으로 정한다.

제10장 지적재조사위원회

1. 중앙지적재조사위원회

1) 중앙지적재조사위원회의 의미 및 성격

지적재조사사업에 관한 주요 정책을 집행하기 위한 전 단계로서 법 제4조에 의하여 작성된 기본계획은 물론 관계 법령을 정비하기 위하여 국토교통부장관을 위원장으로 하는 중앙지적재조사위원회를 두도록 하였다. 위원회는 행정공무원과 전문가로 구성하고 그 운영방법을 명문화함으로써 중앙지적재조사위원회의 업무능력을 담보하였다.

중앙지적재조사위원회는 반드시 설치해야 하는 필수기관으로서 기본계획의 수립 및 변경 등을 심의·의결한다. 이때의 "기본계획"이란 법 제4조제1항에서 규정한 지적재조사사업에 관한 기본계획을 의미한다.[1]

관계 법령의 제정·개정에 대한 심의·의결을 하도록 규정하고 있으나, 중앙지적재조사위원회에서 심의·의결된 법률의 제정이나 개정사항은 상위법인 「대한민국 헌법」 제40조의 규정에 의해 국회의 심의 절차를 거쳐야 한다.

또한 「대한민국 헌법」 제75조의 규정에 의해 시행령(대통령령)의 제·개정 사항은 대통령이 정해야 하고, 시행규칙(부령)은 「대한민국 헌법」 제75조의 규정에 의해 국무총리 또는 행정각부의 장이 정해야 하므로, 결국 관계 법령의 제정·개정에 대해서는 심의·의결권이 아닌 자문 권한만 중앙지적재조사위원회에 주어지는 것으로 볼 수 있다.

---

1) 법 제28조 (중앙지적재조사위원회) ① 지적재조사사업에 관한 정책을 심의·의결하기 위하여 국토교통부장관 소속으로 중앙지적재조사위원회(이하 "중앙위원회"라 한다)를 둔다. ② 중앙위원회는 다음 각 호의 사항을 심의·의결한다. 1. 기본계획의 수립 및 변경, 2. 관계 법령의 제정·개정 및 제도의 개선에 관한 사항, 3. 그 밖에 지적재조사사업에 필요하여 중앙위원회의 위원장이 부의하는 사항

2) 중앙지적재조사위원회 운영

중앙지적재조사위원회의 위원장은 중앙위원회를 대표하고, 중앙위원회의 업무를 총괄한다. 위원장이 부득이한 사유로 직무를 수행할 수 없을 때에는 부위원장이 그 직무를 대행하고, 위원장과 부위원장이 모두 부득이한 사유로 그 직무를 수행할 수 없을 때에는 위원장이 미리 지명한 위원이 그 직무를 대행한다.

위원장은 회의 개최 5일 전까지 회의 일시·장소 및 심의안건을 각 위원에게 통보하여야 한다. 다만, 긴급한 경우에는 회의 개최 전까지 통보할 수 있다. 회의는 분기별로 개최한다. 다만, 위원장이 필요하다고 인정하는 때에는 임시회를 소집할 수 있다.

법 제28조제7항에 따라 중앙지적재조사위원회는 재적위원 과반수의 출석과 출석위원 과반수의 찬성으로 의결하도록 규정하고 있으므로 위원에는 위원장이 포함된다고 볼 수 있다.

따라서 제5항의 규정에 충실할 경우 위원장(국토교통부장관)도 회의에서의 의결권이 있는 것으로 본다. 하지만 간사는 위원이 아니므로 의결에 참여할 수 없다.

시행령 제18조제3항은 중앙지적재조사위원회의 심의·의결에 대한 위원의 참여권을 보장하고 위원장이 독단에 의한 위원회 운영을 방지하기 위한 규정으로써 통보에 대한 상세한 규정이 별도로 없으므로 「민법」 제111조제1항[2]의 규정에 의해 통보 내용은 회의 개최 5일 전까지 각 위원에게 도달되어야 통보의 효력이 발생한다. 회의는 분기별로 개최해야 하므로 중앙위원회는 연 4회의 정기회가 소집되어야 하며, 그 이상의 회의는 임시회로 소집되어야 한다.

중앙지적재조사위원회의 운영을 총괄하는 위원장의 자유재량에 따라 이해관계인이나 전문가의 의견 청위 범위나 의견 여부를 결정할 수 있다.

그리고 회의록의 작성 주체는 정하여지지 않았으므로 중앙지적재조사위원회의 사무를 처리하기 위해 두는 간사가 회의록을 작성하여 비치해야 한다. 다만, 회의록 비치 기간을 규정하고 있지 않으므로 비치 기간 등에 대해서는 「공공기록물 관리에 관한 법률」 제19조의 규정에 따라 회의록을 관리하고 보존해야 할 것이다.

3) 중앙지적재조사위원회 위원

중앙지적재조사위원회 위원의 최소 숫자를 15명으로 정함으로써 자문 기능의 충실성을 꾀하고 있으며[3], 위원장은 법률의 규정에 의한 당연직 위원장이 되고 반면에 부위원장은 국토교

---

2) 민법 제111조(의사표시의 효력발생시기) ① 상대방 있는 의사표시는 그 통지가 상대방에 도달한 때로부터 그 효력이 생긴다.
3) 법 제 28조 3항 중앙위원회는 위원장 및 부위원장 각 1명을 포함한 15명 이상 20명이하의 위원으로 구성한다.

통부장관이 지명하는 지명직 부위원장이 된다.

부위원장은 위원 중에서 지명하도록 규정하고 있으므로, 부위원장을 지명하기 위해서는 우선 위원이 선출되어야 한다. 민간위원의 경력이나 보다 상세한 자격을 정하고 있지 않으므로 법률에서 정한 요건에 해당하는 자는 국적이나 성별, 지역, 경력 등에 관계없이 위원장의 자유 재량에 의해 선정할 수 있다.

그리고 중앙위원회의 사무를 처리하기 위하여 간사 1명을 두며, 간사는 국토교통부 소속 3급 공무원 또는 고위공무원단에 속하는 일반직공무원 중에서 국토교통부장관이 지명한다.

또한 각 분야의 최소 인원을 규정하고 있지 않으며 4가지 유형의 자격자 중에서 임명하거나 위촉하도록 규정하고 있으므로 반드시 4가지 유형의 자격자가 골고루 선정되어야 한다고 볼 수 있다.

즉, 중앙위원회의 위원은 기획재정부·법무부·행정안전부 또는 국토교통부의 1급부터 3급까지 상당의 공무원 또는 고위공무원단에 속하는 공무원, 판사·검사 또는 변호사, 법학이나 지적 또는 측량 분야의 교수로 재직하고 있거나 있었던 사람, 그 밖에 지적재조사사업에 관하여 전문성을 갖춘 사람 등 어느 하나에 해당하는 사람 중에서 위원장이 임명 또는 위촉한다.

위원의 임기에 대해서는 임명직 위원인 공무원의 임기는 정해져 있지 않으며, 보직에 따라 달라질 수 있다. 다만, 민간인 위원에 대해서만 임기는 2년이 된다.

기피 신청이 있더라도 중앙지적재조사위원회의 의결로 기피 여부가 결정된다고 볼 수 있으나, 영 제20조제1항의 규정에 의해 제척 대상 위원은 기피 여부에 대한 의결 결과에 관련 없이 심의·의결에 참여할 수 없다.

영 제21조의 규정은 중앙지적재조사위원회 심의·의결의 공정성을 확보하기 위한 규정으로서 위촉직의 민간위원만 해당된다. 다만, 4가지 해촉 사유에 해당된다고 해서 위원장이 반드시 해당 위원을 해촉 해야 하는 것은 아니다.[4]

2. 시 · 도 지적재조사위원회

법 제6조의 실시계획과 관련하여 광역자치단체에 시·도지적재조사위원회를 설치하도록 하고, 위원회의 권한과 의무 및 그 구성과 운영을 명시하였다.

---

4) 시행령 제21조(중앙위원회 위원의 해촉) 위원장은 중앙위원회의 위원 중 위원장이 위촉한 위원이 다음 각 호의 어느 하나에 해당하는 경우에는 해당 위원을 해촉할 수 있다. 1. 심신장애로 인하여 직무를 수행할 수 없게 된 경우, 2. 직무태만, 품위손상, 그 밖의 사유로 인하여 위원으로 적합하지 아니하다고 인정된 경우, 3. 직무와 관련한 형사사건으로 기소된 경우, 4. 위원이 제20조제1항 각 호의 제척 사유에 해당함에도 불구하고 회피하지 아니한 경우

법 제29조제1항5)에서 시·도지사란 특별시장·광역시장·도지사·특별자치도지사·특별자치시장 및 「지방자치법」 제175조에 따른 인구 50만 이상 대도시의 시장을 의미한다. 현행 「지방자치법」 제3조제3항에서는 특별시·광역시 및 특별자치시가 아닌 인구 50만 이상의 시에는 자치구가 아닌 구를 둘 수 있도록 규정하고 있다.

따라서 이 법에서의 시·도지사의 범위에는 도에 속한 시장 중 행정구가 설치된 도시의 시장도 포함된다.

또한 시·도 지적재조사위원회는 중앙지적재조사위원회와는 달리 임의 설치 기구이므로 시·도지사는 반드시 시·도 지적재조사위원회를 설치해야 하는 것은 아니나, 원활한 사업추진을 위해 각 시·도에서는 지적재조사위원회를 설치하는 것이 바람직하다고 할 것이다.

그리고 시·도 지적재조사위원회는 지적소관청이 수립한 실시계획, 지적재조사사업지구의 지정 및 변경, 시·군·구별 지적재조사사업의 우선순위 조정, 그 밖에 지적재조사사업에 필요하여 시·도 위원회의 위원장이 부의하는 사항 등을 심의·의결한다.

시·도 위원회는 위원장 및 부위원장 각 1명을 포함한 10명 이내의 위원으로 구성하며, 시·도 위원회의 위원장은 시·도지사가 되며, 부위원장은 위원 중에서 위원장이 지명한다.

시·도 위원회의 위원은 해당 시·도의 3급 이상 공무원, 판사·검사 또는 변호사, 법학이나 지적 또는 측량 분야의 교수로 재직하고 있거나 있었던 사람, 그 밖에 지적재조사사업에 관하여 전문성을 갖춘 사람 중에서 위원장이 임명 또는 위촉한다.

시·도 위원회의 위원 중 공무원이 아는 위원의 임기는 2년으로 하며, 시·도 위원회는 재적위원 과반수의 출석과 출석위원 과반수의 찬성으로 의결한다. 그 밖에 시·도 위원회의 조직 및 운영 등에 관하여 필요한 사항은 해당 시·도의 조례로 정한다.

3. 시·군·구 지적재조사위원회

지적재조사사업의 최종 당사자인 토지소유자의 이익을 반영하고, 사업지구내의 이해관계를 조정하기 위한 기구로서 시·군·구 지적재조사위원회 설치를 명문화하고, 그 구성과 운영절차를 마련하였다.

시·군·구 지적재조사위원회의 심의·의결업무는 자문업무보다는 지적재조사의 효력에 직접적 영향을 미치는 사항을 심의·의결하는 기능이 주어지고 있다.

법 제29조제2항에서 지적소관청에는 시·도가 포함되지 않으므로 시·도 위원회는 관할 지적소관청에서 수립한 실시계획에 대한 실질적인 심의·의결 권한이 있다고 볼 수 있다. 그리

---

5) 제29조(시·도 지적재조사위원회) ① 시·도의 지적재조사사업에 관한 주요 정책을 심의·의결하기 위하여 시·도지사 소속으로 시·도 지적재조사위원회를 둘 수 있다.

고 이 법에서는 시·군·구의 범위를 별도로 정하고 있지 않다. 또한 「공간정보의 구축 및 관리 등에 관한 법률」에서도 지적 업무와 관련된 "시·군·구"의 범위를 정하고 있지 않다.

다만, 법 제30조제1항[6])에서는 지적소관청 소속으로 시·군·구 지적재조사위원회를 둘 수 있도록 규정하고 있는 점을 볼 때, 이 법에서의 시·군·구의 범위는 지적소관청의 범위와 동일한 것으로 보아야 할 것이다.

따라서 특별시나 광역시, 특별자치시, 인구 50만명 이상의 시는 "시·군·구"의 범위에 포함되지 않으며, 특별시나 광역시에 설치되는 자치구 뿐만 아니라 인구 50만명 이상의 시에 설치되는 행정구도 "시·군·구"의 범위에 포함된다고 보아야한다.

시·군·구 위원회는 제12조에 따른 지적공부정리 등의 정지 대상, 제19조에 따른 지목의 변경, 제20조에 따른 조정금의 산정, 그 밖에 지적재조사사업에 필요하여 시·군·구 위원회의 위원장이 부의하는 사항을 심의·의결한다.

시·군·구 위원회는 위원장 및 부위원장 각 1명을 포함한 10명 이내의 위원으로 구성하며, 시·군·구 위원회의 위원장은 시장·군수 또는 구청장이 되고 부위원장은 위원 중에서 위원장이 지명한다.

시·군·구 위원회의 위원은 해당 시·군·구의 5급 이상 공무원, 해당 사업지구의 읍장·면장·동장, 판사·검사 또는 변호사, 법학이나 지적 또는 측량 분야의 교수로 재직하고 있거나 있었던 사람, 그 밖에 지적재조사사업에 관하여 전문성을 갖춘 사람중 하나에 해당하는 사람 중에서 위원장이 임명 또는 위촉한다.

시·군·구 위원회의 위원 중 공무원이 아닌 위원의 임기는 2년으로 하고 시·군·구 위원회는 재적위원 과반수의 출석과 출석위원 과반수의 찬성으로 의결한다. 그 밖에 시·군·구 위원회의 조직 및 운영 등에 관하여 필요한 사항은 해당 시·군·구의 조례로 정한다.

4. 경계결정위원회

법 제16조의 경계결정을 위한 기구로서 지적소관청 단위로 경계결정위원회의 설치, 구성과 운영, 의결절차를 명문화하여 적법절차에 의한 경계결정을 도모하였다.

경계결정위원회의 토지소유자 등 이해관계인의 출석을 보장하여 토지소유자 등의 이익을 위한 합리적 경계결정을 내용으로 하며, 경계결정위원회의 의결을 반드시 문서로 하도록 함으로써 법적 분쟁을 예방하고 경계결정의 효력을 강화하였다.

지적재조사사업으로 인한 민원 발생과 분쟁 해결을 위한 기구로서 경계결정위원회를 두고

---

6) 법 제30조 시·군·구 지적재조사위원회는 시·군·구의 지적재조사사업에 관한 주요 정책을 심의·의결하기 위하여 지적소관청 소속으로 시·군·구 지적재조사위원회를 둘 수 있다.

있다. 경계결정위원회는 토지소유권의 범위를 결정하는 경계 설정에 대하여 결정하는 기구로서 국민의 재산권 보호와 관련된 중요한 의결기구로 볼 수 있다. 이와 같은 중요성을 감안할 때 경계결정위원회의 결정은 「행정심판법」 제4조제1항에서 정한 특별행정심판의 일종으로 볼 수 있다.

이 법 제17조제1항에서는 경계에 관한 결정을 통지받은 토지소유자나 이해관계인이 이에 대하여 불복하는 경우에는 통지를 받은 날부터 60일 이내에 지적소관청에 이의신청을 할 수 있도록 규정하고 있으므로, 이 법 제17조제1항의 규정은 「행정심판법」 제3조제1항에서 말하는 "다른 법률에 특별한 규정이 있는 경우"에 해당된다고 할 것이다. 따라서 「행정심판법」 제4조제2항의 규정에 따라 이 법에서 규정하지 아니한 사항에 관하여는 「행정심판법」의 규정이 적용되어야 하는 것으로 볼 수 있다.

중앙행정심판위원회 심판사례(2005.11.30, 심판사례 200516155, 토지수용재결처분취소청구 등)를 보면 "「행정심판법」 제3조제1항의 규정에 의하면, 행정청의 처분 또는 부작위에 대하여 다른 법률에 특별한 규정이 있는 경우를 제외하고는 행정심판을 제기할 수 있다고 되어 있고, 한편 「공익사업을 위한 토지 등의 취득 및 보상에 관한 법률」 제83조의 규정에 의하면, 00위원회의 재결에 대하여 이의가 있는 자는 재결서의 정본을 받은 날부터 30일 이내에 00위원회에 이의를 신청할 수 있도록 되어 있는바, 위와 같은 「공익사업을 위한 토지 등의 취득 및 보상에 관한 법률」 제83조 규정은 「행정심판법」 제3조제1항에서 말하는 "다른 법률에 규정이 있는 경우"에 해당된다고 할 것이므로 이 건에서와 같이 토지수용재결의 취소를 구하는 심판청구는 행정심판의 대상이 아닌 사항을 대상으로 제기된 부적법한 신판청구이다."라고 판시하였으며, 이와 유사한 판시사례도 찾아볼 수 있다.

지적소관청이 경계를 정하여 경계결정위원회에 제출하면 경계결정위원회에서 경계를 결정하는데, 경계결정위원회의 결정에 대한 신뢰도를 높이기 위하여 경계결정위원회의 위원장을 판사로 하였다.

각 사업지구의 토지소유자나 읍·면·동장은 경계결정에 대한 직접적 당사자가 될 수 있는 자로서, 특히 각 사업지구의 토지소유자가 필수 위원으로 규정된 것은 지적재조사사업으로 인한 갈등을 방지하기 위한 조치이다.

법 제31조제8항에 의하면 재산권 침해의 우려가 있는 토지소유자나 이해관계인의 위원회에서의 진술 권한을 보장하고 있으며, 제9항은 경계결정위원회의 결정 또는 의결은 문서로써 재적위원 과반수의 찬성이 있어야 한다고 규정하고 있다.

그리고 법 제31조제10항에 따라 경계결정의 중요성을 감안하여 결정이나 의결을 문서로서 시행하도록 강제하고 있으며, 지적재조사위원회와는 달리 전체 재적위원의 과반수 찬성을 결정·의결 요건으로 정하고 있다. 또한 결정 또는 의결에 참여한 위원 전원이 서명 날인하도록 강제함으로써 갈등 발생의 가능성을 최소화하고 있다.

5. 지적재조사기획단

국토교통부 차원에서 기본계획의 입안부터 지적재조사사업의 종결단계에 이르기까지 이를 지원하고 보좌하는 기구의 설치근거를 마련하였으며, 이와 함께 시·도와, 그리고 지적소관청 단위로 별도의 기구를 설치할 수 있는 근거 조항을 마련하였다.[7]

지적재조사사업은 국가사업으로 전국적인 통일성과 체계적인 추진을 위한 총괄 조직이 필요하다. 국토교통부가 기획, 예산, 지도·감독, 제도 및 홍보 등을 총괄·지원하고 사업시행자는 지적소관청이며, 사업주체는 국가이다.

기존의 지적업무는 국가의 업무를 지적소관청으로 위임하여 실시하고 있으나, 지적재조사사업은 국토교통부장관이 총괄하고 지적소관청이 시행하는 사업이다.

기존의 조직은 지적공부 관리(토지이동정리)나 지적공부의 열람 및 등본 발급을 중점적으로 시행하나, 부동산종합공부(새로운 지적공부)를 작성하고 세계측지계 기준의 좌표변환 등 새로운 사업을 시행해야 한다.

기타 관련된 타 부처 업무협조 등 업무량을 감안할 때 기존의 조직만으로 업무를 감당하기 어려우므로 지적재조사사업의 추진 조직으로서 지적재조사기획단 등을 설치하여 운영해야 한다.

이와 관련하여 국토교통부에서는 2012. 4. 26「지적재조사기획단의 구성 및 운영에 관한 규정」을 국토교통부훈령 제808호로 제정함으로써 지적재조사기획단 설치를 구체화하였다.[8]

---

7) 법 제32조(지적재조사기획단 등) ① 기본계획의 입안, 지적재조사사업의 지도·감독, 기술·인력 및 예산 등의 지원, 중앙위원회의 심의·의결사항에 대한 보좌를 위하여 국토교통부에 지적재조사기획단을 둔다. ② 지적재조사사업의 지도·감독, 기술·인력 및 예산 등의 지원을 위하여 시·도에 지적재조사지원단을, 실시계획의 입안, 지적재조사사업의 시행, 사업대행자에 대한 지도·감독 등을 위하여 지적소관청에 지적재조사추진단을 둘 수 있다. ③ 제1항에 따른 지적재조사기획단의 조직과 운영에 관하여 필요한 사항은 대통령령으로, 제2항에 따른 지적재조사지원단과 지적재조사추진단의 조직과 운영에 관하여 필요한 사항은 해당 지방자치단체의 조례로 정한다.

8) 제26조(지적재조사기획단의 구성 등) ① 법 제32조제1항에 따른 지적재조사기획단(이하 "기획단"이라 한다)은 단장 1명과 소속직원으로 구성하며, 단장은 국토교통부의 고위공무원단에 속하는 일반직공무원 중에서 국토교통부장관이 지명하는 자가 겸직한다. ② 국토교통부장관은 기획단의 업무수행을 위하여 필요하다고 인정할 때에는 관계 행정기관의 공무원 및 관련 기관·단체의 임직원의 파견을 요청할 수 있다. ③ 제1항 및 제2항에서 규정한 사항 외에 기획단의 조직과 운영에 필요한 사항은 국토교통부장관이 정한다.

제11장 보칙

1. 임대료와 권리의 포기

지적재조사사업으로 인한 면적의 증감으로 토지의 이용관계가 영향을 받게 되는 경우 지료의 조정 등은 그 근거가 되는 법률관계에 의존하여야 하나, 그렇게 되면 지적재조사사업의 성과를 저해할 가능성이 크다. 따라서 이를 방지하기 위하여 민법의 특별규정으로 임대료, 지료 등의 증감청구권을 규정하고, 계약목적 달성이 불가능하게 된 경우 계약의 법정소멸청구권을 두었다.

지적재조사사업 시행에 따른 토지소유권 이외의 권리를 보호하기 위한 조치로서 사업으로 인해 임대료 등이 불합리하게 되었을 때에는 이를 청구할 수 있는 근거를 마련하였다.[1]

법 제33조에 이어 용익권을 내용으로 하는 법률관계의 당사자가 법률관계의 종료를 선택한 경우 직접 지적소관청에 그 손실의 보상을 청구할 수 있도록 함으로써 피해자가 지적재조사사업의 성과를 쉽게 인용할 수 있도록 하였다. 그리고 지적소관청의 손실보상의무와 구상권을 명문화하여 이에 관한 법적 해석의 어려움을 방지하고자 하였다.[2]

---

1) 법 제33조(임대료 등의 증감청구) 제1항 지적재조사사업으로 인하여 임차권 등의 목적인 토지나 지역권에 관한 승역지(承役地)의 이용이 증진 되거나 방해됨으로써 종전의 임대료, 지료, 그 밖의 사용료 등이 불합리하게 되었을 때에는 당사자는 계약조건에도 불구하고 장래에 대하여 그 증감을 청구할 수 있다. 제2항 제1항의 경우 당사자는 그 권리를 포기하거나 계약을 해지하여 그 의무를 면할 수 있다.

2) 법 제34조(권리의 포기 등) 제1항 지적재조사사업의 시행으로 인하여 임차권 등 또는 지역권을 설정한 목적을 달성할 수 없게 되었을 때에는 당사자는 그 권리를 포기하거나 계약을 해지할 수 있다. 제2항 제1항에 따라 권리를 포기하거나 계약을 해지한 자는 그로 인한 손실의 보상을 지적소관청에 청구 할 수 있다. 제3항 제2항에 따라 손실을 보상한 지적소관청은 그 토지 또는 건축물의 소유자나 그로 인하여 이익을 받는 자에게 이를 구상할 수 있다.

2. 청구 및 물상대위와 토지의 출입

법 제34조의 보상청구권과 해지청구권의 행사기간을 제한함으로써 권리 위에 잠자는 자를 보호하지 않는다는 법의 기본정신을 입법화하였다.

보상청구권과 해지청구권 등을 둘러싼 무제한적 소송의 계류 등을 사전에 방지하여 지적재조사사업의 성과를 담보하였으며, 지적재조사사업이 효과를 해치지 않고 용익관계 당사자의 권리를 조정하는 균형적인 입법정신을 구현하였다.[3]

민법 제342조[4]의 입법취지를 수용하여 조정금 채권에 대한 담보권자의 물상대위를 명문으로 입법화하였다. 법 제36조 사업지구에 있는 토지 또는 건축물에 관하여 설정된 저당권은 저당권설정자가 지급받을 조정금에 대하여 행사할 수 있다. 이 경우에는 지급 전에 압류하여야 한다.

지적재조사사업은 타인의 토지의 출입 또는 장애물의 제거 없이 이루어질 수 없는 성질의 사업이다. 따라서 타인 토지의 출입은 타인의 권리와 사생활 등에 영향을 미칠 수 있는 중대한 사안이므로 그 요건을 엄격하게 인정하여야 한다.

토지출입의 결과 타인에게 손실이 발생하는 경우 이에 대한 보상의무를 규정하고, 이로 인한 분쟁의 해결절차를 명문화하였다. 또한 타인 토지의 출입권을 보장하는 한편, 이로 인하여 발생하는 개인(토지소유자등)의 권리를 보호하기 위한 손실보상청구권을 규정하여 이해관계를 조정하고 정당한 법집행이 되도록 도모하였다.[5]

---

3) 법 제35조(청구 등의 제한) 사업완료 공고가 있었던 날로부터 2개월이 경과하였을 때에는 제33조에 따른 임대료, 지료, 그 밖의 사용료 등의 증감청구나 제34조에 따른 권리의 포기 또는 계약의 해지를 할 수 없다.

4) 민법 제342조(물상대위) 질권은 질물의 멸실, 훼손 또는 공용징수로 인하여 질권설정자가 받을 금전 기타 물건에 대하여도 이를 행사할 수 있다. 이 경우에는 그 지급 또는 인도 전에 압류하여야 한다.

5) 법 제37조(토지 등에의 출입 등) 1 지적소관청은 지적재조사사업을 위하여 필요한 경우에는 소속공무원 또는 지적측량수행자로 하여금 타인의 토지, 건물, 공유수면 등(이하 이 조에서 토지 등 이라 한다)에 출입하거나 이를 일시 사용하게 할 수 있으며, 특히 필요한 경우에는 나무, 흙, 돌, 그 밖의 장애물(이하 장애물 등 이라 한다)을 변경하거나 제거하게 할 수 있다. 2 지적소관청은 제1항에 따라 소속 공무원 또는 지적측량수행자로 하여금 타인의 토지 등에 출입하게 하거나 이를 일시 사용하게 하거나 장애물 등을 변경 또는 제거하게 하려는 때에는 출입 등을 하려는 날의 3일 전까지 해당 토지 등의 소유자, 점유자 또는 관리인에게 그 일시와 장소를 통지하여야 한다. 3 해 뜨기 전이나 해가 진 후에는 그 토지 등의 점유자의 승낙 없이 택지나 담장 또는 울타리로 둘러싸인 타인의 토지 등에 출입할 수 없다. 4 토지등의 점유자는 정당한 사유 없이 제1항에 따른 행위를 방해하거나 거부하지 못한다. 5 제1항에 따른 행위를 하려는 자는 그 권한을 표시하는 증표와 허가증을 지니고 이를 관계인에게 내보여야 한다. 6

3. 서류의 열람

　토지소유자나 이해관계인의 경우 지적재조사사업에 관한 서류를 열람할 수 있으며, 지적소관에 자기의 비용으로 서류의 사본 교부를 청구할 수 있도록 하여 사업지구 내 주민에 대한 알권리를 보호하고 있다.[6]

　지적재조사사업의 대상이 전 국토에 걸쳐 있고 해당 사업지구 내에서는 대부분의 주민이 동 사업과 연관이 됨을 고려하면 토지소유자나 이해관계인이 직접 지적소관청을 방문하여야 관련 서류를 열람할 수 있도록 하는 것은 정보공개 수준이 미흡하다고도 볼 수 있으므로, 지적재조사사업과 관련하여 필요한 정보의 신속한 수집·분석을 위해 국토교통부장관은 공개시스템을 개발하여 시·도 및 지적소관청에 보급하도록 규정하고 있다.[7]

　아울러, 시·도는 지적소관청에서는 지적재조사사업 관련 정보를 토지소유자나 이해관계인이 인터넷을 통해 실시간 열람할 수 있도록 정보를 공개시스템에 입력하여야 한다.

　국토교통부장관은 시행령 제27조 제1항에 따른 공개시스템을 「전자정부법」 제36조제1항에 따른 행정정보의 공동이용과 연계하거나 정보의 공동활용체계를 구축할 수 있다. 제1항 및 제2항에서 규정한 사항 외에 공개시스템의 구축 및 운영에 필요한 사항은 국토교통부장관이 정하여 고시한다.

　시행령 제28조(공개시스템 입력 정보) 시·도지사 및 지적소관청은 법 제38조에 따라 토지소유자등이 지적재조사사업과 관련한 정보를 인터넷 등을 통하여 실시간 열람할 수 있도록 실시계획, 사업지구, 일필지조사, 지적재조사측량 및 경계의 확정, 조정금의 산정, 징수 및 지급, 새로운 지적공부 및 등기촉탁, 건축물 위치 및 건물 표시, 토지와 건물에 대한 개별공시지

지적소관청은 제1항의 행위로 인하여 손실을 입은 자가 있으면 이를 보상하여야 한다. 7 제6항에 따른 손실보상에 관하여는 지적소관청과 손실을 입은 자가 협의하여야 한다. 8 지적소관청 또는 손실을 입은 자는 제7항에 따른 협의가 성립되지 아니하거나 협의를 할 수 없을 경우에는 [공익사업을 위한 토지 등의 취득 및 보상에 관한 법률]에 따른 관할 토지수용위원회에 재결을 신청할 수 있다. 9 제8항에 따른 관할 토지수용위원회의 재결에 관하여는 [공익사업을 위한 토지 등의 취득 및 보상에 관한 법률] 제84조부터 제88조까지의 규정을 준용한다.

6)　법 제38조(서류의 열람 등) ① 토지소유자나 이해관계인은 지적재조사사업에 관한 서류를 열람할 수 있으며, 지적소관청은 정당한 사유가 없는 한 이를 거부하여서는 아니 된다. ② 토지소유자나 이해관계인은 지적소관청에 자기의 비용으로 지적재조사사업에 관한 서류의 사본 교부를 청구할 수 있다. ③ 국토교통부장관은 토지소유자나 이해관계인이 지적재조사사업과 관련한 정보를 인터넷 등을 통하여 실시간 열람할 수 있도록 공개시스템을 구축·운영하여야 한다. ④ 제3항에 따른 시스템의 구축 및 운영에 필요한 사항은 대통령령으로 정한다.

7)　시행령 제27조(공개시스템의 구축·운영 등) ① 국토교통부장관은 법 제38조 제3항에 따른 공개시스템(이하 "공개시스템"이라 한다)을 개발하여 시·도지사 및 지적소관청에 보급하여야 한다.

가, 개별주택가격, 공동주택가격 및 부동산 실거래가격, 「토지이용규제 기본법」에 따른 토지이용규제, 그 밖에 국토교통부장관이 필요하다고 인정하는 사항을 공개시스템에 입력하여야 한다.

4. 감독 및 권한위임

지적재조사사업의 원활한 추진을 위해 사업의 진행현황을 시·도를 거쳐 보고할 수 있도록 하였으며, 이에 대해 지원과 감독을 할 수 있는 근거를 마련하였다.[8]

개별적이고 구체적인 사항에 대하여 대응성을 강화하고 현실을 반영한 지적재조사 사업의 수행을 위하여 하부기관에 권한을 위임할 수 있는 근거조항을 마련하였다.[9]

5. 비밀누설금지 및 도시개발법의 준용

지적재조사사업은 필연적으로 토지소유자 등 개인의 정보에 대한 내용을 알 수 있는 계기가 될 수 있으므로 개인의 비밀을 준수하고 프라이버시를 존중하여야 할 의무를 부과하였다.[10]

지적재조사사업의 결과 토지의 변경이 발생하거나 면적의 증감으로 지번의 변경이 발생할 경우에 대비하여 도시개발법의 환지방식에 의한 사업시행 규정을 준용할 필요가 있다.

도시개발법의 준용은 지적재조사사업의 결과 불가피하게 발생하는 환지 등의 처분에 대응하고 국토를 효율적으로 개발할 수 있는 적극적인 수단이 될 수 있다.

도시개발법의 준용으로 토지소유자 간의 환지방식을 채용하고 환지처분에 이르기까지 사용·수익을 정지하도록 함으로써 소모적인 낭비를 막고 지적재조사사업의 성과를 효율적으로 확보할 수 있도록 하였다.

---

8) 법 제39조(지적재조사사업에 관한 보고·감독)국토교통부장관은 시·도지사에게, 시·도지사는 지적소관청에 대하여 지적재조사사업의 진행현황에 관하여 보고하게 하고 필요한 지원과 감독을 할 수 있다.

9) 법 제40조(권한의 위임) 국토교통부장관은 이 법에 따른 권한의 전부 또는 일부를 대통령령으로 정하는 바에 따라 소속 기관의 장, 시·도지사 또는 지적소관청에 위임할 수 있다.

10) 법 제41조(비밀누설금지) 지적재조사사업에 종사하는 자와 이에 종사하였던 자가 지적재조사사업의 시행 중에 알게 된 타인의 비밀에 속하는 사항을 정당한 사유 없이 타인에게 누설하거나 사용하여서는 아니 된다.

도시개발사업 등으로 인하여 경계가 확정되어 환지처분 된 경우 지적소관청은 사업지구에 있는 모든 토지에 대하여 이 법에 대하여 이 법에 의한 지적재조사사업과 동일한 경계확정이 있는 것으로 보고 이 법에 따른 사업완료 공고를 실시한 것으로 보도록 하고 있다.[11]

---

11)　법 제42조 (도시개발법의 준용) 지적재조사사업과 관련된 환지에 관하여는 도시개발법 제28조
　　　부터 제49조까지의 규정을 준용한다. 이 경우 도시개발법 제40조에 따른 환지처분은 제23조에
　　　따른 사업완료 공고로 본다.

제12장 벌칙

1. 벌칙

지적재조사측량의 공정성과 적법성을 확보하기 위하여 지적측량시행자의 책임을 명문화하였으며, 법 제41조의 비밀유지 위반에 대한 실정법적 제재조항을 마련하였다.

이 법의 실효성 확보를 위해 벌칙을 규정하고 구체적으로 지적측량을 고의로 진실에 반하게 측량하거나 성과를 허위로 등록한자는 2년 이하의 징역 또는 2천만원이하의 벌금에 처한다.

그리고 지적재조사사업 중에 알게 된 타인의 비밀을 누설하거나 도용한 자에 대해서는 1년 이하의 징역 또는 1천만원 이하의 벌금에 처하도록 하고 있다. 이는 「공간정보의 구축 및 관리 등에 관한 법률」과 형량을 유사하게 조정한 사례라 할 수 있다.[1]

2. 양벌규정

특별법이 정한 지적재조사측량의 시행자만이 아니라 수행자와 법률관계에 기초하여 직접 지적측량을 한 자에 대하여도 제43조의 위반행위에 대하여 같은 책임을 물을 수 있는 근거조항을 마련하였다.

일반적인 입법사례에 따른 규정으로 위헌시비를 없애기 위해 단서조항에 위반행위를 방지하기 위하여 상당한 주의와 감독을 게을리 하지 아니한 경우에는 처벌하지 않는다는 예외를 명시하였다.[2]

---

1) 법 제43조(벌칙) ① 지적재조사사업을 위한 지적측량을 고의로 진실에 반하게 측량하거나 지적 재조사사업 성과를 거짓으로 등록을 한 자는 2년 이하의 징역 또는 2천만원 이하의 벌금에 처한다. ② 제41조를 위반하여 지적재조사사업 중에 알게 된 타인의 비밀을 누설하거나 사용한 자는 1년 이하의 징역 또는 1천만원 이하의 벌금에 처한다.

그리고 민법 제756조[3]와 마찬가지로 시행자가 선임·감독상의 주의의무를 다한 경우에 면책할 수 있는 가능성을 열어 두었다.

3. 과태료

특별법 제15조와 제18조에서 규정하고 있는 경계점표지를 보호하여 경계확정을 용이하게 하거나 확정된 경계를 유지하는 방안의 일환이며, 아울러 고의 또는 과실로 지적재조사사업을 방해하는 경우 이에 대처하기 위한 제재수단을 마련하였다.[4]

당초 이 법의 제정 당시에는 경계점표지의 보호의무를 강화하여 임시경계점표지 또는 경계점표지를 이전 또는 파손하거나 그 효용을 해치는 행위의 경우 1년 이하의 징역 또는 1천만원 이하의 벌금에 처하도록 하였으나, 유사한 유형의 벌칙 구성요건과 형량을 맞추는 것이 필요하고 이는 과태료로 전환하는 것이 바람직하다는 국토교통위원회 수석전문위원의 검토보고 의견을 수용하여 과태료로 전환하게 되었다.

또한 「공간정보의 구축 및 관리 등에 관한 법률」 제108조 제1항에서 측량기준점표지를 이전 또는 파손하거나 그 효용을 해치는 행위를 한 자에 대해 2년 이하의 징역 또는 2천만원 이하의 벌금에 처하도록 하고 있으나 여기서의 측량기준점은 국가, 공공측량시행자, 시·도지사 및 지적소관청이 직접 설치하여 관리하는 기준점이라는 점에서 이 법의 임시경계점표지 또는 경계점표지와 유사하게 보기는 어려운 것으로 판단된다.

---

2) 법 제44조(양벌규정) 법인의 대표자나 법인 또는 개인의 대리인, 사용인, 그 밖의 종업원이 그 법인 또는 개인의 업무에 관하여 제43조의 위반행위를 하면 그 행위자를 벌하는 외에 그 법인 또는 개인에게도 해당 조문의 벌금형을 과(科)한다. 다만, 법인 또는 개인이 그 위반행위를 방지하기 위하여 해당 업무에 관하여 상당한 주의와 감독을 게을리 하지 아니한 경우에는 그러하지 아니하다.

3) 민법 제756조(사용자의 배상책임) ① 타인을 사용하여 어느 사무에 종사하게 한 자는 피용자가 그 사무집행에 관하여 제삼자에게 가한 손해를 배상할 책임이 있다. 그러나 사용자가 피용자의 선임 및 그 사무감독에 상당한 주의를 한 때 또는 상당한 주의를 하여도 손해가 있을 경우에는 그러하지 아니하다. ② 사용자에 가름하여 그 사무를 감독하는 자도 전항의 책임이 있다. ③ 전2항의 경우에 사용자 또는 감독자는 피용자에 대하여 구상권을 행사할 수 있다.

4) 제45조(과태료) ① 다음 각 호의 어느 하나에 해당하는 자에게는 300만원 이하의 과태료를 부과한다. 1. 제15조제4항 또는 제18조제3항을 위반하여 임시경계점표지 또는 경계점표지를 이전 또는 파손하거나 그 효용을 해치는 행위를 한 자, 2. 지적재조사사업을 정당한 이유 없이 방해한 자, ② 제1항에 따른 과태료는 대통령령으로 정하는 바에 따라 국토해양부장관, 시·도지사 또는 지적소관청이 부과·징수한다.

제3편

부록

제1차 지적재조사사업 기본계획

(2012~2030)

I 기본계획의 수립 배경

땅(地籍)은 주권, 국민과 함께 **국가 구성의 3대 요소** 중 하나
- ‣ **법률적 측면**에서 토지등록의 기초, 토지등기의 기초
- ‣ **행정적 측면**에서 토지이용의 기초, 국토정보의 기초
- ‣ **경제적 측면**에서 토지평가의 기준, 토지거래 및 과세의 기준

1. 지적의 환경변화

□ 창설단계 (1910년 이후)

  ○ **일제강점기**에 토지조사사업('10~'18) 및 임야조사사업('16~'24)을 통해 **토지·임야대장과 지적·임야도 작성** 및 **토지소유자 확정**

□ 근대화단계 (1950년 이후)

  ○ 대한민국 정부수립 후 **지적법 제정**('50)으로 비과세토지(도로·구거·하천)를 포함한 모든 토지를 등록하는 **근대적 지적제도 확립**

    * 국가기반 인프라로서 토지거래·국토개발·부동산정책 수립 등에 활용

□ 정보화단계 (1990년 이후)

  ○ 정보화시대를 맞아 **토지·임야대장전산화**('92) 및 **지적·임야도전산화**('05)로 전국 온라인체제 구축 및 행정정보 공동활용 기반조성

    * 공공행정부문에서 15개 중앙부처의 1,372개 고유 업무에 활용 중

□ 선진화단계 (2012년 이후)

  ○ 『지적재조사에 관한 특별법』 제정('11.9.16) 및 시행('12.3.17)

    * (예비타당성 조사) 지적재조사 사업계획, 비용추정 등 적정 판단('12.9.20)

2. 지적재조사의 필요성

□ 지적 주권의 회복과 함께 미래창조적 개념정립

○ 일제잔재 청산과 **지적 주권 회복**을 위해 전국토의 정확한 재조사 측량을 통해 **우리 국 토의 새 역사를 써야**하는 환경 도래 (참고 1)

○ 토지관리 행정에서 토지 소유권보호와 국토개발을 위한 국가 기초정보 및 **국민행복맞춤 형 정보로의 패러다임 변화**

□ 지적관련 기술의 발전과 사회경제적 지적정보 수요 변화

○ 발전된 지적기술을 활용한 디지털 지적정보 구축 및 다양한 분야의 공유를 통한 **비용절 감과 새 가치창출 기반 마련** 요구

○ 선진화된 지적시스템을 구축하여 사회갈등 해소와 함께 경제적 효율성 제고를 통한 **창 조경제로의 발돋움**

□ 지적정보의 가치 극대화를 통한 지적행정선진화 요구

○ 전국토의 정밀한 측량과 조사를 통해 디지털지적을 구축함으로써 **국격을 높이고 투명한 정부, 유능한 정부 실현**

   * 지적불부합으로 인한 경계분쟁 및 재산권행사 제약 해소

□ 융·복합을 통해 창의적이고 혁신적인 미래 성장동력 확보

○ 국가공간정보인프라의 핵심 정보로서 지적의 위상을 높이고 국가공간정보와 융·복합 을 통해 **미래 국가성장동력 기반 마련**

   * 지형도는 수치정보로 세계측지계에 기반한 구축기준을 적용하고 있으나, 지적도는 도해정보로 서부·중부·동부·동해·구소삼각원점 등 다양한 좌표계를 혼용하고 있어 공간정보산업육성의 저해요인으로 작용

3. 기본계획 수립 추진경과

□ 단계별 사업 준비

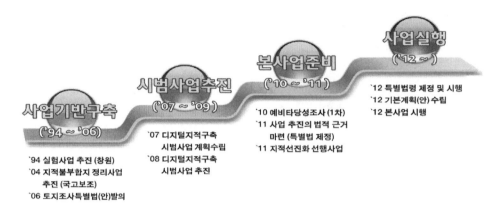

□ 제도 · 사업 부문 추진 경과

제도 부문		사업 부문	
연월	내 용	연월	내 용
'96.8	지적재조사특별법(안) 입법예고	'08~'10	디지털지적구축 시범사업 추진
'06.9	토지조사특별법(안) 국회제출 (노현송 의원 외 24인이 의원입법 발의)	'10.8	지적재조사사업 제1차 예비타당성 조사 실시(사업 보류 결정)
'11.4	국회 지적재조사특별법(안) 발의 (김기현 의원 외 21인이 의원입법 발의)	'10.11~ '11.4	지적재조사 기반조성 연구 실시
'11.8	지적재조사에 관한 특별법(안) 의결	'11.5~ '12.12	지적선진화 선행사업 추진 (3개 지구 사업 마무리)
'11.9	지적재조사에 관한 특별법 제정 · 공포	'11.6	지적선진화 추진계획 수립
'12.3	지적재조사에 관한 특별법 시행령 및 시행규칙 제정 · 공포	'12.4	지적재조사 기획단 발족 (1단 2팀으로 구성)
'12.3	지적재조사에 관한 특별법 시행	'12.9	지적재조사사업 제2차 예비타당성 조사 실시(사업계획, 기술적 타당성, 비용추정 등 적정 판단)

Ⅱ 기본계획의 수립 방향

1. 계획의 의의

· 법적근거

· 지적재조사사업을 효율적으로 시행하기 위하여 사업에 관한 기본방향, 시행기간, 규모 등에 관한 기본계획을 수립

– 지적재조사에 관한 특별법 제4조 –

· 계획의 역할

· 기본계획은 최상위 계획으로 지적소관청에서 수립하는 실시 계획(사업의 위치, 면적, 시행시기 등이 포함)의 기초

– 지적재조사에 관한 특별법 제6조 –

· 주요내용

· 지적재조사사업에 관한 기본방향
· 지적재조사사업의 시행기간 및 규모
· 지적재조사사업비의 연도별 집행계획
· 지적재조사사업비의 배분 계획
· 지적재조사사업에 필요한 인력의 확보에 관한 계획
· 디지털지적의 운영·관리에 필요한 표준의 제정 및 그 활용
· 지적재조사사업의 효율적 추진을 위한 교육 및 연구·개발

– 지적재조사에 관한 특별법 동법시행령 제2조 –

※ 계획기간 : 5년 후 기본계획의 타당성을 다시 검토하여 변경가능

2. 기본방향

☐ **(국가계획)** 전국 모든 토지를 대상으로 특별시, 특별자치시·도, 광역시·도(인구 50만 이상 대도시 포함)에서 수행되는 **국가 차원의 계획**

 * 인구 50만 이상 대도시 (15개) : 수원, 성남, 고양, 용인, 부천, 안산, 안양, 남양주, 화성, 천안, 청주, 전주, 창원, 김해, 포항 (붙임 1)

☐ **(장기계획)** 약 1조 3천억원의 국가재정이 투입되므로 사회갈등 유발과 재정적 부담을 덜기 위해 **장기적 관점에서 계획수립**

 ○ 1단계('12~'15), 2단계('16~'20), 3단계('21~'25), 4단계('26~'30)로 구분하여 사업을 계획하고 각 단계별 수정·보완을 통해 안정적 추진 도모

 * 총 사업기간은 19년으로 5년 마다 여건변화를 점검하여 계획을 수정할 수 있으나, 사업초기 새로운 정책패러다임 반영을 위해 1단계를 4년으로 계획

☐ **(종합계획)** 국가차원의 선진화를 견인하기 위해 **최신 기술적용, 연구 활성화 및 새로운 시장과 일자리 창출** 등을 반영

 ○ 지적측량, 업무표준화, 인력양성 및 전문교육, 해외시장 개척을 포함하여 관련 산업과 더불어 함께할 수 있는 계획 수립

☐ **(실천계획)** 시·도 및 소관청의 사업 계획 수립의 기초가 될 수 있도록 **현실적이고 실천 가능한 방향 제시**

 ○ 사업시행자, 사업지구의 명칭·위치·면적, 사업비의 추산액, 일필지조사에 관한 사항 등을 세부적으로 수립할 수 있도록 작성

 * 기본계획과 연계하여 시·도 및 인구 50만 이상의 대도시별로 종합추진계획을 수립하고, 사업지구별로 실시계획 수립을 지원

Ⅲ 비전 및 목표

고품질 디지털지적 구현을 통한 국민복지 향상을 위하여 3대 목표와 3대 전략을 제시하고 9개 실천과제를 도출

"한국형 스마트지적의 완성"

국민재산권 보호 지적제도 정착	국토 자원의 효율적 관리	선진형 공간정보 산업 활성화
고품질의 지적구축	**안정적인 사업 추진**	**성과활용의 극대화**
권리보호형 지적재조사 실시	추진조직 완비 및 인력 양성	산업활성화와 고용 창출
소통형 지적정보 생산	국민이 참여하는 공개시스템 도입	지적정보 품질관리 고도화
미래지향형 지적제도 개편	연구개발 및 관리 체계 구축	새로운 해외시장 개척

Ⅳ 세부실천과제

1. 고품질의 지적 구축

현재 지적 상태에 따라 전국을 지적재조사측량 지역, 세계 측지계변환 지역으로 나누어 현실경계에 부합하는 디지털지적으로 통합될 수 있도록 사업 추진

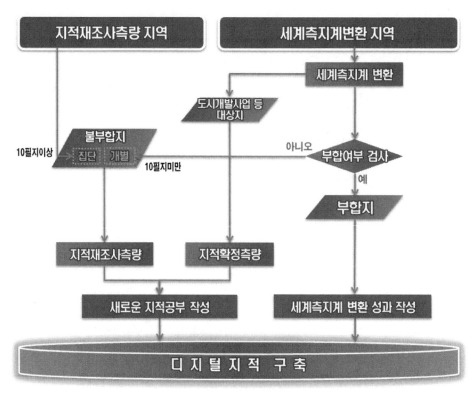

〈지적재조사사업 추진 절차도〉

* 전체 필지중에서 집단불부합지를 제외한 나머지 지역은 세계측지계변환에 의해 디지털지적을 구축하고, 집
단불부합지와 개별불부합지는 지적재조사측량에 의해 새로운 지적공부를 작성하여 디지털지적 구축

1-① 권리보호형 지적재조사 실시

□ 지적재조사측량

○ **(사업대상)** 지적불부합지 554만 필지 중에서 도시개발사업 고시 등에 의한 지적확정측량
예정지역(12만 필지)은 사업자 부담으로 실시되므로 **542만 필지를 대상으로 사업 시행**

* 554만 필지는 지적도상의 경계가 현실 경계와 불일치하는 10필지 이상의 집단지에
대한 전국적인 전수조사('09) 결과로 변동될 수 있음

** 사업지구 내 공공용지는 사업 시행 이전에 합병하여 비용 절감

○ **(추진방법)** 「지적재조사에 관한 특별법」에 따라 지구지정, 주민협의회, 재조사측량, 경계결정, 조정금산정 등을 추진

○ **(사업시행)** 지적공부를 관리하는 지적소관청에서 사업을 시행하며 시·도지사 및 인구 50만 이상의 대도시 시장은 종합추진계획을 수립하고 사업지구지정·고시, 지도·감독, 기술지원 등 사업관리

  * 필요한 경우 대한지적공사와 지적측량업체를 통해 대행할 수 있음

○ **(일필지조사측량)** 새로운 지적공부에 등록되는 경계를 확정하고 지상·지하 건축물의 위치와 현황을 병행하여 조사

  * 측량은 「지적재조사에 관한 특별법」 시행규칙 제5조에 의거 위성측량, 토털스테이션 측량 및 항공사진측량 등의 방법으로 수행 (붙임 2)

□ 국민의 권리 보호

○ **(경계설정 기준)** 토지소유자가 점유한 현실경계, 등록 당시 측량기록상 경계, 지방관습 경계 순으로 설정

 – 소유자 **당사자 간에 합의한 경우 그 경계를 우선적으로 적용**

○ **(제도적 보완)** 경계결정에 대한 이의 신청, 조정, 경계의 확정 등 제도적 보완을 통해 국민의 재산권 보호를 도모

1-② 소통형 지적정보 생산

□ 세계측지계변환

○ 측량기준에 관한 경과조치로 인해 현행 지적공부는 2020.12.31까지 종전의 지적측량 기준을 사용할 수 있으나, 그 이후로는 종전의 지적측량 기준을 사용할 수 없음

○ **(시행주체)** 지적소관청(시장·군수·구청장)이 실시계획을 수립

○ **(사업대상)** 전체 3,753만 필지중 집단불부합지 542만 필지를 제외한 지적확정측량 지

역 498만 필지와 그 외 2,713만 필지

* 전체 필지수는 2009년 기준이고, 지적확정측량 지역의 물량은 과거 시행된 실적에 의거 추정값을 적용한 결과로 향후 변동될 수 있음('12.9.20, KDI)

○ **(추진방법)** 현재 동경측지계 기준으로 지적공부에 등록된 경계를 **변환계수를 이용**하여 지적도면을 재 작성하되, 효율적인 사업추진 방법에 대한 연구를 실시하고 그 결과를 반영하여 사업계획 수립

□ 개별불부합지

○ **(사업대상 판정)** 세계측지계변환 완료된 지적도의 필지경계와 항공사진을 기반으로 **현장상황과 비교하여 부합여부를 검사**

- 항공사진(정사영상)은 국토지리정보원에서 관련 사업을 통해 구축된 공간해상력 12cm 또는 25cm 영상을 지원받아 활용

* 개별불부합지 사업물량은 전수조사하는 것이 불가하므로 디지털지적 시범사업에서 산출한 개별불부합 유형분석 결과를 통해 약 300만 필지로 추정

○ **(추진방법)** 별도 조서를 작성하여 **지적재조사측량 방법**으로 디지털지적을 구축하되 **개별불부합 유형별**(일반형, 편위형)로 효율적인 사업추진 방법에 대한 추가 연구를 실시하여 적용

1-③ 미래지향형 지적제도 개편

□ 지목체계 개선

○ 지목정보별 기능과 역할을 재정의하고 토지이용 현황조사와 변화예측으로 지목정보가 실제 토지이용의 특성이 반영될 수 있도록 현 **28개로 구성된 지적공부상의 지목체계를 개선**

○ 현장 상황과 불일치하는 지목 중 관련법의 적용을 받는 토지는 관계부처와 협의 후 지목 변경을 추진

* 지적재조사사업 지구내 토지의 효율적 이·활용을 위하여 공공용지(도로, 구거, 하천, 학교용지 등) 등으로 쉽게 지목변경 할 수 있도록 방안을 마련

○ 결과반영을 위해 『지적재조사에 관한 특별법』, 『측량·수로조사 및 지적에 관한 법률』 및 기타 지목관련 법령의 정비

□ 입체지적공부 구현

○ **지상·지하 물권등록 체계를 구축**하여 고가도로 등의 지상지목과 지하도, 지하철, 지하상가, 터널, 지하주택, 지하시설물 등을 등록

○ 3차원 부동산종합공부활용을 위해 구분지상권 속성과 도면자료 등록 및 대법원 부동산등기와의 연계 추진

□ 일필지조사서 시스템 등록·관리 및 대국민 서비스

○ 경계가 확정된 토지를 공부에 등록시 현재 일필지조사서의 세부 항목을 반영하여 토지에 대한 모든 정보를 관리 및 서비스 실시

　　* 토지이용 현황조사 결과, 지하시설(구조)물 등의 현황조사 결과, 경계 등의 조사내용, 측량현황의 세부항목 등을 시스템에 등록하여 대국민 서비스

□ 새로운 지적공부

○ 사업지구에 있는 토지의 경계가 확정되었을 때 지적소관청은 지적재조사사업 완료 공고를 하고 **새로운 지적공부를 작성**

　　* 토지의 소재, 지번, 지목, 면적, 경계점 좌표, 소유자의 성명 또는 명칭, 주소 및 등록번호, 소유권지분, 대지권비율, 지상건축물 및 지하건축물의 위치, 그 밖에 국토해양부령이 정하는 사항

□ 부동산종합공부 콘텐츠 개발

○ 지적기반 지형정보의 실시간 갱신을 통한 객체단위별 다양한 서비스 지원으로 부동산종합공부 **콘텐츠의 확대 구축**

□ 국민적 수용의 합리성 개선

　○ 경계점표지등록부를 작성·관리하여 **국민들 누구나 자신의 땅에 대한 경계 확인이 가능**
　　하도록 측량정보 축적 제공

　　* 토지소재, 지번·면적, 공부상지목, 토지이용 현황·계획, 위치도, 개별공시지가, 작
　　　성일·작성자·검사자, 부호도 또는 경계점부호표시 실측도, 경계점표지 규격·재질
　　　·종류, 경계점 부호·위치·좌표·위치설명도·사진파일, 건물 현황

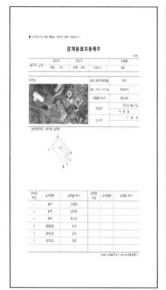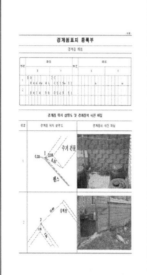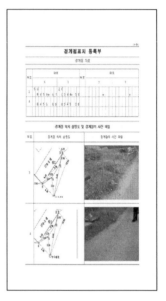

〈경계점표지등록부 예시〉

2. 안정적인 사업 추진

2-① 추진조직 완비 및 인력 양성

□ 선진화된 사업추진체계 구성

　○ **(정부)** 국토해양부 소속 지적재조사기획단을 설치하여 기본계획의 입안, 사업의 지도·감
　　독, 기술·인력 및 예산 지원 등을 수행하며, 중앙지적재조사위원회는 이를 심의·의결

* 지적재조사기획단 설치('12.4.26) : 1단 2팀으로 운영하고 기획재정부, 행정 안전부, 지자체, 대한지적공사 등 유관기관 간의 협업체계를 구축

○ **(시·도)** 지적재조사지원단을 설치하여 종합계획의 입안, 사업의 지도와 감독, 기술·인력 및 예산 지원 등을 수행하며, 시·도지적재조사위원회는 이를 심의·의결

* 지적재조사지원단 설치 : 1단 1팀으로 구성하여 사업추진

○ **(시·군·구)** 지적재조사추진단을 설치하여 실시계획의 입안, 사업의 시행, 사업대행자에 대한 지도·감독을 수행하며, 시·군·구지적재조사위원회는 이를 심의·의결, 경계결정위원회는 일필지 경계 결정을 의결

* 지적재조사**추진단 설치 : 1단 1팀으로 구성**하여 사업추진

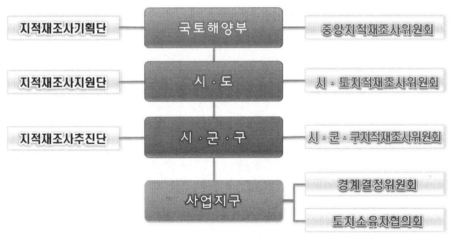

〈사업 추진 체계〉

□ 전문인력 양성을 위한 체계 구축

○ 지적재조사사업을 안정적으로 추진할 수 있도록 공무원·지적기술자에 대한 전문인력 양성을 위하여 **종합계획을 수립**

* 사업기간 동안 전국 지적관련 학과 졸업생 중 연간 지적기술자격 취득자 및 지적기술 인력 소요 인원을 고려하여 인력 충원 계획 수립 (참고 2)

○ **(공무원 인력 양성)** 지적재조사 측량방법에 따른 검사요령과 토지소유권 분쟁의 조정자 역할을 할 수 있도록 **전문교육 실시**

　　* 업무추진과정에서 필요한 기술습득과 토지소유자 간의 분쟁해소를 위한 소통방법 등 현실적이고 실무에 적용할 수 있는 교과 과정 발굴

○ **(측량대행자 인력 양성)** 지적재조사측량, 세계측지계변환, 기준점 관측, 일필지조사 등 **측량과 관련된 교과과정 발굴 및 기술교육**

　　* 최신 측량기술과 토지소유자 간의 경계조정 등 전문상담가 수준으로 교육

○ **(교육 의무화)** 새로운 기술 및 지적제도의 변화 등을 습득할 수 있는 **재교육을 실시하고 수료자에 대한 인증체계를 제도화**하여 기존 지적업무 종사자들이 탄력적으로 참여할 수 있도록 유도

　　* 지역별 지적재조사사업 전문 교관을 지정하여 주변지역 전파교육 기반조성

　　** 교육과목 : 일필지조사, 경계 결정, 경계점 표지 설치, 지적 확정조서 작성, 지목변경, 조정금의 산정, 새로운 지적공부 운영 · 개선 및 등기부와 일치화 추진, 등기촉탁, 폐쇄된 지적공부 관리 등

○ **(온라인 교육과정 개설)** 기술자가 필요로 하는 전문지식과 IT기술 등 시대적 트렌드에 맞추어 **다양한 교육환경 지원**

　　* 멀티미디어 등 온라인 교육 콘텐츠를 개발하여 시간적 · 공간적 제약없이 기본교육을 할 수 있도록 시스템 구축

2-② 국민이 참여하는 공개시스템 도입

□ 지적재조사행정시스템 구축

○ 새로운 **지적공부 등록 · 관리**와 지적재조사사업 정보를 인터넷 등으로 실시간 열람 할 수 있도록 **공개시스템 구축 · 운영**

* 법 제24조(새로운 지적공부의 작성), 영 제27조(공개시스템의 구축·운영 등)

** 국내 소프트웨어산업 발전을 위해 국산 소프트웨어 활용 촉진

○ 지적재조사 **사업관리 및 행정정보 공동활용**체계 마련과 사업 추진사항 공개를 위해 **특화된 독립시스템 구축**

* 사업지구 지정부터 경계결정 등 일련의 업무를 시스템화 하여 사업관리

** 새로운 지적공부, 일필지조사서 등을 국민에게 제공 할 수 있는 환경마련

○ 지적재조사 자료 연계시스템 구축 및 **자료공유 체계 마련**

* KLIS 등의 타 국가공간정보 관련 시스템과 연계 및 자료 공유

□ 국민소통형 지적정보시스템(PPLIS*) 도입

○ 사업수행 과정에서 토지소유자가 의견제출, 의사결정에 참여할 수 있는 양방향 공유시스템을 소관청에 구축하여 갈등요인 사전예방

* PPLIS(Public Participation Land Information System)

2-③ 연구 개발 및 관리 체계 구축

○ **(지적재조사 기반 연구)** 지목체계 개선, 부동산종합공부와의 연계, 최첨단 위치정보 취득 기술개발, 정보보호 등 제도와 기술 분야에 대한 기반 연구 추진

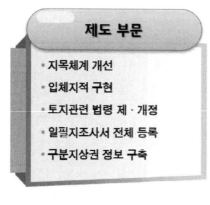

제도 부문
- 지목체계 개선
- 입체지적 구현
- 토지관련 법령 제·개정
- 일필지조사서 전체 등록
- 구분지상권 정보 구축

기술 부문
- GNSS 활용 기술 개발
- 네트워크 RTK기술 적용
- 모바일 및 자동시준 TS 적용
- 전자인식 및 스마트 기술 개발
- 지적 정보보호 기술 개발

〈주요 연구 항목〉

○ **(분야별·단계별 추진)** 중점 연구과제를 각각 4단계로 구분하고, 우선순위를 고려하여 분야별·단계별, 장기적인 행정목표 및 최신기술 발전 등을 고려하여 연구(붙임 3)

○ **(협력체계 구축)** 연구과제 조정·연계 강화, 실용적 연구결과 도출을 위한 프로젝트 관리, 산·학·연·관 협력체계를 구축하여 추진

○ **(연구성과 관리체계 구축)** 연구 성과를 검증하고 관련 전문가 집단의 피드백을 통해 성과를 보완할 수 있는 선 순환체계 마련

  * 사업화 측면에서 가치 있는 연구개발 환경조성 및 연구성과·실적 공개

○ **(단계별 R&D 로드맵 작성)** 공간정보 관련기관 전문가로 구성된 협의체를 구성하고 중·장기 지적재조사분야 R&D 로드맵 작성

  * 작성된 로드맵에 따라 국가예산 투입과 청년창업 지원을 연계 추진

3. 성과 활용의 극대화

3-① 산업활성화와 고용 창출

□ 정책적 지원을 위한 의견수렴 체계 구성

○ 공간정보관리기관협의회* 산하에 **지적정보분과를 설치**하여 지적산업성장에 필요한 의견수렴

  * 정부가 보유한 공간정보와 행정정보를 융합, 공동 협력사업 추진방안을 논의하기 위해 국토해양부, 통계청, 기상청 등으로 구성

○ (역 할) 다양한 업종 간의 이해관계 대립을 지양하고 **업계의 통일된 의견 제시**를 통해 체계적인 정책적 지원 도모

○ (업 무) 지적산업 진흥을 위한 제도개선 건의, 지적정보 관련 사업자소유 저작권·상표권 보호활동 지원 등의 관련 의견 제시

○ (구 성) 이해관계자 분석을 실시하고 그 결과 중요도가 높은 **이해관계자를 포함**하여 지적정보분과 구성

  * 중요도(importance) : 지적산업활성화를 통해 이득이 생기거나 해당 기관의 설립목적이 지적산업활성화의 목적과 일치하는 정도

□ 선도적 수요 창출을 위한 융합 콘텐츠 서비스 제공

○ 필요성이 높은 융합 콘텐츠를 선정하여 사업 단계별 연구·도입·운영함으로써 **공공 주도 서비스 선 제공**

  * 하이브리드 부동산 정보 제공 서비스, 토지 이동에 따른 지적정보 시계열 서비스, 지적도 기반 재해정보 조사 및 서비스 등 융·복합 콘텐츠를 선정하고 단계별 계획 수립 (붙임 4)

○ 높은 기술 수준과 고부가가치를 지닌 콘텐츠 서비스를 발굴하여 선제공하고 정책적인 연속성을 갖고 추진함으로써 일반 사용자들의 관심유도와 함께 **선도적 수요 창출**

□ 전문기관에 지적산업 진흥 업무를 위탁

  ○ **지식재산권 보호를 위한 시책마련** : 산업현황 조사결과를 토대로 FTA 등에 대비한 지식재산권 보호 시책 마련

  ○ **지적관련 제품 및 서비스의 품질 인증** : 지적정보 취득기기 및 지적관련 서비스 품질에 대한 검사를 통해 인증 부여

  ○ **지적정보기술 개발촉진** : 민간 분야에서 제안한 신기술의 상용화 가능성을 검토하고 선정된 과제에 데이터·인력 지원

  ○ **청년창업지원을 통한 산업활성화와 고용유발** : 창업지원센터를 설립하여 지적정보기반 융합 콘텐츠 창업을 지원하고 청년창업자가 필요로 하는 데이터·기술을 제도적으로 지원할 수 있는 방안수립

  ○ **진취적인 아이디어 제공·활용 기반 조성** : 지적재조사사업 및 지적정보와 관련된 아이디어 경진대회 유치 및 활성화

  ○ **융·복합 IT산업 활성화를 위한 제도개선** : 민간사업자의 사업 추진에 방해되는 규제개선을 위한 연구수행과 법률적 지원

    * 일반 사용자들의 활용도가 높은 자료에 대한 공개범위 확대, 취득·이용 절차 간소화 지원, 개인정보보호에 대한 제도적 장치 마련

□ 수요자 중심의 지적정보 가격 체계 결정

  ○ 지적정보의 활용목적(공공행정, 교육, 연구, 판매), 축척, 최신성, 종류별로 다른 가격 적용

    * 전체 구축비용 중에 갱신비용, 판매수수료, 유지관리비만을 회수

  ○ 전체 데이터 중에 수요자가 필요로 하는 레이어만을 구매 할 수 있도록 하고, 지속적으로 수정이 가능한 버전과 불가능 버전으로 구분한 가격체계를 책정하여 시장 내 합리적 유통·활용 지원

3-② 지적정보 품질관리 고도화

□ 선진규격의 지적표준 제정 및 활용

○ 지적정보의 다양한 활용을 지원하고 국제 표준화에 부응하기 위해 ISO19152 LADM 기반의 **한국형 지적데이터모델 개발**

　– 지적정보의 효율적인 검색 및 유통을 지원할 수 있게 기존 공간정보 유통망 사업의 메타데이터 모델과 연계 추진

○ 지적재조사사업의 성과물을 체계적으로 관리하고 다양한 활용을 지원할 수 있는 **지적재조사 도메인 모델 추가 개발**

　※ LADM(Land Administration Data Model) : 데이터 관리목적으로 개발된 필지중심의 기존 모델인 CCDM(Core Cadastral Domain Model)을 토지 행정과 활용에 적합하도록 확장 및 발전시킨 모형

□ 지적재조사사업 성과의 품질관리

○ 구축 및 운영 단계별 관리체계와 지적정보의 품질 평가 항목을 도입하고 상세성 및 논리적 규칙준수성, 위치정확성, 속성정확성, 적시성에 의한 **지적정보 품질 평가체계 구축**

○ 추진체계에 따른 참여기관별 지적정보 **품질관리 역할 정립**

　– **(국토해양부)** 품질관리 기준·지침 개발, 심의·의결사항 결정

　– **(시·도)** 관내 지적재조사사업 성과물의 통합 및 품질관리

　– **(시·군·구)** 관내 지적재조사사업 성과물의 품질평가 수행

□ 지적재조사사업 성과 웹서비스를 위한 메타데이터 관리

○ 지적정보의 웹서비스 기반 유통에 필요한 개요, 커버리지, 내용, 포맷, 좌표체계, 정확도, 측량방법 등의 관련 정보 정의

○ 지적재조사사업의 성과로 생산된 공간정보의 메타데이터는 관련 활용시스템에 의하여 작성 및 관리

3-③ 새로운 해외시장 개척

□ 지적재조사 관련 해외사업영역 발굴

 ○ 안정적이고 다양한 **해외사업영역 수익 모델 확보**

 ○ 해외시장에 한국형 지적 제도를 수출하여, 지적·공간정보 세계시장을 주도하고 외화 유치를 통해 국익 증대에 기여

□ 해외시장 개척을 위한 국제 네트워크 강화

 ○ 지적 관련사업 주 고객층의 지리적 범위를 해외로 확대하기 위해 **국제 네트워크를 구축하고 지속적으로 관리**

   * 개도국 중심 초청연수 확대 및 해외사업 전문기관과의 협력 강화

 ○ 민간기업 해외진출 지원을 강화하여 대한지적공사를 통한 **공익적 가치를 제공**하고, 산업 내에서의 **동반성장을 도모**

 ○ FIG, OGC, UN-GGIM 등 공간정보 관련 국제행사에서 지적재조사 사업 단계별 성과 발표와 홍보 부스를 이용한 기술영업 실시

   * ● FIG (Federation International des Geometres) : 국제 측량사 연맹
     ● OGC (Open Geospatial Consortium) : 개방형 공간정보컨소시엄
     ● UN-GGIM (UN-Global Geospatial Information Management) : 글로벌공간정보 관리 전문가 회의

□ 해외진출 지원센터 서비스 강화

 ○ **대한지적공사와 협력을 통한** 해외진출 지원센터서비스 기반 구축

   – 민간기업 수요조사 및 **해외진출 지원센터 구축**

   – 해외사업 동반진출 기업 선정을 위한 기준안 마련

 ○ 맞춤형 해외진출 지원 컨설팅 서비스 및 리스크 관리체계 마련

* 해외지원센터를 통한 해외진출 인력, 기술, 자금, 시장 조사, 사업 관리 등의 민간기업 지원 프로그램 개발 및 확대

V 계획의 실행

1. 단계별 사업 추진

□ 1단계 목표('12~'15) : 디지털지적 도입 및 추진기반 마련

○ 지구별 사업환경 조성, 지적재조사측량, 세계측지계변환, 지적재조사행정시스템 개발, 부동산통합정보연계체계 구축, 해외사업영역 발굴 등

□ 2단계 목표('16~'20) : 전 국토 안정적인 디지털지적 이행

○ 지적재조사측량, 세계측지계변환 완료, 지적정보서비스, 지목체계 개선 및 부동산공부 확대를 위한 제도적 보완, 해외수출 등

□ 3단계 목표('21~'25) : 지적재조사사업 효과 확산

○ 세계측지계 기반 전국적 지적재조사 확산, 지적정보서비스 확대운영, 지적신기술 도입, 인력 및 산업기반 고도화 등

□ 4단계 목표('26~'30) : 미래지향적 디지털지적 정착

○ 전국 지적재조사측량 완료, 디지털지적 정착, 지적 및 부동산 행정선진화 구현, 지적산업 강국 도약 등

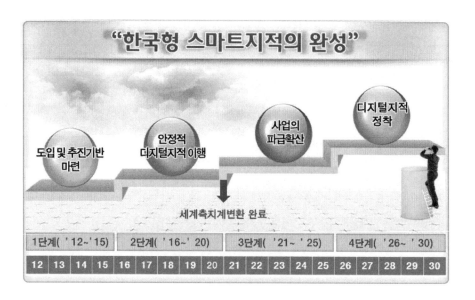

2. 사업추진 소요예산

□ 사업비의 성격

　ㅇ 총 사업비는 기준점측량비, 지적재조사측량비, 세계측지계변환비, 정보시스템구축비,
　　예비비로 구분

　ㅇ **기준점측량비용**은 기존의 지적삼각보조점 및 지적도근점에 대한 관측비로서 시·군·
　　구 **지역 수수료 단가의 평균값 적용**

　ㅇ **지적재조사측량비**는 집단·개별불부합지역에 대한 측량비용으로 지적측량 **수수료에
　　50%의 감면율을 적용**

　ㅇ **세계측지계변환비**는 지적확정측량지역과 부합지 등에 대한 변환비용으로 지적도 **한 도
　　곽(평균54필) 기준 수수료 적용**

　　* 지적측량(지적재조사측량 및 세계측지계변환 포함) 수수료는 국토해양부장관이 매년
　　　12월 말일까지 고시

□ 소요 예산 (붙임 5)

내 용		소요 예산 (억원)					비율 (%)
		1단계	2단계	3단계	4단계	합계	
기준점측량		172	496	34	17	719	6.1
지적 재조사 측량	집단불부합지역	576	2,438	1,994	997	6,005	78.8
	개별불부합지역	757	2,565			3,322	
	소계	1,333	5,003	1,994	997	9,327	
세계 측지계 변환		107	361			468	4.4
	지적확정측량지역	25	36			60	
	소계	132	397			528	
정보시스템 구축		185				185	1.6
예비비		180	590	203	101	1,074	9.1
합계 (부가세제외)		2,002	6,485	2,231	1,115	11,833	100.0
합계 (부가세포함)		2,203	7,133	2,454	1,227	13,017	

※ KDI 예비타당성조사('12.9.20) 결과에 따라 작성

3. 타 사업과의 연계를 통한 효율적 추진

□ 관련 기관간의 협력체계 구축

○ **(기준점 활용)** 국가에서 설치·관리하는 위성기준점, 통합기준점을 사용함으로써 **지적 기준점 추가 설치비용 절감**

○ **(항공사진 활용)** 국가에서 보유한 항공사진을 세계측지계변환 지역에 활용함으로써 **사 업예산 절감과 양질의 지적정보 생산가능성 확보**

□ SOC사업 등과의 연계를 통한 사업비 절감

○ 국토해양부 추진 모든 **SOC사업에 지적재조사측량을 적용**하여 새로운 지적공부를 작성하고, 국가·지자체·공공기관이 모든 사업을 연계 추진함으로써 **예산절감과 사업 시 너지효과 극대화 추진**

– 도로·철도·하천 등 국가예산이 투입되는 국토기반시설사업을 지적재조사사업과 연 계 추진방안 검토 및 적용

* SOC사업과 연계 추진 할 경우 연간 16만 필지 지적재조사사업 효과 창출

o **국민복지 향상을 위한** 지방 중소도시 **노후 주거지 정비사업 등과 유기적으로 연계**하여 추진할 수 있는 업무영역 발굴

    – 도시정비사업 후보지역 조사 및 계획 수립

    – 정비구역 지적재조사, 분할측량, 확정측량 등으로 지적·등기 정리

□ **지적확정측량 방법 개선**

o 향후 도시개발사업 등에 의한 시행자 부담 지적확정측량에 지적 재조사측량을 적용하여 **약 498만 필지의 측량 비용 절감** (참고 3)

* 시·도별로 달리 운영되는 지적확정측량 업무처리의 전국 통일 및 일관성 확보를 위해 관련규정을 보완하여 지적재조사측량 방법을 적용

** 지적불부합지 중 약 12만 필지는 지적확정측량에 의해 해소

4. 사업비 배분 및 사업지구 선정

□ **시·도별 사업비 배분**

o **토지소유자의 참여율**이 높고, **기관장의 관심도**가 높아 사업 조직과 인력지원이 용이하여 **안정적 사업추진이 가능**하며, **지구별 특성평가 결과** 높은 배점을 받은 지역 우선 배분 (붙임 6)

* 전국을 대상으로 사업의 필요성, 효과, 안정적 추진 가능성에 대한 기준을 세우고 중앙지적재조사위원회의 심의를 거쳐 국토해양부 장관이 결정

** 『보조금 관리에 관한 법률』 제4조 제3항에 따라 보조사업을 수행하려는 자가 시장·군수인 경우 보조금은 관할 시·도지사가 종합하여 일괄 신청

□ 사업지구 지정

○ 토지소유자 총 수의 $^2/_3$ 이상 동의하고 토지면적 $^2/_3$ 이상의 토지 소유자가 동의한 지역 대상, 사업지구에 토지소유자협의회가 구성되었고 토지소유자 총 수의 $^3/_4$ 이상 동의한 지구 **우선선정**

　　* 지적재조사사업지구선정은 「지적재조사에 관한 특별법」 제7조(사업지구의 지정)에 따라 지적소관청의 신청에 의해 시도지사, 50만 이상 시장(시·도지적재조사위원회)이 지정

○ 사업지구 지정 우선순위는 법에 의한 조건충족 여부와 사업지구 신청 지구별 특성평가 결과에 따라 결정

　　* 지적재조사에 관한 특별법 제7조 제3항

○ **(지구별 특성평가) 사업시행 효과**가 큰 지역 기준과 **사업시행이 용이한 지역** 기준을 세분화하여 사업비 배분 및 지구선정 기준으로 도입함으로써 사업효과 극대화와 안정적 추진 도모

　　* 사업시행의 효과가 큰 지역의 기준은 지적불부합지 문제해결 유형기준 적용, 사업시행 용이 지역 기준은 전국 평균공시지가 기준 적용 (붙임 7)

5. 홍보방안

□ 국민적 합의를 도출하기 위한 공감대 형성

○ 지적재조사사업은 2030년까지 국가에서 추진하는 장기사업이므로 **중요도를 고려**하여 홍보 계획을 수립

　- **(정책홍보)** TV, 청사 전광판, 신문, 라디오, SNS 등

　- (사업홍보) 주민설명회, 브로슈어, 리플렛, 포스터, 현수막 등

* 사업추진 수범 사례를 조사하고, 여론조사 등을 실시하여 대국민 사업 인지도와 이해도 제고를 위한 홍보방향 설정

○ 재조사사업의 성공적 추진을 위하여 대상별 차별화된 홍보 전략을 수립하여 **한국형 스마트 지적의 완성**을 안정적으로 추진

   – **(일반국민 대상)** 현재 종이지적의 문제점 해소, 국가 공간정보 인프라 구축을 통한 국민생활 편익효과 집중 홍보

   – **(토지소유자 등 이해관계인 대상)** 지적불부합지 정리, 맹지해소, 토지 정형화 등을 통한 토지가치 상승 등 사업효과 집중 홍보

☐ 국내·외 기관 또는 단체에 대한 지속적인 홍보

○ **(국내)** 중·고등·대학교에서 지적재조사에 대한 내용을 교육하도록 유도하고, 각종 학회 및 대학과 **주기적인 소통채널 마련**

   * 정책세미나, 추진성과 전시회, 인공위성 측량에 의한 디지털 지적도 작성 신기술 소개 등 VNR(Video News Release) 제작 배포하여 국민적 흥미유발

○ **(국외)** 한국형 지적제도와 측량기술을 국제적으로 홍보하여 지적제도의 리더국으로 발전시켜 **국격 상승과 경제적 이익 기반조성**

   * 프랑스, 네덜란드, 캐나다, 독일, 일본 및 지적 개도국 등에 대한 운영조직을 조사하여 지원방안 마련, 각종 국제행사에 참여하여 지속적 홍보 (참고 4)

Ⅵ 사업의 효과

☐ 약 3조 4천억원의 직접적인 경제 효과 발생

※ 지적재조사사업 예비타당성 조사 보고서 (KDI, 2010)

○ **(1조 5,104억원)** 국민불편 비용 및 거래비용 절감 편익

○ **(1조 8,886억원)** 국토의 효율적 관리를 위한 공적업무 편익

　－ 1조 6,919억원 중복측량 및 좌표도 작성 비용 절감, 1,567억원 지적행정 효율화 편익, 400억원 부동산 공부처리 편익

□ 토지 활용성 개선으로 이용가치 증대 및 지역균형발전 촉진

○ 모양이 불규칙한 토지경계를 직선으로 정리하여 토지이용성 제고

○ 도로와 접하지 않은 맹지를 현실경계로 조정하여 토지가치 증대

○ 필지 단위 지표, 지상, 지하정보를 통합관리로 운용 방안 고도화

○ 장기간 방치, 미활용 되는 국공유지의 파악 및 활용도 개선

□ 정확한 토지정보로 국민재산권 보호 및 편익 개선

○ 세지적에서 법지적으로의 전환으로 토지 소유권을 국가가 보호

○ 누구나 경계점표지등록부를 활용하여 편리하게 경계위치 확인

○ 첨단 디지털 정보제공으로 언제 어디서나 손쉽게 토지정보 확인

□ 한국형 스마트지적 기반 새로운 시장 늘리기

○ 국민행복을 추구하는 스마트지적으로의 고품질화를 통한 타 공간정보와의 융합을 도모하여 내수시장 선도

○ 지적 자료 수집, 지도 제작 및 판매, 정보 및 콘텐츠 제공, 공공서비스 등 분야의 축적된 선진 노하우를 발판으로 해외시장 개척

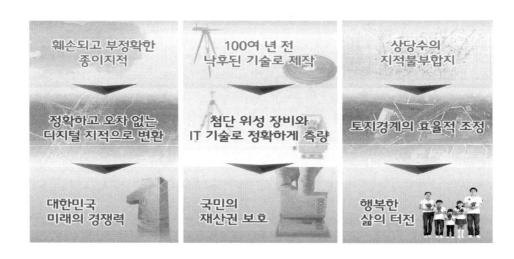

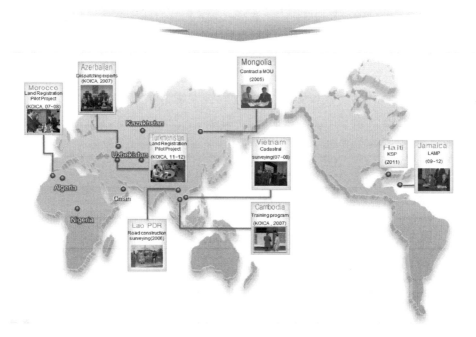

구분		사업지구	계	구분	사업지구	계
특별시	서울특별시	1,957	1	경기도 수원시	287	
광역시	부산광역시	2,290	6	경기도 성남시	536	
	인천광역시	1,102		경기도 고양시	242	
	대구광역시	667		경기도 용인시	722	
	광주광역시	1,218		경기도 부천시	109	
	대전광역시	556		경기도 안산시	100	
	울산광역시	501		경기도 안양시	45	
도	경기도	7,088	8	경기도 남양주시	700	15
	강원도	5,224		경기도 화성시	1,405	
	충청남도	3,508		충청남도 천안시	615	
	충청북도	5,655		충청북도 청주시	417	
	전라남도	7,905		전라북도 전주시	924	
	전라북도	6,359		경상남도 창원시	88	
	경상남도	5,554		경상남도 김해시	170	
	경상북도	4,123		경상북도 포항시	890	
특별자치도	제주특별자치도	967	1			
특별자치시	세종특별자치시	–	1	소계	61,924	32

※「지적재조사에 관한 특별법」제4조에 의해 특별시장·광역시장·도지사·특별자치도지사·특별자치시장 및 「지방자치법」제175조에 따른 인구 50만 이상 대도시 기준

□ 측량의 기준과 방법

  ○ **(측량의 기준)** 위성기준점, 통합기준점, 지적기준점을 기준으로 측량

  ○ **(측량의 방법)** 위성측량(네트워크 RTK 위성측량, 단일기준국 RTK위성측량, 정지측위)
    으로 실시

    – 상공장애, 위성신호를 수신할 수 없는 경우 토털스테이션 측량가능

□ 지적재조사측량 절차도 (참고 5)

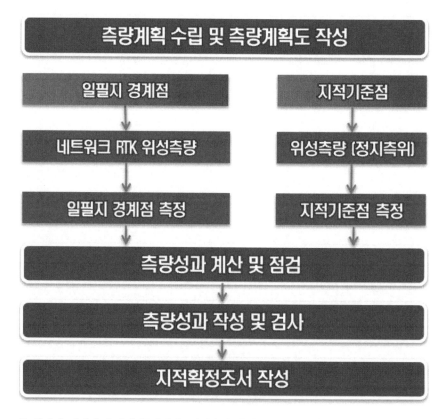

※ 일필지 경계점 측정시 통신장애, 위성수신 장애 등이 있을 때는 단일 기준국 RTK
  위성측량 또는 토털스테이션측량으로 할 수 있음

연구분야	연구과제	1단계	2단계	3단계	4단계
지목체계 개선분야	신지목체계 도입	연구/법제정비	도입	운영	운영
	복합적 토지이용지목	연구/법제정비	도입	운영	운영
	3차원지적 구현	연구	법제정비	운영	운영
	토지관련 법령 정비	관련법령정비	–	–	–
부동산 종합공부 통합분야	기본정보 개선	시스템연계	–	–	–
	일필지조사서 전체등록	공부보완	도입	운영	운영
	구분지상권 정보구축	연구/법제정비	도입	운영	운영
	지형정보취득 채널화	연구/법제정비	도입	운영	운영
	부동산공부 시스템 연계	시스템연계	도입	운영	운영
위치정보 취득기술 분야	GNSS 활용기술 개발	연구/법제정비	연구/법제정비	도입	운영
	Network-RTK/GPS보강	연구/법제정비	연구/법제정비	도입	운영
	모바일 및 자동시준 TS	연구/법제정비	연구/법제정비	도입	운영
정보기술 분야	전자인식 및 스마트기술	연구/법제정비	연구/법제정비	도입	운영
	지적정보 보호기술	연구/법제정비	연구/법제정비	도입	운영

융합서비스 모델	주관 기관	협조기관	1단계	2단계	3단계	4단계
웹/모바일 기반 항공사진과 지적도 중첩 서비스 방안	국토 해양부	대한지적공사, 공간정보연구원	연구/ 법제정비	도입	운영	운영
지적도 기반 재해정보 조사 및 서비스 방안	국토 해양부	대한지적공사, 공간정보연구원	도입	운영	운영	운영
행정구역간 경계 지역의 지적도 접합 방안	국토 해양부	대한지적공사	도입	운영	운영	운영
시계열 토지 이동에 따른 동적 지적 정보 융합 서비스 방안	국토 해양부	공간정보연구원	연구/ 법제정비	도입	운영	운영
지적도 캐시(이미지 타일) 서비스를 위한 실시간 토지이동 캐시 적용 방안	국토 해양부		도입	운영	운영	운영
지적도 서비스를 위한 축척별 일반화 방안	국토 해양부		도입	운영	운영	운영
지적 데이터 민간 활용을 위한 공개 범위 및 데이터 제공 방안 속도 개선 방안	국토 해양부		연구/ 법제정비	도입	운영	운영
지적 데이터 민간 활용을 위한 공개 범위 및 데이터 제공 방안	국토 해양부	공간정보연구원	도입	운영	운영	운영

연도별 소요예산 총괄표

(단위 : 백만원)

연도	기준점 측량	지적재조사측량		세계측지계		정보 시스템 구축	예비비	합계 (부가세 제외)	합계 (부가세 포함)
		집단 불부합 지역	개별 불부합 지역	변환	지적 확정측량 지역				
합계	71,939	600,492	332,171	46,845	6,002	18,519	107,366	1,183,335	1,301,697
2012	–	2,322	–	–	–	–	–	2,322	2,583
2013	–	11,230	3,830	591	–	4,091	1,974	21,716	23,888
2014	9,710	10,810	35,428	5,039	1,884	6,594	6,946	76,411	84,052
2015	7,472	33,238	36,456	5,049	623	7,834	9,067	99,739	109,713
2016	7,641	44,318	36,637	5,167	699	–	9,446	103,908	114,299
2017	9,457	44,318	48,849	6,889	699	–	11,021	121,233	133,356
2018	9,457	44,318	48,849	6,889	699	–	11,021	121,233	133,356
2019	11,546	55,397	61,061	8,611	699	–	13,731	151,045	166,150
2020	11,546	55,397	61,061	8,611	699	–	13,731	151,045	166,150
2021	758	44,318	–	–	–	–	4,508	49,584	54,543
2022	758	44,318	–	–	–	–	4,508	49,584	54,543
2023	758	44,318	–	–	–	–	4,508	49,584	54,543
2024	568	33,238	–	–	–	–	3,381	37,187	40,905
2025	568	33,238	–	–	–	–	3,381	37,187	40,905
2026	568	33,238	–	–	–	–	3,381	37,187	40,905
2027	378	22,159	–	–	–	–	2,254	24,791	27,270
2028	378	22,159	–	–	–	–	2,254	24,791	27,270
2029	188	11,079	–	–	–	–	1,127	12,394	13,633
2030	188	11,079	–	–	–	–	1,127	12,394	13,633

※ 확정된 정부예산에 맞추어 매년 교부액을 조정하여 배분

붙임 6　연도별 사업비 배정·집행 절차

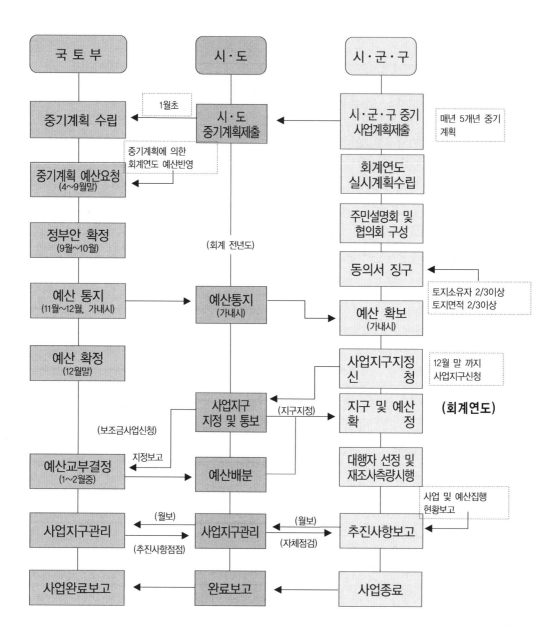

※「보조금 관리에 관한 법률」및 국가재정운영계획에 의한 보조금 지급절차 준수

붙임 7 지구별 특성평가 기준 배점표

구분		지구별 특성 평가 기준	배점
B1	사업시행의 효과가 큰 지역	공익사업시행	60점
		경계분쟁	50점
		재산권 제한	40점
		잠재형	30점
		기타	20점
B2	사업시행이 용이한 지역	사업지구 평균공시지가가 전국 평균공시지가 미만인 경우	30점
		사업지구 평균공시지가가 전국 평균공시지가 이상이고 두배미만인 경우	20점
		사업지구 평균공시지가가 전국 평균공시지가의 두배이상인 경우	10점
B3		토지이동이 빈번하고 복잡한 도해지역	5점
B4		원점, 축척 등의 혼재지역	5점

※ 시·도 지적재조사위원회의 사업지구 선정 참고자료로 활용

제2차 지적재조사 기본계획

(2016~2020)

(2016. 3)

국토교통부
Ministry of Land,
Infrastructure and Transport

가. 법적근거 및 수립절차

☐ (법적근거) 「지적재조사에 관한 특별법」 제4조

   ○ 지적재조사사업을 **효율적으로 시행**하기 위하여 사업에 관한 **기본방향, 시행기간 및 규모** 등이 포함된 기본계획을 수립

   ○ 기본계획이 수립된 날로부터 5년이 지나면 그 **타당성을 다시 검토**하고 필요하면 이를 **변경**

☐ (수립절차) 공청회 개최, 시·도지사 등의 의견을 수렴한 후 **중앙지적재조사위원회의 심의**를 거쳐 확정

〈특별법에 따른 기본계획 수립 절차〉

공청회 개최 및 전문가 의견 수렴	→	시·도지사 및 지적소관청의 의견 수렴	→	중앙지적재조사위원회 심의·의결	→	관보 고시 및 시·도지사 통지

나. 역할 및 주요내용

☐ (역할) 기본계획은 **최상위 계획**으로 지적소관청에서 수립하는 **실시계획**(사업의 위치, 면적, 시행시기 등을 포함)의 **기초가 되는 법정 계획**

☐ (주요내용) **기본방향, 시행기간, 연도별 집행계획** 등을 제시

- 지적재조사사업에 관한 기본방향
- 지적재조사사업의 시행기간 및 규모
- 지적재조사사업비의 연도별 집행계획
- 지적재조사사업비의 배분계획
- 지적재조사사업에 필요한 인력의 확보에 관한 계획
- 디지털지적의 운영·관리에 필요한 표준의 제정 및 그 활용
- 지적재조사사업의 효율적 추진을 위한 교육 및 연구·개발

다. 계획의 범위

□ 1단계 이후 사업기간('16~'30) 중 **2단계('16~'20)**에 중점적으로 실행할 **추진전략 및 중점과제를 제시**

     * 단계별 사업기간 : 1단계('12-'15), 2단계('16-'20), 3단계('21-'25), 4단계('26-'30)

라. 기본방향

□ 사업기간('12~'30)을 감안해 **단계별로 사업기간을 구분하여 사업을 계획**하고, 각 단계별 기본계획 수정·보완을 통해 **안정적 추진 도모**

□ 사업 활성화를 위한 개선방안을 추진전략 및 중점과제로 제시함으로써 **국민의 재산권 보호 및 국토의 효율적 관리** 기반 구축

□ 시·도가 수립하는 종합계획 및 지적소관청이 수립하는 실시계획의 기초가 될 수 있도록 현실적이고 **구체적이며 실천 가능한 방향 제시**

* 시·도 및 인구 50만 이상의 대도시별 종합추진계획 및 사업지구별 실시계획 수립 지원

Ⅱ 제1차 기본계획의 성과평가

1. 주요내용

□ 비전 및 목표

  ○ (비전) 한국형 스마트지적의 완성

  ○ (목표) ① 국민재산권 보호 지적제도 정착, ② 국토 자원의 효율적 관리, ③ 선진형 공
    간정보 산업 활성화

□ 기본방향

  ○ 국가 차원의 **종합계획**으로서 시·도 및 지적소관청의 사업추진을 위한 **실천 방향 제시**

  ○ '12~'30년까지의 **장기계획**으로 **사업 단계별 목표 제시**

  ○ **안정적 사업추진체계 구축** 및 **성과 활용** 방안을 담은 **종합적**이고, 실천 가능한 **국가계획**

□ 3대 전략 및 9개 실천과제

전략	실천과제
1. 고품질의 지적구축	1-①. 권리보호형 지적재조사 실시 1-②. 소통형 지적정보 생산 1-③. 미래지향형 지적제도 개편
2. 안정적인 사업추진	2-①. 추진조직 완비 및 인력 양성 2-②. 국민이 참여하는 공개시스템 도입 2-③. 연구개발 및 관리체계 구축
3. 성과활용의 극대화	3-①. 산업활성화와 고용 창출 3-②. 지적정보 품질관리 고도화 3-③. 새로운 해외시장 개척

2. 성과평가

가. 고품질의 지적구축

□ **(권리보호형 지적재조사 실시)** '15년까지 **479억원을 투입**해 지적불부합지 **23만필지 정비** 등 사업지구별 특성을 반영해 사업 추진

▶ 지난 4년간 **계획대비 사업실적이 저조**(목표치의 31% 정비)하므로 안정적 재원조달 기반 마련 등 **지속가능한 사업추진체계 확립 필요**

〈연도별 예산 및 사업추진 현황〉

구 분		합 계	'12년	'13년	'14년	'15년
사업예산 (억원)	기본계획	2,203	26	239	841	1,097
	반 영	479(22%)	34	215	80	150
사업추진 (만필지)	계 획	74	2	10	25	37
	실 적	23(31%)	2	10	3	8

□ **(소통형 지적정보 생산)** **세계측지계 변환 종합계획을 수립**('14.7월) 하여 차질 없이 **추진** 중

○ '15년까지 **669만 필지**(전체의 20%)를 동경측지계에서 **세계측지계로 변환**

○ **사업추진방식을 변경**(민간대행→공무원 직접수행)하여 **지자체**가 세계 측지계 변환을 **직접수행**함으로써 **158억원의 예산을 절감**

〈세계측지계 변환 실적〉

총 변환 대상 필지 (A)	변환율 (B/A)	좌표변환 실적(만필)			
		소 계(B)	'15년	'14년	'13년
3,236	20%	669 (158억원 절감)	509 (102억원 절감)	133 (56억원 절감)	27

□ **(미래지향형 지적제도 개편)** 토지현황 조사 결과의 **대국민 서비스 제공**, 경계점표지등록부 작성·관리 등 지적제도 선진화를 위한 기반 조성

▶ 새로 취득한 토지정보의 **활용 확대** 및 지적등록정보의 **다원화** 필요

나. 안정적인 사업추진

□ **(추진조직 완비 및 인력 양성)** 지적재조사기획단 설치('12.4월) 및 **지자체 전담조직 구성** *, 전문교육 실시 등을 통한 인력 양성

　　* 132개 지자체(광역 10, 기초 122)의 전담조직 완비, 205명 증원

□ **(국민이 참여하는 공개시스템 도입)** 일반국민, 토지소유자, 측량대행자, 지자체 등이 필요로 하는 정보를 상호공유하는 **바른땅시스템 구축**('15.7월)

　ㅇ 사업수행과정에서 각종 도면 확인, 토지소유자의 의견 및 동의서 제출 등 양방향 공유 시스템 서비스 제공

□ **(연구개발 및 관리체계 구축)** 새로운 지적공부의 경계등록 방안 등 총 **15개 과제 연구추진 및 성과 활용**, 산·학·연·관 협력체계 구축

　　▶ **제도부문 연구와 기술분야에 대한 연구개발** 병행 추진 필요

다. 성과활용 극대화

□ **(산업활성화와 고용 창출)** 지적정보 공개 확대, **웹/모바일 기반 항공사진과 지적도 중첩 서비스 제공**, 시계열 토지이동에 따른 지적정보 융합서비스 시범 사업 등 추진

　　▶ 지적정보와 타 공간정보와의 **융·복합 확대** 및 새로운 융합 콘텐츠 발굴 등 **공간정보 산업 시장 확대** 필요

□ **(지적정보 품질관리 고도화)** 지적재조사사업의 성과로 생산된 **공간정보의 메타데이터 구축** 등 추진

　　▶ 사업성과물의 품질관리를 위해 지적정보 **품질 평가체계 구축 필요**

□ **(새로운 해외시장 개척)** 국제협력을 통한 **해외시장 진출 교두보 마련**

　ㅇ 지적재조사 등 토지행정 전반에 대한 **한-우즈벡간 MOU 체결**('14.8월)

○ 한국국토정보공사에 **해외진출지원센터를 구축**하여 해외사업 추진

　　＊ '12-'15년까지 총 105억원의 해외사업 수주

Ⅲ 여건 변화와 전망

□ 지적 주권의 회복 및 사회 · 경제적 지적정보 수요 변화

○ 낙후된 지적공부를 조속히 정비하여 **지적 주권을 확립**하고, 드론 등 **공간정보 기반의 첨단기술 발전에 적극 대응**

○ 선진화된 지적시스템을 구축하여 **사회갈등을 해소**하고, 토지행정의 **경제적 효율성 제고**를 통한 창조경제로의 도약 기반 구축

□ 효율적 국토관리를 위한 선진 지적인프라 구축 요구 증대

○ 정확한 측량과 조사를 통한 **디지털지적을 구축**함으로써 국토관리를 위한 핵심 인프라 기능 수행

○ 무인항공기(UAV), Multi-GNSS 등 **최신 측량기술** 및 공간정보 기술을 활용한 효율적 업무 기반 확보

□ 공간정보의 융 · 복합으로 고품질 지적정보의 활용 확대

○ 지적정보는 고도의 정밀도를 요하는 자율주행자동차, 위치기반 서비스와의 융 · 복합에 활용되는 등 **타 공간정보의 기초정보로 활용**

○ 다른 공간정보와의 융 · 복합을 통해 공간정보산업이 **미래 성장 동력**으로서의 잠재력 증대

□ 개방 · 공유 · 협력 등 정책의 패러다임 변화

○ 정부 3.0에 따라 **수요자 맞춤형** 지적정보의 개방 · 공유 확대

○ 지적 · 공간정보 분야의 **민간시장 확대**에 따라 **공공 · 민간부문간 협업 증대**

Ⅳ 추진목표 및 전략

한국형 스마트 지적의 완성을 통해 국민 모두가 행복한 바른 지적을 실현하기 위한 3대 추진전략을 제시하고, 10개 중점과제를 도출

비전

국민 모두가 행복한 바른 지적

목표

한국형 스마트 지적의 완성

추진전략

국민 맞춤형
디지털지적
구현

지속 가능형
추진체계
확립

공유·개방형
공간정보
활성화

중점과제

- 가치 창출형 지적재조사
- 세계측지계 기반 지적 구축
- 지적 등록정보 다원화

- 안정적 재원조달 기반 마련
- 전문인력 양성 및 조직체계 완비
- 권익 보호형 법·제도 정비
- 국민 소통형 사업추진

- 유관사업과의 연계·협력 체계 강화
- 민간산업 활성화 및 해외 시장 확대
- 공간정보 융합기술 개발

1. 국민 맞춤형 디지털지적 구현

1-① 가치 창출형 지적재조사

□ (사업규모 및 기간) 지적불부합지 542만* 필지를 해소하고, 도해(圖解)지적의 디지털화를 위해 '12년부터 '30년까지 지적재조사사업 추진

　* 전체 지적불부합지 554만 필지('09년 기준 전 국토 3,753만 필지의 14.8%) 중 도시개발사업고시 등에 의한 지적확정측량 예정지역(12만 필지)을 제외한 필지이며 추후 변동 가능

○ 사업추진 여건을 반영하여 단계별 추진

(단위 : 만필)

사업대상	1단계 ('12~'15)	2단계 ('16~'20)	3단계 ('21~'25)	4단계 ('26~'30)	비고
542	23	164	195	160	

〈지자체별 지적불부합지 분포 현황〉

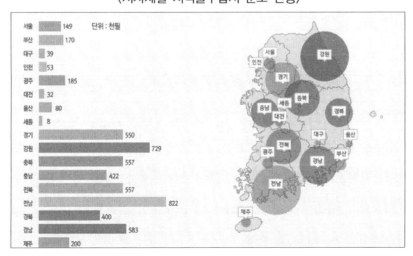

□ **(사업 우선순위)** 사업시행 규모, 지방비 확보, 토지소유자 요구 등을 고려하여 사업 우선순위 결정

　○ **지구별 특성평가***를 통해 사업시행 효과가 큰 지역을 선정하되, 토지소유자의 참여율 및 해당 지적소관청의 사업추진 의지 등을 고려

　　　* 사업의 효과성 및 용이성, 토지이동의 빈번성과 복잡성 등을 반영

□ **(사업추진 절차)**「지적재조사에 관한 특별법」에 따라 사업지구 지정, 일필지조사, 경계확정, 조정금 산정 등 사업추진 절차 이행

기본계획 수립 (국토교통부)	• 지적재조사 기본계획 수립 • 국고보조금(예산) 교부
⇓	
종합계획 수립 (시·도)	• 시·도 종합계획 수립
⇓	
실시계획 수립 (시·군·구)	• 주민설명 및 소유자 동의 • 사업지구 지정 신청(소유자·면적 2/3이상 동의)
⇓	
사업지구 지정 (시·도)	• 지적재조사위원회 운영 • 사업지구 관리 및 업무지도
⇓	
일필지조사 및 경계확정 (시·군·구)	• 지적재조사 측량대행자 선정(한국국토정보공사 또는 민간업체) • 경계결정위원회 운영
⇓	
공부작성 및 조정금 정산 (시·군·구)	• 新 지적공부 및 경계점표지등록부 작성 • 조정금 정산

□ **(지목 현실화 등)** 일필지조사시 토지이용현황과 불일치하는 지목은 관련부서와의 협의를 통해 **지목을 현실화**하여 국민 만족도 향상

　○ 토지소유자가 점유한 **현실경계 위주**로 토지정형화, 맹지해소 등이 이루어지도록 경계를 확정하여 토지 이용가치 증대

* 지적소관청은 지목변경 대상 토지에 대해 관련부서 등과 적극 협의를 통해 지목을 현실화하고, 필요한 경우 제도적 보완 장치 마련

□ **(경계점표지등록부 작성ㆍ교부)** 사업이 완료된 토지는 지적측량을 하지 않더라도 경계확인이 가능하도록 경계점표지등록부*를 **QR코드 등과 함께 토지소유자에게 작성ㆍ교부**하여 국민의 재산권 보호를 도모

　* 토지소재, 지번, 지목, 면적, 경계점좌표, 위치설명도, 사진파일 등을 포함

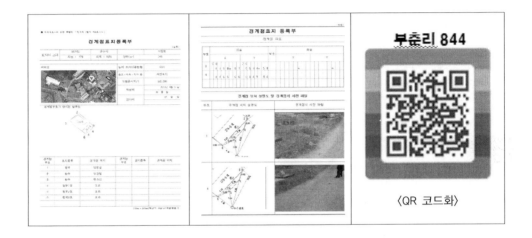

〈QR 코드화〉

1-② 세계측지계 기반 지적 구축

□ 세계측지계 변환

○ '20년까지 동경측지계로 등록된 지적공부를 **세계측지계로 변환**

– 측량기준에 관한 경과조치*로 인해 '20.12.31.까지만 종전의 지적측량 기준(동경측지계)을 사용할 수 있으며, 그 이후에는 사용 불가

　* 「공간정보의 구축 및 관리 등에 관한 법률」 제6조 및 부칙 제5조제2항에 '20년까지만 동경측지계 사용 후 세계측지계에 따라 위치를 측정하여 표시하도록 규정

○ **(시행주체) 지적소관청**(시장ㆍ군수ㆍ구청장)이 실시계획을 수립하고, 해당 지적소관청 **공무원이 직접수행**

* 지자체 공무원 직접수행에 따라 '20년까지 총 **581억원의 사업예산 절감**

○ **(추진체계)** 민·관·학·연 **전문가 T/F를 구성**하여 좌표변환 기술을 보급하고, 지자체 간 전문인력과 GPS장비를 **상호 교차 활용**

○ **(추진방향) 사업지구별**로 **변환**(부분적)하던 **방식**을 **개선**하여 소관청 단위로 일괄변환 후 실제현황과 부합하지 않는 지역을 대상으로 **구분·등록**하여 변환

○ **(사업대상)** 지적공부 등록 3,790만 필지('13년말 기준) 중 집단불부합지 554만 필지와 '15년까지 변환 완료한 669만 필지를 제외한 **2,567만 필지**

* 대상 : 3,236만 필지(지적확정측량지역 498만 필지와 그 외 부합지역 2,738만 필지)

<지적공부 세계측지계 변환 연도별 사업대상>

(단위 : 만필)

총 변환 대상 필지 (A=B+C)	변환완료 (B)	연도별 변환계획					
		계(C)	'16년	'17년	'18년	'19년	'20년
3,236 (100%)	669 (20%)	2,567 (80%)	485 (15%)	485 (15%)	485 (15%)	638 (20%)	473 (15%)

○ **(제도정착)** 좌표변환 절차와 방법 등을 체계화한 「**지적공부 세계측지계 변환 훈령**」 제정

○ **(변환방법)** 동경측지계로 작성된 기준점을 **세계측지계로 재측량**하여 산출된 변환계수로 **지적공부에 등록된 일필지 경계를 변환**

– 도해지역과 경계점좌표 시행지역(수치지역)으로 구분해 변환하고, 변환성과는 종전 측량방식*에 의한 성과가 제시되도록 추진

* 수치지역은 기준점에 의한 성과 제시, 도해지역은 기준점·현형(現形)법 등으로 동경측지계의 지적측량성과와 달라지지 않도록 변환하여 소유권 보호

○ **(디지털화 지원)** 변환성과를 지역별, 축척별 등으로 분석하여 변환성과가 실제이용현황과 일치하는 경계점을 **수치화**하는 방안 지원

* 지적정책 기본계획('16-'20)과 연계하여 협업 추진

○ **(적용시기)** 세계측지계로 변환된 성과와 변환 전 지적측량 성과를 **실지 검증**하는 등 안정화 기간을 거쳐 **지적공부로 등록**

○ **(연구개발)** 세계측지계 변환 정밀·정확도 향상, 변환성과 검증 및 수정·보완사항, 향후 발전방안 등에 관한 연구 추진

□ 세계측지계 변환에 따른 개별불부합지 추출

○ **(사업대상 추출방법)** 바른땅시스템을 이용하여 세계측지계로 변환된 **필지별 경계와 위성·항공사진, 지적측량에 활용한 성과파일** 등과 **비교·분석**하여 부합여부 검사 후 추출

－ 지적불부합지 이외의 지역에서 정확한 지적측량성과 제시가 불가능하다고 판단되는 필지에 대하여 추출

－ 항공사진(정사영상)은 국토지리정보원에서 관련 사업을 통해 구축된 공간해상력 12㎝ 또는 25㎝ 영상을 지원받아 활용

* 개별불부합지 사업물량은 디지털지적 시범사업에서 산출한 개별불부합 유형분석 결과, 약 300만 필지로 추정

○ **(개별불부합지 해소)** 지적재조사 측량방법으로 디지털지적을 구축하고, 개별불부합 유형별로 효율적인 사업추진 방법에 대한 **연구 성과를 토대로 해소 방안 마련**

1-③ 지적 등록정보 다원화

□ 지적 등록정보 다원화를 위한 건축물 위치 등록

○「지적재조사에 관한 특별법」제24조에 따라 건축물 위치를 지적공부에 등록하여 **다양한 정보 제공**

－ 지적재조사측량에 의한 토지경계를 기준으로 건축물을 등록할 수 있도록 **등록기준 및 등록방법** 등에 관한 세부기준 마련

■ 지적재조사사업을 수행할 때 지상 건축물 등의 위치를 정확하게 등록할 수 있도록 관련 업무 분석 후 세부방안 수립

* 등록방안 마련 전에는 지적재조사 측량업무를 수행할 때 건축물을 실측하여 측량결과도에 표시하여 관리

○ 구축된 건축물 등록정보의 **연계 활용 확대**

– 건축물 및 부동산 관련 시스템*에 등록되어 있는 건축물 등록정보와 **지적재조사로 취득된 건축물 정보와 상호연계 기반 마련**

* 건축행정시스템(세움터), 부동산종합공부시스템(일사편리), 도로명주소기본도 등

□ **지적재조사 등록정보의 관리 및 활용성 강화**

○ 사업추진에 따라 새롭게 취득한 **토지정보의 활용 및 제공 방안 마련**

– 경계점표지등록부 및 일필지조사서의 조사항목 중 대국민 서비스가 필요하거나 관계기관에 제공 가능한 **정보의 범위 및 기준 마련**

– 등록정보의 관리 및 활용을 위한 관련 시스템과의 연계 추진

○ **일필지조사서의 세부항목을 바른땅시스템에 등록**하여 토지에 대한 정보 관리 및 대국민 서비스 실시

* 토지에 관한 사항, 토지 이용에 관한 사항, 토지 이용현황 및 건축물 현황 조사 결과, 측량현황의 세부항목 등을 시스템에 등록

2. 지속 가능형 추진체계 확립

2–① 안정적 재원조달 기반 마련

□ **(사업예산)** 지적재조사사업을 위해 '12~'30년까지 소요되는 예산은 **총 1.3조원 규모**(연평균 600억원)로 추정('12.9월, KDI 사업계획 적정성 검토 결과)

○ 지적재조사 측량비용이 1조원(78.8%)으로 가장 많은 비중을 차지

▶ 원활한 사업추진을 위해 **지자체 사업비 분담(10%)** 및 **세계측지계변환 추진방식 변경** (민간대행→공무원 직접수행)을 통해 사업비 절감*

* **약 10%(1,321억원) 사업비 절감** : 집단불부합지 및 기준점측량비의 지자체 분담액 740억원과 세계측지계 변환 비용 581억원

□ (사업비 조달방안) 현(現) 국고중심의 일반회계 사업을 지적측량수수료(기술료), 타기금 차입 등 **재원 다각화**

○ 연간 지적재조사사업에 투입하는 **재원규모를 확대**(150 → 600억원)하고, **지적재조사기금 신설** 등 검토

〈기금규모 및 조성재원(안)〉

총 계 (연평균)	국 비 (일반회계 전입금)	지적측량수수료 (기 술 료)	타기금 차입 (공공자금관리기금)
600억원	150억원	250~300억원	150~200억원

□ (사업비 배분) 사업물량, 지방비 확보, 사업시행 여건 등을 반영하여 사업비 배분계획 수립

○ 토지소유자의 **참여율이 높고**, 지적소관청의 **추진의지가 높아** 사업예산과 인력 투입이 용이하여 안정적 사업추진이 가능한 지역 우선 배분

○ 사업시행 효과가 큰 지역과 사업시행이 용이한 지역 등 **사업지구별 특성*을 반영**하여 사업비를 배분함으로써 **사업의 효율성 제고**

* 사업의 효과성 및 용이성, 토지이동의 빈번성과 복잡성 등을 반영

□ (배분계획 현실화) 사업계획 적정성 검토 결과('12.9월, KDI) 2단계 사업에 집중된 소요 예산을 현실에 맞도록 **사업추진 여건**을 반영하여 **단계별 배분계획*** 수립

* (1단계) 788억원 → (2단계) 3,673억원 → (3단계) 4,941억원 → (4단계) 3,615억원

<단계별 지적재조사사업비 배분계획>

(단위 : 억원)

내　용		배 분 계 획					비율 (%)
		1단계 ('12~'15)	2단계 ('16~'20)	3단계 ('21~'25)	4단계 ('26~'30)	합계	
합　계		788 (6%)	3,673 (28%)	4,941 (38%)	3,615 (28%)	13,017	
기준점 측량		–	723	37	31	791	6.1
지적 재조사 측량	집단불부합지역 (계획물량)	407 (23만필)	2,141 (164만필)	2,218 (195만필)	1,839 (160만필)	6,605 (542만필)	78.8
	개별불부합지역	–	–	2,284	1,370	3,654	
	소계	407	2,141	4,502	3,209	10,259	
세계 측지계 변환	세계	77	438	–	–	515	4.4
	지적확정측량지역	28	38	–	–	66	
	소계	105	476	–	–	581	
정보시스템 구축		204	–	–	–	204	1.6
예비비		72	333	402	375	1,182	9.1

2-② 전문인력 양성 및 조직체계 완비

□ 사업수행의 전문성 제고를 위한 체계적인 인력양성 프로그램 운영

○ (공무원 인력양성) 세계측지계 변환 방법, 지적재조사 측량에 따른 검사요령, 토지 소유권 분쟁의 조정자 역할 등 지적재조사사업을 원활히 수행할 수 있는 **전문교육 실시**

○ (측량대행자 인력양성) 지적재조사 측량, 기준점 관측, 일필지 조사 등 측량과 관련된 **교육과정 개발·운영 및 기술교육 실시**

– 새로운 기술 습득, 지적제도의 변화 등에 능동적으로 대응할 수 있도록 지속적인 재교육 실시 및 동기* 부여

* 대행자 선정시 지적재조사 교육과정 이수자 1인당 1점 가점 부여('17년 부터)

○ (온라인 교육과정 개설·운영) 기술자가 필요로 하는 전문지식과 IT기술 등 시대적 트렌드에 맞추어 **다양한 교육환경 지원**

□ 사업추진 조직체계 개선

○ **(시·도)** 지적재조사 **종합계획 수립,** 시·군·구 지적재조사추진단에 사업추진 표준매
뉴얼 배부 및 교육 등 **지원단의 임무와 역할 강화**

○ **(시·군·구)** 지적재조사위원회와 경계결정위원회의 **운영 효율화**

    * 위원의 제척·기피·회피 제도를 운영하여 공정성 및 객관성 제고 등

○ 지적재조사 분야 전문성 강화를 위한 **전문직위제 도입** 및 **인센티브 부여** 권고

□ 지자체 전담조직 설치 및 인력증원 추진

○ **(전담조직)** 사업물량 등을 감안하여 원활한 사업추진을 위해 **전담조직 설치 및 자체 인
력확보 지원 강화**

○ **(소요인력)** 정확한 업무량 분석을 통한 소요인력을 산출하여 **인력수급 계획을 수립**하
고, 지적재조사 추진 인력증원을 **체계적으로 지원**

2-③ 권익 보호형 법·제도 정비

□ 현장중심, 국민체감형 법·제도 개선

○ **지방자치단체의 제도개선 건의를 정례화**(예: 바른땅 아카데미)하여 법 집행 현장에서의
제도개선과제 발굴

○ **사업지구 현장 간담회, 아이디어 공모제** 등 **국민참여**를 통한 법·제도 개선을 통해 정
책현장의 목소리 반영

□ 사업추진 절차의 개선을 통한 국민 불편 해소

○ 시·도 종합계획을 수립하여 향후 **5년간의 사업계획**을 **사전**에 **마련**함으로써 원활한 사
업추진을 도모하고, **국민 불편·부담** 등을 합리적으로 개선

○ **토지소유자간, 토지소유자와 소관청간**에 발생할 수 있는 **갈등**(조정금·경계설정 등)을
최소화하고, **사전예방이 가능**하도록 **제도 개선**

○ 지적재조사 업무 처리 **절차와 방법을** 합리적으로 **개선**하여 **행정**의 **효율성**과 **민원처리** (의견제출·이의신청 등)의 **신속·정확성 제고**

□ 신기술 및 장비 도입·활용을 통한 업무효율성 향상

○ 무인항공기(UAV), Multi-GNSS 등 **지적재조사 측량에 활용** 가능한 **신기술**이 사업에 적극 반영할 수 있도록 **관련 규정 정비**

<지적재조사사업 관련 법령 및 행정규칙 등>

법령	행정규칙 등
• 지적재조사에 관한 특별법 • 지적재조사에 관한 특별법 시행령 • 지적재조사에 관한 특별법 시행규칙	• 지적재조사 업무규정 • 지적재조사 측량규정 • 지적재조사 측량·조사 등의 대행자 선정기준 • 지적재조사행정시스템 운영규정 • 지적재조사기획단의 구성 및 운영에 관한 규정

2-④ 국민 소통형 사업추진

□ 바른땅시스템 활용도 제고를 통한 대국민 소통 및 홍보 강화

○ 대국민 공개서비스 실시간 제공과 양방향 소통채널 확산을 위해 **다양한 홍보매체를 통한 홍보 추진 강화**

○ 일반국민, 토지소유자, 측량대행자, 지자체 공무원을 대상으로 **바른땅시스템 활용 홍보 및 사용자 교육 강화** 등을 통해 이용률 제고

□ **바른땅시스템** 및 **지적재조사 갈등 매뉴얼** 등을 **활용**하여 사업추진 과정에서 발생할 수 있는 **갈등요인 사전 예방**

□ 현장 중심의 국민소통 강화 및 국민생활과 밀착된 홍보전략 추진

  ○ **주기적 현장방문** 및 애로사항 해소, 사업주민 대상 **만족도 조사** 실시로 국민생활과 밀착된 제도개선 및 정책 환류

  ○ 국민과 지역주민의 이해도를 높이기 위해 정부·지자체·유관기관간 **다양한 협업 홍보** 및 **대상별 차별화된 홍보전략 수립**

   – **(일반국민)** 사업 **인지도** 향상, 사업 **필요성**에 대한 공감대 확산

     ■ 지적 주권의 회복, 지적 선진화, 지적 분쟁의 선제적 해소 등

     * (홍보방법) TV, 신문, 라디오, 전광판, 인터넷, SNS, UCC, 홍보물 등

   – **(토지소유자 등)** 사업방법·절차 등 **이해도 증진** 및 **사례 중심**(주민 간 갈등 해결사례, 토지 정형화 우수사례 등)으로 사업 효과 홍보

    * (홍보방법) 홍보동영상 신규제작, 주민 설명회, 리플렛, 포스터, 바른땅시스템 등

3. 공유·개방형 공간정보 활성화

3-① 유관사업과의 연계·협력체계 강화

□ 지적재조사사업을 통한 국·공유지 관리체계 지원

  ○ 사업지구내 국·공유지의 **토지이용·점유현황** 등 토지정보를 **제공**하여 원활한 국·공유지 관리체계 지원

  – 폐도, 폐천 등을 실제 현황에 맞게 정비하고, 용도폐지 간소화 및 매각제도 개선 등에 활용*

   * 국·공유재산의 **용도폐지, 대부계약, 변상금 부과** 등

  ○ 도로, 하천, 구거 등을 기준으로 **지적재조사사업 프레임 구축** 및 국·공유지 관리 **연계**

활용 방안 마련

- 지적재조사사업이 지구별로 추진되어 사업완료 후 사업구역간 지구 경계 불일치 현상
 방지

□ 유관기관과의 협력체계 구축

○ **(기준점 활용)** 국가가 설치·관리하는 위성기준점, 통합기준점을 사용해 **지적기준점 추가 설치비용 절감**

○ **(항공사진 활용)** 국가가 보유한 항공사진을 **세계측지계 변환지역**에 활용함으로써 **양질의 지적정보 생산**

□ 유관사업과의 연계 시행을 통한 시너지 효과 극대화

○ SOC 사업에 지적재조사측량을 적용하여 **지적확정측량방법 확대**

○ **도시재생사업, 노후주거지 정비사업** 등 시행시 지적재조사사업과 연계하여 추진하는
 방안 강구

3-② 민간산업 활성화 및 해외시장 확대

□ **(상생협력 강화)** 현행과 같이 한국국토정보공사와 민간업계간 공개경쟁을 유지하되, 공
 기업과 민간업계간 상생협력 유도

○ **대규모 사업지구**를 대상으로 한국국토정보공사와 민간업계, 민간업계간 **공동참여 확대**
 검토

  * 컨소시엄을 구성하여 지적재조사사업에 참여할 경우 가점 부여 등

□ **(신기술 개발·보급)** 사업 추진시 최신 측량기술을 적용할 수 있도록 한국국토정보공사
 와 함께 **신기술**을 지속적으로 **개발**하여 **민간에 보급**

○ 한국국토정보공사가 개발·보유한 **지적측량 SW 등을 민간에 제공**하여 성과의 안정성
 및 효율적 지적공부정리 기반 마련

* 현재 민간이 사용 중인 지적측량 SW에 의한 성과가 지적공부정리시 원활히 실행·호환되지 않아 장애요인으로 작용하여 개선 필요

○ 측량장비 및 기술발전에 따른 지적재조사 **측량장비 기능 개선**, 신기술 개발 및 작업 매뉴얼 작성 등 기술 지원

□ (융합 콘텐츠 개발 및 제공) 지적정보를 활용한 융합 콘텐츠 서비스를 개발하여 민간 공간정보 시장 확대

○ 융·복합이 필요한 콘텐츠를 **우선 순위와 최신 기술 발전 등을 고려**하여 사업 단계별 계획에 따라 융합 콘텐츠 연구, 도입 및 운영

* 지적 데이터 민간활용을 위한 공개 범위 및 데이터 제공 방안, 지적도 기반 재해정보 조사 및 서비스 등 융·복합 콘텐츠를 선정하고 단계별 계획 수립

□ (해외시장 확대) 해외 협력사업 발굴 및 국제 네트워크 강화

○ **(해외 협력사업 발굴)** 해외시장 확대를 위해 지적재조사 관련 **사업영역 및 수출모델**을 지속적으로 **발굴**하고, 건설, 토목 등 타 사업 분야와의 융합·협력을 통해 함께 진출할 수 있는 **중·장기적 전략 수립**

<해외 협력사업 발굴 모델>

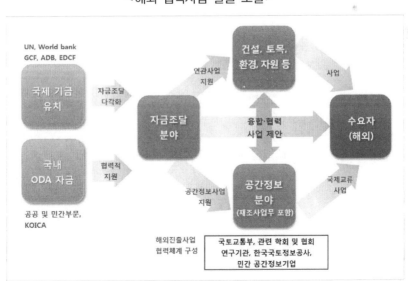

○ **(국제네트워크 강화)** 국제 컨퍼런스*의 지속 **참여**를 통한 네트워크 구축, 개도국 초청 연수 확대, 해외사업 전문기관과의 협력 강화

* • FIG (Federation International des Geometres) : 국제 측량사 연맹
  • OGC (Open Geospatial Consortium) : 개방형 공간정보 컨소시엄
  • UN-GGIM (UN-Global Geospatial Information Management) : 글로벌공간정보 관리 전문가 회의

－ **한일 국토·도시 협력회의** 및 부동산 분야 동남아 교류협력회의 **참여**, 한-우즈벡간 MOU 후속조치 등 추진

－ 한국국토정보공사 **해외협력 지원센터의 역할을 확대·강화**하여 공간정보산업 분야(지적재조사 포함) 해외진출 지원

* 민간기업 대상 맞춤형 해외진출 지원 컨설팅 서비스 및 리스크 관리, 국가별 마케팅 전략 수립, 공간정보 패키지상품 모형개발 계획과 전문기술의 지원 기능 등 지원센터 역할 확대

3-③ 공간정보 융합기술 개발

□ 지적재조사 측량기반 신기술 연구

○ 네트워크 RTK, 무인항공기(UAV), Multi-GNSS 등을 활용하여 데이터 취득의 **신속성과 정확성 향상**

○ 지각변동에 따른 **상시관측소 성과 재고시** 내용과 연계하여 **지적기준점 및 일필지 경계점의 수정·재고시** 방안 마련

○ 산·학·연·관 협력체계를 구축하여 고감도 GNSS수신기, 장폴대 등의 **국산화 추진**

○ **무인항공기를 활용한 지적재조사측량 적용 방안 마련**

－ 측량여건이 열악하고, **직접측량이 곤란한 지역** 등에 무인항공기를 활용하여 사업의 **효율성 제고**

□ 지적재조사사업 품질관리 강화 및 연계 활용

○ **지적재조사사업 성과의 품질관리 및 품질평가체계 구축**

 – 구축 및 운영 단계별 관리체계와 지적정보의 품질평가 항목을 도입하고, 상세성 및 논리적 규칙 준수성, 위치 정확성, 속성 정확성, 적시성에 의한 **지적정보 품질 평가체계 구축**

 – 추진체계에 따른 참여기관별 지적정보 **품질관리 역할 정립**

  ■ **(국토교통부)** 품질관리 기준·지침 개발, 심의·의결사항 결정

  ■ **(시·도)** 관내 지적재조사사업 성과물의 통합 및 품질관리

  ■ **(시·군·구)** 관내 지적재조사사업 성과물의 품질평가 수행

○ **한국형 지적데이터모델 개발 및 운영**

 – 지적정보의 효율적인 검색 및 유통을 지원할 수 있게 기존 공간정보 유통망 사업의 메타데이터 모델과 연계 운영

○ 수치지형도, 도로명주소기본도 등 **기존의 공간정보**와 지적재조사성과와의 **연계·융합 기법 및 활용 방안 마련**

1. 과제별 추진일정

과 제 명	'16	'17	'18	'19	'20
1. 국민 맞춤형 디지털지적 구현					
① 가치 창출형 지적재조사					
ⓐ 지적불부합지 정리	■	■	■	■	■
ⓑ 지목 현실화 추진	■	■	■	■	■
ⓒ 경계점표지등록부 작성·교부	■	■	■	■	■
② 세계측지계 기반 지적 구축					
ⓐ 세계측지계 변환 추진	■	■	■	■	■
ⓑ 지적공부 세계측지계 변환 훈령 제정	■				
ⓒ 세계측지계 변환에 따른 개별불부합지 추출	■	■	■		
ⓓ 지적공부 등록					■
③ 지적 등록정보 다원화					
ⓐ 건축물 위치등록 추진	■	■	■	■	■
ⓑ 건축물 위치등록 지침 마련	■				
ⓒ 건축물 및 부동산 관련 시스템과 연계 추진	■	■			
ⓓ 토지정보의 활용 및 제공 방안 마련	■	■			
ⓔ 바른땅시스템에 일필지조사서 세부항목 등록	■	■	■	■	■

과 제 명	'16	'17	'18	'19	'20
2. 지속 가능형 추진체계 확립					
① 안정적 재원조달 기반 마련					
ⓐ 사업재원 다각화 방안 마련	■				
ⓑ 지적재조사기금 신설 추진	■	■			
② 전문인력 양성 및 조직체계 완비					
ⓐ 인력양성 프로그램 운영	■	■	■	■	■
ⓑ 시·도 종합계획 수립 지원 및 점검·관리	■	■	■	■	■
ⓒ 사업추진 표준매뉴얼 작성·배부	■				
ⓓ 위원회 운영 효율화 추진	■				
ⓔ 전문직위제 도입 및 인센티브 부여 권고	■				
ⓕ 지자체 전담조직 설치 및 인력 확보 지원·관리	■	■	■	■	■
ⓖ 인력수급 계획 수립	■				
③ 권익 보호형 법·제도 정비					
ⓐ 바른땅 아카데미 운영계획 수립	■	■			
ⓑ 현장 간담회 계획 수립 및 시행(매년)	■	■	■	■	■
ⓒ 아이디어 공모제 실시(매년)	■	■	■	■	■
ⓓ 지적재조사에 관한 특별법 개정	■				
ⓔ 지적재조사 업무규정 및 측량규정 개정	■				
ⓕ 신기술 도입에 따른 관련 규정 정비(수시)	■	■	■	■	■

과 제 명	'16	'17	'18	'19	'20
④ 국민 소통형 사업추진					
ⓐ 바른땅시스템 활용도 제고 방안 마련	■				
ⓑ 현장방문 및 애로사항 청취(매년)	■	■	■	■	■
ⓒ 사업완료지구 주민대상 만족도 조사 실시(격년)	■		■		■
ⓓ 홍보 동영상 신규제작	■				
ⓔ 중장기 홍보종합계획 수립	■				

3. 공유·개방형 공간정보 활성화

과 제 명	'16	'17	'18	'19	'20
① 유관사업과의 연계·협력체계 강화					
ⓐ 국·공유지 토지이용·점유현황 등 정보 제공	■	■	■	■	■
ⓑ 지적재조사사업 프레임 구축 및 연계 활용 방안 마련	■	■			
ⓒ 국가기준점 및 항공사진 활용 방안 마련	■	■			
ⓓ 도시재생사업 등 유관사업과의 연계 방안 마련	■	■	■	■	
② 민간산업 활성화 및 해외시장 확대					
ⓐ 민간산업 상생협력 방안 마련	■	■			
ⓑ 신기술 개발·보급 지원	■	■	■	■	■
ⓒ 융합 콘텐츠 서비스 개발 및 제공	■	■	■	■	■
ⓓ 해외협력사업 발굴	■	■	■	■	■
ⓔ 국제교류협력 회의(한일 국토·도시협력회의 등) 참여 등	■	■	■	■	■
ⓕ 국토정보공사 해외협력지원센터 역할 확대·강화	■	■	■	■	■

과 제 명	'16	'17	'18	'19	'20
③ 공간정보 융합기술 개발					
ⓐ 기준점 및 일필지 경계점의 수정·재고시 방안마련	▨	▨	▨		
ⓑ 산·학·연·관 협력체계구축 및 측량장비의국산화	▨	▨	▨	▨	▨
ⓒ 무인항공기를 활용한 지적재조사측량 적용 방안마련	▨				
ⓓ 지적정보 품질평가 체계 구축	▨	▨			
ⓔ 한국형 지적데이터모델 개발	▨	▨	▨		
ⓕ 기존 공간정보와 연계·융합기법 및 활용 방안마련	▨	▨	▨		

2. 연차별 소요예산

(단위 : 백만원)

| 연도 | 기준점 측량 | 지적재조사측량 | | 세계측지계 | | 정보 시스템 구축 | 예비비 | 합계 (부가세 포함) |
		집단 불부합 지역	개별 불부합 지역	변환	지적 확정측량 지역			
합계	79,133	660,541	365,388	51,530	6,602	20,371	118,102	1,301,667
'12~'15	–	40,754	–	7,730 (1,000)	2,757	20,371 (5,228)	7,132	78,744
2016	–	13,764	–	7,730	769	–	2,469	24,732
2017	16,662	67,235	–	7,730	769	–	9,145	101,541
2018	16,276	44,357	–	7,730	769	–	6,824	75,956
2019	19,672	44,357	–	10,305	769	–	7,419	82,522
2020	19,672	44,357	–	10,305	769	–	7,419	82,522
2021	749	44,357	45,673	–	–	–	9,068	99,847
2022	749	44,357	45,673	–	–	–	9,068	99,847
2023	749	44,357	45,673	–	–	–	9,068	99,847
2024	749	44,357	45,673	–	–	–	9,068	99,847
2025	749	44,357	45,674	–	–	–	9,068	99,848
2026	749	44,357	45,674	–	–	–	9,068	99,848
2027	748	44,303	45,674	–	–	–	9,063	99,788
2028	748	44,303	45,674	–	–	–	9,063	99,788
2029	745	44,102	–	–	–	–	4,464	49,311
2030	116	6,867	–	–	–	–	696	7,679

3. 기대효과

□ 사업완료시 약 3조 4천억원의 직접적인 경제효과 발생('10, KDI 예타)

○ 지적불부합에 따른 경계분쟁 등으로 발생하는 경계측량, 민원, 소송 등 **국민불편비용· 거래비용 절감 → 1조 5천억원의 국민 편익**

○ 지적불부합 오류자료 정비·관리, 신(新)지적공부의 신속한 민원발급 등 **행정관리·시**

간단축 등 행정 효율화 → 1조 9천억원의 행정 편익

□ 토지 활용성 제고로 이용가치 증대 및 국민의 재산권 보호

○ **재산권 행사의 제약요인을 해소**하고, 토지활용도를 높여 사업성과에 대한 **국민 만족도 향상**

○ 모양이 **불규칙한 토지경계를 직선으로 정리**하여 **토지 이용성 제고**

○ 도로와 접하지 않은 **맹지를 현실경계로 조정**하여 **토지 가치 증대**

○ 장기간 방치, 미활용되는 **국·공유지의 파악** 및 **활용도 개선**

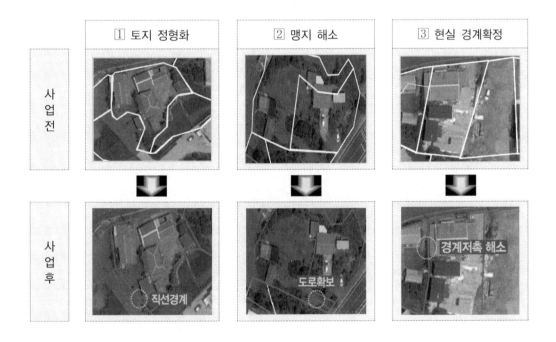

□ 정확한 토지정보로 지적행정 신뢰 구축 및 편익 개선

○ **토지경계를 수치(좌표)로 등록**함에 따라 동일한 성과 제시가 가능해 **지적행정의 대국민 신뢰도 향상**

○ 첨단 디지털 정보제공으로 **언제 어디서나 손쉽게 토지정보 확인**

○ **누구든지** 경계점표지등록부를 활용하여 편리하게 **경계위치 확인**

□ 개방과 공유를 통한 공간정보산업 활성화

 ㅇ 국가공간정보 인프라의 핵심인 지적정보의 품질을 높여 타 공간정보와의 융·복합을 통해 미래 국가 성장동력 기반 마련

□ 스마트 국토관리 기반 확충 및 청년일자리 창출을 통한 창조경제 실현

 ㅇ (인프라 구축) Cyber 국토의 구축을 통해 스마트 국토관리 기반 마련

 ㅇ (일자리 창출) 공간정보산업 시장 확대로 '30년까지 **약 7,800명**(연간 약 560명)의 **신규 일자리 창출**

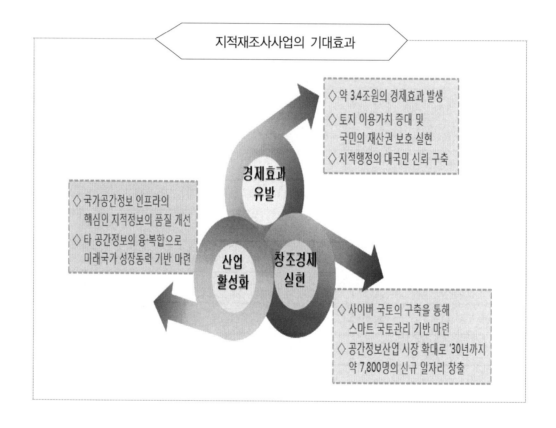

시·도별 지적재조사 사업지구 현황

구분		사업지구	계	구분	사업지구	계
특별시	서울특별시	1,957	1	경기도 수원시	287	
광역시	부산광역시	2,290		경기도 성남시	536	
	인천광역시	1,102		경기도 고양시	242	
	대구광역시	667	6	경기도 용인시	722	
	광주광역시	1,218		경기도 부천시	109	
	대전광역시	556		경기도 안산시	100	
	울산광역시	501		경기도 안양시	45	
도	경기도	7,088		경기도 남양주시	700	15
	강원도	5,224		경기도 화성시	1,405	
	충청남도	3,508		충청남도 천안시	615	
	충청북도	5,655	8	충청북도 청주시	417	
	전라남도	7,905		전라북도 전주시	924	
	전라북도	6,359		경상남도 창원시	88	
	경상남도	5,554		경상남도 김해시	170	
	경상북도	4,123		경상북도 포항시	890	
특별자치시	세종 특별자치시	20	1			
특별자치도	제주 특별자치도	967	1	계	61,944	32

인구 50만 이상 (세로 병합: 경기도 수원시 ~ 경상북도 포항시 행에 해당)

※「지적재조사에 관한 특별법」제4조에 의해 특별시장·광역시장·도지사·특별자치도지사·특별자치시장 및 「지방자치법」제175조에 따른 인구 50만 이상 대도시 기준

단계별 사업비 배분계획

(단위 : 필지, 백만원)

구분		전체 불부합지 (A)	도시개발 사업 등 (B)	사업대상 (C=A-B)	계	1단계 ('12~'15)	2단계 ('16~'20)	3단계 ('21~'25)	4단계 ('26~'30)
계	물량	5,535,971	123,666	5,412,305	5,412,305	227,363	1,637,672	1,947,270	1,600,000
	예산				660,541	40,754	214,070	221,785	183,932
서울	물량	149,091	5,222	143,869	143,869	1,284	43,920	54,250	44,415
	예산				17,391	365	5,741	6,179	5,106
부산	물량	169,988	46,436	123,552	123,552	6,374	37,106	44,410	35,662
	예산				15,368	1,360	4,850	5,058	4,100
대구	물량	38,819	2,998	35,821	35,821	1,892	10,690	12,650	10,589
	예산				4,479	424	1,397	1,441	1,217
인천	물량	53,267	5,737	47,530	47,530	8,141	14,618	13,205	11,566
	예산				6,430	1,685	1,911	1,504	1,330
광주	물량	184,508	8,562	175,946	175,946	7,928	53,341	63,285	51,392
	예산				21,754	1,665	6,973	7,208	5,908
대전	물량	31,094	7,380	23,714	23,714	6,298	7,086	5,635	4,695
	예산				3,816	1,710	926	642	538
울산	물량	79,807	4,075	75,732	75,732	5,028	22,228	26,710	21,766
	예산				9,333	883	2,906	3,260	2,502
세종	물량	7,820	-	7,820	7,820	867	2,379	2,530	2,044
	예산				988	154	311	309	235
경기	물량	549,796	22,703	527,093	527,093	23,961	161,410	188,110	153,612
	예산				64,628	4,445	21,099	22,958	17,659
강원	물량	729,129	2,781	726,348	726,348	20,663	221,468	266,700	217,517
	예산				87,859	3,528	28,950	32,549	25,005
충북	물량	556,847	4,182	552,665	552,665	14,670	168,001	202,520	167,474
	예산				66,804	2,525	21,960	24,716	19,253
충남	물량	422,225	3,548	418,677	418,677	30,901	123,685	143,915	120,176
	예산				51,741	5,367	16,168	17,564	13,815
전북	물량	557,346	2,470	554,876	554,876	20,739	167,573	200,000	166,564
	예산				67,620	3,789	21,904	24,409	19,148
전남	물량	822,352	2,169	820,183	820,183	31,502	250,181	295,815	242,685
	예산				99,199	4,905	32,703	36,102	27,899
경북	물량	400,121	844	399,277	399,277	15,996	120,168	143,735	119,378
	예산				48,474	2,672	15,708	17,542	13,723
경남	물량	583,488	2,997	580,491	580,491	22,439	174,136	211,550	172,366
	예산				70,259	3,588	22,762	25,818	19,815
제주	물량	200,273	1,562	198,711	198,711	8,680	59,682	72,250	58,099
	예산				24,398	1,689	7,801	8,818	6,679

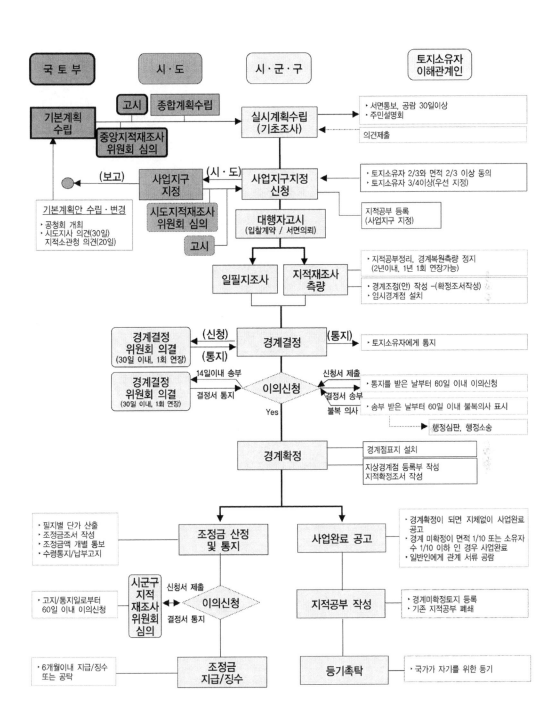

국 토 부　　시 · 도　　시 · 군 · 구　　토지소유자
이해관계인

종합계획수립　고시　실시계획수립
(기초조사)
· 서면통보, 공람 30일이상
· 주민설명회

기본계획
수립　중앙지적재조사
위원회 심의
의견제출

사업지구
지정　(시 · 도)　사업지구지정
신청
· 토지소유자 2/3와 면적 2/3 이상 동의
· 토지소유자 3/4이상(우선 지정)

(보고)

기본계획안 수립 · 변경
· 공청회 개최
· 시도지사 의견(30일)
　지적소관청 의견(20일)

시도지적재조사
위원회 심의　대행자고시
(입찰계약 / 서면의뢰)
지적공부 등록
(사업지구 지정)

고시

일필지조사　지적재조사
측량
· 지적공부정리, 경계복원측량 정지
　(2년이내, 1년 1회 연장가능)
· 경계조정(안) 작성 -(확정조서작성)
· 임시경계점 설치

경계결정
위원회 의결
(30일 이내, 1회 연장)　(신청)
(통지)　경계결정　(통지)　· 토지소유자에게 통지

경계결정
위원회 의결
(30일 이내, 1회 연장)　14일이내 송부
결정서 통지　이의신청
Yes　신청서 제출
결정서 송부
불복 의사　· 통지를 받은 날부터 60일 이내 이의신청
· 송부 받은 날부터 60일 이내 불복의사 표시

행정심판, 행정소송

경계확정　경계점표지 설치
지상경계점 등록부 작성
지적확정조서 작성

· 필지별 단가 산출
· 조정금조서 작성
· 조정금액 개별 통보
· 수령통지/납부고지　조정금 산정
및 통지　사업완료 공고
· 경계확정이 되면 지체없이 사업완료
　공고
· 경계 미확정이 면적 1/10 또는 소유자
　수 1/10 이하 인 경우 사업완료
· 일반인에게 관계 서류 공람

· 고지/통지일로부터
　60일 이내 이의신청　시군구
지적
재조사
위원회
심의　신청서 제출
결정서 통지　이의신청　지적공부 작성
· 경계미확정토지 등록
· 기존 지적공부 폐쇄

· 6개월이내 지급/징수
또는 공탁　조정금
지급/징수　등기촉탁　· 국가가 자기를 위한 등기

(단위 : 천필 / '15.12.기준)

구 분	추진실적			향후계획				
	변환대상	변환완료 ('13~'15년)	완료율 (%)	'16년 (15%)	'17년 (15%)	'18년 (15%)	'19년 (20%)	'20년 (15%)
총 계	32,359	6,690	20	4,853	4,853	4,853	6,381	4,729
서 울	843	127	15	126	126	126	169	169
부 산	573	203	35	86	86	86	112	–
대 구	573	111	19	86	86	86	115	89
인 천	576	124	22	86	86	86	115	79
광 주	209	38	18	31	31	31	42	36
대 전	259	117	45	39	39	39	25	–
울 산	401	90	23	60	60	60	80	51
세 종	185	31	17	28	28	28	37	33
경 기	4,176	1,525	37	626	626	626	773	–
강 원	1,798	367	20	270	270	270	360	261
충 북	1,663	334	20	249	249	249	333	249
충 남	3,105	523	17	466	466	466	621	563
전 북	3,190	552	17	479	479	479	638	563
전 남	4,872	857	18	731	731	731	974	848
경 북	5,215	911	17	782	782	782	1043	913
경 남	4,102	652	16	615	615	615	820	785
제 주	619	128	21	93	93	93	124	88

* 변환대상은 전체 3,790만 필지('13년말 기준) 중 집단불부합지 554만 필지를 제외한 물량

지적재조사에 관한 특별법

[시행 2016.9.1.] [법률 제13796호, 2016.1.19., 타법개정]

제1장 총칙

제1조(목적) 이 법은 토지의 실제 현황과 일치하지 아니하는 지적공부(地籍公簿)의 등록사항을 바로 잡고 종이에 구현된 지적(地籍)을 디지털 지적으로 전환함으로써 국토를 효율적으로 관리함과 아울러 국민의 재산권 보호에 기여함을 목적으로 한다.

제2조(정의) 이 법에서 사용하는 용어의 정의는 다음과 같다. 〈개정 2014.6.3.〉
 1. "지적공부"란 「공간정보의 구축 및 관리 등에 관한 법률」 제2조제19호에 따른 지적공부를 말한다.
 2. "지적재조사사업"이란 「공간정보의 구축 및 관리 등에 관한 법률」 제71조부터 제73조까지의 규정에 따른 지적공부의 등록사항을 조사·측량하여 기존의 지적공부를 디지털에 의한 새로운 지적공부로 대체함과 동시에 지적공부의 등록사항이 토지의 실제 현황과 일치하지 아니하는 경우 이를 바로 잡기 위하여 실시하는 국가사업을 말한다.
 3. "사업지구"란 지적재조사사업을 시행하기 위하여 제7조 및 제8조에 따라 지정·고시된 지구를 말한다.
 4. "일필지조사"란 지적재조사사업을 시행하기 위하여 필지별로 소유자, 지번, 지목, 면적, 경계 또는 좌표, 지상건축물 및 지하건축물의 위치, 개별공시지가 등을 조사하는 것을 말한다.
 5. "지적소관청"이란 「공간정보의 구축 및 관리 등에 관한 법률」 제2조제18호에 따른 지적소관청을 말한다.

제3조(다른 법률과의 관계) ① 이 법은 지적재조사사업에 관하여 다른 법률에 우선하여 적용한다.
 ② 지적재조사사업을 시행할 때 이 법에서 규정하지 아니한 사항에 대하여는 「공간정보의 구축 및 관리 등에 관한 법률」에 따른다. 〈개정 2014.6.3.〉

제2장   지적재조사사업의 시행

제1절 기본계획의 수립 등

제4조(기본계획의 수립) ① 국토교통부장관은 지적재조사사업을 효율적으로 시행하기 위하여 다음 각 호의 사항이 포함된 지적재조사사업에 관한 기본계획(이하 "기본계획"이라 한다)을 수립하여야 한다. 〈개정 2013.3.23.〉

1. 지적재조사사업에 관한 기본방향
2. 지적재조사사업의 시행기간 및 규모
3. 지적재조사사업비의 연도별 집행계획
4. 지적재조사사업비의 특별시·광역시·도·특별자치도·특별자치시 및 「지방자치법」 제175조에 따른 인구 50만 이상 대도시(이하 "시·도"라 한다)별 배분 계획
5. 지적재조사사업에 필요한 인력의 확보에 관한 계획
6. 그 밖에 지적재조사사업의 효율적 시행을 위하여 필요한 사항으로서 대통령령으로 정하는 사항

② 국토교통부장관은 기본계획을 수립할 때에는 미리 공청회를 개최하여 관계 전문가 등의 의견을 들어 기본계획안을 작성하고, 특별시장·광역시장·도지사·특별자치도지사·특별자치시장 및 「지방자치법」 제175조에 따른 인구 50만 이상 대도시의 시장(이하 "시·도지사"라 한다)에게 그 안을 송부하여 의견을 들은 후 제28조에 따른 중앙지적재조사위원회의 심의를 거쳐야 한다. 〈개정 2013.3.23.〉

③ 시·도지사는 제2항에 따라 기본계획안을 송부받았을 때에는 이를 지체 없이 지적소관청에 송부하여 그 의견을 들어야 한다.

④ 지적소관청은 제3항에 따라 기본계획안을 송부받은 날부터 20일 이내에 시·도지사에게 의견을 제출하여야 하며, 시·도지사는 제2항에 따라 기본계획안을 송부받은 날부터 30일 이내에 지적소관청의 의견에 자신의 의견을 첨부하여 국토교통부장관에게 제출하여야 한다. 이 경우 기간 내에 의견을 제출하지 아니하면 의견이 없는 것으로 본다. 〈개정 2013.3.23.〉

⑤ 제2항부터 제4항까지의 규정은 기본계획을 변경할 때에도 적용한다. 다만, 대통령령으로 정하는 경미한 사항을 변경할 때에는 제외한다.

⑥ 국토교통부장관은 기본계획을 수립하거나 변경하였을 때에는 이를 관보에 고시하고 시·도지사에게 통지하여야 하며, 시·도지사는 이를 지체 없이 지적소관청에 통지하여야 한다. 〈개정 2013.3.23.〉

⑦ 국토교통부장관은 기본계획이 수립된 날부터 5년이 지나면 그 타당성을 다시 검토하고 필요하면 이를 변경하여야 한다. 〈개정 2013.3.23.〉

제5조(지적재조사사업의 시행자) ① 지적재조사사업은 지적소관청이 시행한다.

② 지적소관청은 지적재조사사업의 측량·조사 등을 「국가공간정보 기본법」 제12조에 따라 설립된 한국국토정보공사와 「공간정보의 구축 및 관리 등에 관한 법률」 제44조에 따라 지적측량업의 등록을 한 자(이하 "지적측량수행자"라 한다)에게 대행하게 할 수 있다. 〈개정 2014.6.3.〉

③ 지적소관청이 지적재조사사업의 측량·조사 등을 지적측량수행자에게 대행하게 할 때에는 대통령령으로 정하는 바에 따라 이를 고시하여야 한다.

제6조(실시계획의 수립) ① 지적소관청은 기본계획을 통지받았을 때에는 다음 각 호의 사항이 포함된 지적재조사사업에 관한 실시계획(이하 "실시계획"이라 한다)을 수립하여야 한다.

1. 지적재조사사업의 시행자
2. 사업지구의 명칭
3. 사업지구의 위치 및 면적
4. 지적재조사사업의 시행시기 및 기간
5. 지적재조사사업비의 추산액
6. 일필지조사에 관한 사항
7. 그 밖에 지적재조사사업의 시행을 위하여 필요한 사항으로서 대통령령으로 정하는 사항

② 실시계획의 작성 기준 및 방법은 국토교통부장관이 정한다. 〈개정 2013.3.23.〉

제7조(사업지구의 지정) ① 지적소관청은 실시계획을 수립하여 시·도지사에게 사업지구 지정 신청을 하여야 한다.

② 지적소관청이 시·도지사에게 사업지구 지정을 신청하고자 할 때에는 다음 각 호의 사항을 고려하여 사업지구 토지소유자 총수의 3분의 2 이상과 토지면적 3분의 2 이상에 해당하는 토지소유자의 동의를 받아야 한다.

1. 지적공부의 등록사항과 토지의 실제 현황이 다른 정도가 심하여 주민의 불편이 많은 지역인지 여부
2. 사업시행이 용이한지 여부
3. 사업시행의 효과 여부

③ 제2항에도 불구하고 지적소관청은 사업지구에 제13조에 따른 토지소유자협의회(이하 "토지소유자협의회"라 한다)가 구성되어 있고 토지소유자 총수의 4분의 3 이상의 동의가 있는 지구에 대하여는 우선하여 사업지구로 지정을 신청할 수 있다.

④ 지적소관청은 사업지구 지정을 신청하고자 할 때에는 실시계획 수립 내용을 주민에게 서면으로 통보한 후 주민설명회를 개최하고 실시계획을 30일 이상 주민에게 공람하여야 한다.

⑤ 사업지구에 있는 토지소유자와 이해관계인은 제4항에 따른 공람기간 안에 지적소관청에 의견을 제출할 수 있으며, 지적소관청은 제출된 의견이 타당하다고 인정할 때에는 이를 반영하여

야 한다.

⑥ 시·도지사는 사업지구를 지정할 때에는 대통령령으로 정하는 바에 따라 제29조에 따른 시·도 지적재조사위원회의 심의를 거쳐야 한다.

⑦ 제1항부터 제6항까지의 규정은 사업지구를 변경할 때에도 적용한다. 다만, 대통령령으로 정하는 경미한 사항을 변경할 때에는 제외한다.

⑧ 제2항에 따른 동의자 수의 산정방법, 동의절차, 그 밖에 필요한 사항은 대통령령으로 정한다.

제8조(사업지구 지정고시) ① 시·도지사는 사업지구를 지정하거나 변경한 경우에 시·도 공보에 고시하고 그 지정내용 또는 변경내용을 국토교통부장관에게 보고하여야 하며, 관계 서류를 일반인이 열람할 수 있도록 하여야 한다. 〈개정 2013.3.23.〉

② 사업지구의 지정 또는 변경에 대한 고시가 있을 때에는 지적공부에 사업지구로 지정된 사실을 기재하여야 한다.

제9조(사업지구 지정의 효력상실 등) ① 지적소관청은 사업지구 지정고시를 한 날부터 2년 내에 일필지조사 및 지적재조사를 위한 지적측량(이하 "지적재조사측량"이라 한다)을 시행하여야 한다.

② 제1항의 기간 내에 일필지조사 및 지적재조사측량을 시행하지 아니할 때에는 그 기간의 만료로 사업지구의 지정은 효력이 상실된다.

③ 시·도지사는 제2항에 따라 사업지구 지정의 효력이 상실되었을 때에는 이를 시·도 공보에 고시하고 국토교통부장관에게 보고하여야 한다. 〈개정 2013.3.23.〉

제2절 지적측량 등

제10조(일필지조사) ① 지적소관청은 제8조에 따른 사업지구 지정고시가 있으면 그 사업지구의 토지를 대상으로 일필지조사를 하여야 하며, 일필지조사는 지적재조사측량과 병행하여 실시할 수 있다.

② 일필지조사를 할 때에는 소유자, 지번, 지목, 경계 또는 좌표, 지상건축물 및 지하건축물의 위치, 개별공시지가 등을 기재한 일필지조사서를 작성하여야 한다.

③ 일필지조사에 따른 조사 범위·대상·항목과 일필지조사서 기재·작성 방법에 관련된 사항은 국토교통부령으로 정한다. 〈개정 2013.3.23.〉

제11조(지적재조사측량) ① 지적재조사측량은 「공간정보의 구축 및 관리 등에 관한 법률」

제2조제4호의 지적측량으로 한다. 이 경우 성과의 검사에 관련된 사항은「공간정보의 구축 및 관리 등에 관한 법률」제25조를 준용한다. 〈개정 2014.6.3.〉

② 지적재조사측량은「공간정보의 구축 및 관리 등에 관한 법률」제6조제1항제1호의 측량기준으로 한다. 〈개정 2014.6.3.〉

③ 제1항과 제2항 외에 지적재조사측량의 방법과 절차 등은 국토교통부령으로 정한다. 〈개정 2013.3.23.〉

제12조(지적공부정리 등의 정지) ① 지적소관청은 지적재조사사업의 효율적 수행을 위하여 불가피할 때에는 토지의 분할에 따른 지적공부정리와 경계복원측량을 일정한 기간 동안 정지할 수 있다. 다만, 지적재조사사업의 시행을 위한 경계복원측량과 법원의 판결 또는 결정에 따라 토지를 분할하거나 경계복원측량을 하는 경우는 제외한다.

② 제1항에 따라 지적공부정리와 경계복원측량을 정지하는 기간은 2년의 범위에서 정하되 1년의 범위에서 1회에 한하여 연장할 수 있다. 이 경우 토지소유자와 이해관계인의 불편이 최소화되도록 하여야 한다.

③ 지적소관청은 제1항에 따라 지적공부정리와 경계복원측량을 정지하고자 할 때에는 미리 토지소유자협의회의 의견을 들어야 한다. 다만, 토지소유자협의회가 구성되지 아니할 때에는 제외한다.

④ 지적소관청은 제1항에 따라 지적공부정리와 경계복원측량을 정지하고자 할 때에는 대통령령으로 정하는 바에 따라 이를 고시하여야 한다.

제13조(토지소유자협의회) ① 사업지구의 토지소유자는 토지소유자 총수의 3분의 2 이상과 토지면적 3분의 2 이상에 해당하는 토지소유자의 동의를 받아 토지소유자협의회를 구성할 수 있다.

② 토지소유자협의회는 위원장을 포함한 5명 이상 20명 이하의 위원으로 구성한다. 토지소유자협의회의 위원은 그 사업지구에 있는 토지의 소유자이어야 하며, 위원장은 위원 중에서 호선한다.

③ 토지소유자협의회의 기능은 다음 각 호와 같다.

1. 지적소관청에 대한 우선사업지구의 신청
2. 일필지조사에 대한 입회
3. 임시경계점표지 및 경계점표지의 설치에 대한 입회
4. 지적공부정리 정지기간에 대한 의견 제출
5. 제20조제3항에 따른 조정금 산정기준에 대한 결정
6. 제31조에 따른 경계결정위원회(이하 "경계결정위원회"라 한다) 위원의 추천

④ 제1항에 따른 동의자 수의 산정방법 및 동의절차, 토지소유자협의회의 구성 및 운영, 그 밖에 필요한 사항은 대통령령으로 정한다.

제3절 경계의 확정 등

제14조(경계설정의 기준) ① 지적소관청은 다음 각 호의 순위로 지적재조사를 위한 경계를 설정하여야 한다.

1. 지상경계에 대하여 다툼이 없는 경우 토지소유자가 점유하는 토지의 현실경계
2. 지상경계에 대하여 다툼이 있는 경우 등록할 때의 측량기록을 조사한 경계
3. 지방관습에 의한 경계

② 제1항에도 불구하고 경계를 같이 하는 토지소유자들이 경계에 합의한 경우 그 경계를 기준으로 한다. 다만, 국유지·공유지가 경계를 같이 하는 토지를 구성하는 때에는 그러하지 아니하다.

③ 지적소관청이 제1항과 제2항에 따라 지적재조사를 위한 경계를 설정할 때에는 「도로법」, 「하천법」 등 관계 법령에 따라 고시되어 설치된 공공용지의 경계가 변경되지 아니하도록 하여야 한다.

제15조(경계점표지 설치 및 지적확정조서 작성 등) ① 지적소관청은 제14조에 따라 경계를 설정하면 지체 없이 임시경계점표지를 설치하고 지적재조사측량을 실시하여야 한다.

② 지적소관청은 지적재조사측량을 완료하였을 때에는 대통령령으로 정하는 바에 따라 기존 지적공부상의 종전 토지면적과 지적재조사를 통하여 확정된 토지면적에 대한 지번별 내역 등을 표시한 지적확정조서를 작성하여야 한다.

③ 지적소관청은 제2항에 따른 지적확정조서를 작성하였을 때에는 토지소유자나 이해관계인에게 그 내용을 통보하여야 하며, 통보를 받은 토지소유자나 이해관계인은 지적소관청에 의견을 제출할 수 있다. 이 경우 지적소관청은 제출된 의견이 타당하다고 인정할 때에는 경계를 다시 설정하고, 임시경계점표지를 다시 설치하는 등의 조치를 하여야 한다.

④ 누구든지 제1항 및 제3항에 따른 임시경계점표지를 이전 또는 파손하거나 그 효용을 해치는 행위를 하여서는 아니 된다.

⑤ 그 밖에 지적확정조서의 작성에 필요한 사항은 국토교통부령으로 정한다. 〈개정 2013.3.23.〉

제16조(경계의 결정) ① 지적재조사에 따른 경계결정은 경계결정위원회의 의결을 거쳐 결정한다.

② 지적소관청은 제1항에 따른 경계에 관한 결정을 신청하고자 할 때에는 제15조제2항에 따른 지적확정조서에 토지소유자나 이해관계인의 의견을 첨부하여 경계결정위원회에 제출하여야 한다.

③ 제2항에 따른 신청을 받은 경계결정위원회는 지적확정조서를 제출받은 날부터 30일 이내에 경계에 관한 결정을 하고 이를 지적소관청에 통지하여야 한다. 이 기간 안에 경계에 관한 결정을 할 수 없는 부득이한 사유가 있을 때에는 경계결정위원회는 의결을 거쳐 30일의 범위에서 그 기간을 연장할 수 있다.

④ 토지소유자나 이해관계인은 경계결정위원회에 참석하여 의견을 진술할 수 있다. 경계결정위

원회는 토지소유자나 이해관계인이 의견진술을 신청하는 경우에는 특별한 사정이 없는 한 이에 따라야 한다.

⑤ 경계결정위원회는 제3항에 따라 경계에 관한 결정을 하기에 앞서 토지소유자들로 하여금 경계에 관한 합의를 하도록 권고할 수 있다.

⑥ 지적소관청은 제3항에 따라 경계결정위원회로부터 경계에 관한 결정을 통지받았을 때에는 지체 없이 이를 토지소유자나 이해관계인에게 통지하여야 한다. 이 경우 제17조제1항에 따른 기간 안에 이의신청이 없으면 경계결정위원회의 결정대로 경계가 확정된다는 취지를 명시하여야 한다.

제17조(경계결정에 대한 이의신청) ① 제16조제6항에 따라 경계에 관한 결정을 통지받은 토지소유자나 이해관계인이 이에 대하여 불복하는 경우에는 통지를 받은 날부터 60일 이내에 지적소관청에 이의신청을 할 수 있다.

② 제1항에 따라 이의신청을 하고자 하는 토지소유자나 이해관계인은 지적소관청에 이의신청서를 제출하여야 한다. 이 경우 이의신청서에는 증빙서류를 첨부하여야 한다.

③ 지적소관청은 제2항에 따라 이의신청서가 접수된 날부터 14일 이내에 이의신청서에 의견서를 첨부하여 경계결정위원회에 송부하여야 한다.

④ 제3항에 따라 이의신청서를 송부받은 경계결정위원회는 이의신청서를 송부받은 날부터 30일 이내에 이의신청에 대한 결정을 하여야 한다. 다만, 부득이한 경우에는 30일의 범위에서 처리기간을 연장할 수 있다.

⑤ 경계결정위원회는 이의신청에 대한 결정을 하였을 때에는 그 내용을 지적소관청에 통지하여야 하며, 지적소관청은 결정내용을 통지받은 날부터 7일 이내에 결정서를 작성하여 이의신청인에게는 그 정본을, 그 밖의 토지소유자나 이해관계인에게는 그 부본을 송달하여야 한다. 이 경우 토지소유자는 결정서를 송부받은 날부터 60일 이내에 경계결정위원회의 결정에 대하여 행정심판이나 행정소송을 통하여 불복할 지 여부를 지적소관청에 알려야 한다.

⑥ 지적소관청은 제5항에 따른 경계결정위원회의 결정에 불복하는 토지소유자의 필지는 사업대상지에서 제외할 수 있다. 다만, 사업대상지에서 제외된 토지에 관하여는 등록사항정정대상 토지로 지정하여 관리한다.

제18조(경계의 확정) ① 지적재조사사업에 따른 경계는 다음 각 호의 시기에 확정된다.

1. 제17조제1항에 따른 이의신청 기간에 이의를 신청하지 아니하였을 때
2. 제17조제4항에 따른 이의신청에 대한 결정에 대하여 60일 이내에 불복의사를 표명하지 아니하였을 때
3. 제16조제3항에 따른 경계에 관한 결정이나 제17조제4항에 따른 이의신청에 대한 결정에 불복하여 행정소송을 제기한 경우에는 그 판결이 확정되었을 때

② 제1항에 따라 경계가 확정되었을 때에는 지적소관청은 지체 없이 경계점표지를 설치하여야 하며, 국토교통부령으로 정하는 바에 따라 경계점표지등록부를 작성하고 관리하여야 한다. 이 경우 제1항에 따라 확정된 경계가 제15조제1항 및 제3항에 따라 설정된 경계와 동일할 때에는 같은 조 제1항 및 제3항에 따른 임시경계점표지를 경계점표지로 본다. 〈개정 2013.3.23.〉

③ 누구든지 제2항에 따른 경계점표지를 이전 또는 파손하거나 그 효용을 해치는 행위를 하여서는 아니 된다.

제19조(지목의 변경) 지적재조사측량 결과 기존의 지적공부상 지목이 실제의 이용현황과 다른 경우 지적소관청은 기존의 지적공부상의 지목을 변경할 수 있다. 이 경우 지목을 변경하기 위하여 다른 법령에 따른 인허가 등을 받아야 할 때에는 그 인허가 등을 받거나 관계 기관과 협의한 경우에 한하여 실제의 지목으로 변경할 수 있다.

제4절 조정금 산정 등

제20조(조정금의 산정) ① 지적소관청은 제18조에 따른 경계 확정으로 지적공부상의 면적이 증감된 경우에는 필지별 면적 증감내역을 기준으로 조정금을 산정하여 징수하거나 지급한다.

② 제1항에도 불구하고 국가 또는 지방자치단체 소유의 국유지·공유지 행정재산의 조정금은 징수하거나 지급하지 아니한다.

③ 조정금은 지적소관청이 사업지구를 지정하여 고시하였을 때의 「부동산 가격공시에 관한 법률」에 따른 개별공시지가를 기준으로 정하거나, 「감정평가 및 감정평가사에 관한 법률」 제29조에 따른 감정평가법인에 의뢰하여 평가한 감정평가액으로 산정한다. 〈개정 2016.1.19.〉

④ 지적소관청은 제3항에 따라 조정금을 산정하고자 할 때에는 제30조에 따른 시·군·구 지적재조사위원회의 심의를 거쳐야 한다.

⑤ 제2항부터 제4항까지에 규정된 것 외에 조정금의 산정에 필요한 사항은 대통령령으로 정한다.

제21조(조정금의 지급·징수 또는 공탁) ① 조정금은 현금으로 지급하거나 납부하여야 한다. 다만, 대통령령으로 정하는 바에 따라 분할납부하게 할 수 있다.

② 지적소관청은 제20조제1항에 따라 조정금을 산정하였을 때에는 지체 없이 조정금조서를 작성하고, 토지소유자에게 개별적으로 조정금액을 통보하여야 한다.

③ 지적소관청은 제2항에 따라 조정금액을 통지한 날부터 10일 이내에 토지소유자에게 조정금의 수령통지 또는 납부고지를 하여야 한다.

④ 지적소관청은 제3항에 따라 수령통지를 한 날부터 6개월 이내에 조정금을 지급하여야 한다.

⑤ 제3항에 따라 납부고지를 받은 자는 그 고지를 받은 날부터 6개월 이내에 조정금을 지적소관

청에 납부하여야 하며, 지적소관청의 장은 조정금을 납부하여야 할 자가 기한 내에 납부하지 아니할 때에는 국세 또는 지방세 체납처분의 예에 따라 징수한다.

⑥ 지적소관청이 조정금을 지급하여야 하는 경우 조정금을 받을 자가 다음 각 호의 어느 하나에 해당할 때에는 그 조정금을 공탁할 수 있다.

1. 조정금을 받을 자가 그 수령을 거부하거나 주소 불분명 등의 이유로 조정금을 수령할 수 없을 때
2. 지적소관청이 과실 없이 조정금을 받을 자를 알 수 없을 때
3. 압류 또는 가압류에 따라 조정금의 지급이 금지되었을 때

⑦ 사업지구 지정이 있은 후 권리의 변동이 있을 때에는 그 권리를 승계한 자가 제1항에 따른 조정금 또는 제6항에 따른 공탁금을 수령한다.

제22조(조정금의 소멸시효) 조정금을 받을 권리나 징수할 권리는 5년간 행사하지 아니하면 시효의 완성으로 소멸한다.

제5절 새로운 지적공부의 작성 등

제23조(사업완료 공고 및 공람 등) ① 지적소관청은 사업지구에 있는 모든 토지에 대하여 제18조에 따른 경계 확정이 있었을 때에는 지체 없이 대통령령으로 정하는 바에 따라 사업완료 공고를 하고 관계 서류를 일반인이 공람하게 하여야 한다.

② 제17조제6항에 따라 경계결정위원회의 최종 결정에 불복하여 경계가 확정되지 아니한 토지가 있는 경우 그 면적이 사업지구 전체 토지면적의 10분의 1 이하이거나, 토지소유자의 수가 사업지구 전체 토지소유자 수의 10분의 1 이하인 경우에는 제1항에도 불구하고 사업완료 공고를 할 수 있다.

제24조(새로운 지적공부의 작성) ① 지적소관청은 제23조에 따른 사업완료 공고가 있었을 때에는 기존의 지적공부를 폐쇄하고 새로운 지적공부를 작성하여야 한다. 이 경우 그 토지는 제23조제1항에 따른 사업완료 공고일에 토지의 이동이 있은 것으로 본다.

② 제1항에 따라 새로이 작성하는 지적공부에는 다음 각 호의 사항을 등록하여야 한다. 〈개정 2013.3.23.〉

1. 토지의 소재
2. 지번
3. 지목
4. 면적
5. 경계점좌표

6. 소유자의 성명 또는 명칭, 주소 및 주민등록번호(국가, 지방자치단체, 법인, 법인 아닌 사단이나 재단 및 외국인의 경우에는 「부동산등기법」 제49조에 따라 부여된 등록번호를 말한다. 이하 같다)

7. 소유권지분

8. 대지권비율

9. 지상건축물 및 지하건축물의 위치

10. 그 밖에 국토교통부령으로 정하는 사항

③ 제23조제2항에 따라 사업완료 공고를 한 경우 제17조제6항에 따라 경계결정위원회의 최종 결정에 불복하여 경계가 확정되지 아니한 토지에 대하여는 대통령령으로 정하는 바에 따라 "경계미확정 토지"라고 기재하고 지적공부를 정리할 수 있으며, 경계가 확정될 때까지 지적측량을 정지시킬 수 있다.

제25조(등기촉탁) ① 지적소관청은 제24조에 따라 새로이 지적공부를 작성하였을 때에는 지체 없이 관할등기소에 그 등기를 촉탁하여야 한다. 이 경우 그 등기촉탁은 국가가 자기를 위하여 하는 등기로 본다.

② 토지소유자나 이해관계인은 지적소관청이 제1항에 따른 등기촉탁을 지연하고 있는 경우에는 대통령령으로 정하는 바에 따라 직접 제1항에 따른 등기를 신청할 수 있다.

③ 제1항 및 제2항에 따른 등기에 관하여 필요한 사항은 대법원규칙으로 정한다.

제26조(폐쇄된 지적공부의 관리) ① 제24조제1항에 따라 폐쇄된 지적공부는 영구히 보존하여야 한다.

② 제24조제1항에 따라 폐쇄된 지적공부의 열람이나 그 등본의 발급에 관하여는 「공간정보의 구축 및 관리 등에 관한 법률」 제75조를 준용한다. 〈개정 2014.6.3.〉

제27조(건축물현황에 관한 사항의 통보) 제23조제1항에 따른 사업완료 공고가 있었던 지역을 관할하는 특별자치도지사 또는 시장·군수·자치구청장은 「건축법」 제38조에 따라 건축물대장을 새로이 작성하거나, 건축물대장의 기재사항 중 지상건축물 또는 지하건축물의 위치에 관한 사항을 변경할 때에는 그 내용을 지적소관청에 통보하여야 한다.

제28조(중앙지적재조사위원회) ① 지적재조사사업에 관한 주요 정책을 심의·의결하기 위하여 국토교통부장관 소속으로 중앙지적재조사위원회(이하 "중앙위원회"라 한다)를 둔다. 〈개정 2013.3.23.〉

② 중앙위원회는 다음 각 호의 사항을 심의·의결한다.

1. 기본계획의 수립 및 변경

2. 관계 법령의 제정·개정 및 제도의 개선에 관한 사항

3. 그 밖에 지적재조사사업에 필요하여 중앙위원회의 위원장이 부의하는 사항

③ 중앙위원회는 위원장 및 부위원장 각 1명을 포함한 15명 이상 20명 이하의 위원으로 구성한다.

④ 중앙위원회의 위원장은 국토교통부장관이 되며, 부위원장은 위원 중에서 위원장이 지명한다. 〈개정 2013.3.23.〉

⑤ 중앙위원회의 위원은 다음 각 호의 어느 하나에 해당하는 사람 중에서 위원장이 임명 또는 위촉한다. 〈개정 2013.3.23., 2014.11.19.〉

1. 기획재정부·법무부·행정자치부 또는 국토교통부의 1급부터 3급까지 상당의 공무원 또는 고위공무원단에 속하는 공무원

2. 판사·검사 또는 변호사

3. 법학이나 지적 또는 측량 분야의 교수로 재직하고 있거나 있었던 사람

4. 그 밖에 지적재조사사업에 관하여 전문성을 갖춘 사람

⑥ 중앙위원회의 위원 중 공무원이 아닌 위원의 임기는 2년으로 한다.

⑦ 중앙위원회는 재적위원 과반수의 출석과 출석위원 과반수의 찬성으로 의결한다.

⑧ 그 밖에 중앙위원회의 조직 및 운영 등에 관하여 필요한 사항은 대통령령으로 정한다.

제29조(시·도 지적재조사위원회) ① 시·도의 지적재조사사업에 관한 주요 정책을 심의·의결하기 위하여 시·도지사 소속으로 시·도 지적재조사위원회(이하 "시·도 위원회"라 한다)를 둘 수 있다.

② 시·도 위원회는 다음 각 호의 사항을 심의·의결한다.

1. 지적소관청이 수립한 실시계획

2. 지적재조사사업지구의 지정 및 변경

3. 시·군·구별 지적재조사사업의 우선순위 조정

4. 그 밖에 지적재조사사업에 필요하여 시·도 위원회의 위원장이 부의하는 사항

③ 시·도 위원회는 위원장 및 부위원장 각 1명을 포함한 10명 이내의 위원으로 구성한다.

④ 시·도 위원회의 위원장은 시·도지사가 되며, 부위원장은 위원 중에서 위원장이 지명한다.

⑤ 시·도 위원회의 위원은 다음 각 호의 어느 하나에 해당하는 사람 중에서 위원장이 임명 또는 위촉한다.

1. 해당 시·도의 3급 이상 공무원

2. 판사·검사 또는 변호사

3. 법학이나 지적 또는 측량 분야의 교수로 재직하고 있거나 있었던 사람

4. 그 밖에 지적재조사사업에 관하여 전문성을 갖춘 사람

⑥ 시·도 위원회의 위원 중 공무원이 아닌 위원의 임기는 2년으로 한다.

⑦ 시·도 위원회는 재적위원 과반수의 출석과 출석위원 과반수의 찬성으로 의결한다.

⑧ 그 밖에 시·도 위원회의 조직 및 운영 등에 관하여 필요한 사항은 해당 시·도의 조례로 정한다.

제30조(시·군·구 지적재조사위원회) ① 시·군·구의 지적재조사사업에 관한 주요 정책을 심의·의결하기 위하여 지적소관청 소속으로 시·군·구 지적재조사위원회(이하 "시·군·구 위원회"라 한다)를 둘 수 있다.

② 시·군·구 위원회는 다음 각 호의 사항을 심의·의결한다.

1. 제12조에 따른 지적공부정리 등의 정지 대상

2. 제19조에 따른 지목의 변경

3. 제20조에 따른 조정금의 산정

4. 그 밖에 지적재조사사업에 필요하여 시·군·구 위원회의 위원장이 부의하는 사항

③ 시·군·구 위원회는 위원장 및 부위원장 각 1명을 포함한 10명 이내의 위원으로 구성한다.

④ 시·군·구 위원회의 위원장은 시장·군수 또는 구청장이 되며, 부위원장은 위원 중에서 위원장이 지명한다.

⑤ 시·군·구 위원회의 위원은 다음 각 호의 어느 하나에 해당하는 사람 중에서 위원장이 임명 또는 위촉한다.

1. 해당 시·군·구의 5급 이상 공무원

2. 해당 사업지구의 읍장·면장·동장

3. 판사·검사 또는 변호사

4. 법학이나 지적 또는 측량 분야의 교수로 재직하고 있거나 있었던 사람

5. 그 밖에 지적재조사사업에 관하여 전문성을 갖춘 사람

⑥ 시·군·구 위원회의 위원 중 공무원이 아닌 위원의 임기는 2년으로 한다.

⑦ 시·군·구 위원회는 재적위원 과반수의 출석과 출석위원 과반수의 찬성으로 의결한다.

⑧ 그 밖에 시·군·구 위원회의 조직 및 운영 등에 관하여 필요한 사항은 해당 시·군·구의 조례로 정한다.

제31조(경계결정위원회) ① 다음 각 호의 사항을 의결하기 위하여 지적소관청 소속으로 경계결정위원회를 둔다.

1. 경계설정에 관한 결정
2. 경계설정에 따른 이의신청에 관한 결정

② 경계결정위원회는 위원장 및 부위원장 각 1명을 포함한 11명 이내의 위원으로 구성한다.

③ 경계결정위원회의 위원장은 위원인 판사가 되며, 부위원장은 위원 중에서 지적소관청이 지정한다.

④ 경계결정위원회의 위원은 다음 각 호에서 정하는 사람이 된다. 다만, 제3호 및 제4호의 위원은 해당 사업지구에 관한 안건인 경우에 위원으로 참석할 수 있다.

1. 관할 지방법원장이 지명하는 판사
2. 다음 각 목의 어느 하나에 해당하는 사람으로서 지적소관청이 임명 또는 위촉하는 사람
   가. 지적소관청 소속 5급 이상 공무원
   나. 변호사, 법학교수, 그 밖에 법률지식이 풍부한 사람
   다. 지적측량기술자, 감정평가사, 그 밖에 지적재조사사업에 관한 전문성을 갖춘 사람
3. 각 사업지구의 토지소유자(토지소유자협의회가 구성된 경우에는 토지소유자협의회가 추천하는 사람을 말한다)
4. 각 사업지구의 읍장·면장·동장

⑤ 경계결정위원회의 위원에는 제4항제3호에 해당하는 위원이 반드시 포함되어야 한다.

⑥ 경계결정위원회의 위원 중 공무원이 아닌 위원의 임기는 2년으로 한다.

⑦ 경계결정위원회는 직권 또는 토지소유자나 이해관계인의 신청에 따라 사실조사를 하거나 신청인 또는 토지소유자나 이해관계인에게 필요한 서류의 제출을 요청할 수 있으며, 지적소관청의 소속 공무원으로 하여금 사실조사를 하게 할 수 있다.

⑧ 토지소유자나 이해관계인은 경계결정위원회에 출석하여 의견을 진술하거나 필요한 증빙서류를 제출할 수 있다.

⑨ 경계결정위원회의 결정 또는 의결은 문서로써 재적위원 과반수의 찬성이 있어야 한다.

⑩ 제9항에 따른 결정서 또는 의결서에는 주문, 결정 또는 의결 이유, 결정 또는 의결 일자 및 결정 또는 의결에 참여한 위원의 성명을 기재하고, 결정 또는 의결에 참여한 위원 전원이 서명날인하여야 한다. 다만, 서명날인을 거부하거나 서명날인을 할 수 없는 부득이한 사유가 있는 위원의 경우 해당 위원의 서명날인을 생략하고 그 사유만을 기재할 수 있다.

⑪ 경계결정위원회의 조직 및 운영 등에 관하여 필요한 사항은 해당 시·군·구의 조례로 정한다.

제32조(지적재조사기획단 등) ① 기본계획의 입안, 지적재조사사업의 지도·감독, 기술·인력 및 예산 등의 지원, 중앙위원회 심의·의결사항에 대한 보좌를 위하여 국토교통부에 지적재조사기획단을 둔다. 〈개정 2013.3.23.〉

② 지적재조사사업의 지도·감독, 기술·인력 및 예산 등의 지원을 위하여 시·도에 지적재조사지원단을, 실시계획의 입안, 지적재조사사업의 시행, 사업대행자에 대한 지도·감독 등을 위하여 지적소관청에 지적재조사추진단을 둘 수 있다.

③ 제1항에 따른 지적재조사기획단의 조직과 운영에 관하여 필요한 사항은 대통령령으로, 제2항에 따른 지적재조사지원단과 지적재조사추진단의 조직과 운영에 관하여 필요한 사항은 해당 지방자치단체의 조례로 정한다.

제4장 보칙

제33조(임대료 등의 증감청구) ① 지적재조사사업으로 인하여 임차권 등의 목적인 토지나 지역권에 관한 승역지(承役地)의 이용이 증진 되거나 방해됨으로써 종전의 임대료·지료, 그 밖의 사용료 등이 불합리하게 되었을 때에는 당사자는 계약조건에도 불구하고 장래에 대하여 그 증감을 청구할 수 있다.

② 제1항의 경우 당사자는 그 권리를 포기하거나 계약을 해지하여 그 의무를 면할 수 있다.

제34조(권리의 포기 등) ① 지적재조사사업의 시행으로 인하여 임차권 등 또는 지역권을 설정한 목적을 달성할 수 없게 되었을 때에는 당사자는 그 권리를 포기하거나 계약을 해지할 수 있다.

② 제1항에 따라 권리를 포기하거나 계약을 해지한 자는 그로 인한 손실의 보상을 지적소관청에 청구할 수 있다.

③ 제2항에 따라 손실을 보상한 지적소관청은 그 토지 또는 건축물의 소유자나 그로 인하여 이익을 받는 자에게 이를 구상할 수 있다.

제35조(청구 등의 제한) 사업완료 공고가 있었던 날부터 2개월이 경과하였을 때에는 제33조에 따른 임대료·지료, 그 밖의 사용료 등의 증감청구나 제34조에 따른 권리의 포기 또는 계약의 해지를 할 수 없다.

제36조(물상대위) 사업지구에 있는 토지 또는 건축물에 관하여 설정된 저당권은 저당권설정자가 지급받을 조정금에 대하여 행사할 수 있다. 이 경우에는 지급 전에 압류하여야 한다.

제37조(토지등에의 출입 등) ① 지적소관청은 지적재조사사업을 위하여 필요한 경우에는 소속 공무원 또는 지적측량수행자로 하여금 타인의 토지·건물·공유수면 등(이하 이 조에서 "토지등"이라 한다)에 출입하거나 이를 일시 사용하게 할 수 있으며, 특히 필요한 경우에는 나무·흙·돌, 그 밖의 장애물(이하 "장애물등"이라 한다)을 변경하거나 제거하게 할 수 있다.

　② 지적소관청은 제1항에 따라 소속 공무원 또는 지적측량수행자로 하여금 타인의 토지등에 출입하게 하거나 이를 일시 사용하게 하거나 장애물등을 변경 또는 제거하게 하려는 때에는 출입 등을 하려는 날의 3일 전까지 해당 토지등의 소유자·점유자 또는 관리인에게 그 일시와 장소를 통지하여야 한다.

　③ 해 뜨기 전이나 해가 진 후에는 그 토지등의 점유자의 승낙 없이 택지나 담장 또는 울타리로 둘러싸인 타인의 토지등에 출입할 수 없다.

　④ 토지등의 점유자는 정당한 사유 없이 제1항에 따른 행위를 방해하거나 거부하지 못한다.

　⑤ 제1항에 따른 행위를 하려는 자는 그 권한을 표시하는 증표와 허가증을 지니고 이를 관계인에게 내보여야 한다.

　⑥ 지적소관청은 제1항의 행위로 인하여 손실을 입은 자가 있으면 이를 보상하여야 한다.

　⑦ 제6항에 따른 손실보상에 관하여는 지적소관청과 손실을 입은 자가 협의하여야 한다.

　⑧ 지적소관청 또는 손실을 입은 자는 제7항에 따른 협의가 성립되지 아니하거나 협의를 할 수 없는 경우에는 「공익사업을 위한 토지 등의 취득 및 보상에 관한 법률」에 따른 관할 토지수용위원회에 재결을 신청할 수 있다.

　⑨ 제8항에 따른 관할 토지수용위원회의 재결에 관하여는 「공익사업을 위한 토지 등의 취득 및 보상에 관한 법률」 제84조부터 제88조까지의 규정을 준용한다.

제38조(서류의 열람 등) ① 토지소유자나 이해관계인은 지적재조사사업에 관한 서류를 열람할 수 있으며, 지적소관청은 정당한 사유가 없는 한 이를 거부하여서는 아니 된다.

　② 토지소유자나 이해관계인은 지적소관청에 자기의 비용으로 지적재조사사업에 관한 서류의 사본 교부를 청구할 수 있다.

　③ 국토교통부장관은 토지소유자나 이해관계인이 지적재조사사업과 관련한 정보를 인터넷 등을 통하여 실시간 열람할 수 있도록 공개시스템을 구축·운영하여야 한다. 〈개정 2013.3.23.〉

　④ 제3항에 따른 시스템의 구축 및 운영에 필요한 사항은 대통령령으로 정한다.

제39조(지적재조사사업에 관한 보고·감독) 국토교통부장관은 시·도지사에게, 시·도지사는 지적소관청에 대하여 지적재조사사업의 진행현황에 관하여 보고하게 하고 필요한 지원

과 감독을 할 수 있다. 〈개정 2013.3.23.〉

제40조(권한의 위임) 국토교통부장관은 이 법에 따른 권한의 전부 또는 일부를 대통령령으로 정하는 바에 따라 소속 기관의 장, 시·도지사 또는 지적소관청에 위임할 수 있다. 〈개정 2013.3.23.〉

제41조(비밀누설금지) 지적재조사사업에 종사하는 자와 이에 종사하였던 자가 지적재조사사업의 시행 중에 알게 된 타인의 비밀에 속하는 사항을 정당한 사유 없이 타인에게 누설하거나 사용하여서는 아니 된다.

제42조(「도시개발법」의 준용) 지적재조사사업과 관련된 환지에 관하여는 「도시개발법」 제28조부터 제49조까지의 규정을 준용한다. 이 경우 「도시개발법」 제40조에 따른 "환지처분"은 제23조에 따른 "사업완료 공고"로 본다.

제5장 벌칙

제43조(벌칙) ① 지적재조사사업을 위한 지적측량을 고의로 진실에 반하게 측량하거나 지적재조사사업 성과를 거짓으로 등록을 한 자는 2년 이하의 징역 또는 2천만원 이하의 벌금에 처한다.

② 제41조를 위반하여 지적재조사사업 중에 알게 된 타인의 비밀을 누설하거나 사용한 자는 1년 이하의 징역 또는 1천만원 이하의 벌금에 처한다.

제44조(양벌규정) 법인의 대표자나 법인 또는 개인의 대리인, 사용인, 그 밖의 종업원이 그 법인 또는 개인의 업무에 관하여 제43조의 위반행위를 하면 그 행위자를 벌하는 외에 그 법인 또는 개인에게도 해당 조문의 벌금형을 과(科)한다. 다만, 법인 또는 개인이 그 위반행위를 방지하기 위하여 해당 업무에 관하여 상당한 주의와 감독을 게을리하지 아니한 경우에는 그러하지 아니하다.

제45조(과태료) ① 다음 각 호의 어느 하나에 해당하는 자에게는 300만원 이하의 과태료를 부과한다.

1. 제15조제4항 또는 제18조제3항을 위반하여 임시경계점표지 또는 경계점표지를 이전 또는 파손하거나 그 효용을 해치는 행위를 한 자
2. 지적재조사사업을 정당한 이유 없이 방해한 자

② 제1항에 따른 과태료는 대통령령으로 정하는 바에 따라 국토교통부장관, 시·도지사 또는 지적소관청이 부과·징수한다. 〈개정 2013.3.23.〉

부칙 〈제13796호, 2016.1.19.〉 (부동산 가격공시에 관한 법률)

제1조(시행일) 이 법은 2016년 9월 1일부터 시행한다.

제2조 생략

제3조(다른 법률의 개정) ①부터 ㉓까지 생략

㉔ 지적재조사에 관한 특별법 일부를 다음과 같이 개정한다.

제20조제3항 중 "「부동산 가격공시 및 감정평가에 관한 법률」"을 "「부동산 가격공시에 관한 법률」"로 한다.

㉕부터 ㉗까지 생략

제4조 생략

지적재조사에 관한 특별법 시행령

[시행 2016.9.1.] [대통령령 제27472호, 2016.8.31., 타법개정]

제1조(목적) 이 영은 「지적재조사에 관한 특별법」에서 위임된 사항과 그 시행에 필요한 사항을 규정함을 목적으로 한다.

제2조(기본계획의 수립 등) ① 「지적재조사에 관한 특별법」(이하 "법"이라 한다) 제4조제1항제6호에서 "대통령령으로 정하는 사항"이란 다음 각 호의 사항을 말한다. 〈개정 2013.3.23.〉

1. 디지털 지적(地籍)의 운영·관리에 필요한 표준의 제정 및 그 활용
2. 지적재조사사업의 효율적 추진을 위하여 필요한 교육 및 연구·개발
3. 그 밖에 국토교통부장관이 법 제4조제1항에 따른 지적재조사사업에 관한 기본계획(이하 "기본계획"이라 한다)의 수립에 필요하다고 인정하는 사항

② 국토교통부장관은 기본계획 수립을 위하여 관계 중앙행정기관의 장에게 필요한 자료제출을 요청할 수 있다. 이 경우 자료제출을 요청받은 관계 중앙행정기관의 장은 특별한 사정이 없으면 요청에 따라야 한다. 〈개정 2013.3.23.〉

제3조(기본계획의 경미한 변경) 법 제4조제5항 단서에서 "대통령령으로 정하는 경미한 사항"이란 다음 각 호의 어느 하나에 해당하는 사항을 말한다.

1. 지적재조사사업 대상 필지 또는 면적의 100분의 20 이내의 증감
2. 지적재조사사업 총사업비의 처음 계획 대비 100분의 20 이내의 증감

제4조(측량·조사 대행에 관한 고시 등) ① 지적소관청은 법 제5조제2항에 따른 지적측량수행자(이하 "지적측량수행자"라 한다)로 하여금 지적재조사사업의 측량·조사 등을 대행하게 할 때에는 법 제5조제3항에 따라 다음 각 호의 사항을 공보에 고시하여야 한다.

1. 지적측량수행자의 명칭
2. 사업지구의 명칭
3. 사업지구의 위치 및 면적
4. 지적측량수행자가 대행할 측량·조사에 관한 사항

② 지적소관청은 토지소유자와 지적측량수행자에게 제1항 각 호의 사항을 통지하여야 한다.

제5조(실시계획의 수립 등) ① 법 제6조제1항제7호에서 "대통령령으로 정하는 사항"이란 다음 각 호의 사항을 말한다.

1. 사업지구의 현황
2. 지적재조사사업의 시행에 관한 세부계획
3. 지적재조사측량에 관한 시행계획
4. 지적재조사사업의 시행에 따른 홍보
5. 그 밖에 지적소관청이 법 제6조제1항에 따른 지적재조사사업에 관한 실시계획(이하 "실시계획"이라 한다)의 수립에 필요하다고 인정하는 사항

② 지적소관청은 실시계획을 수립할 때에는 기본계획과 연계되도록 하여야 한다.

제6조(사업지구의 지정 등) ① 법 제7조제1항에 따른 사업지구 지정 신청을 받은 특별시장·광역시장·도지사·특별자치도지사·특별자치시장 및 「지방자치법」 제175조에 따른 인구 50만명 이상 대도시의 시장(이하 "시·도지사"라 한다)은 15일 이내에 그 신청을 법 제29조제1항에 따른 시·도 지적재조사위원회(이하 "시·도 위원회"라 한다)에 회부하여야 한다.

② 제1항에 따라 사업지구 지정 신청을 회부받은 시·도 위원회는 그 신청을 회부받은 날부터 30일 이내에 사업지구의 지정 여부에 대하여 심의·의결하여야 한다. 다만, 사실 확인이 필요한 경우 등 불가피한 사유가 있을 때에는 그 심의기간을 해당 시·도 위원회의 의결을 거쳐 15일의 범위에서 그 기간을 한 차례만 연장할 수 있다.

③ 시·도 위원회는 사업지구 지정 신청에 대하여 의결을 하였을 때에는 의결서를 작성하여 지체 없이 시·도지사에게 송부하여야 한다.

④ 시·도지사는 제3항에 따라 의결서를 받은 날부터 7일 이내에 법 제8조에 따라 사업지구를 지정·고시하거나, 사업지구를 지정하지 아니한다는 결정을 하고, 그 사실을 지적소관청에 통지하여야 한다.

⑤ 제1항부터 제4항까지의 규정은 사업지구를 변경할 때에도 적용한다.

[시행일:2012.7.1.] 특별자치시와 특별자치시장에 관한 부분

제7조(토지소유자 수 및 동의자 수 산정방법 등) ① 법 제7조제2항에 따른 토지소유자 수 및 동의자 수는 다음 각 호의 기준에 따라 산정한다.

1. 1필지의 토지가 수인의 공유에 속할 때에는 그 수인을 대표하는 1인을 토지소유자로 산정할 것
2. 1인이 다수 필지의 토지를 소유하고 있는 경우에는 필지 수에 관계없이 토지소유자를 1인으로 산정할 것
3. 토지등기부 및 토지대장·임야대장에 소유자로 등재될 당시 주민등록번호의 기재가 없거나

기재된 주소가 현재 주소와 다른 경우 또는 소재가 확인되지 아니한 자는 토지소유자의 수에서 제외할 것

4. 국유지·공유지에 대해서는 그 재산관리청을 토지소유자로 산정할 것

② 토지소유자가 법 제7조제2항 또는 제3항에 따라 동의하거나 그 동의를 철회할 경우에는 국토교통부령으로 정하는 동의서 또는 동의철회서를 제출하여야 한다. 〈개정 2013.3.23.〉

③ 제1항제1호에 해당하는 공유토지의 대표 소유자는 국토교통부령으로 정하는 대표자 지정 동의서를 첨부하여 제2항에 따른 동의서 또는 동의철회서와 함께 지적소관청에 제출하여야 한다. 〈개정 2013.3.23.〉

④ 토지소유자가 외국인인 경우에는 지적소관청은 「전자정부법」 제36조제1항에 따른 행정정보의 공동이용을 통하여 「출입국관리법」 제88조에 따른 외국인등록 사실증명을 확인하여야 하되, 토지소유자가 행정정보의 공동이용을 통한 외국인등록 사실증명의 확인에 동의하지 아니하는 경우에는 해당 서류를 첨부하게 하여야 한다.

제8조(사업지구의 경미한 변경) 법 제7조제7항 단서에서 "대통령령으로 정하는 경미한 사항"이란 다음 각 호의 어느 하나에 해당하는 사항을 말한다.

1. 사업지구 명칭의 변경
2. 1년 이내의 범위에서의 지적재조사사업기간의 조정
3. 지적재조사사업 대상필지 또는 면적의 100분의 20 이내의 증감

제9조(지적공부정리 등의 정지) 지적소관청은 법 제12조제4항에 따라 지적공부(地籍公簿) 정리와 경계복원측량을 정지하려는 때에는 다음 각 호의 사항을 공보에 고시하여야 한다.

1. 사업지구의 명칭
2. 사업지구의 위치 및 면적
3. 사업기간과 지적공부정리 등이 정지되는 기간
4. 관련 자료의 열람 방법
5. 그 밖에 지적소관청이 지적공부정리 등의 정지와 관련하여 필요하다고 인정하는 사항

제10조(토지소유자협의회의 구성 등) ① 법 제13조제1항에 따른 토지소유자협의회(이하 이 조에서 "협의회"라 한다)를 구성할 때 토지소유자 수 및 동의자 수 산정은 제7조제1항의 기준에 따른다.

② 협의회를 구성하려는 토지소유자는 별지 제1호서식의 협의회 명부에 본인임을 확인한 후 동의란에 서명 또는 날인하여야 한다.

③ 협의회의 위원장은 협의회를 대표하고, 협의회의 업무를 총괄한다.

④ 협의회의 회의는 재적위원 과반수의 출석으로 개의(開議)하고, 출석위원 과반수의 찬성으로

의결한다.

⑤ 제1항부터 제4항까지에서 규정한 사항 외에 협의회의 운영 등에 필요한 사항은 협의회의 의결을 거쳐 위원장이 정한다.

제11조(지적확정조서의 작성) 지적소관청은 법 제15조제2항에 따른 지적확정조서에 다음 각 호의 사항을 포함하여야 한다. 〈개정 2013.3.23.〉

1. 토지의 소재지
2. 종전 토지의 지번, 지목 및 면적
3. 확정된 토지의 지번, 지목 및 면적
4. 토지소유자의 성명 또는 명칭 및 주소
5. 그 밖에 국토교통부장관이 지적확정조서 작성에 필요하다고 인정하여 고시하는 사항

제12조(조정금의 산정) 법 제20조제1항에 따른 조정금은 다음 각 호의 구분에 따라 산정한다. 〈개정 2016.8.31.〉

1. 개별공시지가를 기준으로 하는 경우: 제11조에 따라 작성된 지적확정조서의 필지별 증감면적에 사업지구 지정고시일 당시의 개별공시지가(「부동산 가격공시에 관한 법률」 제10조에 따른 개별공시지가를 말하며, 해당 토지의 개별공시지가가 없으면 같은 법 제8조에 따른 공시지가를 기준으로 하여 산출한 금액을 말한다)를 곱하여 산정한다.
2. 감정평가액을 기준으로 하는 경우: 제11조에 따라 작성된 지적확정조서의 필지별 증감면적을 「감정평가 및 감정평가사에 관한 법률」 제29조에 따른 감정평가법인에 의뢰하여 평가한 감정평가액으로 산정한다.

제13조(분할납부) ① 지적소관청은 법 제21조제1항 단서에 따라 조정금이 1천만원을 초과하는 경우에는 그 조정금을 6개월 이내의 기간을 정하여 3회 이내에서 나누어 내게 할 수 있다.

② 제1항에 따라 분할납부를 신청하려는 자는 별지 제2호서식의 조정금 분할납부신청서에 분할납부 사유 등을 적고, 분할납부 사유를 증명할 수 있는 자료 등을 첨부하여 지적소관청에 제출하여야 한다.

③ 지적소관청은 제2항에 따라 분할납부신청서를 받은 날부터 15일 이내에 신청인에게 분할납부 여부를 서면으로 알려야 한다.

제14조(조정금에 관한 이의신청) ① 법 제21조제3항에 따라 수령통지 되거나 납부고지된 조정금에 관하여 이의가 있는 자는 수령통지 또는 납부고지를 받은 날부터 60일 이내에 지적소관청에 이의신청을 할 수 있다.

② 제1항에 따른 이의신청을 받은 지적소관청은 30일 이내에 법 제30조제1항에 따른 시·군·

구 지적재조사위원회의 심의·의결을 거쳐 그 인용 여부를 결정한 후 지체 없이 그 내용을 서면으로 이의신청인에게 알려야 한다.

제15조(사업완료의 공고) ① 지적소관청은 법 제23조제1항에 따라 사업완료 공고를 하려는 때에는 다음 각 호의 사항을 공보에 고시하여야 한다.
1. 사업지구의 명칭
2. 제11조 각 호의 사항
3. 법 제21조제2항에 따른 조정금조서
② 지적소관청은 제1항에 따른 공고를 한 때에는 다음 각 호의 서류를 14일 이상 일반인이 공람할 수 있도록 하여야 한다.
1. 새로 작성한 지적공부
2. 경계점표지등록부
3. 측량성과 결정을 위하여 취득한 측량기록물

제16조(경계미확정 토지 지적공부의 관리 등) 지적소관청은 법 제24조제3항에 따라 경계가 확정되지 아니한 토지의 새로운 지적공부에 "경계미확정 토지"라고 기재한 때에는 토지소유자에게 그 사실을 통지하여야 한다.

제17조(토지소유자 등의 등기신청) 토지소유자 및 이해관계인(이하 "토지소유자등"이라한다)이 법 제25조제2항에 따라 등기를 신청하는 경우에는 지적소관청은 새로운 지적공부 등등기신청에 필요한 지적 관련 서류를 작성하여 토지소유자등에게 제공하여야 한다.

제18조(중앙위원회의 운영 등) ① 법 제28조제1항에 따른 중앙지적재조사위원회(이하 "중앙위원회"라 한다)의 위원장(이하 "위원장"이라 한다)은 중앙위원회를 대표하고, 중앙위원회의 업무를 총괄한다.
② 위원장이 부득이한 사유로 직무를 수행할 수 없을 때에는 부위원장이 그 직무를 대행하고, 위원장과 부위원장이 모두 부득이한 사유로 그 직무를 수행할 수 없을 때에는 위원장이 미리 지명한 위원이 그 직무를 대행한다.
③ 위원장은 회의 개최 5일 전까지 회의 일시·장소 및 심의안건을 각 위원에게 통보하여야 한다. 다만, 긴급한 경우에는 회의 개최 전까지 통보할 수 있다.
④ 회의는 분기별로 개최한다. 다만, 위원장이 필요하다고 인정하는 때에는 임시회를 소집할 수 있다.

제19조(중앙위원회의 간사) 중앙위원회의 사무를 처리하기 위하여 간사 1명을 두며, 간사

는 국토교통부 소속 3급 공무원 또는 고위공무원단에 속하는 일반직공무원 중에서 국토교통부 장관이 지명한다. 〈개정 2013.3.23.〉

제20조(중앙위원회 위원의 제척·기피·회피) ① 중앙위원회의 위원은 다음 각 호의 어느 하나에 해당하는 경우에는 그 안건의 심의·의결에서 제척(除斥)된다.
　1. 위원이 해당 심의·의결 안건에 관하여 연구·용역 또는 그 밖의 방법으로 직접 관여한 경우
　2. 위원이 최근 3년 이내에 심의·의결 안건과 관련된 업체의 임원 또는 직원으로 재직한 경우
　3. 그 밖에 심의·의결 안건과 직접적인 이해관계가 있다고 인정되는 경우
② 중앙위원회가 심의·의결하는 사항과 직접적인 이해관계가 있는 자는 제1항에 따른 제척 사유가 있거나 공정한 심의·의결을 기대하기 어려운 사유가 있는 중앙위원회의 위원에 대해서는 그 사유를 밝혀 중앙위원회에 그 위원에 대한 기피신청을 할 수 있다. 이 경우 중앙위원회는 의결로 해당 위원의 기피 여부를 결정하여야 한다.
③ 중앙위원회의 위원은 제1항 또는 제2항에 해당하는 경우에는 스스로 심의·의결을 회피할 수 있다.

제21조(중앙위원회 위원의 해촉) 위원장은 중앙위원회의 위원 중 위원장이 위촉한 위원이 다음 각 호의 어느 하나에 해당하는 경우에는 해당 위원을 해촉할 수 있다. 〈개정 2016.5.10.〉
　1. 심신장애로 인하여 직무를 수행할 수 없게 된 경우
　2. 직무와 관련된 비위사실이 있는 경우
　3. 직무태만, 품위손상, 그 밖의 사유로 인하여 위원으로 적합하지 아니하다고 인정된 경우
　4. 위원이 제20조제1항 각 호의 제척 사유에 해당함에도 불구하고 회피하지 아니한 경우
　5. 위원 스스로 직무를 수행하는 것이 곤란하다고 의사를 밝히는 경우

제22조(의견청취) 중앙위원회는 안건심의와 업무수행에 필요하다고 인정하는 경우에는 관계 기관에 자료제출을 요청하거나 이해관계인 또는 전문가를 출석하게 하여 그 의견을 들을 수 있다.

제23조(회의록) 위원회는 회의록을 작성하여 갖추어 두어야 한다.

제24조(수당 등) 회의에 출석한 위원, 관계인 및 전문가에게는 예산의 범위에서 수당과 여비를 지급할 수 있다. 다만, 공무원이 그 소관 업무와 직접적으로 관련되는 회의에 출석하는 경우에는 그러하지 아니하다.

제25조(운영세칙) 제18조부터 제24조까지에서 규정한 사항 외에 중앙위원회의 운영에 필

요한 사항은 중앙위원회의 의결을 거쳐 위원장이 정한다.

제26조(지적재조사기획단의 구성 등) ① 법 제32조제1항에 따른 지적재조사기획단(이하 "기획단"이라 한다)은 단장 1명과 소속 직원으로 구성하며, 단장은 국토교통부의 고위공무원단에 속하는 일반직공무원 중에서 국토교통부장관이 지명하는 자가 겸직한다. 〈개정 2013.3.23.〉

② 국토교통부장관은 기획단의 업무수행을 위하여 필요하다고 인정할 때에는 관계 행정기관의 공무원 및 관련 기관·단체의 임직원의 파견을 요청할 수 있다. 〈개정 2013.3.23.〉

③ 제1항 및 제2항에서 규정한 사항 외에 기획단의 조직과 운영에 필요한 사항은 국토교통부장관이 정한다. 〈개정 2013.3.23.〉

제27조(공개시스템의 구축·운영 등) ① 국토교통부장관은 법 제38조 제3항에 따른 공개시스템(이하 "공개시스템"이라 한다)을 개발하여 시·도지사 및 지적소관청에 보급하여야 한다. 〈개정 2013.3.23.〉

② 국토교통부장관은 제1항에 따른 공개시스템을 「전자정부법」 제36조제1항에 따른 행정정보의 공동이용과 연계하거나 정보의 공동활용체계를 구축할 수 있다. 〈개정 2013.3.23.〉

③ 제1항 및 제2항에서 규정한 사항 외에 공개시스템의 구축 및 운영에 필요한 사항은 국토교통부장관이 정하여 고시한다. 〈개정 2013.3.23.〉

제28조(공개시스템 입력 정보) 시·도지사 및 지적소관청은 법 제38조에 따라 토지소유자 등이 지적재조사사업과 관련한 정보를 인터넷 등을 통하여 실시간 열람할 수 있도록 다음 각 호의 사항을 공개시스템에 입력하여야 한다. 〈개정 2013.3.23.〉

1. 실시계획
2. 사업지구
3. 일필지조사
4. 지적재조사측량 및 경계의 확정
5. 조정금의 산정, 징수 및 지급
6. 새로운 지적공부 및 등기촉탁
7. 건축물 위치 및 건물 표시
8. 토지와 건물에 대한 개별공시지가, 개별주택가격, 공동주택가격 및 부동산 실거래가격
9. 「토지이용규제 기본법」에 따른 토지이용규제
10. 그 밖에 국토교통부장관이 필요하다고 인정하는 사항

제29조(과태료의 부과기준) 법 제45조제1항에 따른 과태료의 부과기준은 별표와 같다.

부칙 〈제27472호, 2016.8.31.〉 (감정평가 및 감정평가사에 관한 법률 시행령)

제1조(시행일) 이 영은 2016년 9월 1일부터 시행한다.

제2조부터 제5조까지 생략

제6조(다른 법령의 개정) ①부터 〈79〉까지 생략

〈80〉 지적재조사에 관한 특별법 시행령 일부를 다음과 같이 개정한다.

제12조제2호 중 「부동산 가격공시 및 감정평가에 관한 법률」 제28조"를 "「감정평가 및 감정평가사에 관한 법률」 제29조"로 한다.

〈81〉부터 〈92〉까지 생략

제7조 생략

지적재조사에 관한 특별법 시행규칙

[시행 2013.3.23.] [국토교통부령 제1호, 2013.3.23., 타법개정]

제1조(목적) 이 규칙은 「지적재조사에 관한 특별법」 및 같은 법 시행령에서 위임된 사항과 그 시행에 필요한 사항을 규정함을 목적으로 한다.

제2조(지적재조사사업의 대행자 선정) 국토교통부장관은 「지적재조사에 관한 특별법」(이하 "법"이라 한다) 제2조제2호에 따른 지적재조사사업(이하 "지적재조사사업"이라 한다)의 대행자 선정에 필요한 사항을 정하여 고시하여야 한다. 〈개정 2013.3.23.〉

제3조(동의서 등) ① 「지적재조사에 관한 특별법 시행령」(이하 "영"이라 한다) 제7조제2항에 따른 동의서 또는 동의철회서는 별지 제1호서식에 따른다.
② 영 제7조제3항에 따른 대표자 지정 동의서는 별지 제2호서식에 따른다.

제4조(일필지조사) ① 법 제10조제1항에 따른 일필지조사(이하 "일필지조사"라 한다)는 지적재조사사업지구의 필지별로 다음 각 호의 사항에 대하여 조사한다. 〈개정 2013.3.23.〉
1. 토지에 관한 사항
2. 건축물에 관한 사항
3. 토지이용계획에 관한 사항
4. 토지이용 현황 및 건축물 현황
5. 지하시설물(지하구조물) 등에 관한 사항
6. 그 밖에 국토교통부장관이 일필지조사와 관련하여 필요하다고 인정하는 사항
② 일필지조사는 사전조사와 현지조사로 구분하여 실시하며, 현지조사는 법 제9조제1항에 따른 지적재조사를 위한 지적측량(이하 "지적재조사측량"이라 한다)과 함께 할 수 있다.
③ 법 제10조제2항에 따른 일필지조사서는 별지 제3호서식에 따른다.
④ 제1항부터 제3항까지에서 규정한 사항 외에 일필지조사서 작성 에 필요한 사항은 국토교통부장관이 정하여 고시한다. 〈개정 2013.3.23.〉

제5조(지적재조사측량) ① 지적재조사측량은 지적기준점을 정하기 위한 기초측량과 일필

지의 경계와 면적을 정하는 세부측량으로 구분한다.

② 기초측량과 세부측량은 「측량·수로조사 및 지적에 관한 법률 시행령」 제8조제1항에 따른 국가기준점 및 지적기준점을 기준으로 측정하여야 한다.

③ 기초측량은 위성측량 및 토털 스테이션측량의 방법으로 한다.

④ 세부측량은 위성측량, 토털 스테이션측량 및 항공사진측량 등의 방법으로 한다.

⑤ 제1항부터 제4항까지에서 규정한 사항 외에 지적재조사측량의 기준, 방법 및 절차 등에 관하여 필요한 사항은 국토교통부장관이 정하여 고시한다. 〈개정 2013.3.23.〉

제6조(지적재조사측량성과검사의 방법 등) ① 법 제5조제2항에 따른 지적측량수행자(이하 "지적측량수행자"라 한다)는 지적재조사측량성과의 검사에 필요한 자료를 지적소관청에 제출하여야 한다.

② 지적소관청은 위성측량, 토털 스테이션측량 및 항공사진측량 방법 등으로 지적재조사측량성과(지적기준점측량성과는 제외한다)의 정확성을 검사하여야 한다.

③ 제2항에도 불구하고 지적소관청은 인력 및 장비 부족 등의 부득이한 사유로 지적재조사측량성과의 정확성에 대한 검사를 할 수 없는 경우에는 특별시장·광역시장·도지사·특별자치도지사·특별자치시장 및 「지방자치법」 제175조에 따른 인구 50만명 이상 대도시의 시장(이하 "시·도지사"라 한다)에게 그 검사를 요청할 수 있다. 이 경우 시·도지사는 검사를 하였을 때에는 그 결과를 지적소관청에 통지하여야 한다.

④ 지적소관청은 지적기준점측량성과의 검사에 필요한 자료를 시·도지사에게 송부하고, 그 정확성에 대한 검사를 요청하여야 한다. 이 경우 시·도지사는 검사를 하였을 때에는 그 결과를 지적소관청에 통지하여야 한다.

[시행일:2012.7.1.] 특별자치시와 특별자치시장에 관한 부분

제7조(지적재조사측량성과의 결정) 지적재조사측량성과와 지적재조사측량성과에 대한 검사의 연결교차가 다음 각 호의 범위 이내일 때에는 해당 지적재조사측량성과를 최종 측량성과로 결정한다.

1. 지적기준점: ± 0.03미터
2. 경계점: ± 0.07미터

제8조(지적확정조서) 법 제15조제2항에 따른 지적확정조서는 별지 제4호서식에 따른다.

제9조(경계결정에 대한 이의신청) 법 제17조제2항에 따라 경계결정에 대한 이의신청을 하려는 토지소유자나 이해관계인은 별지 제5호서식의 경계결정 이의신청서에 증명서류를 첨부하여 지적소관청에 제출하여야 한다.

제10조(경계점표지등록부) ① 법 제18조제2항에 따라 지적소관청이 작성하여 관리하는 경계점표지등록부에는 다음 각 호의 사항이 포함되어야 한다.

1. 토지의 소재
2. 지번
3. 공부상 지목과 실제 토지이용 현황
4. 면적
5. 위치도
6. 토지이용계획
7. 개별공시지가
8. 작성일
9. 작성자 및 검사자
10. 부호도 또는 경계점부호가 표시된 실측도
11. 경계점표지의 규격과 재질
12. 경계점부호, 표지 종류 및 경계점 위치
13. 경계점좌표
14. 경계점 위치 설명도
15. 경계점의 사진 파일
16. 건물 현황

② 법 제18조제2항에 따른 경계점표지등록부는 별지 제6호서식에 따른다.

③ 제1항 및 제2항에서 규정한 사항 외에 경계점표지등록부 작성 방법에 관하여 필요한 사항은 국토교통부장관이 정하여 고시한다. 〈개정 2013.3.23.〉

제11조(조정금의 납부고지) 법 제21조제3항에 따른 조정금의 납부고지는 별지 제7호서식의 조정금 납부고지서에 따른다.

제12조(조정금에 관한 이의신청) 영 제14조제1항에 따른 조정금에 관한 이의신청은 별지 제8호서식의 조정금 이의신청서에 따른다.

제13조(새로운 지적공부의 등록사항) ① 법 제24조제2항제10호에서 "국토교통부령으로 정하는 사항"이란 다음 각 호의 사항을 말한다. 〈개정 2013.3.23.〉

1. 토지의 고유번호
2. 토지의 이동 사유
3. 토지소유자가 변경된 날과 그 원인
4. 개별공시지가, 개별주택가격, 공동주택가격 및 부동산 실거래가격과 그 기준일

5. 필지별 공유지 연명부의 장 번호

6. 전유(專有) 부분의 건물 표시

7. 건물의 명칭

8. 집합건물별 대지권등록부의 장 번호

9. 좌표에 의하여 계산된 경계점 사이의 거리

10. 지적기준점의 위치

11. 필지별 경계점좌표의 부호 및 부호도

12. 「토지이용규제 기본법」에 따른 토지이용과 관련된 지역·지구등의 지정에 관한 사항

13. 건축물의 표시와 건축물 현황도에 관한 사항

14. 구분지상권에 관한 사항

15. 도로명주소

16. 그 밖에 새로운 지적공부의 등록과 관련하여 국토교통부장관이 필요하다고 인정하는 사항

② 법 제24조제1항에 따라 새로 작성하는 지적공부는 토지, 토지·건물 및 집합건물로 각각 구분하여 작성하며, 해당 지적공부는 각각 별지 제9호서식의 부동산 종합공부(토지), 별지 제10호서식의 부동산 종합공부(토지, 건물) 및 별지 제11호서식의 부동산 종합공부(집합건물)에 따른다.

제14조(등기촉탁) ① 지적소관청은 법 제25조제1항에 따라 관할등기소에 지적재조사 완료에 따른 등기를 촉탁할 때에는 별지 제12호서식의 지적재조사 완료 등기촉탁서에 그 취지를 적고 등기촉탁서 부본(副本)과 토지(임야)대장을 첨부하여야 한다.

② 지적소관청은 제1항에 따라 등기를 촉탁하였을 때에는 별지 제13호서식의 등기촉탁 대장에 그 내용을 적어야 한다.

제15조(증표 및 허가증) 법 제37조제5항에 따른 증표와 허가증은 별지 제14호서식에 따른다.

제16조(서류의 열람 등) 법 제38조제1항 및 제2항에 따른 지적재조사사업에 관한 서류의 열람 및 사본의 발급은 별지 제15호서식의 지적재조사사업에 관한 서류 열람(발급) 신청서(전자문서로 된 신청서를 포함한다)에 따른다.

부칙 〈제1호, 2013.3.23.〉 (국토교통부와 그 소속기관 직제 시행규칙)

제1조(시행일) 이 규칙은 공포한 날부터 시행한다. 〈단서 생략〉
제2조부터 제5조까지 생략

제6조(다른 법령의 개정) ①부터 〈96〉까지 생략

〈97〉 지적재조사에 관한 특별법 시행규칙 일부를 다음과 같이 개정한다.

제2조, 제4조제1항제6호, 같은 조 제4항, 제5조제5항, 제10조제3항 및 제13조제1항제16호 중 "국토해양부장관"을 각각 "국토교통부장관"으로 한다.

제13조제1항 각 호 외의 부분 중 "국토해양부령"을 "국토교통부령"으로 한다.

〈98〉부터 〈126〉까지 생략

지적재조사 측량규정

국토해양부 고시 제2012-1083호

제1장 총칙

제1조(목적) 이 규정은 「지적재조사에 관한 특별법」 제11조 및 같은 법 시행규칙 제5조에서 국토해양부장관에게 위임한 사항과 그 시행에 필요한 세부적인 절차를 정함을 목적으로 한다.

제2조(정의) 이 규정에서 사용하는 용어의 정의는 다음과 같다.

1. "지적재조사사업"이란 「지적재조사에 관한 특별법」(이하 "법"이라 한다) 제2조제2호에 따른 국가사업을 말한다.

2. "지적재조사측량"이란 지적재조사사업을 시행하기 위하여 법 제7조 및 제8조에 따라 지정·고시된 사업지구에서 실시하는 측량을 말한다.

3. "지적소관청"이란 「측량·수로조사 및 지적에 관한 법률」(이하 "지적에 관한 법률"이라 한다) 제2조제18호에 따른 지적소관청을 말한다.

4. "지적측량대행자"란 법제5조제2항에 따른 지적재조사사업의 측량·조사 등을 대행하는 자를 말한다.

5. "위성측량"이란 위성을 이용한 위성항법시스템(GNSS; Global Navigation Satellite System)으로 위치를 정하기 위한 측량을 말한다.

6. "네트워크 RTK 위성측량"이란 3점 이상의 기지점(국토지리정보원에서 운영하는 상시관측소)에서 관측한 자료를 이용하여 계산한 보정정보와 일필지 경계점에 설치한 위성수신기에서 관측한 자료를 이용하여 실시간 기선해석을 통해 일필지 경계점의 위치를 결정하는 측량을 말한다.

7. "단일기준국 RTK 위성측량"이란 기지점(통합기준점 및 지적기준점)에 설치한 위성수신기(기준국)로부터 수신된 보정정보와 일필지 경계점에 설치한 위성수신기에서 관측한 자료를 이용하여 실시간 기선해석을 통해 일필지 경계점의 위치를 결정하는 측량을 말한다.

8. "정지측위(Static) 위성측량"이란 기지점(위성기준점 및 통합기준점) 및 지적기준점에 설치한 위성수신기에서 관측한 자료를 이용하여 기선해석 및 조정계산 등을 통해 지적기준점의 위치를 결정하는 측량을 말한다.

9. "토털스테이션측량"이란 기지점(통합기준점 및 지적기준점)에 설치한 토털스테이션에 의하여 기지점과 일필지 경계점 간의 수평각, 연직각 및 거리를 측정하여 일필지 경계점의 위치를 결정하는 측량을 말한다.

제3조(다른 규정과의 관계) 이 규정은 지적재조사측량에 관하여 다른 규정에 우선하여 적용한다.

┌───┐
제2장   지적재조사 측량
└───┘

제4조(측량의 방법) ① 지적측량대행자는 위성기준점, 통합기준점 및 지적기준점을 기준으로 다음 각 호에 따른 위성측량으로 지적재조사측량을 하여야 한다.

1. 네트워크 RTK 위성측량
2. 단일기준국 RTK 위성측량
3. 정지측위(Static) 위성측량

② 제1항의 위성측량시 상공장애가 있거나 위성신호를 수신할 수 없을 경우에는 토털스테이션측량으로 할 수 있다.

제5조(측량계획의 수립) ① 지적측량대행자는 관측환경 등 현장특성을 고려한 측량의 방법 및 절차 등 측량계획과 필지별 경계점 위치와 번호 등을 표시한 측량계획도를 별지 제1호서식으로 작성하여야 한다.

② 측량계획도 기재사항은 다음 각 호와 같다.

1. 사업지구 내·외의 국가기준점 또는 지적기준점 위치
2. 위성측량 대상 필지별 경계점 위치와 번호
3. 토털스테이션 대상 필지별 경계점 위치와 번호

③ 지적측량대행자는 다음 각 호의 순서대로 측량을 수행한다.

1. 측량계획 수립

2. 임시경계점표지 설치

3. 일필지 경계점의 측정

4. 측량성과의 계산 및 점검

5. 측량성과의 작성

6. 면적의 산정

제6조(임시경계점표지의 설치) ① 지적측량대행자는 법 제14조의 경계설정의 기준 및 다음 각 호의 세부기준에 따라 임시경계점표지를 설치하여야 한다. 이 경우 지적측량대행자는 경계점표지등록부 작성에 필요한 사항 등을 조사·기록하여야 한다.

1. 지상경계에 대하여 다툼이 없는 경우에는 사업지구 지정일 당시 담장·구조물 등 지형지물을 경계로 한다. 이 경우 세부적인 경계설정은 지적에 관한 법률 시행령 제55조제1항 각 호를 따르며, 경계설정 예시는 별표 1과 같다.

2. 지상경계에 대하여 다툼이 있는 경우에는 다음 각 목의 절차에 따라 경계를 결정한다.

    가. 폐쇄지적도와 토지이동결의서, 측량결과도 및 측량이력과 지적전산파일 등을 조사·분석한다.

    나. 축척이 서로 다른 지역의 경계가 접하는 부분은 등록 선·후와 등록 축척을 조사·분석한다.

    다. 가목과 나목에서 조사·분석한 결과와 등록할 때의 측량기록과 동일한 측량방법으로 인근 필지의 경계를 확인한 후 경계를 지상에 표시하여 설정한다.

3. 경계가 서로 연접해 있는 토지소유자들이 경계에 합의한 경우에는 그 경계에 경계점표지를 설치한다. 이 경우 합의된 경계가 담장·구조물 등 지형지물과 일치하지 아니하는 경우에는 또 다른 지적불부합이 발생하지 않도록 합의된 경계에 담장 등 뚜렷한 구조물을 설치하여야 한다.

② 임시경계점표지의 규격과 재질은 지적에 관한 법률 시행규칙 제60조제2항 별표 6과 같다.

제7조(일필지 경계점의 측정) ① 지적측량대행자는 다음 각 호의 순서에 따라 네트워크 RTK 위성측량으로 일필지의 경계점을 측정하여야 한다.

1. 위성수신기를 등록대상 경계점(이하 "일필지 경계점"이라 한다)에 정확히 위치시키고 네트워크 RTK 서버 보정신호를 받을 수 있는 환경을 설정한 후 위성신호를 수신한다.

2. 일필지 경계점의 개략적인 위치 정보를 통신장비를 이용하여 네트워크 RTK 서버로 전송한다.

3. 네트워크 RTK 서버는 일필지 경계점 근처에 가상기준점을 생성하고 그 위치에서의 보정데이터를 통신장비를 이용하여 일필지 경계점의 위성수신기로 전송한다.

4. 일필지 경계점의 위성수신기 관측자료와 가상기준점의 보정데이터를 이용하여 실시간 기선

해석을 통해 경계점의 위치를 결정한다.

② 통신장애 등으로 네트워크 RTK 서버와 연결에 오류가 발생한 경우 지적측량대행자는 다음 각 호의 순서에 따라 단일기준국 RTK 위성측량으로 일필지 경계점을 측정할 수 있다.

1. 기준국으로 사용할 기지점에 위성수신기와 통신장치를 설치하고 기준국에 필요한 환경을 설정하고 위성신호를 수신한다.

2. 위성수신기를 일필지 경계점에 정확히 위치시키고 이동국에 필요한 환경을 설정한 후 위성신호와 기준국 보정데이터를 수신한다.

3. 일필지 경계점의 위성수신기 관측자료와 기준국의 보정데이터를 이용하여 실시간 기선해석을 통해 경계점의 위치를 결정한다.

③ RTK 위성측량 측정횟수와 측정시간 및 데이터 수신간격은 다음과 같으며, 위성수신기의 환경설정은 위성수신기 제조사에서 제공하는 측량장비별 매뉴얼에 따른다.

측정횟수(세션)	측정시간	데이터 수신간격
1회 이상	고정해를 얻고 나서 30초 이상	1초

※ 단일기준국 RTK 기지점과의 거리는 5km 이내로 한다.

④ RTK 위성측량 주의사항은 다음 각 호와 같다.

1. 동시 수신 위성수는 5개 이상 이어야 한다.

2. 위성의 최저 고도각은 15°를 기준으로 한다. 다만, 상공시야의 확보가 어려운 지점에서는 최저 고도각을 30°까지 할 수 있다.

3. 위성수신기에서 표시하는 PDOP이 3이상인 경우 또는 정밀도가 수평 3cm 이상 또는 수직 5cm 이상인 경우 관측을 중지 한다.

4. 위성수신기 초기화 시간이 3회 이상 3분을 초과할 경우 관측을 중지한다.

5. 측정 중에는 위성수신기 인근에서 무전기 등 전자기파를 발생하는 장비의 사용을 중지한다.

6. 측정 중 특이사항(날씨, 상공의 시계확보, 주위상황 및 기타)을 측정기록부에 기재한다.

⑤ RTK 위성수신기는 지적에 관한 법률 제92조에 따른 측량기기의 검사를 받은 장비로서, 그 성능은 다음 성능기준 이상이어야 한다.

정 밀 도	수신주파수	비 고
±(10mm±1ppm・D)	L₁, L₂	D : 기선거리(km)

⑥ 위성신호를 수신할 수 없거나 통신장애 등으로 RTK 위성측량을 할 수 없는 경우 지적측량대행자는 다음 각 호의 기준에 따라 토털스테이션으로 일필지 경계점을 측정할 수 있다.

1. 방사법에 따라 일필지 경계점을 측정한다.

2. 수평각 및 수평거리 측정횟수와 측정단위 및 허용교차는 다음과 같다.

구분		측정횟수	측정단위	허용교차
수평각	방향관측법	1대회	초	±30″이내(1측회 폐색)
	배각법	2배각	초	±20″이내(2배각 교차)
수평거리		2회	0.001m	0.005m 이내(거리측정교차)

※ 기지점과 일필지 경계점간 측정거리는 300m 이내로 한다.

3. 토털스테이션 측량기기는 지적에 관한 법률 제92조에 따른 측량기기의 검사를 받은 장비로서, 그 성능은 다음 성능기준 이상이어야 한다.

각도 측정부		거리 측정부		비고
수평각	정밀도	측정거리	정밀도	
1초이하	±2초이하	6km	±(5㎜±2ppm·D)	D : 기선거리(km)

⑦ 일필지 경계점을 단일기준국 RTK 또는 토털스테이션으로 측정할 경우 지적측량대행자는 종전 지적기준점(이 법 시행전 지적재조사사업 지구내·외에 설치된 동경측지계 성과의 지적삼각점, 지적삼각보조점 및 지적도근점을 말한다) 중 표지가 양호하고 후속 측량에 적합한 점을 선점하여 다음 각 호의 순서에 따라 정지측위로 지적기준점을 측정하여야 한다. 다만, 후속 측량에 적합한 지적기준점이 없는 경우 새로 설치할 수 있다.

1. 일정별 위성의 궤도정보에 따라 수신 가능한 위성들의 궤도와 밀도를 분석하여 관측일정표와 관측망도를 작성한다.

2. 관측망도에서 순차적인 세션을 결정하고 기지점과 소구점에 위성수신기를 동시에 설치하여 세션단위로 측정한다.

3. 관측성과의 점검을 위하여 다른 세션에 속하는 관측망과 1변 이상이 중복되게 측정을 실시한다.

4. 정지측위 측정시간과 데이터 수신 간격은 다음 표와 같다.

기지점과의 거리	측정시간	데이터 수신간격
10km 초과	2시간 이상	30초 이하
10km 미만	1시간 이상	

5. 정지측위 위성측량 주의사항은 다음 각 목과 같다.

　　가. 동시 수신 위성수는 4개 이상 이어야 한다.

　　나. 위성의 최저 고도각은 15°를 기준으로 한다.

　　다. 안테나 주위의 10미터 이내에는 안테나 높이 보다 높은 자동차 등의 접근을 피하여야 한다.

　　라. 측정 중에는 위성수신기 인근에서 무전기 등 전파발신기의 사용을 중지한다. 다만, 부득이한 경우에는 안테나로부터 100미터 이상의 거리에서 사용하여야 한다.

　　마. 발전기를 사용하는 경우에는 안테나로부터 20미터 이상 떨어진 곳에서 사용하여야 한다.

　　바. 측정중 수신기 표시장치 등을 통하여 측정 상태를 수시로 확인하고 이상 발생시에는 다

시 측정한다.

6. 정지측위 위성수신기는 지적에 관한 법률 제92조에 따른 측량기기의 검사를 받은 장비로서, 그 성능은 다음 성능기준 이상이어야 한다.

정 밀 도	수신주파수	비고
±(5㎜±1ppm·D)	L₁, L₂	D : 기선거리(㎞)

7. 기선해석은 다음 각 목의 기준에 따른다.
   가. 당해 측정지역에서 가장 가까운 기지점을 고정하여 소구점을 순차적으로 해석할 것
   나. 궤도력은 방송궤도력에 의하며 기지점과 소구점간의 거리가 50킬로미터를 초과하는 경우에는 정밀궤도력에 의할 것
   다. 기선해석의 방법은 세션별로 실시하되 단일기선해석방법에 의할 것
   라. 기선해석시에 사용되는 단위는 미터단위로 하고 계산은 소수점이하 셋째자리까지 할 것
   마. 관측데이터를 이용하여 처리할 경우에는 전리층 보정을 할 것
   바. 기선해석의 결과를 기초로 기선해석계산부를 작성할 것

8. 지적측량대행자는 다음 각 목의 기준에 따라 기선해석을 점검하여야 하며, 점검결과 허용범위를 초과하는 경우에는 다시 관측하여야 한다.
   가. 서로 다른 세션에 속하는 중복기선으로 최소변수의 폐합다각형을 구성하여 기선벡터 각 성분($\Delta X, \Delta Y, \Delta Z$)의 폐합차를 계산한다.
   나. 기선해석 폐합차의 허용범위는 다음 표와 같다.

거 리	$\Delta X, \Delta Y, \Delta Z$의 폐합차	비 고
10㎞ 이내	±3㎝ 이내	D : 기선거리 합(㎞)
10㎞ 이상	±(2㎝ + 1ppm×D) 이내	

9. 지적측량대행자는 기선해석 및 점검계산이 완료된 후 조정계산을 통하여 지리학적경위도, 지구중심직교좌표, 표고 및 평면직각좌표를 결정하여야 하며, 기지점 성과의 부합성 점검을 위해 최초 조정계산은 1점 고정에 의하고 이후 모든 기지점을 고정하여 최종 성과를 산출한다.

10. 지적측량대행자는 국토해양부장관이 그 사용을 승인한 프로그램을 사용하여 기선해석 및 조정계산을 하여야 한다.
   ⑧ 제1항, 제2항 및 제6항에 따라 일필지 경계점을 측정할 때에는 경계점간 실측거리를 광파측거기, 스틸테이프 또는 유리섬유 줄자로 측정하여 별지 제2호서식의 일필지 경계점간 거리 측정부에 기록하여야 한다.

제3장 측량성과의 작성 등

제8조(측량성과계산 및 점검) ① 지적측량대행자는 다음 각 호에 따라 RTK 측량성과를 계산한다.

1. 관측 세션이 1회 이상인 경우 평균 계산은 별표 2의 세션평균 계산식에 따른다.
2. RTK 측량성과 계산 단위는 다음 표와 같다.

구분	경위도	타원체고	평면직각좌표	안테나고
단 위	도·분·초	m	m	m
자리수	0.0001	0.001	0.001	0.001

3. 지적측량대행자는 위성수신기에 부속된 소프트웨어(국토해양부장관이 사용승인 한 것에 한정한다)에서 계산된 측정값을 측량성과로 사용한다.

② 지적측량대행자는 다음 각 호에 따라 토털스테이션 측량성과를 계산한다.

1. 경계점좌표계산은 별지 제3호서식의 일필지 경계(보조)점 관측 및 좌표계산부에 따른다.
2. 토털스테이션 측량성과 계산 단위는 다음 표와 같다.

구분	각	거리	평면직각좌표
단 위	초	m	m
자리수	1″	0.001	0.001

③ 제1항과 제2항에 따른 측량성과의 결정 단위는 다음 표와 같다.

항 목	평면직각좌표	각의 값	거리
단위	m	초	m
자리수	0.01	1″	0.01

④ 지적측량대행자는 측량성과에 대하여 다음 각 호의 사항을 점검하여야 하며, 점검결과 일필지 경계점간 계산거리와 실측거리가 제2호에 따른 연결교차를 초과하는 경우 제7조에 따라 다시 측정하여야 한다.

1. 측정 데이터에 의한 측량성과 계산의 적정여부
2. 경계점간 계산거리와 실측거리

경계점간 계산거리 단위	경계점간 실측거리 단위	연결교차
0.01m	0.01m	±0.07미터 이내

제9조(측량성과의 작성) ① 지적측량대행자는 다음 각 호의 서식으로 일필지 경계점의 측량성과를 작성하여야 한다.

1. 네트워크 RTK 또는 단일기준국 RTK에 의한 측량
   가. 위성측량부(일필지 경계점) : 별지 제4호서식

나. 위성측량관측표 : 별지 제5호서식

다. 네트워크 RTK 위성측량 관측기록부 : 별지 제6호서식

라. 단일기준국 RTK 위성측량 관측기록부 : 별지 제7호서식

마. 장비별 S/W 출력물

바. 관측데이터 파일

2. 토털스테이션에 의한 측량

가. 일필지 경계점(보조점)관측 및 좌표계산부 : 별지 제3호서식

나. 관측데이터 파일

② 정지측위에 따른 지적기준점 측량성과 계산과 작성 단위는 다음 표와 같으며, 지적측량대행자는 다음 각 호의 서식으로 측량성과를 작성하여야 한다.

항 목	경위도	거리	평면직각좌표	표고
단 위	도 · 분 · 초	m	m	m
자리수	0.0001	0.001	0.001	0.001

1. 위성측량부(지적기준점) : 별지 제4호서식

2. 위성측량관측표 : 별지 제5호서식

3. 위성측량관측(계획)망도 : 별지 제8호서식

4. 위성측량관측기록부(정지측량) : 별지 제9호서식

5. 기선해석부 : 별지 제10호서식

6. 기선벡터점검계산부 : 별지 제11호서식

7. 기선벡터점검계산망도 : 별지 제12호서식

8. 지적기준점 위성측량성과표 : 별지 제13호서식

9. 위성측량 표고계산부 : 별지 제14호서식

10. 관측데이터 및 RINEX 파일

③ 지적측량대행자는 DXF, SHP, DAT 등 공통포맷 형식으로 다음 각 호의 사항이 포함되도록 측량성과파일을 작성하여야 한다. 이 경우 레이어코드 및 속성코드는 별표 3과 같다.

1. 필지의 지번, 지목 및 경계

2. 경계점간 계산거리

3. 지적기준점 및 그 번호와 지적기준점 간 방위각 및 거리

4. 행정구역선과 그 명칭

5. 건축물 등 지상구조물의 위치

④ 지적측량대행자는 제3항에 따른 측량성과를 CD-ROM, DVD, 이동식저장디스크(USB) 등 저장매체에 저장하여야 한다.

제10조(면적산정 등) ① 지적측량대행자는 경계점좌표에 따른 좌표면적계산법으로 필지별

면적을 산정하며, 별지 제15호서식에 따라 좌표면적 및 경계점간거리계산부를 작성하여야 한다.

② 제1항에 따른 면적은 0.01제곱미터 단위까지 산출하여 0.1제곱미터 단위로 결정한다. 이 경우 0.1제곱미터 미만의 끝수가 0.05제곱미터 미만일 때는 버리고 0.05제곱미터를 초과할 때는 올리며, 0.05제곱미터일 때에는 구하려는 끝자리의 숫자가 0 또는 짝수이면 버리고 홀수이면 올린다.

③ 지적소관청은 제1항에 따라 산정된 면적을 토지소유자 또는 이해관계인에게 통지하여야 한다. 이 경우 산정된 면적과 공부상 면적의 증·감을 비교할 수 있는 대비표를 작성하여야 한다.

제4장 측량성과의 검사

제11조(측량성과 검사기준) ① 지적소관청은 「지적재조사에 관한 특별법 시행규칙」(이하 "규칙"이라 한다) 제6조에 따라 현지검사측량과 관측데이터 파일(RINEX 포함)을 분석하여 지적재조사측량성과의 정확성을 검사하여야 한다.

② 제1항에 따른 현지검사측량 대상은 지적기준점 전부, 일필지 경계점의 20퍼센트 이상을 표본추출하여야 한다. 다만, 지적소관청 소속 공무원이 입회검사를 한 경우에는 현지검사측량을 생략할 수 있다.

③ 지적소관청이 제2항 본문에 따라 표본추출을 하는 경우 무작위 추출(Random Collection) 방법으로 하여야 하며 무작위 추출한 현지검사측량 대상을 지적측량대행자에게 통지하여야 한다.

제12조(측량성과 검사방법) ① 지적소관청은 위성측량으로 현지검사측량을 한다. 다만, 위성신호를 수신할 수 없거나 통신장애 등으로 위성측량을 할 수 없는 경우 토털스테이션측량으로 할 수 있으며 이 경우 일필지 경계점 등 측정은 다음 각 호에 따른다.

1. RTK 위성측량으로 측정할 경우 데이터 수신간격은 1초 단위로 하며 측정시간은 고정해를 유지한 상태로 10초 이상으로 한다.
2. 정지측위 위성측량으로 할 경우 데이터 수신간격은 30초 단위로 하며 측정시간은 10분 이상으로 한다.
3. 토털스테이션으로 측정할 경우 수평각은 방향관측법으로 하며, 수평거리는 1회 이상으로 한다.

② 지적소관청은 측량장비의 원시데이터 파일과 관측데이터 파일(RINEX 포함)을 비교하고 다음 각 호의 사항을 분석하여야 한다.

1. 위성의 배치 및 동시 수신 위성수의 적정성
2. 위성수신기 제원과 안테나 높이 입력의 적정성
3. PDOP 및 수평·수직정밀도 허용범위 초과 여부
4. 측량장비별 관측환경 설정 및 측정시간의 적정성

제13조(측량성과 검사항목) 지적재조사측량성과의 검사항목은 다음 각 호와 같다.
1. 상공장애도 조사의 적정성
2. 측량방법의 적정성
3. 임시경계점표지 설치의 적정성
4. 측량성과 계산 및 점검의 적정성
5. 측량성과 작성의 적정성
6. 면적산정의 적정성

제14조(측량성과 검사기간) ① 시·도지사 및 지적소관청은 규칙 제6조에 따라 지적재조사측량성과의 검사에 필요한 자료를 제출받은 때에는 15일 이내에 성과검사를 하여야 한다.
② 측량성과검사량 과다 등의 사유로 성과검사 처리기한 내에 완료할 수 없는 경우 5일 이내 1회에 한하여 처리기한을 연장할 수 있다. 다만, 연장기간이 5일을 초과하는 경우에는 국토해양부장관의 사전 승인을 받은 후 지적측량대행자에게 통보하여야 한다.

제15조(재검토기한) 「훈령·예규 등의 발령 및 관리에 관한 규정」(대통령훈령 제248호)에 따라 이 훈령 발령 후의 법령이나 현실여건의 변화 등을 검토하여 이 훈령의 폐지, 개정 등의 조치를 하여야 하는 기한은 2016년 1월 1일까지로 한다.

부 칙

이 고시는 고시한 날부터 시행한다.

지적재조사 업무지침

제1장 총칙

제1조(지침의 목적) 이 지침은 「지적재조사에 관한 특별법」 제6조, 같은 법 시행규칙 제4조 및 제10조에서 국토해양부장관에게 정하도록 한 사항과 그 밖에 지적재조사사업의 시행에 필요한 세부적인 사항을 정함을 목적으로 한다.

제2조(적용범위) 이 지침은 「지적재조사에 관한 특별법」(이하 "법"이라 한다), 같은 법 시행령(이하 "영"이라 한다) 및 같은 법 시행규칙(이하 "규칙"이라 한다)에 따라 시행하는 지적재조사사업에 적용한다.

제2장 시·도 종합계획의 수립

제3조(종합계획의 수립) ①특별시장·광역시장·도지사·특별자치도지사·특별자치시장 및 「지방자치법」 제175조에 따른 인구 50만 이상 대도시의 시장(이하 "시·도지사"라 한다)은 법 제4조제6항에 따라 기본계획 수립을 통지받았을 때에는 지적재조사사업을 효율적으로 시행하기 위하여 다음 각 호의 사항이 포함된 시·도 지적재조사사업에 관한 종합계획(이하 "종합계획"이라 한다)을 수립할 수 있다.
  1. 지적재조사 사업지구지정의 세부기준
  2. 지적재조사사업비의 연도별 추산액
  3. 지적재조사사업비의 시·군·구별 배분계획
  4. 지적재조사사업에 필요한 인력의 확보에 관한 계획

5. 그 밖에 시·도의 지적재조사사업을 위하여 필요한 사항

② 시·도지사는 종합계획을 수립할 때에는 종합계획안을 지적소관청에 송부하여 의견을 들은 후 시·도 지적재조사위원회의 심의를 거쳐야 한다.

③지적소관청은 종합계획안을 송부 받았을 때에는 송부 받은 날부터 14일 이내에 의견을 제출하여야 한다.

④종합계획은 법 제4조에 따른 지적재조사사업에 관한 기본계획(이하 "기본계획"이라 한다)의 내용을 구체화하여 실현이 가능하도록 계획을 수립하고, 종합계획을 확정한 때에는 지체 없이 이를 국토해양부장관에게 제출하여야 하며, 국토해양부장관은 그 시·도 종합계획이 기본계획과 부합되지 아니할 경우에는 그 사유를 명시하여 시·도지사에게 시·도 종합계획의 변경을 요구할 수 있다. 이 경우 시·도지사는 정당한 사유가 없는 한 국토해양부장관의 변경요구에 따라야 한다.

제4조(종합계획의 정비) 시·도지사는 5년마다 종합계획에 대하여 그 타당성 여부를 전반적으로 재검토하여 필요한 경우 이를 정비하여야 한다.

제3장 실시계획의 수립 등

제5조(실시계획의 수립) ①지적소관청은 기본계획·종합계획 등 상위계획의 내용과 연계되도록 실시계획을 수립하여야 한다.

②지적소관청은 실시계획 수립을 위하여 당해 사업지구의 토지소유 현황·주택의 현황, 토지의 이용 상황 등을 조사하여야 한다.

③사업지구에 대한 기초조사는 공간정보 및 국토정보화사업의 추진에 따라 토지이용·건축물 등에 대하여 전산화된 자료와 각종 문헌이나 통계자료를 충분히 활용하도록 하며, 기초조사 항목과 조사내용은 다음과 같다.

조사항목	조사내용	비고
위치와 면적	사업지구의 위치와 면적	지적도 및 지형도
주택수	유형별 주택수(단독, 공동 등)	건축물대장
용도별 분포	용도지역·지구·구역별 면적	토지이용계획자료
토지 소유현황	국유지, 공유지, 사유지 구분	토지(임야)대장
개별공시지가현황	지목별 평균지가	지가자료
토지의 이용상황	지목별 면적과 분포	토지대장

④사업지구의 토지면적은 토지대장 및 임야대장에 의한 면적으로 한다. 다만, 사업지구를 지나는 도로·구거·하천 등 국·공유지는 실시계획 수립을 위한 지적도면에서 사업지구로 포함되는 부분을 산정한 면적으로 한다.

제6조(주민설명회 의견청취) ①지적소관청은 작성된 실시계획에 대하여 해당 토지소유자와 이해관계인 및 지역 주민들이 참석하는 주민설명회를 개최하고, 실시계획을 별지 제1호서식에 따라 30일 이상 공람공고를 하여 의견을 청취하여야 하며, 주민설명회를 개최할 때에는 실시계획 수립 내용을 해당 사업지구 토지소유자와 이해관계인에게 서면으로 통보한 후 설명회 개최예정일 14일전까지 다음 각 호의 사항을 게시판에 게시하여야 한다.

1. 주민설명회 개최목적
2. 주민설명회 개최 일시 및 장소
3. 실시계획의 개요
4. 그 밖에 필요한 사항

②주민설명회에는 다음 각 호의 사항을 설명 내용에 포함시켜야 한다.

1. 지적재조사사업의 목적 및 지구 선정배경
2. 사업추진절차
3. 토지소유자협의회의 구성 및 역할
4. 토지소유자동의서 제출 방법
5. 일필지조사 및 경계설정에 따른 주민 협조사항
6. 그 밖에 주민설명회에 필요한 사항 등

③주민설명회는 주민의 편의를 고려하여 사업지구를 둘 이상으로 나누어 실시할 수 있다.

④사업지구에 있는 토지소유자와 이해관계인이 실시계획 수립에 따른 의견서를 제출하는 때에는 별지 제2호서식에 따른다.

⑤지적소관청은 주민설명회 개최 등을 통하여 제출된 의견은 면밀히 검토하여 제출된 의견이 타당하다고 인정될 때에는 이를 실시계획에 반영하여야 하며, 제출된 의견은 조치결과, 미조치사유 등 의견청취결과 요지를 사업지구 지정신청시 첨부하여야 한다.

제7조(주민홍보 등) ①지적소관청은 지적재조사사업에 관한 홍보물을 제작하여 주민 등에게 배포하거나 게시할 수 있다.

②지적소관청은 연도별, 지구별 주민홍보계획을 수립하여 시행할 수 있다.

제8조(토지소유자 동의서 징구) ①영 제7조제1항의 토지소유자 동의자 수를 산정하는 세부기준은 다음 각 호와 같다.

1. 토지소유자의 수를 산정할 때는 등기사항전부증명서에 따른다.

2. 토지소유자에게 동의서 제출을 우편으로 안내하는 경우에는 등기우편으로 발송하여야 하고, 주소불명 등으로 송달이 불가능하여 반송된 때에는 송달내용을 지적소관청의 관할 게시판 및 인터넷 홈페이지에 14일간 공고하여 그 기간이 종료된 날에 송달된 것으로 보며, 이 경우 토지소유자의 수에서 제외할 수 있다.

3. 국유지는 국유재산법령에 의한 재산관리청을, 공유지는 공유재산 및 물품관리법령에 의한 재산관리관을 토지소유자로 산정한다.

②토지소유자 동의서는 방문, 우편, 이메일, 팩스, 전산매체 등 다양한 방법으로 받을 수 있다.

③토지소유자가 본인의 사정상 동의서를 제출할 수 없을 경우 다른 사람에게 그 행위를 위임할 수 있다. 이 경우 위임사실을 기재한 위임장과 신분증 사본을 첨부하여야 하며, 위임장은 별지 제3호 서식에 따른다.

④토지소유자가 미성년자이거나 심신 미약 등으로 권리행사 능력이 없는 경우에는 민법의 규정을 따른다. 이 경우 친권자 또는 후견인임을 확인하는 서면을 첨부하여야 한다.

⑤토지소유자가 종중, 마을회 등 기타단체인 경우에는 대표자임을 확인할 수 있는 서면을 제출하여야 한다.

제9조(사업지구의 지정신청 등) ①지적소관청이 시·도지사에게 사업지구 지정을 신청할 때에는 별지 제4호서식의 지적재조사 사업지구 지정 신청서에 다음 각 호의 서류를 첨부하여야 한다.

1. 사업지구 지정신청서
2. 지적재조사사업 실시계획 내용
3. 주민 서면통보, 주민설명회 및 주민공람 개요 등 현황
4. 주민 의견청취 내용과 반영 여부
5. 토지소유자 동의서
6. 토지소유자협의회 구성 현황
7. 별지 제5호서식에 의한 토지의 지번별조서

②사업지구 지정 신청서를 받은 시·도지사는 다음 각 호의 사항을 검토한 후 시·도 지적재조사위원회 심의안건을 별지 제6호서식에 따라 작성하여 시·도 지적재조사위원회에 회부하여야 한다.

1. 지적소관청의 실시계획 수립내용이 기본계획 및 종합계획과 연계성 여부
2. 주민 의견청취에 대한 적정성 여부
3. 토지소유자 동의요건 충족 여부
4. 그 밖에 시·도 지적재조사위원회 심의에 필요한 사항 등

③시·도지사는 사업지구를 지정하거나 변경한 경우에 별지 제7호

서식에 따라 시·도 공보에 고시하여야 한다.

④시·도지사로부터 사업지구 지정 또는 변경을 통보받은 지적소관청은 관계서류를 해당 사업지구 토지소유자와 주민들에게 열람시켜야하며, 지적공부에 지적재조사사업지구로 지정된 사실을 기재하여야 한다.

⑤지적재조사사업의 측량·조사 등을 지적측량수행자에게 대행하게 할 경우 지적소관청은 지적측량대행자를 선정하여 별지 8호서식에 따라 지적소관청 공보에 고시하여야 하며, 지적재조사측량수수료는 국토해양부장관이 정하여 고시한다.

제4장   일필지조사

제10조(일필지 사전조사) 규칙 제4조제2항에 따른 일필지 사전조사는 다음 각 호의 자료를 기준으로 작성한다.

1. 토지에 관한 사항 : 토지(임야)대장 및 토지등기부
    가. 소유자 : 등기사항증명서
    나. 이해관계인 : 등기사항증명서
    다. 지번 : 토지(임야)대장 또는 지적(임야)도
    라. 지목 : 토지(임야)대장
    마. 토지면적 : 토지(임야)대장
2. 건축물에 관한 사항 : 건축물대장 및 건물등기부
    가. 소유자 : 등기사항증명서
    나. 이해관계인 : 등기사항증명서
    다. 건물면적 : 건축물대장
    라. 구조물 및 용도 : 건축물대장
3. 토지이용계획에 관한 사항 : 토지이용계획확인서(토지이용규제기본법령에 따라 구축·운영하고 있는 국토이용정보체계의 지역·지구 등의 정보)
4. 토지이용 현황 및 건축물 현황 : 개별공시지가 토지특성조사표, 국·공유지 실태조사표, 건축물대장 현황 및 배치도
5. 지하시설(구조)물 등 현황 : 도시철도 및 지하상가 등 지하시설물을 관리하는 관리기관·관리부서의 자료와 구분지상권 등기사항

제11조(일필지 현지조사) 일필지 현지조사는 지적재조사측량과 병행하여 다음 각 호의 방법으로 한다.

1. 토지의 이용현황과 담장, 옹벽, 전주, 통신주 및 도로시설물 등 구조물의 위치를 측량도면에 표시하여야 한다.
2. 지상 건축물 및 지하 건축물의 위치는 측량도면에 표시하여야 한다. 이 경우 건축물대장에 기재되어 있지 않은 건축물이 있는 경우 또는 면적과 위치가 다른 경우 관련부서로 통보하여야 한다.
3. 경계 등 조사내용은 경계를 조사하는 과정에서 나타나는 사항 등을 조사자 의견란에 구체적으로 작성하여야 한다.
4. 경계 미확정 사유는 경계를 확정하지 못한 사유를 구체적으로 작성하여야 한다.
5. 일필지조사와 지적재조사측량하는 과정에서 나타나는 문제점 등 특이사항 등은 측량자 의견란에 구체적으로 작성하여야 한다.

제12조(일필지조사 현지조사 입회) 지적소관청은 일필지 현지조사를 위하여 토지소유자, 그 밖에 이해관계인 또는 그 대리인을 입회하게 할 수 있다.

제13조(경계점표지 설치 입회) 토지의 경계에 임시 경계점표지 또는 경계점표지를 설치하는 경우 토지소유자협의회 위원, 토지소유자 등을 입회시켜야 한다. 다만, 토지소유자 등이 입회를 거부하거나 입회를 할 수 없는 부득이한 경우에는 그러하지 아니하다.

제14조(일필지조사서 작성 등) ①일필지조사서는 다음 각 호와 같이 작성한다.

1. 조사항목별 내용을 기록할 때는 코드부여 규정에 따라 속성 및 코드로 항목속성에 부합되게 작성한다. 다만, 코드화하지 못한 사항은 수기로 작성하여야 한다.
2. 새로 조사한 사항 또는 변경사항이 발생하여 미리 조사한 조사서 내용과 부합되지 않는 경우 현장사실조사를 실시하고 조사서를 작성한다.
3. 조사서에 사용하였던 관련서류는 디지털화하고, 디지털화하기 어려운 비규격 용지의 경우 별도의 장소에 보관한다.
4. 면적, 지번 등의 사항은 지적재조사측량 결과를 기준으로 다시 작성하여야 한다.
5. 토지 및 건물 소유자가 다수인 경우, 등기부상 권리관계나 이해관계인 유무, 기타구조(시설)물 현황, 조사자의견, 경계미확정 사유, 측량자 의견 등을 작성하여야 할 내용이 많은 경우 별지로 작성할 수 있다.

②일필지조사서 항목 및 코드는 별표와 같다.

제5장   지적재조사측량

제15조(지적재조사측량의 기준 등) 지적재조사측량의 기준, 방법과 절차 등은 지적재조사측량규정을 따른다.

제16조(지적재조사사업지구의 경계) ①지적재조사사업지구의 경계는 법 제8조의 규정에 따라 지정된 사업지구 외곽 필지의 바깥쪽 경계로 한다. 다만, 사업지구 내·외를 지나는 도로·구거·하천 등 국·공유지 등의 경우 사업지구 지정·고시 도면에 의한 경계를 기준(국·공유지에 인접한 필지의 바깥쪽 경계를 서로 연결)으로 사업시행자가 직권으로 분할한다.

②사업지구의 경계는 인접 지역의 기지경계선과 부합여부를 확인하여야 한다.

③사업지구의 경계는 지적재조사측량 규정에 따라 현지실측을 통하여 성과를 산출하고, 경계를 확정하여야 한다.

제17조(지적재조사측량성과 통보 등) ①지적소관청은 시행규칙 제7조에 따라 지적재조사측량성과를 결정한 때에는 토지소유자와 이해관계인에게 지적재조사측량성과를 별지 제9호서식에 따라 통보하여야 하며, 통보를 받은 토지소유자와 이해관계인이 의견을 제출하는 경우에는 지적재조사측량성과를 통보 받은 날로부터 10일 이내에 별지 제10호서식에 따라 지적소관청에 의견을 제출할 수 있다. 이 경우 지적소관청은 제출된 의견이 타당하다고 인정할 때에는 이를 반영하여야 한다.

제6장   토지소유자협의회

제18조(토지소유자협의회) ①토지소유자가 토지소유자협의회(이하 "협의회"라고 한다) 구성에 동의하려는 경우에는 영 제10조제2항의 별지 제1호서식의 토지소유자협의회명부 또는 별지 제11호서식의 토지소유자협의회 구성 동의서에 서명 또는 날인하여 제출하여야 한다.

②협의회는 협의회에서 의결한 내용을 별지 제12호서식에 따라 지적소관청에 제출하여야 한다.

제7장 경계의 확정 등

제19조(경계점표지 설치) 법 제14조의 규정에 의거 경계가 설정된 경우 지적측량대행자는 경계점표지를 설치하여야 한다. 다만, 지상에 담장 등 뚜렷한 구조물이 있는 경우 그 구조물에 경계점 위치를 표시하여 사용할 수 있다.

제20조(지적확정조서 통보 등) 법 제15조제3항에 따라 지적확정조서를 통보 받은 토지소유자나 이해관계인이 의견을 제출하는 경우에는 확정조서를 수령한 날로부터 10일 이내에 별지 제13서식에 따라 지적소관청에 제출하여야 한다.

제21조(경계결정 통지) 법 제16조제6항에 따른 경계결정의 통지는 별지 제14호서식에 따른다.

제22조(경계점표지등록부 작성) ①경계점표지등록부는 다음 각 호에 따라 예시 1과 같이 작성한다.
1. 위치도는 토지의 위치를 나타낼 수 있는 정사영상, 지형도 등을 이용하여 해당토지의 위치를 표시하여야 한다.
2. 실측도는 해당 토지 위주의 현황 실측도를 작성하여야 하며, 부호는 경계점좌표등록부의 부호 순서대로 일련번호(1, 2, 3, 4, 5........순)를 부여하며, 경계에 지상 건축물 등이 걸리는 경우에는 그 위치현황을 표시한다.
3. 경계점위치는 경계점표지를 설치한 토지의 현황과 주변상황을 상세히 기재한다.
4. 경계점위치설명도
   가. 경계점위치설명도는 경계점 표지와 3방향 이상의 고정된 구조물(건물, 담장 모서리, 전주 등)로부터 거리를 표시하여야 한다. 이때 고정된 구조물의 거리측정위치에 측정위치 표식을 설치하여야 한다.
   나. 경계점위치설명도 작성에 사용된 구조물을 측정하여 측량결과도에 등록하여야 한다.
   다. 고정된 구조물과 지상 경계점간의 방향선(점선) 및 방향선의 번호(①, ②, ③, ...순)를 부여하여야 한다.
   라. 지상경계점표지와 구조물간 실측거리를 기재하여야 한다. 단, 실측이 곤란한 경우 실측거리를 기재하지 않을 수 있다.
   마. 실측거리는 지상경계표지에서 구조물의 측정위치표식까지 최단거리로 기재하여야 한다.

바. 경계점의 사진촬영 방향을 화살표로 표시한다.

사. 경계점간 거리를 측정할 수 있는 고정된 구조물이 없는 경우, 영구표지기준점, 인접토지 경계점 또는 별도의 고정물을 설치하여 작성할 수 있다.

5. 경계점의 사진파일

가. 지상 경계점표지와 주위의 지형·지물, 거리를 측정한 고정물 등이 인식될 수 있게 선명하게 촬영하되 경계점의 형태가 뚜렷하게 표시되어야 한다.

나. 경계점 사진은 가급적 경계점 위치설명도와 동일한 방향으로 촬영하여야 한다.

다. 사진영상에 경계점 위치 설명도의 방향선(점선)을 표시하고 "경계점 위치 설명도"의 방향선 번호(①, ②, ③, ...순)를 기재하여야 한다.

6. 토지이동 등의 사유로 경계와 면적이 달라진 경우 필지별로 새로이 경계점표지등록부를 작성하여야 하며, 폐쇄된 경계점표지등록부는 별도로 관리하여야 한다.

7. 경계점표지등록부 파일은 전자적 매체에 저장하여 관리하여야 한다.

제8장 지번의 부여

제23조(지번의 부여) 지적재조사 사업완료에 따라 지적재조사 사업지구 안의 각 필지에 지번을 부여하는 경우에는 「측량·수로조사 및 지적에 관한 법률 시행령」 제56조제3항제5호를 준용한다.

제9장 지목의 변경

제24조(지목의 변경) 지적소관청은 법 제19조에 따라 지적공부상 지목이 실제의 이용현황과 따라 지목변경할 토지가 있는 경우 인허가 등 관련 사항을 조사하여야 하며, 필요한 경우 인허가 등을 받거나 관계 기관과 협의하여야 한다.

제10장 조정금

제25조(조정금의 산정 등) ①개별공시지가가 없는 경우와 개별공시지가 산정에 오류가 있는 경우에는 개별공시지가 담당부서에 의뢰하여 산정한다.

②조정금을 산정하고자 할 때에는 별지 제15호서식의 조정금 조서를 작성하여야 한다.

③조정금은 지적확정조서의 지번별 증감면적에 법 제20조제3항에 따른개별공시지가 또는 감정평가액의 제곱미터당 금액을 곱하여 산정하며, 백원 단위로 결정한다.

④지적소관청은 조정금 지급에 필요한 예산을 반영하여야 한다.

⑤지적소관청은 조정금 산정을 위한 감정평가수수료를 예산에 반영할 수 있으며, 감정평가를 하고자 할 경우에는 해당토지의 증감된 면적에 대하여만 의뢰하여야 한다.

제26조(조정금의 통지 등) ①조정금의 통지 및 서류의 송달은 주민등록 주소지로 하되, 토지소유자가 송달 받을 곳을 지정하는 경우에는 그 주소지로 한다.

②등기우편물이 반송되거나 주소 불명 등의 사유로 서류의 송달이 불가능한 때에는 송달내용을 지적소관청의 관할 게시판 및 인터넷 홈페이지에 14일간 공고하여 그 기간이 종료된 날에 송달된 것으로 본다.

제27조(조정금의 납부 및 지급) ①토지소유자에게 조정금의 납부고지를 하는 때에는 납부할 조정금액이 1천만원을 초과하는 경우 6개월 이내의 기간을 정하여 3회 이내로 분할 납부가 가능함을 안내하여야 한다.

②지적소관청은 조정금의 납부와 지급을 처리하기 위해 세입세출외 현금 전용계좌를 개설하여 운영할 수 있다.

③조정금을 납부하여야 할 자가 기간 내 납부하지 아니하여 조정금 지급액이 부족할 경우에는 지적소관청의 예산으로 지급할 수 있다.

제28조(조정금 수령통지) 지적소관청이 조정금 수령통지를 하는 때에는 별지 제16호서식의 조정금 수령 통지서에 따르며, 조정금 수령통지를 받은 토지 소유자는 별지 제17호서식의 조정금 청구서에 입금계좌 통장사본과 신분증 사본을 첨부하여 지적소관청에 제출하여야 한다.

제29조(조정금 공탁 공고) 법 제21조제6항에 따라 조정금을 공탁한 때에는 그 사실을 해당 시·군·구의 홈페이지 및 게시판에 14일 이상 공고하여야 한다.

제11장 사업완료 공고

제30조(사업완료 공고) 경계결정위원회의 최종 결정에 불복하여 경계가 확정되지 아니한 토지가 있는 경우에 사업완료 공고를 할 수 있는 토지면적과 토지소유자 수의 산정기준은 영 제7조를 준용한다.

제12장 지적공부 정리 및 등기촉탁

제31조(토지이동사유 코드 등) 지적재조사사업에 따른 토지이동사유의 코드는 다음과 같고, 토지(임야)대장의 토지표시 연혁 기재는 예시 2와 같이 한다.

코드	코드명	비고
53	년 월 일 지적재조사사업 시행신고	신설
54	년 월 일 지적재조사사업 시행신고 폐지	
55	년 월 일 지적재조사사업 완료	
56	년 월 일 지적재조사사업으로 폐쇄	
57	년 월 일 지적재조사 경계미확정 토지	
58	년 월 일 지적재조사 경계미확정 토지 해제	

제32조(소유자정리) 지적재조사사업 완료에 따른 소유자정리는 예시 3과 같이 한다.

제33조(개별공시지가 산정) 지적재조사사업을 완료한 때에는 경계가 확정된 토지에 대하여 개별공시지가를 산정하여 지적공부에 등록하여야 한다.

제34조(등기촉탁) 지적재조사완료에 따른 등기촉탁은 서면 또는 전자등기촉탁 시스템을 이용하여 등기촉탁하여야 하며, 등기를 완료한 경우에는 토지소유자 및 이해관계인에게 등기완료통지서를 통지하여야 한다.

참고문헌

1. 국내문헌

김상용 · 정우형, 「토지법」, 서울 : 법원사, 2004.

김영모, 「지역개발학개론」, 서울 : 녹원출판사, 1988.

김영학, 「최신지적법」, 경기도 : 예문사, 2002.

김옥근, 「한국토지제도사연구」, 서울 : 대왕사, 1980.

김의원, 「한국국토개발사연구」, 서울 : 대학도서,1982.

김준보, 「토지문제와 지대이론」, 서울 : 한길사, 1987.

김행종, 「부동산학개론」, 서울 : 와제이자격증전문(주), 1995.

_____ 외, 「부동산권리분석공시정보론」, 서울 : 범론사, 2001.

_____, 「지적법과 지적행정」 서울 : 한양대학교 토지정보전문가과정, 2004.

_____ 외, 「도시관리론」, 서울 : 보성각, 2005.

_____ 외, 「부동산시장분석론」, 서울 : 부연사, 2006.

_____, 「지적법론」, 서울 : 부연사, 2007.

_____, 제2판 「지적법론」, 서울 : 부연사, 2009.

_____, 「지적관계법론」, 서울 : 부연사, 2011.

_____, 「부동산학개론」, 서울 : 청목출판사, 2012.

_____, 「부동산마케팅」, 서울 : 이프래스, 2013.

_____, 수정판「부동산학개론」, 서울 : 청목출판사, 2013.

_____, 「부동산산업론」, 서울 : 국토연구원, 2014.

_____, 「토지정책론」, 서울 : 부연사, 2015.

대한국토 · 도시계획학회, 「도시계획론」, 서울 : 형설출판사, 1992.

박순표 · 최용규 · 강태석, 「지적학개론」, 서울 : 형설출판사, 1993.

방경식 · 장희순, 「부동산학개론」, 서울 : 부연사, 2004.

방석현, 「행정정보체계론」, 서울 : 법문사, 1989.

신용하, 「조선토지조사사업연구」, 서울 : 지식산업사, 1982.

서원우, "토지의 공개념", 「법과 토지」, 서울 : 삼영사, 1982.

신윤식 외, 「정보사회론」, 서울 : 데이콤출판부, 1992.

이윤식, 「행정정보체제론(上, 下)」, 서울 : 법영사, 1990.

이진호, 「대한제국지적 및 측량사」, 서울 : 토지, 1989.

류근배, 「지리정보론」, 서울 : 상조사, 1990.

류병찬, 「지적법」, 서울 : 남광출판사, 1991.

_____, 「최신 지적법」, 서울 : 건웅출판사, 2011.

류해웅·김승종, 「국토기본법과 국토계획법」, 국토연구원, 2002.

_____, 「토지개발과 주택건설 관련법제해설」, 국토연구원, 2004.

_____, 「토지법제론」, 서울 : 부연사, 2003.

최용규, 「신부동산학개론」, 서울 : 형설출판사, 1985.

허재영, 「토지정책론」, 서울 : 법문사, 1993.

국토개발연구원, 「종합토지정책에 관한 연구」, 1984.

_____, 「공적토지비축확대 및 관리개선방안연구」, 1989.

_____, 「토지정보관리의 체계화에 관한 연구」, 1991.

_____, 「국토정보 전산화 기본구상」, 1991.

_____, 「국토조사자료의 전산화방안연구」, 1981.

국토교통부, 「지적통계」, 2015.

_____, 「지적법규해설」, 2014.

법원행정처, 「사법연감」, 2015.

대한지적공사, 「외국의 지적제도비교연구보고서-프랑스, 이태리, 영국-」, 1988.

_____, 「자유중국의 토지행정개선」, 1987.

_____, 「지적·임야도 정비사업에 관한 연구」, 1987.

_____, 「지적과 등기」, 1988.

_____, 「국제측량사연맹회의참석보고서」, 1990.

_____, 「지적불부합지 조기해소를 위한 기반연구」, 2009.

_____, 「디지털지적구축 시범사업 중간평가연구」, 2010.

_____, 「외국의 지적재조사 연구보고서」, 2010.

_____, 「일본 지적조사 관련 법령연구」, 2010.

서울시립대학 부설 수도권개발연구소, 「토지에 관한 국민의식조사」, 1985.

서울시정개발연구원, 「서울시지리정보시스템에 관한 연구 워크샵 결과보고서」, 1992.

청주대학교 사회과학연구소, 「지적공부 재작성을 위한 실지현황 조사·분석연구」, 1988.

_____, 「토지등록을 위한 지적측량의 특성에 관한 연구」, 1987.

토지공개념연구위원회, 「토지공개념연구위원회연구보고서」, 1989.

통신개발연구원, 「국가기간전산망의 효율적인 운영방안」, 1990.

한국개발연구원, 「2000년을 향한 국토장기발전구상」, 1985.

한국지방행정연구원, 「토지정보체계의 개발」, 1988.

_____, 「지방자치단체의 정보정책」, 1990.

현암사, 「법전」, 2015.

곽윤직, "현행 부동산등기법의 문제점", 「법학」, 제29권1호, 서울대학교 법학연구소, 1988.

김영모, "토지공개념 시행에 따른 효과", 「부동산다이제스트」, 제4호, 대한부동산학회, 1990.

_____, "계획의 유형별 특성에 관한 연구", 「지역사회개발연구」, 제17집 1호, 한국지역사회
　　　　개발학회, 1992.

김영표·최성옥, "종합토지정보관리시스템의 개발방향", 「국토정보」, 제10권 제8호, 국토개발
　　　　연구원, 1992.

김정수, "현행 부동산등기제도의 문제점과 개선방향, 「등기에 관한 제문제(상)」, 재판자료 제
　　　　43집, 법원행정처, 1988.

김현식, "토지문제의 실상과 토지정책의 과제", 「국토연구」, 통권 제18권, 국토개발연구원, 1992.

김행종, "구한말의 지적제도 소고", 「지적」, 통권 제121호, 대한지적공사, 1985.

_____, "우리나라 지적법의 발전과정", 「사회과학논총」, 제6집, 청주대학교 사회과학연구소,
　　　　1987a.

_____, "대학지적교육의 회고와 당면과제", 「지적」, 통권 제149호, 대한지적공사, 1987b.

_____, "한국토지관리체계의 발전방향", 「토지연구」, 제1권 제3호, 한국토지개발공사, 1990.

_____, "지적재조사사업의 추진계획과 발전방향", 「토지연구」, 제7권 1호, 한국토지공사,
　　　　1996.

_____, "지적·등기관리체제에 관한 연구, 한국토지공사, 1996.

_____, "지적불부합지의 개선방안에 관한 연구", 한국토지공사, 1998.

_____, "지적재조사사업의 현황분석과 향후 발전연구", 한국지적학회지, 제32권 제1호, 한국
　　　　지적학회, 2016.

박순표, "지적전산망 완비와 발전방향", 「국토와 건설」, 통권 제76호, 1990.

박우서, "정보화 사회에 대응한 도시관리 행정-토지기록전산화 실태분석-", 한국행정학보,

제21권 제1호, 한국행정학회, 1987.

이현준·홍성언, "국토조사에 관한 법체계의 개편방향 연구", 한국지적학회지, 제31권 제3호, 한국지적학회, 2015.

오현진, "토지공법론의 체계화에 관한 연구", 「사회과학논총」, 제6집, 청주대학교 사회과학연구소, 1987.

우영제, "토지관리전산화 정책에 대한 사용자의 반응분석", 박사학위론문, 전주대학교 대학원, 1991.

이태일, "우리나라 토지정책의 사적고찰", 「토지연구」, 제1권 제2호, 한국토지개발공사, 1990.

임동호, "토지정보관리행정의 효율화 방안에 관한 연구", 「국토계획」, 대한국토계획학회지, 제25권 제1호, 1990.

정인성, "한국의 토지이용규제에 관한 연구", 박사학위논문, 단국대학교 대학원, 1988.

최용규, "현대지적이론의 체계화 구상(Ⅱ)", 「사회과학논총」, 제10집, 청주대학교 사회과학연구소, 1991.

_____, "지적불부합", 「사회과학론총」, 제3집, 청주대학교 사회과학연구소, 1985.

_____, "지적이론의 발생설과 개념정립", 「도시행정연구」, 제5집, 서울시립대학교, 1990.

_____, "토지정보의 현대화를 의한 신지적공부의 창설", 「사회과학논총」, 제12집, 청주대학교 사회과학연구소, 1993.

한은미, "토지공개념의 의의와 과제," 「토지공개념과 토지정책」, 법무자료 제118집, 법무부, 1989.

황명찬, "토지정책의 현황과 전망", 「토지연구」, 제1권 제2호, 한국토지개발공사, 1990.

국토교통부·한국국토정보공사, 바른땅 2030을 향한 도전−지적재조사 40년 발자취, 2016

국토교통부, "2015년도 국토이용에 관한 연차보고서", 2015

국토교통부, "개발촉진지구 선정지표 개선에 관한 연구", 2001

국토교통부, "국토조사 개선방안 연구 −국토정책 지표설정을 중심으로−", 2001

국토교통부, "제4차 국토종합계획(2000~2020)", 1999

국립지리정보원, "디지털 국토통계지도 제작에 관한 연구", 2002

국토연구원, "국토정보관리체계개발연구", 1982

국토연구원, "제2차 수도권정비계획 구상(1997~2011)", 1997

국토연구원, "지역통계정비방안연구", 1986

국토연구원, "국토계획법 운용지침, 2002

김동욱, "공공정보 공동이용에 관한연구", 한국행정학회 대구경북행정학회 하계학술대회, 1995

박양춘, "영남권 낙후지역의 구분과 개발전략에 관한 연구", 1990

서울시정개발연구원, "서울특별시 사회지표체계개발에 관한 연구", 1993

서울특별시, "서울시 도시기본계획", 2015

서창원, 양진홍, "도표로 본 국토의 공간구조 변화", 1998

윤하연, "인천광역시 환경지표의 개발과 적용", 인천발전연구원, 1999

이석호, " 데이터베이스 시스템", 1995

이춘열, 이종욱, "관계형 데이터베이스 관리론", 2000

이홍영, 김미정, "국토조사사업의 실태와 개선방향", 토지연구, 2000

인천발전연구원, "지역발전을 위한 지역통계의 개선방안", 1998

조욱현, 노근호, "지역통계의 발전방향 연구", 한국지역개발학회지, 1998

통계청, "통계업무편람", 2015

통계청, "행정구역별 통계지도", 2015

2. 국외문헌

國土廳土地調查局國土調查課, 「一筆地調查の手引 ⅠⅡⅢ」, 昭和59.

國土行政硏究所, 「國土」, 現代行政全集18, 昭和60.

渡邊洋三・稻本洋之助, 「現代土地法の硏究」, 岩波書店, 1982.

本間義人, 「土地問題總点檢」, 東京 : 有斐閣, 1988.

西村蹊二, 「國土の 調查手法」, 東京 : 山海堂, 昭和54年.

石田頑房, 「大都市の土地問題と政策」, 東京 : 日本評論社, 1990.

王鼎臣, 「平均地權之理論與實踐」, 臺北 : 黎明文化事業公司, 中華民國66.

櫛田光男・川手昭二, 「土地問題講座5」, 都市開發と土地問題, 昭和45.

土地住宅行政硏究會, 「土地對策と住宅對策」, 昭和57.

Alonso, William, *Location and Land Use*, Honolulu : East-West Center, 1966.

Andersson, S., "Cadastre As a Base for Land Information Systems", *FIG XⅧ International Congress*, Toront, Canada, 1986.

Andrews, R.B., *Urban Land Economic and Public Policy*, New York : The Free Press, 1971.

Archer, R.W., *A Course Notes for Urban Land Economics*, Asian Institute of Technolagy,

1982.

Atteberry, W.B., Pearson, K.G. & Litka, M.P., *Real Estate Law, 3rd ed*, New York
: John Wiley & Sons, 1984.

Badekas, J., "Cadastre or Data Bank? A Dilemma for Countries Under Development",
FIG X VI International Congress, Montreux, Switzerland, 1981.

Balchin, P.N. & Kieve, J.L., *Urban Land Economics*, London : Macmillan Press, 1982.

Barlowe, R., *Land Resource Economics*, New York : Prentice-Hall, 1978.

Bollens, Scott A. and Godschalk, David R., "Tracking Land Supply for Growth Management",
JAPA, Vol.53, No.3, Summer 1987.

Chapin, F.S. & Kaiser, E.J., *Urban Land Use Planning, 3rd ed.*, Urbaba :
University of Illinois Press, 1979.

Dale, P.F., "Land Information Systems", Maguire, Dabid J., Goodchild, M.F. and Rhind,
D.W., Geographical Information Systems-Principles and Applications-, New York
: John Wiley & Sons, 1991.

Dale, Peter F. & McLaughlin, John D., *Land Information Management An introduction
with special reference to cadastral problems in Third World countries*, New
York : Oxford University Press, 1988.

Fabos, J.G., *Land Use Planning* : From Global to Local Challenge, New York :
Chapman and Hall, 1985.

Fenzl, G., "The Automated Cadastre as the Basis of the Land Data Bank" *FIG X VII
International Congress*, Sofia, Bulgaria, 1983.

Grover, R., *Land and Property Development*, London : E.& N.F.Spon, 1989.

Harvey, J., *The Economics of Real Property*, London : Macmillan Press, 1981.

Harwood, B.M., *Real Estate : An Introduction to the Profession*, Virginia : Reston,
1980.

Henssen, J.L.G., "Cadastre and Their Relationship with Real Property Assessement",
Concepts of Modern Cadastre Conference, Ottawa, Ontario, 1974.

Horton, Forest W. & Marchand, Donald A., *Information Management In Public
Administration*, Virginia : Information Resources Press, 1982.

Kim, Yung Mo, *New Trends in Regional Development Planning*, Seoul : Dankook
University, 1990.

McEntyre, John G., *Land Survey Systems*, New York : John Wiley & Sons, 1978.

Mclanughlin, J., "Standards for Multipurpose Cadastral System", *FIG X VII International Congress*, Sofia, Bularia, 1983.

National Research Council, *Need for a Multipurpose Cadastre*, Wasington, D.C.: National Academy Press, 1980.

_____, *Procedures and Standards for a Multipurpose Cadastre*, Washington,D.C.: National Academy Press, 1983.

Northam, Ray M., *Urban Geography*, New York : John Wiley & Sons, 1979.

Potrner, J and Niemann,Jr.B.J., "Autonomous Behaviour : Its Implications to Land Records Modernization in the United States", *FIG X VII International Congress*, Sopia, Bulgaria, 1983.

Rhind, D. & Hudson, R., *Land Use*, London : Methuen, 1980.

Ring, A. & Dasso J., *Real Estate Principles and Practices, 8th ed*, New Jersey : Prentice Hall Inc., 1977.

Scholten, Henk J. & Stillwell, Jonh C. H., *Georaphical Information Systems for Urban and Regional Planning*, Dordrecht : Kluwer Acdemic Publishers, 1990.

Senn, James A., *Information Systems In Management*, California : Wadsworth Publishing Company, 1978.

Shenkel, William M, Modern, *Real Estate Principles*, Plano, Texas : Business Publications, Inc., 1984.

Simpson, S.R., *Land Law and Registration*, Cambridge : Cambridge University Press, 1976.

찾아보기

김행종

단국대학교 대학원 도시계획 및 부동산학과 졸업 (행정학박사)
청주대학교 대학원 지적학과(부동산학) 졸업 (행정학석사)
청주대학교 사회과학대학 지적학과(부동산학) 졸업 (행정학사)
경희대학교 체육대학 태권도학과 졸업 (체육학사)

청주대, 경희대, 서울시립대, 한양대, 충북대 행정대학원 등 시간강사
충청북도, 충청남도, 경기도 지방공무원교육원 외래강사 역임
국토교통부 제4차 국토계획연구단 연구원 역임
한국토지주택공사 토지주택연구원 수석연구원 (정책개발 팀장 역임)
세명대학교 부동산학과 학과장 및 대학원 주임교수 역임
현) 세명대학교 부동산학과 교수
　　한국지적학회 부회장, 한국주거환경학회 부회장, 대한국토도시계획학회 이사, 태권도 2급지도자 및 심판원, 2급승품단심사위원(태권도 공인8단), 감정평가사 시험출제위원, 공인중개사 시험출제위원, 국가고시 공무원 5급 시험출제위원, SH공사 편집위원장, LH공사 편집위원, 경기도 및 서울시공무원 임용시험 출제위원, 서울특별시 공유재산 수락기관선정심사위원회 위원, 충청북도 도시계획위원회 위원, 충청북도 도시교통정책심의위원회 위원, 충청북도 도로명주조위원회 위원, 산림청 중앙산지관리위원회 위원, 산림청 산지포럼위원, 충청남도 지방산업단지심의위원회 위원, 국토교통부 친수구역조성위원회 위원, 제천시 도시계획위원회 위원, 부동산평가위원회 위원 등

□ 저서 및 논문발표

토지정책론 공저(부연사, 2015), 부동산산업론 공저(국토연구원, 2014), 부동산마케팅 공저(이프레스, 2013) 부동산학개론(청목출판사, 2013), 지적관계법론(부연사, 2011), 지역계획론 공저(보성각, 2009), 지적법론(부연사, 2009), 부동산시장분석론 공역(부연사, 2006), 도시관리론 공저(보성각, 2005), 지적행정실무(한양대, 2004), 부동산권리분석공시정보론 공저(범론사, 2001), 한국의 토지정보관리체계에 관한 연구(단국대 박사학위논문, 1993), 부동산산업 발전 기본계획(안) 수립에 관한 연구(국토교통부, 2016), 토지정책의 패러다임 재정립 방안연구(국토교통부, 2010)외 연구보고서 40여편, 지적재조사사업의 현황분석과 향후 발전연구(한국지적학회, 2016) 외 100여편

토지 및 지적재조사법론

1판 1쇄 인쇄 2017년 06월 10일
1판 1쇄 발행 2017년 06월 20일
저   자 김행종
발 행 인 이범만
발 행 처 **21세기사** (제406-00015호)
　　　　　　경기도 파주시 산남로 72-16 (10882)
　　　　　　Tel. 031-942-7861　　　　Fax. 031-942-7864
　　　　　　E-mail : 21cbook@naver.com
　　　　　　Home-page : www.21cbook.co.kr
　　　　　　ISBN 978-89-8468-730-1

정가 24,000원